주님과 함께하는 하루

데니스 킨로의 365일 묵상집

Copyright ⓒ 2002 by Francis Asbury Society
Originally Published in English as *This Day with the Master: 365 Daily Meditations*
by Zondervan, Grand Rapids, Michigan 49530, U.S.A.

Published by arrangement with HarperCollins Christian Publishing, Inc.
through rMaeng2, Seoul, Republic of Korea.

This Korean Edition Copyright ⓒ 2022 by Wesley Renaissance, Bucheon-si,
Republic of Korea.

All Rights Reserved.

이 한국어판 저작권은 알맹2 에이전시를 통하여 HarperCollins Christian Publishing, Inc.
와 독점 계약한 웨슬리 르네상스에 있습니다. 신저작권법에 의하여 한국 내에서 보호받는
저작물이므로 무단 전제와 무단 복제를 금합니다.

This Day with the Master:
365 Daily Meditations

주님과 함께하는 하루

데니스 킨로의 365일 묵상집

데니스 F. 킨로 지음 │ 장기영, 장여결 옮김

웨슬리 르네상스

역자 서문

그동안 해외에서는 널리 알려져 있었지만 국내에는 감추어진 보물과도 같았던 이 책을 번역, 출판하게 되어 하나님께 감사드립니다. 저는 개인적으로 애즈베리 신학대학원 재학 시절, 데니스 킨로 박사님의 명성과 길 건너 애즈베리 대학의 부흥 이야기를 들었고, 그 대학이 많은 선교사와 기독교 지도자를 배출하는 최고의 기독교 명문 대학임을 이미 잘 알고 있었습니다. 그러나 이 책을 번역하게 된 더 중요한 이유는, 온 가족이 수년간 이 묵상집을 가정예배에 활용하면서 말할 수 없는 유익을 얻었기 때문입니다.

이 묵상집은 쉽고 간결하지만 결코 가볍지 않습니다. 많은 수고의 손길을 통해 이 단권에, 5년간 애즈베리 신학대학원 교수로서, 18년간 애즈베리 대학 총장으로서, 또 평생 성결 캠프집회 강사로서 킨로 박사님이 가르치고 선포한 메시지를 압축해놓았기 때문입니다. 경건한 신학자가 평이한 언어로 전하는 깊이 있는 신학, 그가 교제를 나누었던 위대한 하나님의 사람들의 생생한 간증, 죄인을 구원하고 거룩하게 변화시키는 하나님의 사랑에 대한 체험한 증언이 이 한 권의 책에 모두 녹아 있습니다. 이제 국내 독자들이 하나님의 위대한 사자 데니스 킨로의 묵상집을 통해 깊고도 맑은 은혜와 진리의 샘을 만날 수 있기를 바랍니다.

아울러 이 지면을 통해 큰 감사를 표현하고자 합니다. 이 묵상집은 아미성결교회 창립 50주년을 기념해 아미성결교회의 기도와 후원으로 번역되었습니다. 창립 50주년을 맞아 한국 교회의 성숙과 발전을 위해 의미 있는 헌신을 하고자 해외 명저 번역을 기획하고 후원해 주신 목석균 담임목사님과 성도님들께 감사드립니다. 특히 어려운 중에도 귀한 책을 국내에 소개할 수 있도록 번역비 전액을 지원해 주신 정기순 권사님께 깊이 감사드립니다. 아미성결교회와 권사님의 섬김이 하나님께서 "받으실 만한 향기로운 제물이요 하나님을 기쁘시게"(빌 4:18) 해드리고, 또 많은 분들께 큰 유익이 될 것을 믿어 의심치 않습니다.

장기영 박사

성부, 성자, 성령 하나님 다음으로

내가 가장 누리고 또 가장 큰 빚을 진

엘시에게 이 책을 바칩니다.

감사의 글

하나님께서 우리에게 주시는 가장 큰 선물은 바로 그분 자신입니다. 하나님은 떨기나무 불꽃 가운데서 모세를 찾아오셨습니다. 다메섹으로 가는 사울에게도 찾아오셨습니다. 하나님은 언제나 하나님께 헌신되어 자신을 내어주는 사람들을 통해 나를 찾아오셨습니다. 삼위일체 하나님이 가족으로 존재하시듯, 사람들도 가족으로 존재합니다. 우리는 육체적, 영적, 지적인 가족 안에서 생명과 정체성과 귀한 보물을 발견합니다. 이 책에 담긴 가치 있는 내용은 모두 다른 사람에게서 배운 것입니다. 내가 아는 모든 것은 하나님께서 내게 주신 가족들에게서 배운 것입니다.

가족은 각각의 개인들로 이루어져 있습니다. 내게 가장 많은 것을 주신 분들의 이름을 언급하며 감사하는 것이 적절할 것 같습니다. 샐리(Sally)와 웨이드(Wade)는 내게 생명을 주시고 나로 그리스도를 피할 수 없는 환경에 두셨습니다.

안나(Anna)와 샘(Sam)은 아내 엘시(Elsie)를 주셨고, 소중한 교육을 받을 수 있도록 지원해주셨습니다. 클라크(Clark) 어머니는 캠프 집회에서 나를 예수님께로 인도해주신 분입니다. 헤럴드 쿤(Harold Kuhn), 오토 파이퍼(Otto Piper), 사이러스 고든(Cyrus Gordon)은 철학과 성경의 세계를 열어주셨습니다. 애즈베리 대학교(Asbury University)는 내 소명을 분명하게 해주었습니다. 동양선교회(OMS)는 나에게 미국과 서구 너머의 세계를 보여주었습니다. 프란시스 애즈베리 협회(Francis Asbury Society)는 헤럴드 버제스(Harold Burgess), 돈 윈슬로(Don Winslow), 폴 블레어(Paul Blair), 존 오스왈트(John Oswalt), 제스 코렐(Jess Correll), 윈스턴 한트베르크(Winston Handwerker) 등의 비전을 통해 하나님과 세상에 진 빚을 조금이나마 갚을 수 있는 매개체가 되어주었습니다.

이 책은 알버트(Albert), 버트(Bert), 조 루스(Joe Luce)의 재정적 지원과, 수많은 테이프를 필사할 수 있도록 도와준 애즈베리 대학교의 도움이 없었다면 편집할 수 없었을 것입니다. 엄청난 노력을 통해 실제로 이 작품을 만들어낸 사람은 손녀 크리켓 알버트슨(Cricket Albertson)입니다. 그녀는 나의 육체적, 지적, 영적 가족의 특별한 기쁨이자 소중한 구성원입니다. 이 모든 분과 수없이 많은 다른 분께 겸손한 마음으로 감사드립니다.

미국 켄터키주 윌모어에서
데니스 F. 킨로

1월 1일, 새해

이사야 43:16-21

"내가 모세에게 말한 바와 같이 너희 발바닥으로 밟는 곳은
모두 내가 너희에게 주었노니"(수 1:3).

새해는 희망을 줍니다. 우리는 새롭게 펼쳐지는 한 해를 바라보면서 지난 한 해보다 더 나은 해가 될 것이라고 믿고 싶어 합니다. 더 나은 것을 바라는 이러한 갈망은 하나님의 선물이자, 희망이 실현될 수 있게 하는 하나의 가능성이기도 합니다. 하나님은 이 한 해가 당신에게 최고의 해가 되길 바라십니다. 그 열쇠는 당신이 어디를 바라보는지에 달려 있습니다. 당신은 당신 자신만 바라보아서는 안 됩니다. 당신의 자원이 갑자기 늘어나지는 않기 때문입니다. 당신은 지금껏 경험해 보지 못한 그런 정도의 효율성과 성취를 가능하게 할 신선하고 새로운 자원을 필요로 합니다.

하나님은 모든 것을 새롭게 하길 원하시는 분이십니다. 그래서 우리는 우리가 그분을 알게 될 때 마주하는 혁신적인 가능성에 의해 그분을 알아볼 수 있습니다. 하나님은 미래가 현재보다 나을 것이라는 말씀과 함께 오십니다. 아브라함이 하나님을 만났을 때 하나님은 믿기 어려울 정도의 엄청난 약속을 그에게 주셨습니다. 그것은 아이를 낳을 수 없는 늙은 아내에게 자식을 주셔서 공허한 미래를 바꾸실 것이라는 약속이었습니다. 하나님께서 모세를 만나셨을 때는 그의 인생이 실패해 양치기로 끝나지 않을 것이라는 확신을 주셨습니다. 하나님은 그를 사용해 자기 백성을 해방시키실 것을 약속하셨습니다. 모세는 한 민족을 세우기 위해 하나님이 택하신 사람이었던 것입니다. 여호수아에게는 광야에서 방황하던 그분의 백성에게 미리 예비한 땅을 주실 것을 약속하셨습니다. 다윗에게는 그분의 백성에게 나라의 수도와 성전, 영원한 통치권을 주실 것을 알게 하셨습니다. 선지자들은 그 보좌에 앉으실 왕은 모세와 다윗보다 위대하실 것이고, 그분의 나라의 백성은 새롭게 변화된 마음을 지닐 것이기에 하나님의 뜻이 단지 외적 명령이 아닌 내적인 기쁨이 될 것임을 예언했습니다. 세례 요한은 이스라엘 백성에게 그런 하나님의 나라가 가까이 왔음을 알리는 것이 자신의 역할이라고 선언했습니다.

구약성경에서 하나님의 백성 됨의 징표는, 그들이 더 나은 미래를 바라보면서 확신과 기대를 가졌다는 데 있었습니다. 베들레헴, 갈보리, 부활절, 오순절 이후를 살아가고 있는 우리 역시 그러해야 하지 않겠습니까?

1월 2일, 만물을 새롭게 하노라

요한계시록 21장

"보좌에 앉으신 이가 이르시되 보라 내가 만물을 새롭게 하노라 하시고 또 이르시되 이 말은 신실하고 참되니 기록하라 하시고"(계 21:5).

어제 우리는 하나님의 백성이 바라보는 곳이 어디인지에 대해 말씀을 나누었습니다. 즉, 그들은 미래를 바라보며 기대합니다. 우리는 하나님과의 교제를 통해 지금까지 없었던 가장 좋은 미래를 주실 것이라는 약속을 받습니다. 물론 구약의 하나님의 백성들 중에는 그것을 알지 못했던 사람도 있습니다. 그런 부류에 속한 것 같은 사람 중 하나는 전도서 기자입니다. 그는 해 아래에는 새것이 없고, 이미 있던 것이 후에 다시 있으며, 모든 만물이 피곤하다는 것을 사람이 말로 다 할 수 없다(1:8-10)고 말합니다. 그러나 이런 경우는 구약에서 매우 드뭅니다.

- 시편 기자는 주님께서 새로운 찬송을 주심에 대해 말합니다(42:8).
- 이사야는 사람들에게 알려야 할 새 일(42:9)과 새 이름(62:2), 새 하늘과 새 땅(65:17; 66:22)에 대해 기록합니다.
- 예레미야는 새 언약과 아침마다 새로운 여호와의 인자와 긍휼을 선포합니다(31:31; 애 3:22-23).
- 에스겔은 새 영과 새 마음에 대해 말합니다(겔 11:19; 18:31; 36:26).

신약성경은 이 주제를 이어받아 다음을 약속합니다:

- 거듭남(벧전 1:3)
- 새 생명(롬 6:23)
- 새 사람(엡 4:24; 골 3:10)
- 새 계명(요 13:34)
- 새로운 살 길(히 10:20)
- 새로운 피조물(고후 5:17; 갈 6:15)
- 새 하늘과 새 땅(벧후 3:13; 계 21:1)

이 모든 말씀에 의하면, 성경이 "보라 내가 만물을 새롭게 하노라"(계 21:5)라는 하나님이 직접 하신 말씀으로 마무리되는 것은 놀라운 일은 아닙니다. 이것이 인간 역사를 통해 주신 마지막 말씀이기에, 하나님은 만물을 더욱 나은 것으로 만드시는 일을 결코 포기하지 않으실 것입니다. 그분은 영원한 새로움을 주시는 하나님이십니다.

그렇다면 전도서 저자의 침울한 말들은 어떻게 이해해야 할까요? 그는 우리가 생각한 것보다 훨씬 예리한 관찰자일 수 있습니다. 그는 해 아래에는 새것이 없다고 했는데, 그 말은 옳습니다. 우리와 자연에서는 진정한 새로움이 결코 나올 수 없습니다. 진정한 새로움은 우리를 초월하시는 분, 우리가 동행할 수 있는 특권을 지닌 하나님에게서 비롯됩니다. 우리는 모든 것을 새롭게 하시는 분은 성자 예수님이시기에 예수님 아래 있을 때 모든 것이 새롭다고 말해야 합니다.

1월 3일, 거룩하신 하나님

이사야 63장

"그들의 모든 환난에 동참하사 자기 앞의 사자로 하여금 그들을 구원하시며 그의 사랑과 그의 자비로 그들을 구원하시고 옛적 모든 날에 그들을 드시며 안으셨으나"(사 63:9).

우리는 하나님이 우리의 삶에 함께하심에서 비롯되는 가능성을 생각해 보았습니다. 그러나 그 함께하심은 결코 우리가 당연하게 여길 만큼 언제나 보장되는 것이 아닙니다. 거기에는 조건이 있기 때문입니다. 구약성경 전체가 그 조건이 무엇인지 보여 줍니다.

그것은 하나님은 유일한 하나님이시며, 우리의 삶에서 그분과 다투는 어떤 경쟁자도 없어야 한다는 것입니다. 우리가 하나님께 드려야 할 우리의 중심에 다른 것이 침범하도록 허락한다면 하나님은 노하시고 가슴 아파하십니다. 우리가 어떠한 것이라도 하나님의 권리와 자리를 침해하도록 허락한다면 우리는 그로 인해 고통을 피할 수 없을 것이기에 하나님은 슬퍼하십니다. 시편 기자는 이 사실을 알았습니다. 그래서 시편 16편 4절에서 "다른 신에게 예물을 드리는 자는 괴로움이 더할 것이라"라고 하면서, 자신은 두 마음을 지닌 자들이 바치는 제물과 찬양에 동참하지 않겠다고 말합니다. 그는 여호와만이 주님이시기에, 만약 하나님의 다스림 속에 있지 않다면 심지어 선한 것도 더는 선하지 않은 것이 된다고 고백합니다. 예수님께서 우리가 먼저 하나님의 다스리심을 구해야 한다고(마 6:33) 강조하신 것은 바로 그 때문입니다.

하나님만이 유일한 하나님이시고, 또 거룩한 분이십니다. 그분은 더러운 모든 것과 더럽게 하는 모든 것을 혐오하십니다. 거룩하신 그분은 소멸하는 불이십니다. 그러나 불과 같은 그분의 특징은 본래 인간을 파괴하기 위한 것이 아니었습니다. 그 불은 하나님께서 이사야에게 행하신 것(사 6:5-7)과 같이 우리를 깨끗하게 하시는 수단이었습니다. 우리가 죄와 더러움을 버리고 우리와 함께하시는 하나님의 임재를 더 귀중히 여긴다면, 그분은 우리의 더러움을 소멸해 우리를 정결하게 하실 것입니다. 그러나 우리가 하나님이 아닌 우리의 죄를 더 중요하게 여긴다면, 하나님의 함께하심은 우리가 고집하는 그 부패로 인해 우리에게 파멸적인 것이 되고 맙니다.

이스라엘이 예레미야의 훈계를 받아들이지 않자, 하나님께서는 에스겔로 하나님의 임재가 예루살렘을 떠나는 것을 목도하게 하셨습니다. 에스겔은 하나님의 영광, 그분의 거룩하신 임재가 지성소의 법궤 위 그룹에서 올라와 성전 문지방에 이른 후, 예루살렘을 떠나 먼 산 꼭대기로 옮겨 가시는 것을 보았습니다. 하나님께서 그 백성을 떠나신 것입니다(겔 10:1-20). 그 결과는 성전 파괴와 예루살렘 성의 멸망, 그리고 이스라엘의 칠십 년 바벨론 포로 생활이었습니다. 거룩하신 하나님은 이스라엘의 죄와 함께하실 수 없었기 때문입니다.

이 모든 것의 묘미는 우리가 죄를 경험하고 그로 인해 보응을 받는 것보다 하나님의 함께하심이 더 낫다는 데 있습니다. 그리고 하나님께서는 우리를 깨끗하게 할 능력이 있습니다. 찰스 웨슬리는 이를 알았기에 다음과 같이 찬양했습니다.

> 내 죄의 권세 깨뜨려 그 결박 푸시고,
> 이 추한 맘을 피로써 곧 정케 하셨네

거룩하신 하나님께서 우리를 깨끗하게 하신다면 우리 역시 찬양할 이유가 있습니다.

1월 4일, 주의 얼굴을 뵈오리니

요한계시록 22:1-5

"나는 의로운 중에 주의 얼굴을 뵈오리니
깰 때에 주의 형상으로 만족하리이다"(시 17:15).

나는 미켈란젤로의 작품을 보면 한결같이 매료되곤 합니다. 한번은 로마의 시스티나 성당에 들러 잠시 시간을 보내게 되었습니다. 그 아름다움에 대한 기억을 조금이나마 간직하고 싶은 마음에 나는 멋진 사진 몇 장을 구입했습니다. 그중에 하나님께서 인간을 창조하시는 그 유명한 장면이 있었습니다. 미켈란젤로는 사람의 형체를 그리는 일에 탁월했는데, 이 그림에서 아담은 강하고 건장하며 원기왕성해 보이지만 생기는 없습니다. 하나님께서 손가락을 펴 그에게 대는 순간 생명의 불꽃이 아담에게 들어갑니다. 아담의 얼굴은, 하나님의 손가락에서 생명의 불꽃을 받아 그의 영혼에 의식이 생기고 눈을 떴을 때 맨 처음 하나님의 얼굴이 보이는 자세로 되어 있습니다. 이처럼 하나님의 손가락에서 생명을 얻고 그의 얼굴을 바라보는 이것이 바로 인간이 살아가야 할 방식입니다.

어두운 데에 빛이 비치라 말씀하시고, 예수 그리스도의 얼굴에 있는 하나님의 영광을 아는 빛을 우리 마음에 비추시는 분이 하나님이시기 때문입니다(고후 4:6).

1월 5일, 내가 친히 가리라

출애굽기 33장

"내가 친히 가리라 내가 너희를 쉬게 하리라"(출 33:14).

모세는 예수님 다음으로 가장 위대한 사람이었을 것입니다. 그는 친밀하게 하나님과 동행하고 대화했으며, 사람이 그의 친구를 아는 것같이 하나님을 알았습니다. 출애굽 때와 광야에서 방황하는 기간에 하나님은 모세에게 직접 말씀하셨고, 모세는 하나님께서 개인적으로 함께하시는 가운데 많은 시간을 보냈습니다. 하나님께서 처음으로 자신의 이름을 밝히신 사람이 모세였으며, 자신의 율법을 주신 사람도 모세였습니다. 하나님께서는 모세를 통해 이스라엘 백성을 인도하고 그들의 필요를 채워 주셨습니다.

하나님과 모세의 관계는 친밀하고도 상호적이었습니다. 출애굽기 32-34장은 이스라엘 백성이 여호와를 배반하고 금송아지를 섬기자, 여호와께서 그들을 멸망시키려 하신 슬픈 이야기를 들려줍니다. 이때 모세가 이스라엘 백성을 위해 중보하자 하나님은 그 뜻을 돌이키셨습니다. 그리고 이스라엘 백성을 어디로 인도해야 하는지 모세에게 지시하셨습니다. "너희를 젖과 꿀이 흐르는 땅에 이르게 하려니와 나는 너희와 함께 올라가지 아니하리니 너희는 목이 곧은 백성인즉 내가 길에서 너희를 진멸할까 염려함이니라"(출33:3).

모세는 하나님의 함께하심 없이는 여정을 계속하려 하지 않았습니다. 그는 하나님께서 동행하시는 것의 필연성과 가치와 즐거움을 알았기 때문에, 하나님 없이 백성과 이동하거나 백성을 이끌려 하지 않은 것입니다. 그는 하나님께 "주께서 친히 가지 아니하시려거든 우리를 이곳에서 올려 보내지 마옵소서"(출 33:15)라고 간구했습니다.

그러자 하나님께서는 승락하시고 "내가 친히 가리라"라고 말씀하셨습니다. 히브리어 원문에는 이 구절이 "내 얼굴이 너희와 함께 가리라"(My face will go with you)라고 되어 있습니다.

새해의 여정을 시작하면서 하나님의 얼굴이 참으로 당신과 함께하고 있습니까, 아니면 하나님의 얼굴 없이 홀로 여정을 나서고 있습니까? 얼굴은 놀라운 것이어서 목소리보다 더 크게 말하고, 손보다 더 부드럽게 만질 수 있습니다. 하나님은 우리가 그분의 얼굴에서 우리를 향한 그분의 뜻이 무엇인지, 그분을 기쁘시게 하는 것이 무엇인지, 그분을 슬프게 하는 것이 무엇인지 볼 수 있도록, 하나님과 얼굴을 마주 보는 관계로 살아가기를 원하십니다.

예수 그리스도 안에서 우리는 성령의 계시를 통해 하나님의 얼굴을 봅니다. 우리는 하나님의 얼굴을 느끼고 그분이 함께하심을 느낄 수 있는 방식으로 매일을 살아야 합니다. 하나님과 얼굴을 마주할 수 있음에도, 하나님 없이 홀로 이 한 해를 시작하지 마십시오.

1월 6일, 하나님의 함께하심을 구하라

출애굽기 33장

"주의 길을 내게 보이사 내게 주를 알리시고"(출 33:13).

출애굽기 33장에서 하나님은 이스라엘 백성에게 여정을 꾸리고 앞으로 전진하라고 말씀하십니다. 하나님은 그들을 약속의 땅으로 인도하려 준비하십니다. 모세는 여호와의 지시를 주의 깊게 들은 후 즉시 그분께 반응합니다. 그는 하나님께서 누구를 보내셔서 이스라엘 백성을 지도하는 무거운 짐을 함께 지며 자신을 돕게 하시려는지 알고 싶었습니다. 이스라엘 백성의 끊임없는 불평과 죄, 비난에 그는 몹시 지쳐 있었습니다. 모세는 자신의 절실한 필요를 알았기에, 하나님께서 함께해 주시기를 갈망했습니다.

이에 하나님은 모세를 안심시키시며 "내가 친히 너희와 함께 가리라"라고 말씀하십니다.

모세는 감사하면서 필사적으로 여호와께 부르짖습니다. "원하건대 주의 길을 내게 보이사 내게 주를 알리소서."

모세의 상황을 잠시 생각해 봅시다. 그는 떨기나무에 불이 붙었으나 타지 않는 것을 보았습니다. 그리고 그 떨기나무에서 누구의 것인지 알 수 없는 목소리를 들었습니다. 손에 든 지팡이를 던지라는 지시를 따르자 그 지팡이가 뱀으로 변하는 것을 보았습니다. 그는 재앙이 연이어 일어나는 것을 목격했습니다. 막강한 힘을 가진 바로 왕이 꺾이고 낮아지는 것을 보았습니다. 또 바다 앞에 서서 그의 백성이 안전하게 지날 수 있도록 물이 갈라지는 것을 보았습니다. 그는 자신의 명령으로 바위에서 흘러나온 물을 마셨습니다. 그리고 만나와 메추라기라는 놀라운 양식으로 하루하루를 살았습니다. 그는 연기가 자욱하고 불타는 산 꼭대기에서도 땀을 흘리지 않았고, 하나님의 손에서 직접 그분의 율법을 받았습니다. 그는 이 모든 일을 보았으면서도 오직 하나님 그분을 더 잘 알게 해주시기를 간구했습니다. 그가 알고 싶어 한 것은 이 모든 기적의 원천이 되시는 그분이었습니다. 그는 하나님을 인격적으로 알기 원했습니다.

우리 대부분은 하나님의 불꽃놀이를 즐기려 하지만, 모세는 그 모든 것을 보았음에도 마음으로 무엇인가를 더 갈망했습니다. 바로 하나님 그분이었습니다. 당신의 마음은 하나님의 표적을 갈망합니까, 아니면 하나님 자신을 갈망합니까?

1월 7일, 미래를 향해 뒷걸음질하기

이사야 30:18-21

"이 하나님은 영원히 우리 하나님이시니
그가 우리를 죽을 때까지 인도하시리로다"(시 48:14).

히브리어에서 미래는 사람의 앞이 아니라 뒤에 있는 것입니다. 히브리인들은 미래를 향해 당당히 걷는 것이 아니라, 미래로 더듬거리며 뒷걸음질해 들어간다고 말합니다. 우리는 과거는 볼 수 있어도 미래는 볼 수 없기에, 정확히 우리의 발이 어느 곳에 닿을지 모르기 때문입니다. 인생의 불확실성을 정확히 묘사하고 있는 것 같지 않습니까? 그리스도께서는 과거와 함께 미래도 볼 수 있으시기에 우리가 그분의 손을 잡기를 바라십니다. 그분은 시간의 장벽을 초월하는 분이시며, 어제와 오늘의 주님이신 것처럼 내일의 주님이십니다. 그분은 우리의 각 발걸음이 어디로 갈지 정확히 아실 수 있습니다. 하나님의 손을 붙잡는 것은 결코 비이성적인 일이 아닙니다. 인생에서 우리의 시야가 얼마나 제한적인지를 고려한다면, 그보다 이성적인 선택은 없습니다. 우리가 하나님 없이 홀로 미래로 나아가기를 택한다면 우리는 분명 파괴적인 무엇인가를 향해 뒷걸음질하게 될 것입니다.

    그리스도인으로서 당신은 미래에 무엇이 기다리고 있는지는 알 수 없지만, 누가 당신의 손을 붙잡고 있는지는 압니다. 당신이 잘못된 곳에 발을 내디디려 한다면, 그분은 당신의 걸음을 멈추게 하신 후 다른 방향으로 당신을 이끄실 것입니다. 그는 자주 뒷걸음의 방향을 바꾸어 주실 것이고, 어느 순간 그분이 당신을 이끌어 오신 길을 되돌아보면, 그분이 단 한 번도 당신을 막다른 골목이나 해가 되는 곳으로 인도하지 않으셨다는 것을 깨닫게 될 것입니다. 그리고 그분의 손을 붙든 채 여정의 끝에 도달하면, "나는 단 하루도 헛되게 살지 않았어."라고 말할 수 있을 것입니다.

    그리스도인의 삶의 핵심은 그리스도의 손에 당신의 손을 포개고, 그분 없이 홀로 인생의 방향을 결정할 모든 권리에 등을 돌리는 것입니다. 그럴 때 당신의 미래는 그분의 것이 되고, 그분이 당신을 이끄실 것입니다.

1월 8일, 각 사람의 은사

출애굽기 38:22-23

"여호와께서 모세에게 말씀하여 이르시되
내가 유다 지파 훌의 손자요 우리의 아들인 브살렐을 지명하여 부르고
하나님의 영을 그에게 충만하게 하여
지혜와 총명과 지식과 여러 가지 재주로"(출 31:1-3).

자신과 다른 사람을 평가할 때는 특히 조심하십시오. 우리는 자신의 관심사나 강점이라는 기준으로 남을 판단하기 쉽기 때문입니다. 그러나 당신이 가장 가치 없게 여기는 바로 그 사람이, 언젠가 당신이 꼭 필요로 할 그 은사를 가지고 있을 수 있습니다.

나는 대학교에서 가르칠 때 공부에 익숙하지 않은 한 학생과 친분을 맺었습니다. 그는 하나님께서 자신을 목회 사역으로 부르셨다고 확신했지만, 필수 과목인 헬라어 때문에 힘들어했습니다. 대학을 졸업하는 것도 어려웠지만, 대학원의 필수 조건을 충족시키는 일은 더욱 힘에 부쳤습니다. 하지만 그에게는 기계를 다루는 재능이 있었습니다. 덕분에 철학 교수님은 오랫동안 아무 문제없이 차를 사용하실 수 있었습니다.

그 친구는 한 작은 마을 교회의 목사가 되었습니다. 그와 함께 있는 동안 나는 성도들이 그를 사랑한다는 것을 알 수 있었습니다. 그런데 대화 중에 그가 이렇게 말했습니다. "우리 마을에는 자동차 정비소가 하나 있습니다. 저는 자주 그곳에 들러 정비사를 만나곤 하는데, 사실은 자동차 밑에 들어가 손에 기름을 묻히고 싶기 때문입니다."

그가 선교지에서 섬기기 위해 지원한다고 들었을 때 나는 놀라지 않았습니다. 나중에 그의 선교지를 관할하는 분이 내게 이런 말을 했습니다. "그가 없었다면 우리가 제대로 사역을 할 수 있었을 지 모르겠습니다. 그는 우리 사역에 매우 긴요한 모든 기계들이 정상적으로 작동하도록 관리해 주는데, 그것은 대학원을 졸업한 우리 중 그 누구도 할 수 없는 일입니다. 그리고 그는 우리의 비행기 조종사이기도 합니다. 어떤 응급 상황에서도 그는 우리에게 없어서는 안 될 가장 중요한 사람입니다. 그의 마음가짐 또한 너무 훌륭해서 이곳 사람들은 모두 그를 좋아합니다."

하나님께서 우리를 이곳에 두신 것은 무엇인가를 행하려는 그분의 뜻이 있기 때문이고, 모든 사람에게는 그만의 자리가 있습니다. 당신의 은사가 다른 사

람의 것과 다르다고 낙심하지 마십시오. 당신에게 적합한 자리를 찾으십시오. 또 다른 사람의 은사가 당신의 것과 다르다고 멸시하지 마십시오. 지금은 그 사람이 필요하지 않을 수 있지만 언젠가는 필요할 것입니다. 우리는 각 사람에게 어느 정도의 기대와 가능성, 유쾌함을 가지고 대해야 합니다. 브살렐을 떠올려 보십시오. 어느 누가 하나님께서 예술가이자 디자이너이며 건축가인 그를 광야에서 사용하실 것이라고 생각이나 했겠습니까?(출 31:1-11)

1월 9일, 정체성

사도행전 26:1-18

"예수 그리스도의 종 바울은 사도로 부르심을 받아 하나님의 복음을 위하여 택정함을 입었으니"(롬 1:1).

그리스도를 만나면 두 가지의 계시를 받습니다. 첫 번째는 예수님에 대한 계시입니다. 우리는 그분이 주님과 구원자이심을 깨닫습니다. 그가 누구신지 그리고 우리를 위해 무엇을 하기 위해 오셨는지를 알게 됩니다. 그러나 그것이 전부가 아니며 두 번째 계시가 있습니다. 우리 자신이 누구인지를 발견하는 것입니다. 이 깨달음은 이중적입니다. 곧 우리가 죄인임에도 그리스도께서 사랑하시고 구원하셨다는 사실을 알고, 우리 존재의 목적이 그분을 섬기는 것임을 이해하게 됩니다.

바울은 이 두 가지 계시 모두를 받았고 또 이해했습니다. 그는 다메섹으로 가는 길에서 예수님을 만났습니다. 그 순간에 그가 알게 된 것은 매우 충격적이었습니다. 자신이 신성모독자로 여겨 증오하던 그분이 정말 주님과 메시아, 곧 사랑으로 자신을 구원하기 위해 오신 분이셨던 것입니다. 바울은 또한 자기 자신이 누구인지 알게 되었습니다. 그는 죄인이었습니다. 스스로 보기에도 그는 죄인 중에 괴수였습니다(딤전 1:15). 그리스도의 교회를 박해했기 때문입니다. 그뿐 아니라 바울은 자신이 어떤 사람이 될 것인지를 알게 되었습니다. 바로 사도입니다. 이러한 자기 이해는 그의 삶을 정의하는 특징이 되었습니다. 그가 쓴 것으로 전해지는 열세 개의 편지 중 아홉 개는 자신이 사도임을 말하는 것으로 시작하고, 한 편지에서는 자신을 그리스도의 종이라고 칭합니다. 또 다른 편지에서는 자신이 "그리스도 예수를 위하여 갇힌 자"(몬 1:1)라고 말합니다. 그리스도를 만났을 때 바울은 그리스도께서 누구시며 무엇을 하기 위해 오셨는지, 그리고 자신은 누구며 이 세상에서 무엇을 해야 하는지 발견한 것입니다.

당신 자신이 누구인지와 세상에서 당신의 역할이 무엇인지를 생각할 때, 또는 누군가 당신이 어떤 사람인지 알고 싶어 할 때, 당신은 예수님을 만나 깨닫게 된 것으로 당신 자신을 정의합니까? 바울이라면 그렇게 해야 한다고 말했을 것입니다.

1월 10일, 나를 사용하소서

예레미야 20장

"내가 너를 모태에 짓기 전에 너를 알았고 네가 배에서 나오기 전에 너를 성별하였고 너를 여러 나라의 선지자로 세웠노라"(렘 1:5).

예레미야 선지자는 용기가 필요한 시대에 살았던 소심한 사람이었습니다. 하나님께서 그를 그분의 사자가 되도록 부르셨을 때 그는 자신이 너무 어려서 할 수 없다고 답했습니다. 예레미야는 사역 도중에도 때때로 하나님께서 부르신 소명의 중압감에서 도망치고 싶었습니다. 한번은 조용히 침묵함으로 자신 속에 있는 하나님의 음성을 선포하지 않으려 했습니다. 하지만 그의 마음에서 하나님의 메시지가 뜨겁게 타올라, 결국 더는 침묵하지 못하고 진리의 말씀을 선포할 수밖에 없었습니다. 때론 자신이 아예 태어나지 않았으면 하고 생각하기도 했습니다. 그의 사명은 쉽지 않은 것이었고, 자신이 거기에 적합해 보이지 않았기 때문입니다. 하나님은 놀라운 방식으로 연약한 도구들을 사용해 그분의 뜻을 이루어 가십니다. 예레미야는 인간적인 연약함이 있는 사람이었지만 하나님의 선택을 받은 도구였습니다. 예레미야의 첫 장은 그의 거룩한 사명에 대해 말씀합니다.

"뽑고 파괴하며 파멸하고 넘어 뜨리며 건설하고 심게 하였느니라"(렘 1: 10).

이처럼 연약하고 소심하며 쉽게 위축되는 사람에게, 하나님께서 이스라엘의 기존 질서를 심판하실 것을 선포하고 새로운 나라를 위해 길을 예비하는 임무가 주어졌습니다. 사역하는 내내 저항에 부딪히고 의심받고 멸시당하며 홀로 서야 했습니다. 예레미야는 사람이 가장 많이 모이는 장소와 때에 말씀을 전해야 했습니다. 그는 학대당하고 감옥에 갇혔으며 마지막에는 (전승에 의하면) 말씀을 전한 것 때문에 순교를 당했습니다. 그러나 예수님께서 오시자 어떤 사람들은 그분을 부활한 예레미야라고 생각했습니다(마 16:14).

예레미야 이야기의 묘미는 그의 고난이 헛되지 않았다는 데 있습니다. 예레미야는 이스라엘의 다른 어떤 선지자보다도 예수님과 십자가를 이해하는 데 필요한 영적이고 지식적인 디딤돌이 되었습니다. 이사야 선지자가 특별히 이사야서 53장에서 그리스도께서 받으실 고난을 말로 표현했다면, 예레미야는 그 삶으로 그리스도께서 받으실 고난을 보여 주었습니다. 그의 연약함과 약점이 이스라엘이 그리스도를 이해하도록 돕는 방법이 된 것입니다.

당신의 연약함과 약점을 멸시하지 마십시오. 그것을 온전히 그리스도께 드리면 당신의 가장 소중한 자산이 될 수 있습니다. 그리스도께 드린 제물이 되면 그 어떤 고통도 헛되지 않습니다.

1월 11일, 이전과 이후

디도서 3장

"우리가 다 수건을 벗은 얼굴로 거울을 보는 것같이 주의 영광을 보매
그와 같은 형상으로 변화하여 영광에서 영광에 이르니
곧 주의 영으로 말미암음이니라"(고후 3:18).

하나님은 단지 우리를 용서만 하는 것이 아니라, 회복시키고 새로운 피조물로 만들기 원하십니다. 용서는 그 첫 단계입니다. 그것은 서로를 이간하는 요소를 제거합니다. 하나님은 우리가 그분께 반역한 잘못을 용서하시고 잊으십니다. 그래서 우리를 보실 때도 노하지 않으십니다. 우리는 그분의 용서를 받아들입니다. 그러면 우리는 하나님께로 향하더라도 두려워하거나 죄책감에 눌리지 않게 됩니다. 우리와 하나님 사이의 인격적인 관계가 온전하고 건강하며 자유롭게 됩니다. 하지만 하나님은 우리와 그보다 더 나은 관계를 맺기 원하십니다. 그분은 우리가 과거와는 전혀 다른 미래를 살아갈 수 있도록 우리를 변화시키기 원하십니다.

용서와 회복은 동전의 양면과 같습니다. 구원은 단지 과거에 저지른 잘못의 기록을 지우는 것만이 아니라, 우리를 변화시킵니다. 구원은 우리의 죄성, 곧 행동으로 죄를 짓게 만드는 우리의 어그러진 본성을 다룹니다. 그리고 우리의 행위뿐 아니라 존재에도 영향을 끼칩니다. 바울은 제자 디도에게 쓴 편지에서 이점을 분명하게 밝힙니다. 그가 사용한 표현에 주목하십시오. "우리도 전에는 어리석은 자요 순종하지 아니한 자요 속은 자요 여러 가지 정욕과 행락에 종노릇한 자요"(딛 3:3). 그리스도인은 자랑할 수 없는 과거가 있지만 그것이 미래를 결정하지 않습니다. 바울은 분명히 말합니다. "우리 구주 하나님의 자비와 사람 사랑하심이 나타날 때에 우리를 구원하시되"(딛 3:4-5). 이 변화는 "중생의 씻음과 성령의 새롭게 하심"을 통해 이루어집니다. 우리는 이제 하나님과의 새로운 관계뿐 아니라 새로운 생명을 얻습니다. 그 생명은 우리 안에 있는 하나님의 생명입니다.

그러므로 나의 현재는 과거와 다릅니다. 이는 과거의 내 삶의 원천과 이후의 원천이 다르기 때문입니다. 과거에는 하나님 없는 '나 자신'이 삶의 원천이었다면, 이후에는 내 안에 살아 계신 하나님의 생명이 삶의 원천입니다. 둘 사이에 큰 차이가 있다는 것은 전혀 놀라운 일이 아닙니다.

1월 12일, 서로에 대한 신뢰

빌립보서 1장

"너희 안에서 착한 일을 시작하신 이가
그리스도 예수의 날까지 이루실 줄을 확신하노라"(빌 1:6).

초대 교회의 특징 중 하나는, 바울과 빌립보 신자들의 관계에서 알 수 있듯, 신자들은 바울을 신뢰하고 바울은 그들을 신뢰한 것입니다. 서로에 대한 이 신뢰는 그들이 모두 하나님을 신뢰한 것에서 비롯되었습니다. 한 사람을 그의 가치를 보고 신뢰하는 것은 위험합니다. 다른 사람이 내 가치 때문에 나를 신뢰하는 것도 마찬가지입니다. 사람은 상한 갈대와 같아 서로를 실망시킬 수밖에 없습니다. 만약 사람이 서로를 실망시키지 않을 것이라는 희망이 있다면, 그것은 오직 하나님의 선하심과 신실하심, 능력에 토대를 둔 것이어야 합니다.

빌립보서 1장 6절에서 바울의 메시지는 분명합니다. "너희 안에서 착한 일을 시작하신 이가 그리스도 예수의 날까지 이루실 줄을 우리는 확신하노라." 바울은 빌립보 교회에 대한 자신의 신뢰가 예수 그리스도께 기초해 있음을 말한 것입니다.

용기를 내십시오! 성부 하나님께서 사람을 신뢰하시는 것은 예수님께서 속죄의 피를 흘리셨기 때문입니다. 당신 안에서 착한 일을 시작하신 그분은 그 일을 끝까지 이루실 것입니다. 그분은 당신을 찾으셨고 자신에게로 이끄셨습니다. 그리고 당신의 마음에 신뢰를 심으셨고, 이제 당신 안에서 시작하신 일을 끝까지 이루실 것입니다.

우리가 서로에게서 발견하는 기쁨은 하나님께서 우리 삶에 행하시는 일로 인해 더 커질 것입니다. 나는 그분을 신뢰하기 때문에 당신을 신뢰합니다!

1월 13일, 바울의 기도

빌립보서 1장

"내가 예수 그리스도의 심장으로 너희 무리를 얼마나 사모하는지 하나님이 내 증인이시니라 내가 기도하노라 너희 사랑을 지식과 모든 총명으로 점점 더 풍성하게 하사"(빌 1:8-9).

바울은 사랑하는 이들을 위해 기도하면서, 그리스도를 본받는 삶을 사는 데 꼭 필요한 세 가지를 그들에게 주시기를 간구합니다. 사랑, 지식, 분별력이 그것입니다.

    존 웨슬리는 다음과 같이 적었습니다. "누군가 사랑 이외의 것을 설교한다면 목적을 벗어난 것입니다. 당신이 가장 필요로 하는 것은 하나님의 충만한 사랑으로 채워져 사랑 안에서 온전하게 되는 것입니다. 만약 그렇게 된다면 그것이 하나님의 모든 율법을 완성하는 것입니다(롬 13:10)." 사도 바울은 빌립보 교회 성도들이 하나님의 사랑을 이미 알고 있지만 더 깊이 알게 되기를 바랐습니다. 그래서 사랑, 더 정확히 말하자면 거룩한 사랑이 그들 삶에서 흘러 넘치게 되기를 기도합니다. 거룩한 사랑이 무엇입니까? 하나님을 사랑할 뿐 아니라, 다른 사람의 허물을 덮고 자신보다 다른 사람을 더 낫게 여기는 방식으로 다른 사람들을 사랑하는 것입니다.

    계속해서 바울은 빌립보 교회 성도들에게 필요한 것은 거룩한 사랑만이 아니라고 말합니다. 그들의 사랑에는 지식이 더해져야 했습니다. 바른 지식이 없는 사랑은 도리어 해가 될 수 있습니다. 지식은 정보를 얻고 우리 삶으로 그 정보가 의미하는 내용을 경험하는 데서 생겨납니다. 바울은 빌립보인들이 그냥 사랑하는 것이 아니라, 지식에 기반해 사랑하기를 바랐습니다.

    세 번째로 바울이 빌립보 성도들이 갖게 되기를 바란 것은 분별력입니다. 그는 그들이 지식을 어떻게 지혜롭게 사용해야 하는지 알 필요가 있음을 깨달았습니다. 분별력을 갖는 열쇠는 성령과 친밀하게 교제하는 것입니다. 거룩한 사랑, 지식, 분별력을 대체할 수 있는 것은 없습니다. 오직 하나님만이 거룩한 사랑을 주실 수 있고, 지식은 우리가 그 사랑 속에서 살면서 배울 때 주어지며, 분별력은 우리가 진리의 성령께 우리 자신을 열어 놓음으로 사랑과 지식이 하나 될 때 생깁니다. 그렇게 되면 사랑은 지혜롭게 되고, 삶은 창조적이고 풍성해질 것입니다.

1월 14일, 예상하지 못한 사랑

마가복음 8:27-38

"이제는 우리 구주 그리스도 예수의 나타내심으로 말미암아 나타났으니 그는 사망을 폐하시고 복음으로써 생명과 썩지 아니할 것을 드러내신지라 내가 이 복음을 위하여 선포자와 사도와 교사로 세우심을 입었노라"(딤후 1:10-11).

예수님 시대에 이스라엘 백성은 하나님의 방식대로 생각하지 않았기 때문에, 하나님이 이 세상에 오셨을 때 그를 십자가에 못 박아 죽였습니다. 그들은 자신들이 기대한 것과 달랐기 때문에 예수님을 배척했습니다. 메시아가 어떤 모습으로 오실지 잘 안다고 스스로 생각했던 것입니다. 예수님이 기대를 충족시키지 않자, 그들은 그분이 위험한 이단이라고 판단해 그를 죽였습니다. 예수님은 제자들의 기대에도 맞지 않았습니다. 제자들은 예수님을 십자가에 못 박지는 않았지만 그분을 버렸습니다. 그들은 싸워야 할 때 등을 돌리고 달아났습니다.

제자들이 예수님을 버린 가장 큰 이유는 예수님과 같은 방식으로 생각하지 않았기 때문입니다. 그들은 그분을 이해하지 못했습니다. 그분은 메시아가 행할 것이라고 생각한 방식으로 행동하지 않았고, 그것이 그들을 당혹스러움과 혼돈에 빠뜨렸습니다.

제자들이 이해할 수 없었던 것 중 하나는 하나님의 사랑의 위대함, 곧 하나님께서 인류를 구원하기 위해 베푸시는 사랑의 놀라운 크기였습니다. 그들은 하나님께서 그 정도의 희생을 감수하실 것이라고는 전혀 예상하지 못했습니다. 하나님이 그들의 예상을 뛰어넘으셨기에, 그들은 도무지 그분의 사랑의 위대함을 이해할 수 없었습니다.

하나님께서는 우리를 구원하기 위해 스스로 어떤 일까지 행하셨습니까? 그분은 기꺼이 인간의 모습을 취하셔서 우리 인간들이 마음으로 그분을 그려볼 수 있도록 하셨습니다. 또 우리로 인간이 되신 하나님을 눈으로 볼 수 있게 하심으로, 그분의 말씀을 우리가 이해할 수 있게 하셨습니다. 하나님의 사랑도, 인류를 위해 자신의 모습까지 바꾸신 일도 모든 제자의 기대를 완전히 뛰어넘은 것이었습니다. 그들은 이러한 희생적인 사랑에 어떻게 해야 할지 알 수가 없었습니다.

1월 15일, 창조와 구원의 하나님

요한복음 1:1-5

"시온아 여호와는 영원히 다스리시고
네 하나님은 대대로 통치하시리로다"(시 146:10).

시편에는 구원자 하나님과 창조주 하나님이라는 두 주제가 종종 함께 엮여 있습니다. 구약성경의 하나님은 모든 것의 창조주이시기에, 단지 인간만이 아닌 모든 것의 구원자이십니다. 어떤 것도 하나님이 만들지 않으신 것은 없습니다. 그리고 그분은 모든 것을 만드셨을 뿐 아니라 보존하십니다. 그분은 유일한 하나님이시며, 존재하는 모든 것은 그분께 의존해 있습니다. 하나님이 구원하시는 대상이 자신의 창조 세계라면, 구원을 이루실 장소는 역사입니다. 그분은 홀로 하나님이시기에 비길 자가 없으며, 최고이자 유일한 분이십니다. 그러므로 누구도 그분을 피할 수 없습니다. 내가 원하든 원하지 않든 그분이 다스리실 것입니다.

이 창조주이자 구원자이신 하나님은 어떤 분이십니까? 시편 146편은 그분의 의로우심과 선하심을 말씀합니다. 그분은 고아, 억눌린 자, 굶주린 자, 갇힌 자, 눈먼 자, 상한 자, 나그네, 과부를 돌보십니다. 그분은 진리의 영원한 수호자이시기에 의로운 자를 사랑하시고 악한 자의 길을 뒤엎으실 것입니다. 그분만이 홀로 하나님이시며, 그분이 영원히 통치하실 것입니다. 이 하나님이 시편 기자와 그분의 백성의 하나님이십니다. 시편 기자가 그분을 찬양할 수밖에 없는 것은 결코 놀라운 일이 아닙니다. 그분은 최고로 선하신 하나님이십니다.

1월 16일, 뛰어넘을 수 없는 간격

창세기 5장

"여호와 하나님이 땅의 흙으로 사람을 지으시고
생기를 그 코에 불어넣으시니 사람이 생령이 되니라"(창 2:7).

고대의 다른 종교들도 성경에서 볼 수 있는 것과 유사한 족보를 가지고 있습니다. 하지만 성경의 족보는 한 가지 다른 점이 있습니다. 고대 근동 지역의 다른 종교들의 족보를 맨 처음까지 거슬러 올라가면 그 첫 지도자는 언제나 특정 신의 자손입니다. 신성과 인성 사이의 큰 간격이 메워져 두 존재가 매우 가깝고 연속적인 존재가 되는 것입니다. 신들이란 단지 초인적 존재일 뿐, 인간에게 고통을 가져온 모든 종류의 악에 똑같이 붙들려 고통받습니다.

그러나 히브리인들은 그들과 다른 것을 믿었습니다. 성경은 인류의 시조는 신적 존재가 아닌 사람이라고 기록합니다. 역사는 창조된 존재, 곧 흙에서 지음 받은 한 사람에게서 시작됩니다.

사람들은 인류가 신성을 지녔다고 믿을 때 생명을 더 존중할 것이라고 생각하지만, 실상은 그렇지 않습니다. 사람은 자신의 연약함을 알 때, 하나님께서 자신과 전혀 다른 인간과 관계를 맺으시기 위해 스스로를 낮추신 것이 하나님의 놀라운 사랑에서 비롯되었음을 깨달을 수 있습니다. 그리고 우리가 인간들을 향한 하나님의 놀랍고 무엇과도 비교할 수 없는 사랑을 이해하게 되면, 우리 역시 그분이 사랑하시는 방식대로 다른 사람을 사랑하고자 소원하게 됩니다.

우리는 우리를 사랑하시는 하나님의 선하심을 알고 있으며, 그분이 사랑하시는 다른 사람들에게 그 선하심을 함께 나누는 삶을 살고 있습니까?

1월 17일, 너희 섬길 자를 오늘날 택하라

여호수아 24장

"너희 조상들이 강 저쪽편에서 섬기던 신들이든지
또는 너희가 거하는 땅에 있는 아모리 족속의 신들이든지
너희가 섬길 자를 오늘 택하라 오직 나와 내 집은 여호와를 섬기겠노라"(수 24:15).

여호수아서의 마지막 두 장은 이스라엘 백성을 향한 여호수아의 마지막 말로 마무리됩니다. 이스라엘이 약속의 땅에 거하고 있는 상황에서 여호수아는 죽기 전 이스라엘과 여호와 하나님 사이의 언약을 갱신하기를 원합니다. 그는 언약의 역사를 돌이켜 살펴보면서 이스라엘 백성을 향한 하나님의 신실하심에 대해 말합니다. 그러면서 그들이 여호와를 섬길 것인지 아닌지 분명히 선택하라고 촉구합니다. 여호수아는 자신이 죽고 나면 이스라엘이 가나안 족속과 타협하고자 하는 유혹을 강하게 받게 될 것이며, 그 타협은 곧 이스라엘의 문화와 신앙의 멸절을 초래할 것임을 잘 알고 있었습니다. 그래서 하나님의 백성이 아브라함과 모세의 하나님, 시내산에서 언약을 베풀고, 승리를 주셨던 하나님께 대한 충성을 재차 표현하길 바랐습니다. 이스라엘 백성은 하나님께서 자신들을 위해 행하신 일을 시인하며 여호와께 대한 충성을 다짐했습니다.

이스라엘 백성을 향한 여호수아의 호소는, 하나님을 위해 이스라엘 백성이 행한 일이 아닌 이스라엘 백성을 위해 하나님께서 행하신 일에 기초하고 있습니다. 하나님께서 이스라엘을 택하시고 복을 주셨기에, 그들이 하나님을 섬기는 동기는 자신들에게 베푸신 하나님의 크신 자비와 은혜여야 했습니다. 오늘날에도 이 점은 변함이 없습니다. 중요한 것은 우리가 하나님을 위해 무엇을 했는지가 아니라, 하나님께서 우리를 위해 무엇을 하셨는가 하는 것입니다. 애굽에서의 구원, 광야에서의 공급하심, 요단강을 건넌 일, 그리고 가나안 땅 정복은 그리스도 안에서 우리에게 주어진 구원이 어떤 것인지를 묘사하는 역사적인 장면들입니다. 하나님께서는 자신을 신뢰하는 자들에게 필요한 것을 공급하시고, 모든 원수를 물리칠 수 있는 은혜를 주실 것입니다.

여호수아의 호소가 효과적이었음은 여호수아서의 마지막 몇 구절을 통해 알 수 있습니다. "이스라엘이 여호수아가 사는 날 동안과 여호수아 뒤에 생존한 장로들 곧 여호와께서 이스라엘을 위하여 행하신 모든 일을 아는 자들이 사는 날 동안 여호와를 섬겼더라"(24:31). 이후 모든 세대의 모든 사람은 하나님의 역사하심을 개인적으로 경험할 필요가 있습니다. 우리 각 사람은 모두 하나님을 만나 그분과 언약 관계를 맺어야 합니다. 그러므로 우리에게 이 말씀은 여전히 유효합니다. "너희가 섬길 자를 오늘 택하라."

1월 18일, 닫힌 문

누가복음 18:1-8

"거룩하고 진실하사 다윗의 열쇠를 가지신 이
곧 열면 닫을 사람이 없고 닫으면 열 사람이 없는 그이가 가라사대"(계 3:7).

규모가 비교적 작은 대학교의 총장들은 종종 특이한 상황에 놓입니다. 나는 학교 기숙사가 수리 중인 어느 날 밤 우리 집 거실에서 여학생들에게 둘러싸여 있었습니다. 나의 아내가 그들에게 조금 더 신경을 써주어야겠다고 생각해 초대한 것이었습니다. 나만 혼자 남자였기 때문에 어색한 상황을 피하기 위해 학생들에게 어떻게 여기 애즈베리 대학교에 오게 되었는지 물었습니다.

그중에 흥미로운 사연을 가진 한 학생이 있었습니다. 그녀는 자신이 마약과 수많은 해로운 것에 빠져 전에 다니던 대학에서 퇴학당한 일을 이야기했습니다. 그 후 그녀는 그리스도를 만났고, 그분은 이렇게 말씀하셨다고 합니다. "네가 애즈베리 대학교에 갔으면 좋겠구나." 그래서 그녀는 애즈베리에 지원했지만, 입학처는 그녀를 받아 주지 않았습니다. 그녀는 입학처장에게 전화해 통보했습니다. "저는 애즈베리로 갈 겁니다."

입학처장은 "안 됩니다. 오실 수 없습니다. 당신은 불합격했습니다."라고 답했습니다.

그녀가 말했습니다. "그렇지만 하나님께서 저에게 가라고 하시니 저는 가야 합니다." 입학처장은 학장에게 연락해 의논했고, 학장도 이 학교에 올 수 없다고 직접 그녀에게 전화해 말했습니다.

여학생은 이렇게 답했다고 합니다. "제가 불합격한 것은 이해합니다. 하지만 하나님께서 저를 그곳으로 부르셨기 때문에 저는 갈 수밖에 없고, 이미 차에 짐을 싣고 가고 있는 중입니다."

애즈베리는 주님께서 부르셨다고 말하는 그녀의 고집과 신실함으로 인해 결국 그녀를 받아들였습니다. 우리는 그녀의 점수가 좋지 못하다는 이유로 거절했지만, 하나님의 은혜로 그녀는 점점 더 좋은 성적을 받았습니다. 그녀의 삶이 예수 그리스도의 주도권으로 들어가자, 불가능했던 일을 할 수 있게 된 것입니다.

때로 하나님께서는 우리 자신뿐 아니라 누가 보더라도 불가능해 보이는 일을 하라고 말씀하십니다. 그 일을 위해 우리는 충분한 고집을 부리고 있습니까? 우리는 하나님께 신실하려는 만큼 우리를 향한 부르심에도 신실하게 반응하고 있습니까? 그분은 그 누구도 닫지 못하도록 문을 활짝 여실 수 있습니다.

1월 19일, 위험한 보물

누가복음 12:13-21

"적은 무리여 무서워 말라
너희 아버지께서 그 나라를 너희에게 주시기를 기뻐하시느니라
너희 소유를 팔아 구제하여 낡아지지 아니하는 배낭을 만들라
곧 하늘에 둔 바 다함이 없는 보물이니
거기는 도둑도 가까이하는 일이 없고 좀도 먹는 일이 없느니라"(눅 12:32-33).

나의 친구 중에는 몇 년 동안 시골 교회를 섬기다 대학 교수가 된 한 성공회 목사가 있습니다. 그는 시골 교회를 섬기는 동안 농장에서 살았습니다. 어느 주일 아침 그가 교회 가기 전 헛간에서 잔일을 하고 있는데, 세 살 된 딸이 달려와 작고 통통한 손을 내밀며 말했습니다. "아빠, 제가 찾은 것 보세요. 예쁘죠?"

아침 햇살에 손에 있는 물건이 번뜩였습니다. 그것은 면도날이었습니다. 친구는 생각했습니다. '어떻게 하면 저 면도날을 받아 낼 수 있을까? 만약 억지로 빼앗으려 하다 딸이 면도날을 꽉 쥐면 손에 평생 흉터가 남을 만큼 심하게 다칠 수도 있을텐데.'

그래서 그는 이렇게 말했습니다. "아가야, 그건 위험하단다. 잘못하면 다칠 수 있어. 손을 쥐어서는 안 돼. 그거 아빠에게 줄래?"

아이가 말했습니다. "하지만 이건 제 거예요. 제가 찾았어요!"

"그래, 알아. 그렇지만 그건 위험한 거야. 아빠한테 줘야 돼." 그는 한 발짝 다가갔고, 아이는 주먹을 쥐기 시작했습니다.

"어, 그러면 안 돼, 얘야." 그가 말했습니다. "그러면 손을 다쳐서 존스 의사 선생님께 가야 돼."

"저는 존스 의사 선생님이 좋아요." 아이가 미소를 지으며 답했습니다. "제가 가면 사탕을 주세요."

신학자에게 세 살짜리 아이를 설득하는 것은 결코 쉬운 일이 아니었습니다!

마지막으로 친구는 딸이 찾은 보물에 호기심을 보이는 전략을 취했습니다. "그거 정말 예쁘네." 그가 말했습니다. "아빠에게도 보여 줄 수 있니?" 그는 딸의 작은 손을 자신의 손 위에 두고, 딸이 찾아낸 것을 함께 기뻐하면서 작은 손가락을 하나씩 하나씩 조심스럽게 편 후, 마침내 딸의 손에서 위험한 면도날을 집어 올릴 수 있었습니다.

예수님께서 당신의 삶에 들어와 무언가를 달라고 말씀하신다면, 그것은 당

신의 보물을 훔쳐가거나 당신의 성품을 빼앗으려는 것이 아닙니다. 당신을 보호해 불필요한 흉터나 상처 없이 그분께서 당신을 위해 예비한 모든 일이 이루어지도록 도우시려는 것입니다. 그분은 당신의 지혜를 그분의 지혜와 연결하고, 당신의 지식을 그분의 지식과 연결하며, 당신의 능력을 그분의 능력과 연결하기를 바라십니다. 그분은 당신에게 해가 되는 일은 결코 하지 않으십니다. 단지 당신이 바라는 일을 성취할 수 있도록 돕기를 원하십니다.

그분이 오늘 당신에게 다가오신다면, 그것이 무엇이든 당신이 손에 쥔 것을 더 세게 붙들지 마십시오. 그분께 그것을 드리십시오.

1월 20일, 파괴적인 일

민수기 22장

"일의 결국을 다 들었으니 하나님을 경외하고 그의 명령들을 지킬지어다 이것이 모든 사람의 본분이니라
하나님은 모든 행위와 모든 은밀한 일을 선악 간에 심판하시리라"(전 12:13-14).

어떤 일이 파괴적인 결과를 가져오게 하는 두 가지 요소가 있습니다. 하나는 그 일이 가치 있는 목적에 부합하지 않는 경우고, 다른 하나는 그 일이 일하는 사람에게 죄책감을 일으키는 경우입니다. 두 경우 모두 결과는 파괴적입니다. 하나님께서는 사람을 창조적인 존재로 지으셔서 많은 선한 일을 할 수 있게 하셨습니다. 그러나 너무나 많은 사람이 다른 사람을 파괴하는 일을 하고 있습니다. 그들이 한 일은 결과가 유익하지 않을 뿐 아니라, 그것을 활용하는 사람에게도 해를 끼칩니다. 그런 일을 하는 사람의 영혼이 부패해 가는 것은 당연합니다. 얼마나 많은 급여를 받든, 또 그것이 얼마나 사회적으로 필요한 일이라고 항변하든, 자신의 머리나 손으로 잘못된 일을 함으로써 그리스도께서 위하여 죽으신 형제자매를 더럽히고 해를 끼쳤다는 생각을 씻어 주지는 않습니다.

다른 많은 사람은 파괴적인 일은 아니더라도 가치 없는 일에 시간을 보냅니다. 인간이라는 존재는 허무함을 견딜 수 없습니다. 우리는 가치를 위해 삽니다. 목적에 도움이 되지 않는 일은 결국 파국을 가속화할 수밖에 없습니다.

당신은 어떤 일을 하고 있습니까? 의미 있는 일에 삶을 바치고 있습니까? 당신의 일이 다른 사람들에게 해가 되지는 않습니까? 만약 그렇다면 당신은 진정한 성취감이나 행복을 얻지 못할 것입니다.

1월 21일, 깨달음의 순간

사도행전 2장

"이는 내 생각이 너희의 생각과 다르며 내 길은 너희의 길과 다름이니라
여호와의 말씀이니라
이는 하늘이 땅보다 높음같이 내 길은 너희의 길보다 높으며
내 생각은 너희의 생각보다 높음이니라"(사 55:8-9).

나는 마음이 깨끗할 때 머리가 더 잘 움직입니다. 그리고 생각이 더 명확해집니다. 눈도 더 잘 보이고, 귀도 더 잘 들립니다.

오순절 이전의 베드로는 십자가를 이해하지 못했기 때문에, 예수님께서 십자가 고난을 받으셔야 한다고 말씀하셨을 때 그런 일은 있을 수 없다며 반대했습니다. 베드로에게 십자가는 있어서는 안 될 일이었습니다. 그의 생각은 예수님의 생각과 달랐습니다. 그러나 오순절 그날 성령으로 충만하게 되어 다락방에서 나온 베드로는 군중을 향해 이렇게 말했습니다. "이 일을 너희로 알게 할 것이니 내 말에 귀를 기울이라"(행 2:14). 베드로는 급격하게 달라져 십자가를 구약성경의 예언의 성취로 보게 되었습니다. 이제 그는 예수님께서 십자가를 지셔야 했던 이유를 알게 되었습니다.

사람의 생각은 언제나 무언가의 종입니다. 그것이 자신의 이익의 종이 되면 이기심을 정당화합니다. 반면 그 생각이 온전히 하나님의 것이 되면 그분의 종이 됩니다. 그러면 그분의 방식을 이해하고, 그분의 진리를 깨닫게 됩니다.

조지 뮬러가 그리스도인이 되고 4년이 지난 후의 일입니다. 어느 날 저녁 그는 하나님께 온전히 자신을 드렸습니다. 그때부터 4시간 동안 뮬러는 자신이 지난 4년간 그리스도인으로 살아오면서 배운 모든 것보다 훨씬 많은 것을 배우고 깨달았다고 말합니다. 우리가 하나님께서 일하시는 방식을 깨닫기 위해서는 먼저 우리 자신을 하나님께 온전히 드려야 합니다. 우리의 마음이 나뉜다면, 우리의 생각 역시 나뉠 것입니다. 하나님께서 우리의 마음 전체를 온전히 소유하시면, 우리의 생각 역시 성령께서 사용하시는 도구가 될 것입니다.

1월 22일, 예수님의 마지막 선물

요한복음 14:15-31

"예수를 죽은 자 가운데서 살리신 이의 영이 너희 안에 거하시면
그리스도 예수를 죽은 자 가운데서 살리신 이가
너희 안에 거하시는 그의 영으로 말미암아
너희 죽을 몸도 살리시리라"(롬 8:11).

요한복음에서 가장 애틋한 장면은 십자가 전날 밤에 펼쳐집니다. 예수님은 3년 동안 집과 가족과 직업을 버리고 자신을 따랐던 친구들에게 작별인사를 하십니다. 시간이 많이 흘렀기에 그들이 예수님께 대해 가진 사랑과 믿음은 매우 깊었습니다. 이제 그들은 이스라엘이 오랫동안 기다려 온 왕이 바로 예수님이심을 확신합니다. 하지만 예수님은 어떤 환상에도 빠지지 않으셨습니다. 그분은 바로 다음 날 승리가 아닌 비극처럼 보이는 일이 일어날 것을 아셨기에, 자신에게 일어날 그 일을 위해 친구들을 준비시키셔야 했습니다.

예수님께서 그들에게 마지막으로 주고자 하신 선물은 성령님이라는 인격체였습니다. 그들은 예수님을 중심으로 살아왔고, 그분 없는 삶은 생각조차 할 수 없었습니다. 예수님과 함께하기 전의 삶에 대한 기억은 희미하게 흐려졌고, 그들 모두는 자신이 예수님을 만나기 이전의 존재로 돌아갈 수 없음을 알고 있었습니다. 예수님은 그들의 고통을 덜어 주기 위해 자신을 대신할 누군가를 보내주겠다고 말씀하셨습니다. 그분은 예수님이 하셨던 것처럼 계속해서 그들을 인도하고 가르치고 위로해 주실 것입니다. 그리고 영원히 그들 속에 거하시면서 예수님께서 시작하신 일을 완성하실 것입니다. 오실 그 분은 예수님의 영입니다. 예수님 안에 거하는 신자라면 누구나 성령의 능력으로, 그 배에서 생명을 살리고 열매를 풍성히 맺게 하는 생수의 강이 흘러나오는 특권을 누릴 것입니다(요 7:38-39).

예수님께서 주신 마지막 선물을 받지 않고 살아간다면 이 얼마나 큰 비극이겠습니까?

1월 23일, 동일한 성령

요한복음 14:15-31

"너희가 나를 사랑하면 나의 계명을 지키리라 내가 아버지께 구하겠으니 그가 또 다른 보혜사를 너희에게 주사 영원토록 너희와 함께 있게 하리니 그는 진리의 영이라 세상은 능히 그를 받지 못하나니 이는 그를 보지도 못하고 알지도 못함이라 그러나 너희는 그를 아나니 그는 너희와 함께 거하심이요 또 너희 속에 계시겠음이라 내가 너희를 고아와 같이 버려두지 아니하고 너희에게로 오리라"(요 14:15-18).

나는 예수님께서 제자들에게 보내주신 성령님이 단지 삼위일체 하나님의 세 번째 위격만이 아님을 깨닫는 데 오랜 시간이 걸렸습니다. 성령님은 예수님의 삶과 사역에 능력을 부어 주신 분이기도 하셨습니다. 그분은 예수님께 하셨던 것처럼 당신과 나에게도 능력 있는 삶의 비결이 되어 주기를 원하십니다.

성령님은 그리스도께서 동정녀의 몸에서 잉태되게 하셨습니다. 그리고 예수님께서 세례를 받으실 때 그분께 기름부음으로 임하셨습니다. '그리스도'라는 말은 '기름부음 받은 자'를 뜻하며, 예수님께 기름 부어 그리스도가 되게 하신 분은 성령님이신 것입니다. 예수님께서 광야에서 시험 받으실 때 그분을 인도하시고 시험을 이길 수 있게 도우신 분도 성령님이십니다. 성령님은 마귀를 이기는 예수님의 능력의 원천이 되셨고, 또 그분이 십자가를 감당할 수 있게 하셨습니다. 히브리서 저자는 그리스도를 "성령으로 말미암아 흠 없는 자기를 하나님께 드린"(9:14) 분으로 말씀합니다. 성부 하나님과 함께 예수님을 죽음에서 부활하게 하신 분도 성령님이십니다. 성령님은 지상에서의 예수님의 삶의 비결이었습니다.

십자가를 지시기 전 날 밤, 예수님께서는 제자들에게, 자신의 모든 삶의 여정에 함께하셨던 동일한 분이 이제 그들의 삶에도 함께하기를 바라신다고 말씀하셨습니다. 예수님은 제자들에게 성령님을 주겠다고 약속하셨습니다. 그리고 그 약속은 당신과 나에게도 동일하게 유효합니다. 당신은 성령님을 받아들였습니까? 성령님께서 자비로 당신을 인도하시도록 그분께 마음의 문을 열어드리고 있습니까? 이 모든 것은 예수님을 믿는 자로서 당신이 누릴 수 있는 특권입니다. 예수님께서는 누가복음 11장 13절에서 이렇게 약속하셨습니다. "너희가 악할지라도 좋은 것을 자식에게 줄 줄 알거든 하물며 너희 하늘 아버지께서 구하는 자에게 성령을 주시지 않겠느냐 하시니라."

1월 24일, 그분의 길은 선합니다

로마서 8장

"너희 중에 여호와를 경외하며 그의 종의 목소리를 청종하는 자가 누구냐 흑암 중에 행하여 빛이 없는 자라도 여호와의 이름을 의뢰하며 자기 하나님께 의지할지어다"(사 50:10).

사람은 유한한 존재이기에 언제든 온전한 평안함을 누리지 못합니다. 이름을 부르기도 전에 휙 지나가 버리는 현재라는 이름의 면도날 위에서 아슬아슬하게 균형을 잡고 있는 우리는 결코 안심할 수 없습니다. 우리는 바꿀 수 없는 과거와 우리 뜻대로 좌우할 수 없는 미래 사이에서 살아갑니다. 덧없이 지나가는 현재와 불확실성 속에 있는 미래가 불안을 초래합니다. 이 모든 것이 인간 존재의 일부입니다.

우리는 우리 존재의 일부와도 같은 이 불안을 어떻게 해야 합니까? 그리스도인에게는 다른 사람들에게는 없는 도구와 자원이 있습니다. 먼저, 신자는 우리의 유한함에 영향받지 않는 유일한 분이시자, 이 유한한 존재를 창조하시고 큰 능력으로 베토벤이 임의로 악보를 수정하듯 창조 세계를 다스리시는 전능하신 하나님을 압니다. 그리스도인은 미래를 창조하시는 그분을 압니다.

또 그리스도인은 하나님께서 사람에게 선한 마음을 갖고 계심을 압니다. 하나님께서는 자연과 은혜, 삶의 풍요로움, 그리고 그리스도의 십자가를 통해 이를 나타내셨습니다. 그리고 그분의 아들 예수 그리스도의 인격과 성품을 통해 그것을 계시하셨습니다. 우리를 향한 그분의 뜻은 선합니다. 그것이 그분의 본성이기에 그분은 그와 달리 행하실 수가 없습니다. 그분은 사랑, 곧 당신을 향한 사랑이십니다.

하지만 하나님의 사랑은 진리에 근거해 있습니다. 예수님은 그분의 사랑을 많은 말보다 행동으로 보이셨습니다. 그리고 진리와 올바른 삶의 방식을 가르치셨습니다. 하나님은 그분의 주권적인 선하심으로 당신의 미래를 열어 주시며, 그 길은 선합니다. 그 길을 발견할 때 당신은 그분의 선하심과 사랑을 증거하게 될 것입니다. 당신 스스로 길을 만든다면 허무함이나 공허함, 불만족에 빠져 그분을 심판자로 부르게 될 것입니다. 반면 그분의 길을 발견하면 당신은 그분을 친구와 아버지로 부르게 될 것입니다.

1월 25일, 1인칭이신 하나님

출애굽기 3장

"하나님이 모세에게 대답하셨다.
나는 곧 나다. 너는 이스라엘 자손에게 이르기를,
나라고 하는 분이 너를 그들에게 보냈다고 하여라"(출 3:14, 새번역).

신학 서적은 대부분 삼인칭 시점을 사용해, 하나님을 마치 연구의 대상인 양 묘사합니다. 그래서 그런 책을 읽다 회심하는 경우는 매우 드뭅니다. 회심이 가능하도록 사고하는 유일한 방법이 있다면, 그것은 하나님에 관한 진술을 삼인칭이 아닌 일인칭 시점으로 바꾸어 이해하는 것입니다. 하나님이 주체가 되고 우리는 대상이 되게 하는 방법으로 이해해야 한다는 것입니다. 안타깝게도 기독교가 기울이고 있는 엄청난 노력의 대부분은 하나님을 삼인칭 시점으로 이해하게 하기 위한 것입니다. 하지만 하나님이 일인칭이 되시고, 우리가 그분을 얼굴과 얼굴을 마주하는 것처럼 대하지 않고서는 구원이 있을 수 없습니다.

하나님께서는 모세에게 "나는 곧 나다"라는 말로 자신이 누구인지를 밝히셨습니다. 이를 달리 표현하면, "나는 너희가 '나'로 마주해야 할 존재다."라는 것입니다. 하나님께서는 모세가 이스라엘 백성에게 '나'라고 하시는 분이 자신을 보냈다고 말하기를 원하셨습니다. 그분은 이스라엘의 지도자뿐 아니라 모든 남성과 여성, 어린아이에게까지도 일인칭으로 나타나길 원하셨습니다. 유감스럽게도 구약성경을 헬라어 칠십인역 성경으로 번역한 학자들은 "나는 곧 나다"(I AM WHO I AM)를 "나는 스스로 있는 자다"(I AM the One Who Is)로 바꾸어 버렸습니다. 히브리어 원문에서는 일인칭으로 자신을 소개하신 하나님을, 헬라어로 옮길 때 삼인칭으로 바꾸어 버린 것입니다.

당신에게는 하나님이 어떤 분이십니까? 일인칭으로 당신을 대면하고 계신 주권자이십니까, 아니면 삼인칭으로 대해도 되는 대상입니까? 당신은 그분에 관해 말하고, 그분과 관련된 일을 하며, 그분에 관해 쓴 책을 읽고 있습니까, 아니면 '나'라고 말씀하시는 분과 대화하고, '나'로 다가오시는 분과 함께 일하며, '나'로 마주해 계신 분과 함께 책을 읽습니까? 당신은 얼굴과 얼굴을 마주해 당신에게 직접적으로 말씀하시는 '나'라는 분과 교제하며 살아갑니까?

1월 26일, 갈보리의 완성

고린도후서 6:1-12

"우리가 하나님과 함께 일하는 자로서 너희를 권하노니 하나님의 은혜를 헛되이 받지 말라"(고후 6:1).

하나님은 전능하신 분이시며, 구원은 언제나 오직 하나님만이 행하시는 일이라는 진리에는 의문의 여지가 없습니다. 분명 오직 하나님만이 인간을 구원하실 수 있습니다. 그러나 그분이 우리 인간을 구원하기 위해 일하실 때는 우리 중에서 자신과 함께 일할 사람을 찾으십니다. 이사야 50장 2절, 59장 16절, 63장 5절, 그리고 에스겔 22장 3절을 읽어 보십시오. 하나님께서는 이스라엘을 구원하려 하실 때 모세를 찾으셨습니다. 이방인들을 구원하려 하셨을 때는 바울을 부르셨습니다. 하나님은 인간을 구원하실 때 자신과 함께 일할 사람들을 찾으십니다.

우리는 하나님의 동역자가 되어 일할 때 하나님을 '위해서'가 아니라 하나님과 '함께' 일하는 것임을 알아야 합니다. 하나님께서는 홀로 구원하실 수 있음에도, 우리가 다른 사람들과 맺는 인간관계를 도구로 삼아 세상을 구원하기를 기뻐하십니다.

수술을 하는 것은 의사이지 수술용 메스가 아닙니다. 그러나 하나님의 백성은 수술용 메스와 다릅니다. 메스는 선택권이 없지만, 우리에게는 선택권이 있기 때문입니다. 우리는 하나님의 도구가 되기를 거부할 수도 있고, 반대로 그분의 동역자가 되어 드릴 수도 있습니다. 우리가 능력의 하나님의 구원 사역에 동역자와 도구가 된다면 이 얼마나 큰 특권입니까!

1월 27일, 진리에 대한 서약

요한복음 8:32, 14:6, 18:38

"그는 반석이시니 그가 하신 일이 완전하고
그의 모든 길이 정의롭고 진실하고 거짓이 없으신 하나님이시니
공의로우시고 바르시도다"(신 32:4).

모든 그리스도인은 진리를 배워야 할 의무가 있습니다. 사실 우리는 진리와 사랑의 관계를 발전시키도록 부름 받았습니다. 참으로 우리를 자유롭게 하고 온전히 창조적일 수 있게 하는 것은 지식도 기술도 아닌 진리입니다. 진리는 매우 강력한 용어입니다. 이 단어에는 어떤 영광스러움이 있습니다. 우리는 진리에 대해 가볍게 또는 아무렇게나 말해서는 안 됩니다.

지식은 다릅니다. 지식은 우리가 습득할 수 있고, 다스릴 수 있으며, 이용할 수 있는 것입니다. 지식은 습득하면 우리의 것이 되고, 우리는 그로 인해 유익을 얻습니다. 그러나 진리는 그렇지 않습니다. 진리는 우리의 다스림을 받지 않고, 오히려 진리가 우리를 소유하고 다스려야 합니다. 진리에는 엄격한 도덕적 요구가 내포되어 있으며 타자 중심적입니다. 중요한 것은 우리가 진리를 완전히 숙달해 이용할 수 있는지가 아니라, 진리에 굴복해 기꺼이 순종할 것인지의 여부입니다.

진리는 우리에게 마치 변하지 않는 정절과 헌신의 서약을 요구하는 배우자와도 같습니다.

1월 28일, 위험을 직면하라

창세기 32장

"여호와께서 야곱에게 이르시되 네 조상의 땅 네 족속에게로 돌아가라
내가 너와 함께 있으리라 하신지라"(창 31:3).

우리 모두에게는 자신의 문제를 피해 도망하게 만드는 무엇인가가 있습니다. 우리는 대게 다시는 마주하고 싶지 않은 고통스러운 일을 뒤로 하고 현실을 도피하려 합니다. 성경에서 하나님은 우리가 감추거나 떠올리고 싶지 않은 것으로 되돌아가 그것을 마주하게 하시는 역설적이고도 놀라운 방법을 보여 주십니다. 그분은 우리가 고침 받지 못한 채로 있도록 허락하지 않으십니다. 그래서 우리가 우리 삶의 문제와 대면해 그것을 극복하게 하십니다. 계속 도망치기만 한다면 우리는 결코 승리자가 될 수 없습니다. 문제를 직면하고 그것을 넘어서지 않는 한 우리는 하나님의 은혜로 승리를 얻은 자가 아닙니다.

하나님께서는 야곱에게 자신이 도망쳐 나온 땅이자, 자신 때문에 매우 감정이 상한 형이 있는 가나안 땅으로 돌아가라고 말씀하셨습니다. 야곱은 하나님께서 자신에게 돌아가라고 말씀하실 때를 기다려 왔습니다. 하나님께서 야곱을 부르셨을 때 그가 가장 먼저 던진 질문은 "주님, 형이 아직도 살아 있습니까?"였을 겁니다. 에서는 아직 살아 있었고, 야곱의 보호를 위한 하나님의 유일한 약속은 그분이 함께하시겠다는 것이었습니다.

당신은 당신의 삶에 숨겨진 두려움을 피해 지금도 도망치고 있습니까? 하나님께서는 당신이 두려움과 상처, 아픔을 극복하게 하시기 위해 당신이 도망친 곳으로 돌아가라고 말씀하실지도 모릅니다. 당신의 보호를 위한 하나님의 약속은 그분의 함께하심입니다.

1월 29일, 하나님의 보호하심

창세기 3:7-24

"여호와 하나님이 아담과 그의 아내를 위하여
가죽옷을 지어 입히시니라"(창 3:21).

아담과 하와가 범죄한 후 여호와께서 그들을 위해 만들어 주신 가죽옷은, 성막의 지성소와 성소를 구분했던 휘장과 같은 역할을 했습니다. 그 둘은 모두 아름다운 것이 더럽혀지지 않도록 보호하기 위한 것이었습니다. 아담과 하와에게 옷이 필요하게 된 것은, 그들의 순수했던 사랑이 욕정으로 변질되어 서로를 이용할 대상으로 보기 시작했을 때부터였습니다. 가죽옷은 두 사람을 분리하기 위한 것이 아니라, 죄 때문에 생긴 분리의 결과에서 두 사람을 보호하기 위한 것이었습니다. 성막의 휘장 역시 사람들을 여호와에게서 분리하기 위한 것이 아니라, 그들이 먼저 여호와를 찾았고 또 그분을 좌지우지할 수 있다고 여기는 주제넘은 생각에서 그들을 보호하기 위한 것이었습니다.

이스라엘 백성과 주변 민족들의 차이는, 이스라엘 백성들은 신을 섬겼으나 가나안 사람들은 섬기지 않았다는 것에 있지 않습니다. 오히려 가나안 사람들은 많은 신을 섬겼습니다. 그들의 다른 점은, 이스라엘 백성은 자신들을 속량하고 구원하며 복을 주시는 참 하나님을 섬겼으나, 가나안 사람들은 헛되고 무력하며 자신들을 더럽히는 신들을 섬긴 데 있습니다. 하나님께서는 이스라엘 백성이 자신들은 참 하나님을 섬기고 있다는 사실을 알기를 바라셨고, 또 그들이 더럽혀지지 않도록 보호하기 원하셨습니다.

우리가 삶에서 간절히 원하는데도 그것을 얻을 수 없도록 하나님께서 막으시는 것은, 사실은 우리가 더럽고 끈적한 죄의 물결에 우리 자신을 내던지지 못하게 막는 사랑의 울타리인 것입니다. 그런 것에서 보호하심으로 우리를 아름답고 깨끗하며 순결하게 보존하시려는 하나님의 노력에 저항하지 마십시오.

1월 30일, 조건부 미래

신명기 28장

"내가 오늘 하늘과 땅을 불러 너희에게 증거를 삼노라 내가 생명과 사망과 복과 저주를 네 앞에 두었은즉 너와 네 자손이 살기 위하여 생명을 택하고 네 하나님 여호와를 사랑하고 그의 말씀을 청종하며 또 그를 의지하라 그는 네 생명이시요 네 장수이시니 여호와께서 네 조상 아브라함과 이삭과 야곱에게 주리라고 맹세하신 땅에 네가 거주하리라"(신 30:19-20).

당신은 미래가 불안하게 느껴집니까? 미래가 어떤 것일지 결정짓는 데는 당신 자신의 역할도 매우 중요합니다. 그 역할은 미래의 모든 것을 주관하시는 분과 어떠한 관계를 맺는지와 관련되어 있습니다. 과거 이스라엘에게 주신 하나님의 말씀을 보십시오. "이 율법책을 네 입에서 떠나지 말게 하며 주야로 그것을 묵상하여 그 안에 기록된 대로 다 지켜 행하라 그리하면 네 길이 평탄하게 될 것이며 네가 형통하리라"(수 1:8).

하나님께서는 이스라엘 백성이 하나님과 바른 관계를 맺기 위해서는 어떤 삶을 살아야 하는지를 가르쳐 주신 것입니다. 그들이 하나님의 말씀에 초점을 두고 살아간다면 미래는 복될 것입니다. 미래를 파괴할 수 있는 사람은 오직 이스라엘 백성 자신들뿐입니다. 이는 우리에게도 마찬가지입니다. 하나님께서 우리를 위해 계획하신 미래를 방해하는 것은 우리 자신뿐입니다.

우리가 앞으로 살아갈 일 년은 우리가 지나온 일 년보다 나을 것입니다. 그렇게 된다면 그것은 우리가 행한 일 그 자체 때문이 아닐 것입니다. 단지 우리가 전에도 계셨고 이제도 계시며 장차 오실 그분과 바른 관계를 확립하고, 그분과의 교제를 지속했기 때문일 것입니다. 그분이 주시는 소망 안에서 기뻐하십시오. 그분이 우리의 미래이십니다.

1월 31일, 자신을 주는 삶

요한복음 19:25-27

"아버지 저들을 사하여 주옵소서 자기들이 하는 것을 알지 못함이니이다"(눅 23:34).

내가 아는 기독교 신앙의 가장 위대한 증인 중 한 사람은, 자기 자녀들에게 신앙이 필요하다고 판단해 매 주일 교회에 데려다 준 한 부인입니다. 자녀들이 예수님에 대해 배운 것을 말해 주자, 그녀의 마음에는 그리스도를 향한 갈급함이 생겼습니다. 그 마음이 간절해지면서 그녀는 사람들이 자신에게 무엇인가를 물어볼까 봐 매우 걱정되었음에도 두려움을 이겨 가며 교회로 가, 슬그머니 주일학교 교실 뒤로 들어갔습니다. 그녀는 굴욕을 당하기는커녕 그리스도를 만났습니다.

그녀는 교회의 놀라운 방문자가 되었습니다. 그녀는 어떤 문이든 자동으로 열릴 만큼 그 모습이 빛났습니다. 저는 그녀를 만난 지 몇 년이 지나서야 그녀가 세상에서 가장 아름다운 사람은 아니라는 것을 알게 되었습니다. 그런데도 그녀가 그토록 아름답게 보였던 것은, 주님을 향한 빛나는 사랑 때문이었습니다.

이 부인이 암 진단을 받게 되었습니다. 그녀는 병원에 입원해 온갖 기계 장치를 몸에 달았습니다. 어느 날 그녀는 의사에게 만약 기계를 떼내면 얼마나 더 살 수 있는지 물었고, 의사는 일주일 정도라고 답했습니다.

그녀가 다시 물었습니다. "선생님, 이 기계들을 계속 달고 있으면 얼마나 더 살 수 있나요?" 의사는 6주 정도라고 대답했습니다. 그러자 그녀는 "그렇다면 떼 내 주세요. 차라리 예수님과 함께 그 5주를 보내는 게 낫겠어요"라고 말했습니다.

남편이 오자 그녀는 이렇게 말했습니다. "내가 언제 죽을지에 대해 나와 함께 기도해 주면 좋겠어요. 밤에 나를 돌보아주는 간호사와 매우 친해졌는데 내가 밤에 죽으면 너무 심란해할 것 같아요. 하지만 간호사 교대 시간인 새벽 2시 45분에 죽으면 낮에 나를 돌보아 주는 간호사도 그녀와 함께 있을 수 있으니, 그녀가 더 잘 감당할 수 있을 거예요."

그로부터 하루 뒤 정확히 2시 45분에 그녀는 죽었습니다. 죽음을 바로 앞두고 있었음에도 자신이 어떤 분께 가는지 알았기에 마음이 평안했던 그녀는 마지막 순간에도 다른 사람의 행복과 편안함을 먼저 생각한 것입니다. 우리가 죽을 때 자신이 아니라 다른 사람들을 생각할 수 있는 삶을 산다면 그 얼마나 멋진 일이겠습니까? 마지막 순간까지 다른 사람에게 주는 것, 그것이 진정한 자유입니다.

이것이 어머니를 제자 요한에게 맡기신 예수님께서 보여 주신 삶입니다. 마지막 순간까지 그분은 다른 사람들을 생각하셨습니다.

2월 1일, 십자가에서의 믿음

누가복음 23:39-43

"예수여 당신의 나라에 임하실 때에 나를 기억하소서"(눅 23:42).

존 칼빈에 의하면, 성경 전체를 통틀어 믿음의 가장 위대한 본보기가 되는 것은 예수님의 옆 십자가에 매달려 죽어 간 강도의 믿음입니다. 이는 그가 예수님께 "주님, 당신의 나라에 임하실 때에 나를 기억하소서"라고 말했기 때문입니다. 십자가 아래 있던 사람들은 그의 간구를 듣고 어떤 생각을 했을까요? '저 범죄자가 너무 심한 고통을 당하더니 아예 돌아 버렸구나'라고 생각하지 않았을까요? 그는 예수님을 "주님"이라고 불렀습니다. 무엇의 주인이라는 의미일까요? 예수님은 자신의 옷조차 지키지 못했습니다. 병사들은 그분의 외투를 가지고 내기를 했습니다. 그분의 왕관은 가시나무 가지로 만든 것이었습니다. 그분과 함께한 사람은 몇몇 여인과 요한밖에 없었습니다. 다른 모든 사람이 그분을 버렸기 때문입니다. 나라 전체와 교회가 그분께 분노했습니다. 하나님마저 그분을 버리셨습니다. 하지만 강도는 예수님의 주권과 그분의 나라에 대해 말했습니다. 강도는 다른 사람들이 보지 못한 무엇을 보았을까요?

성경은 눈에 보이는 세계가 전부가 아니라 보이지 않는 세계가 있고, 보이는 세계에서 일어나는 일은 보이지 않는 세계가 있어야만 설명이 가능함을 분명히 말씀합니다. 그럼에도 보이지 않는 세계를 볼 수 있는 눈을 가진 사람은 소수입니다. 모세가 바로 그 눈을 가졌고, 히브리서 저자는 그의 놀라운 생애를 이렇게 묘사합니다. "곧 보이지 아니하는 자를 보는 것같이 하여 참았으며"(11:27). 모세는 다른 사람이 보지 못하는 것을 볼 수 있었고, 이것이 현실을 달리 보게 만들었습니다. 누가는 글로바와 그의 친구가 예루살렘에서 엠마오로 가는 길에 예수님과 동행하면서도 "그들의 눈이 밝아"지기까지는 그분을 알아보지 못했다고 말합니다 (눅 24:31).

죽어가는 강도의 눈이 밝아지자 그는 보고 믿게 되었습니다. 이것이 성령님의 특별한 사역이자 하나님이 만지신 사람에게 나타나는 표징입니다. 베드로는 "어두운 데서 불러 내어 그의 기이한 빛에 들어가게 하신" 자들에 대해 말합니다 (벧전 2:9).

그날 정오 태양이 빛을 잃고 골고다에 어둠이 임했을 때 죽어 가는 강도의 마음에는 빛이 비쳤고, 그는 다른 사람들이 보지 못하는 것을 보았습니다.

당신은 그 세계를 볼 수 있습니까?

2월 2일, 하나님이 인간이 되심

마태복음 1:18-23

"아들을 낳으리니 이름을 예수라 하라 이는 그가 자기 백성을 그들의 죄에서 구원할 자이심이라 하니라 이 모든 일이 된 것은 주께서 선지자로 하신 말씀을 이루려 하심이니 이르시되 보라 처녀가 잉태하여 아들을 낳을 것이요 그의 이름은 임마누엘이라 하리라 하셨으니 이를 번역한즉 하나님이 우리와 함께 계시다 함이라"(마 1:21-23).

예수님께서 하나님에 대해 우리에게 가르쳐 주시는 내용은, 우리가 자연스럽게 하나님에 대해 갖는 인상과 매우 다릅니다. 나는 오랫동안 그분을 전능하신 하나님이자 최후의 심판자, 곧 자신의 보좌에 앉아 지켜보면서 내가 실패하기만 기다리다 실패하는 즉시 벌을 주고, 그분과 나 사이에 거대한 구렁이 있음을 상기시키는 분으로 알았습니다. 그러나 이것은 성경이 하나님에 대해 가르쳐 주는 것과 다릅니다. 하나님은 주님과 심판자시지만, 동시에 임마누엘 곧 '우리와 함께하시는 하나님'이십니다. 이 '함께'라는 말에는 놀라운 함축적 의미가 있습니다.

'함께'는 공감을 의미합니다. 하나님은 그리스도 안에서 인간이 되셨습니다. 우리가 하나님께 가졌던 거리감과 이질감이 임마누엘에 담긴 '함께'로 극복되었습니다. 그분은 있는 그대로의 모습으로 우리를 받아들이시고, 우리의 문제들도 있는 그대로 받아들이셨습니다. 바울은 고린도후서 5장 21절에서 "하나님이 죄를 알지도 못하신 이를 우리를 대신하여 죄로 삼으신 것은 우리로 하여금 그 안에서 하나님의 의가 되게 하려 하심이라"라고 말합니다. 예수님은 우리의 소외와 죽음을 스스로 떠안고 "나의 하나님, 나의 하나님, 어찌하여 나를 버리셨나이까"(마 27:46)라고 부르짖으셨습니다.

하지만 하나님께서는 임마누엘을 통해 '함께'가 상호적인 것이 되기를 바라셨습니다. 하나님께서 우리와 함께하기로 결정하신 것은, 우리가 그분과 하나 되기를 바라셨기 때문입니다. 놀랍게도 하나님은 우리와 영원한 운명만 함께하기를 원하시는 것이 아닙니다. 그분의 '함께'는 장소 이상의 성품의 하나 됨을 포함합니다. 이것이 하나님께서 이스라엘에게 거룩함을 요구하신 이유입니다. 그들은 하나님의 거룩한 나라로서 소명을 이루기 위해 거룩해야 했습니다. 더 나아가 그들은 "나는 거룩하다."라고 말씀하신 분과 함께하기 위해 거룩해야 했습니다. 성경이 증거하는 하나님의 가장 영광스러운 약속 중 하나가 신약시대 이후 모든 신자가 성도로 불리게 될 것이라는 약속인 것은 바로 그것 때문입니다. 성부 하나님께서는 우리 중 한 사람이 되신 그리스도의 희생을 통해 우리에게 생명을 주심으로 본성적 죄인이었던 우리를 하나님과 함께하는 동반자가 되게 하십니다. 그리고 단지 동반자만이 아니라, 하나님 아버지의 자녀이자 성자 예수님의 신부가 되게 하십니다. 임마누엘 곧 '하나님께서 우리와 함께하심'으로 인해, 우리는 놀라운 방식으로 그분과 함께할 수 있게 되었습니다.

2월 3일, 하나님의 기병

스가랴 1:1-17

"화석류나무 사이에 선 자가 대답하여 이르되
이는 여호와께서 땅에 두루 다니라고 보내신 자들이니라"(슥 1:10).

그리스도인으로서 우리는 때때로 스스로에 대해 실망하고 절망하면서 우리가 정말 하나님께서 바라시는 모습이 될 수 있을 것인지에 대해 의심을 품곤 합니다. 이런 의심은 특히 우리가 인생에서 큰 실패를 맛본 뒤, 그 실패가 하나님께서 우리에게 바라시는 것을 우리가 하지 않았기 때문이었음을 깨달을 때 찾아옵니다. 그럴 때 비록 회개를 통해 다시 하나님께로 나아가더라도, 마음에는 여전히 실패했다는 자각에서 비롯된 절망감이 남아 있습니다.

이것이 바로 이스라엘 백성이 바벨론 포로기에 스스로에 대해 느낀 것입니다. 그래서 그들은 그것을 하나님께서 자신들을 위해 해주실 수 있는 전부인 줄로 생각하면서 실패와 타협하게 되었습니다. 그들은 자기연민에 빠져 하나님이 자신들을 잊었다고 말하기 시작했습니다. 이처럼 자기연민에 빠져 하나님이 자신을 기억조차 못 하신다며 하나님께 화살을 돌리는 비참한 일은 어떤 신자에게도 일어날 수 있습니다.

스가랴는 바벨론 포로기에 유다 백성을 위해 활동한 선지자로, 어느 날 그는 환상을 보았습니다. 그는 여러 기병이 땅을 두루 다니는 것을 보고, 주님께 그들이 누구인지 물었습니다. 주님은 그 기병들을 자신이 보냈으며, 그들의 임무는 땅을 두루 다니면 본 것을 하나님께 보고하는 것이라고 대답해 주셨습니다. 하나님은 그분의 백성에게 일어나는 일을 정확히 알고 계셨고, 이 사실로 그들을 안심시키고자 하신 것입니다.

이 세상에서 일어나는 일 중 하나님이 알지 못하시는 것은 단 하나도 없습니다. 우리는 그분이 우리를 잊으셨다고 생각할 수 있지만, 그분은 시시각각 우리에게 일어나는 모든 일을 알고 계십니다. 그분의 눈은 우리를 향해 있고, 그 초점은 결코 흔들리지 않습니다. 그분은 우리를 버리시지 않습니다. 우리는 결코 그분의 시야에서 벗어나지 않습니다.

2월 4일, 사슬에 묶인 사자들

스가랴 1:18-21

"만군의 여호와께서 이같이 말씀하시되 영광을 위하여 나를 너희를 노략한 여러 나라로 보내셨나니 너희를 범하는 자는 그의 눈동자를 범하는 것이라"(슥 2:8).

이스라엘 백성은 바벨론으로 끌려가는 큰 고통을 당했습니다. 시간이 흐르고 그들이 마침내 허락을 받아 고향으로 돌아가 보니, 그곳은 엉망진창이 되어 있었습니다. 수도와 성전은 파괴되었으며, 비록 고국으로 돌아왔지만, 그들은 세계의 패권을 다투는 제국들 사이의 노리개에 불과했습니다. 그들은 두려움 속에서 살았습니다. 그때 환상을 본 스가랴는 이스라엘 백성을 향해, 주위를 둘러싼 권세들보다 더 위대하고 선하신 권세자가 계심을 기억하라고 외칩니다.

스가랴가 본 환상은 예루살렘과 그 백성을 짓밟은 세력들, 곧 이스라엘이 두려워하던 나라들을 상징하는 네 개의 뿔이었습니다. 그러나 그 후 스가랴는 대장장이 네 명을 보았는데, 그들은 이스라엘을 유린한 그 네 개의 뿔을 잘라 땅에 떨어뜨립니다. 하나님께서는 이 환상을 통해 이스라엘 백성으로 하여금 궁극적 권세자는 하나님이시며, 그분이 자신들을 압제한 모든 세력의 흥망성쇠를 결정하신다는 사실을 되새기게 해주셨습니다. 세상의 어떤 권세도 그분의 다스림 아래 있지 않은 것이 없다는 것이었습니다. 이같이 외부의 어떤 세력도 그분의 허락 없이는 우리를 건드릴 수 없습니다. 그들에게는 우리를 파괴할 능력이 없습니다.

존 번연의 『천로역정』에는 매우 의미 있는 한 장면이 나옵니다. 크리스천과 그의 동료는 앞길을 가로막는 사나운 두 마리의 사자와 마주하게 됩니다. 빠져나갈 길은 두 사자 사이에 있었습니다. 두 순례자는 몹시 두려워하며 떨었지만, 이내 사자들이 쇠사슬에 묶여 있어 자신들이 지나갈 좁은 길까지는 닿을 수 없음을 알아차립니다. 사자들은 여행자들을 향해 얼마든지 으르렁거릴 수는 있으나, 그들을 해칠 수는 없었던 것입니다. 순례자들은 그 좁은 길을 지나며 두려워하지만 그럼에도 그들은 안전합니다. 신자가 나아갈 길을 방해하는 사자들이 쇠사슬에 묶여 있지 않는 경우는 결코 없습니다. 사자의 쇠사슬을 붙잡고 계신 분은 나사렛의 한 목수이십니다.

2월 5일, 우리의 방벽이 되시는 하나님

스가랴 2장

"예루살렘은 … 성곽 없는 성읍이 될 것이라 …
내가 불로 둘러싼 성곽이 되며 그 가운데에서 영광이 되리라"(슥 2:4-5).

그리스도인은 세상에서 방어적인 자세를 취하는 경향이 있습니다. 기독교적 시각과 가치를 인정하지 않는 이질적인 세상에서 그들이 살고 있기 때문입니다. 그 세상은 자주 적대적으로 변하고, 그리스도인은 보호와 안정을 바라게 됩니다. 그래서 기쁘게 행진해 하나님의 세상을 그분의 것으로 되찾아 드리는 대신, 경계선을 긋고 벽을 세웁니다.

이스라엘은 그 원수들로 인해 극심한 고통을 당했습니다. 수도 예루살렘과 성전은 파괴되었고, 백성들은 바벨론으로 추방했습니다. 이제 그중 일부가 되돌아와 예루살렘을 다시 세우기 시작합니다. 환상 중에 스가랴는 손에 측량줄을 들고 성읍의 크기를 재고 성벽을 세울 위치를 계산하는 한 사람을 보았습니다. 그때 하늘의 사자가 나타나 "너는 달려가서 그 소년에게 말하여 이르기를 예루살렘은 … 성곽 없는 성읍이 될 것이라 하라"(슥 2:4)라고 말합니다. 하나님의 도성은 가두어 놓는 곳이 아니라 흘러 넘쳐야 하는 곳이기 때문입니다. 그곳에서 하나님을 아는 지식이 흘러나와 땅의 모든 끝까지 영원히 미칠 것이기 때문입니다.

하지만 만약 성벽이 없다면 예루살렘의 안전은 어떻게 됩니까? 주님은 이같이 말씀하십니다. "내가 불로 둘러싼 성곽이 되며 그 가운데에서 영광이 되리라"(슥 2:5). 하나님 자신의 임재가 도성의 영광이자 안전 그 자체인 것입니다. 예루살렘은 하나님의 은혜가 전 세계로 흘러가게 하는 세상의 생명줄이 될 것이기에, 막히지 않고 활짝 열려 있어야 했습니다. 하나님의 임재는 안전에 대한 보장이 되고, 그분의 기름 부으심은 그 일을 확실히 이루실 것입니다.

당신의 삶에 아무런 방벽이 없다는 것 때문에 두렵습니까? 그분의 임재 안에 거하십시오. 그러면 그것이 당신의 방벽임을 알게 될 것입니다.

2월 6일, 하나님의 아버지 되심 (1)

에베소서 3:14-20

"이러므로 내가 하늘과 땅에 있는 각 족속에게 이름을 주신
아버지 앞에 무릎을 꿇고 비노니"(엡 3:14-15).

하나님이 우리와 얼마나 가까이 함께하고 싶어 하시는지 성경을 보면 그저 놀랍기만 합니다. 복음서에는 하나님 나라에 대한 이야기가 많이 나옵니다. 예수님은 제자들에게 "가면서 전파하여 말하되 천국이 가까이 왔다 하고"(마 10:7)라고 말씀하셨습니다. 하나님께서 창조 세계의 주권자이심은 분명합니다. 성경이 말씀하는 그 이전의 하나님의 모습은 하나님의 왕 되심이 어떤 특성을 지니는지 보여 줍니다. 하나님은 왕이시기 전에 아버지셨고, 그분의 아버지 되심은 왕 되심보다 더 근본적인 것입니다. 왕권은 그분과 창조 세계와의 관계를 말합니다. 하나님은 모든 것을 통치하고 계시고, 또 앞으로도 통치하실 것입니다. 하지만 그분의 아버지 되심은 말씀으로 모든 것을 창조하기 전부터 하나님의 본성 안에서 존재하던 관계를 말합니다. 시간과 공간과 인간이 생기기도 전 영원 속에서 삼위일체 하나님의 두 번째 위격은 첫 번째 위격을 주님이 아닌 아버지로 부르셨습니다. 그렇기 때문에 가족 관계는 하나님의 나라보다도 더 근본적인 사회적 실재입니다. 가족의 기원은 창조 세계가 아니라 하나님 안에 있습니다.

바울은 이것을 알았습니다. 고린도전서 15장 20-28절에서 그는 그리스도께서 "모든 통치와 모든 권세와 능력"(24절)을 멸하실 것이라고 말합니다. 그분은 모든 원수를 그 발 아래 두신 후, 나라를 본래 주인이신 성부 하나님께 되돌려 드릴 것입니다. 요한계시록 21장 6-7절에서 요한은 이 모든 일이 이루어지고 종말이 오면 이긴 자들이 모든 것을 상속받고 "생명수 샘물"을 마시게 될 것이며, 하나님은 그들의 하나님이 되시고 그들은 하나님의 자녀가 될 것이라고 말합니다. 그래서 예수님은 우리에게 기도할 때 "아버지여"(눅 11:2)라고 부르라고 말씀하셨고, 새롭게 믿은 신자는 성령으로 난 영을 통해 하나님을 "아빠 아버지"(갈 4:6)로 부르게 되는 것입니다.

부모와 자녀의 관계, 즉 가족은 일시적이거나 역사적인 것이 아닌 영원한 개념입니다. 당신이 만나는 사람은 누구나 가족이 있을 것입니다. 사람들은 가족 단위로 살아갑니다. 그것은 하나님도 그러기 때문이 아닐까요? 초기 그리스도인들이 사도신경에서 "나는 … 아버지 하나님을 믿습니다."라고 신앙을 고백한 것은

그렇다고 생각했기 때문입니다.

　당신은 '아버지' 또는 '가족'이라는 말을 들을 때 당신에게서 나타나는 부정적인 반응을 성령께서 바꾸어 주실 필요가 있다고 생각합니까? 그렇게 깨어진 가정을 경험한 사람들은 우리의 하늘 아버지는 선하지 않고, 하늘의 가족 역시 이 땅 가족처럼 끔찍할 것이라고 생각하기 쉽습니다. 당신이 과거 가족에게서 받은 상처 때문에, 앞으로 더 온전한 하늘의 가족 안에서 치유받을 수 있는 길을 차단하지 않기를 바랍니다.

2월 7일, 하나님의 아버지 되심 (2)

요한복음 17:24-26

"너희는 기도할 때에 이렇게 하라 아버지여"(눅 11:2).

첫 3세기 동안 교회 지도자들은 하나님의 아버지 되심을 강조했습니다. 하나님 아버지를 향한 사랑은 그들의 사역과 신학과 삶에 큰 영향을 끼쳐 그들의 기도와 예전, 찬송, 심지어 신조까지 결정지었습니다. 사도신경의 첫 구절에 주목해 보십시오. "나는 … 아버지 하나님을 믿습니다." 하나님의 주권에 대한 고백이나 천지의 창조주 되심에 대한 고백 이전에 그분의 아버지 되심에 대한 고백이 먼저 나옵니다. 모든 것의 시작은 우리의 아버지에게서 비롯되었습니다.

가족의 비유는 초대 교회에서 가장 우선시되었습니다. 이후 중세 시대를 거쳐 오늘에 이르기까지, 하나님을 재판관으로 이해하고 구원을 법적 용어를 통해 법정적 개념으로 설명하는 것이 지배적인 경향이 되었지만, 초기 기독교 교부들에게 그런 식의 이해는 부차적인 것이었습니다. 그들은 화해와 치유라는 관계적 개념을 칭의라는 법정적 개념보다 더 중시했습니다. 그러한 설명은 법정적 개념보다 훨씬 인격적이고 더 강력했습니다.

하나님을 무엇보다 아버지로 높이는 것은 그분의 다른 역할을 축소하지 않고 오히려 더 잘 이해할 수 있게 해줍니다. 만약 재판관이 우리의 아버지시라면, 그 재판 절차는 우리에게 무관심한 제삼자가 재판관일 경우와 매우 다를 것입니다. 우리는 하나님께서 세상을 창조하시기 전부터 아버지셨음을 기억해야 합니다. 아버지 되심은 영원 전부터 그분의 본질이었습니다.

2월 8일, 하나님의 아버지 되심 (3)

요한복음 14:9-14

"하늘에 계신 우리 아버지여"(마 6:9).

그리스도인으로서 우리는 우리가 얼마나 큰 특권을 누리고 있는지 자주 잊어버립니다. 우리는 다른 종교를 가진 사람은 결코 이해할 수 없는 복음의 많은 혜택을 누리고 있습니다. 몇 년 전 나는 파키스탄에서 온 한 여성에게서 그녀의 회심 이야기를 들을 수 있었습니다. 그녀의 남편은 오랫동안 파키스탄 정부의 주요 인사였습니다. 그녀는 신약성경을 처음 읽었을 때, 사람이 하나님을 '하늘에 계신 우리 아버지'로 부를 수 있다는 사실이 믿기지 않았다고 말해 주었습니다. 그녀가 알라에 대해 알고 있었던 중요한 한 가지는 그는 인간과 다르다는 것이었습니다. 그는 인간보다 위대하고 무한정 다르기에, 인간에게 해당되는 말로는 그를 묘사할 수 없고, '아버지'와 같은 개인적이고 직접적인 용어는 더더욱 사용할 수 없었습니다.

그녀는 예수 그리스도를 믿게 되었을 때 용기를 내 난생처음 하나님을 '아버지'로 불렀으나, 그 단어를 내뱉은 순간 자신의 무례함 때문에 죽게 될지도 모른다는 공포에 사로잡혀 그만 바닥에 쓰러지고 말았습니다. 그러나 하늘 아버지께서는 큰 사랑과 긍휼함으로 그녀에게 다가오셨고, 그녀는 '딸아' 하고 부르시는 하나님의 음성을 들었습니다. 그녀는 그때의 기억을 다음과 같이 떠올렸습니다. "나는 주권자이시고 전능하신 하나님께서 내게 그런 친밀한 아버지가 되어 주실 수 있다는 사실에 걷잡을 수 없이 눈물을 흘렸습니다."

하나님은 우리의 아버지십니다. 우리가 우리를 위한 그분의 사랑과 긍휼의 깊이를 상기할 필요가 있겠습니까?

2월 9일, 예수님의 고난

마가복음 14:32-42, 요한복음 18:1-2

"하나님이 죄를 알지도 못하신 이를 우리를 대신하여 죄로 삼으신 것은 우리로 하여금 그 안에서 하나님의 의가 되게 하려 하심이라"(고후 5:21).

예수님은 죽으시기 전날 밤, 다락방을 떠나 열한 제자들을 이끌고 성문과 기드론 시내를 건너 감람원으로 가셨습니다. 요한이 기드론 시내를 지나간 것을 언급한 데는 중요한 이유가 있습니다. 유월절 기간에 성전 제단 위에 부은 희생의 피는 이 시내로 흘러 들어, 마침 하나님의 어린양이 이곳을 지나실 때 어린 양들의 피로 붉게 물들어 있었던 것입니다. 예루살렘 성내에는 동산을 만들 여유 공간이 없었기에, 부유한 사람들은 성 밖에 동산을 소유하곤 했습니다. 예수님을 따랐던 한 사람에게 그런 동산이 있어 예수님은 고난주간을 그곳에서 지내셨습니다.

제자들은 그 주간에 있었던 여러 일로 몹시 지쳐 잠들 준비를 하고 있었지만, 예수님은 홀로 가서 기도하는 동안 제자들이 깨어 기다려 주기를 요청하셨습니다. 심한 고뇌와 슬픔이 영혼을 짓누르자 예수님은 베드로, 야고보, 요한을 데리고 동산 더 깊은 곳으로 가셨습니다. 그리고 "너희는 여기 머물러 깨어 있으라"(막 14:34)라고 간청하셨습니다. 그러나 제자들은 마음으로는 그렇게 하고자 했으나 육신이 약했습니다. 그들은 예수님과 함께 한 시간도 깨어 있지 못했습니다. 하나님의 아들이시자 사람의 아들이신 가장 흠 없으신 주 예수님께서 지지를 필요로 하실 때, 그들은 아무런 도움이 되어 드리지 못했습니다. "죄를 알지도 못하신" 그분이 "우리로 하여금 그 안에서 하나님의 의가 되게" 하시고자 "우리를 대신하여 죄"를 짊어지고(고후 5:21) "자기 영혼을 버려 사망에 이르게"(사 53:12) 하고자 하실 때 제자들이 힘이 되어 드리지 못하자, 천사가 하늘로부터 나타나 힘을 더했습니다(눅 22:43).

예수님은 자신에게 지워진 세상의 죄의 무게를 얼마나 통렬하게 느끼셨기에, 제자들의 지지를 필요로 하고 요청하셨을까요? 그 짐이 얼마나 끔찍했기에 "아빠 아버지여 … 이 잔을 내게서 옮기시옵소서"(막 14:36)라고 부르짖어야만 했을까요? 그분이 "자기 목숨을 … 대속물로"(마 20:28) 주신 것을 결코 값싼 것으로 여기지 맙시다. 구원은 우리에게 값없이 주어지지만, 우리가 살 수 있는 것이 아닙니다. 그분은 그것을 위해 모든 것을 치르셨습니다. 우리의 죄를 가볍게 여기지 맙시다. 우리는 우리의 지은 죄가 얼마나 무서운 것인지 깨달아야 합니다. 우리의 죄가 예수님을 짓눌러 그분의 땀이 핏방울이 되어 땅에 떨어졌습니다.

2월 10일, 고난받는 이들의 모범

마태복음 26:36-46

"조금 나아가사 얼굴을 땅에 대시고 엎드려 기도하여 이르시되
내 아버지여 만일 할 만하시거든 이 잔을 내게서 지나가게 하옵소서
그러나 나의 원대로 마시옵고 아버지의 원대로 하옵소서 하시고"(마 26:39).

겟세마네 동산에서 우리는 고난을 대하는 서로 다른 두 가지 반응을 보게 됩니다. 곧 예수님의 의탁하심과 제자들의 두려움입니다. 우리는 삶이 고통스러울 때 어떤 태도를 취해야 하는지 예수님을 통해 배워야 합니다. 그것은 하늘에 계신 아버지께 간절히 기도드리는 것입니다. 우리는 스스로의 힘으로 일어서려 하기보다 하나님께 새롭게 의탁하기를 배워야 합니다. 하나님께서 사용하실 수 있는 사람은 시련과 고통의 때에 하나님을 의지하는 사람입니다. 무엇보다 우리는 예수님께서 보여 주신 "나의 원대로 마시옵고 아버지의 원대로 하옵소서"의 자세로 우리의 뜻을 하나님의 뜻에 굴복시켜야 합니다. 우리에게 가장 큰 문제는 고난 그 자체가 아니라, 그 힘든 상황에서 우리에게 보여 주신 하나님의 뜻에 순종하지 않고 고난에 저항하는 데서 비롯됩니다. 고난에 대하여 하나님께 감사하십시오! 그것이 우리를 하나님께로 이끌어 줄 것입니다.

제자들은 예수님의 모범을 따르는 대신, 그분이 가장 연약할 때 그분을 떠났습니다. 그들은 그분을 바라보는 대신, 자신들이 처한 상황만 보았습니다. 그래서 예수님을 버리고 도망쳤습니다. 그분이 얼마나 고통스러웠겠습니까! 베드로는 그분을 세 번이나 부인했습니다. 그분의 영혼이 얼마나 괴로웠겠습니까! 우리는 시험에 들지 않게 깨어 있어 기도함으로 어려운 시기에 그분을 버리지 않도록 주의해야 합니다. 주님은 우리가 실족하고 넘어질 때 우리를 버리시지 않고, 피할 길을 내셔서 우리로 능히 감당케 하실 것입니다(고전 10:13). 그분의 은혜는 극심한 반대에도 우리를 붙들어 주실 수 있습니다.

예수님은 인생이 행복할 때만이 아니라 오해나 비난, 조롱, 박해 속에 있을 때에도 굳게 그분을 위하고 가장 중요한 분으로 섬기는 모든 남녀노소를 찾고 계십니다. 그분은 은혜로 우리가 신실함을 지킬 수 있게 하십니다.

예수님은 우리를 버리지 않으실 것입니다. 우리가 그분을 버리면 되겠습니까?

2월 11일, 하나님의 임재를 통한 거룩함

예레미야 9:23-24

"그들을 진리로 거룩하게 하옵소서 아버지의 말씀은 진리니이다
아버지께서 나를 세상에 보내신 것같이 나도 그들을 세상에 보내었고
또 그들을 위하여 내가 나를 거룩하게 하오니
이는 그들도 진리로 거룩함을 얻게 하려 함이니이다"(요 17:17-19).

복음서에서 예수님은 '거룩하다'라는 표현을 매우 드물게 사용하십니다. 단 한 번 "거룩한 것을 개에게 주지 말며"(마 7:6)라는 랍비들의 격언을 인용하신 경우를 제외하면, 요한복음 17장에서 성부 하나님, 성령 하나님, 그리고 성자 하나님이신 자신을 언급하며 사용하실 때까지, '거룩하다'라는 말을 쓰신 적이 없습니다. 그 후로 거룩하다는 표현은, 십자가를 지시기 전날 밤 그것이 자신에게 무엇을 의미하는지를 아시고 제자들을 위해 기도하시며, 그들을 거룩하게 해주시기를 성부 하나님께 간구하는 기도에 등장합니다. 우리는 그곳에서 처음으로 인간이 하나님의 거룩하심에 참여하는 것이 가능하다는 사실을 발견하게 됩니다.

이는 하나님께서 자신의 거룩함을 인간에게 주시기에 그 거룩함이 인간의 소유물이 된다는 의미가 아닙니다. 오히려 하나님께서 사람의 마음에 충만히 임하시면, 하나님의 임재하심으로 인해 그 사람에게도 하나님의 거룩한 성품이 나타난다는 의미입니다. 거룩하신 분이 오셔서 우리 안에 거하시면 우리는 그분을 닮아 가기 시작합니다. 당신의 삶은 하나님의 임재로 가득합니까?

2월 12일, 내 길의 빛

이사야 58:8-9

"여호와께서 너희 앞에서 행하시며
이스라엘의 하나님이 너희 뒤에서 호위하시리니
너희가 황급히 나오지 아니하며 도망하듯 다니지 아니하리라"(사 52:12).

주 하나님께서는 우리 앞에서 행하시고, 또 뒤에서 호위하시겠다고 말씀하십니다. 우리를 이중적으로 보호하신다는 것입니다. 하나님은 우리 중 어떤 사람을 새로운 방향으로 인도하기를 원하시는데, 그런 생각이 당신의 마음에 다소 두려움을 일으킬지도 모릅니다. 하나님께서는 당신이 전임 사역자로 교회 섬기기를 바라실 수도 있고, 바다 건너 다른 나라로 부르실 수도 있으며, 당신의 직업을 바꾸라고 하실 수도 있습니다. 하나님께서 당신을 불안하게 하는 미래를 말씀하신다면, 그분이 당신보다 앞서 행하실 것이라는 사실을 기억하십시오. 그분이 함께하시지 않은 채 당신만 보내는 일은 결코 없을 것입니다. 우리는 단지 그분을 위해서만 가는 것이 아니라, 앞서 행하시는 그분을 따라가는 것입니다. 영원하신 그리스도께서 우리보다 앞서 행진하심을 안다면, 우리가 무엇을 두려워하겠습니까?

하나님은 앞서 우리를 인도하실 뿐 아니라 뒤에서도 우리를 호위하십니다. 하나님의 인도하심과 보호하심 속에 있지 않은 사람은 허상을 좇을 뿐입니다. 삼십 년 넘게 좇은 것이 허상인 줄 몰랐다 하더라도, 그것이 결국에는 허무와 공허함과 파탄을 가져올 것입니다. 오직 그리스도의 손을 붙잡고 "어디로 이끄시든, 어떤 일이든 주님만 따르겠습니다."라고 말하는 사람에게는 영원히 복된 미래가 있을 것입니다.

당신은 주님의 손을 굳게 붙잡고 어떤 거리낌이나 망설임도 없이 그분이 이끄시는 곳으로 가겠습니까? 만약 당신이 그분의 보호 없이 살아가기로 한다면 당신의 미래는 어둠과 실패로 끝나겠지만, 그분의 온전한 인도하심과 보호하심 속에 거한다면 당신의 미래는 빛과 진리와 소망으로 가득할 것입니다.

2월 13일, 말씀을 가까이

고린도전서 9:24-27

"운동장에서 달음질하는 자들이 다 달릴지라도 오직 상을 받는 사람은 한 사람인 줄을 너희가 알지 못하느냐 너희도 상을 받도록 이와 같이 달음질하라"(고전 9:24).

의사 지망생인 아들이 훈련 기간에 집에 머물던 어느 날, 우리는 함께 그가 할 일에 대해 대화를 나누었습니다. 나는 아들에게 이렇게 말해 주었습니다. "너는 네가 하고 싶은 일을 의학에서 발견했어. 너는 인생을 의학에 바치고, 그 일을 사랑하게 되겠지. 네가 가진 모든 것을 바쳐, 낮이건 밤이건 그 일에 전념하게 될 거야. 하지만 조심해야 한다. 어느 날 눈을 뜨고 보니 넌 벌써 오십 세가 되었는데, 네 머리에는 온통 인체 조직과 어떻게 그것을 해부할 것인지에 대한 생각 밖에 없을지도 몰라. 그러나 그것은 지적이고 정서적이며 영적인 존재로 살아가야 하는 사람에게는 결코 충분하지 않은 매우 빈약한 지식일 뿐이란다. 매일 억지로라도 의학과 관련되지 않은 무엇인가를 읽어야 네가 오십 세가 되었을 때 단지 의사만이 아니라 더 온전한 사람으로 살아갈 수 있어. 앞으로 십 년간 꼭 해마다 성경을 처음부터 끝까지 통독하렴. 매일 성경을 세 장, 주일에는 다섯 장을 읽어 매년 한 번씩 성경 통독하는 일을 십 년 동안 하고 나면, 너는 성경을 잘 이해하는 평신도 그리스도인이 되어 있을 거야."

이 원리는 당신의 직업이 의료 분야만큼 전문적이지 않더라도 동일하게 적용됩니다. 모든 그리스도인은 자신의 직접적인 관심 분야 이외의 것에 대해서도 폭넓게 독서해 전인격적이고 균형 있는 지식 체계를 갖춰야 하고, 누구도 예외 없이 날마다 하나님의 말씀을 가까이하는 시간을 가져야 합니다. 세월이 흐르면서, 하나님 말씀을 공부하는 데 들인 시간은 당신이 사용한 가장 가치 있는 시간이 되고, 당신은 하나님과 함께했던 그 시간 때문에 점점 더 참되고 진실한 사람이 될 것입니다.

2월 14일, 말씀 듣는 일의 중요성

사도행전 10장

"그런즉 하나님의 이 구원이 이방인에게로 보내어진 줄 알라 그들은 그것을 들으리라 하더라"(행 28:28).

우리는 복음을 결코 지엽적인 것으로 만들어서는 안 됩니다. 미국의 복음, 유럽의 복음이 따로 있지 않습니다. 복음의 원천은 살아 계신 하나님이며, 그분은 모든 민족을 만드셨습니다. 그분은 모든 사람의 필요를 아시고 각 개인을 위해 그것을 준비하십니다. 복음을 전한다는 것은, 우리가 지닌 특징이나 차이점, 독특성을 나타내는 것이 아닙니다. 우리는 그 대상이 누구든 각 사람에게 개인적으로 가슴에 와닿는 실제적인 메시지가 되도록 복음을 전해야 합니다.

나는 목회할 때 교회 회중이 마치 오케스트라 같다는 사실을 발견했습니다. 내 설교 하나 하나는 회중에 있는 각기 다른 사람이나 그룹에게 특별한 의미를 주는 어떤 요소를 포함하고 있어야 했기 때문입니다. 회중의 어떤 사람들은 음악에 대해 말할 때 상상력이 발동해 설교에 집중합니다. 또 역사를 좋아하는 사람들은 역사적인 이야기나 언급이 등장하면 즐거워하거나 놀라워하면서 갑자기 열심히 설교를 듣기 시작합니다.

설교를 하는 사람과 듣는 사람 사이에 이렇게 동질감을 불러일으킬 줄 아는 사람은 지혜로운 사람입니다. 언어의 목적은 바로 그것입니다. 언어는 우리가 서로를 알고 이해하도록 돕고, 이로써 우리는 서로를 중요하게 여기게 됩니다. 하나님의 말씀 듣는 일이 중요한 것은, 구원의 메시지의 효과적인 전달 역시 무엇보다 언어를 통해 이루어지기 때문입니다.

2월 15일, 죽어서도 하고 싶은 일

마태복음 25:14-23

"내가 또 주의 목소리를 들으니 주께서 이르시되
내가 누구를 보내며 누가 우리를 위하여 갈꼬 하시니
그때에 내가 이르되 내가 여기 있나이다 나를 보내소서 하였더니"(사 6:8).

세상에는 우리가 해야 할 가치가 있는 일이 많이 있습니다. 하나님의 형상을 따라 지음 받은 사람이 단 하나라도 고통 속에 있고, 당신에게 그를 도울 능력이 있다면, 당신에게는 할 일이 있는 것입니다. 하나님은 우리 모두가 자신을 닮기를 원하시는데, 그분의 사역은 곧 다른 사람들을 위한 것입니다. 그렇기에 우리의 사역 역시 다른 사람들을 위함으로 그분을 기쁘시게 하고 영화롭게 해야 합니다.

한 젊은 미국인 학생이 존 웨슬리의 동료 설교자였던 존 베리지(John Berridge)의 교회를 찾아갔습니다. 한 영국 국교회 목사가 그를 베리지의 무덤으로 안내해 주었습니다. 그의 묘비에는 이렇게 적혀 있었습니다.

> 주 예수 그리스도와 그분의 사역을 사랑한 순회 설교자이자, 노년에는 에버턴 교구의 목사였던 존 베리지가 이곳에 잠들다. 오랜 세월 주님을 섬긴 후 이제 하늘에서의 섬김을 위해 부르심을 받다.
>
> 이 글을 읽는 당신은 거듭났습니까?
> 거듭남 없이는 구원이 없습니다
> 1716년 2월, 나는 죄에서 태어났습니다.
> 1730년이 되기까지 나 자신이 타락한 자임을 알지 못했습니다.
> 1754년까지 믿음과 순종으로 당당히 구원을 이루며 살았습니다.
> 1755년, 에버턴 교구의 목사가 되었습니다.
> 1756년, 오직 예수님 안에 있는 안식을 발견했습니다.
> 1793년 1월 22일, 그리스도 안에서 잠들었습니다.

학생이 글을 다 읽고 나자 교구 목사는 이렇게 말했습니다. "베리지 씨가 교회 어느 쪽에 묻혀 있는지 알아차리셨나요? 보다시피 이쪽은 세례 받지 않은 사람, 자살한 사람들이 묻힌 곳이에요. 그분은 일평생 죄인들을 위해 사셨어요. 그리고 죽어서도 그들을 떠나려 하지 않으셨죠."

나는 오늘 당신에게도 이같이 권고합니다. 당신이 무덤에 누워 하나님의 부르심을 기다리는 그 시간에도 당신이 지금 하는 일을 계속하기를 원할 만큼 진정으로 가치 있는 일을 발견하십시오!

2월 16일, 헌신의 기쁨

신명기 6장

"나는 너를 애굽 땅, 종 되었던 집에서 인도하여 낸 네 하나님 여호와라 나 외에는 다른 신들을 네게 두지 말지니라"(신 5:6-7).

삶에서 의무를 다하지 않고도 진정한 기쁨을 누릴 수 있다고 믿는 것은 허상입니다. 이따금씩 의무에서 벗어나 자유를 누릴 수는 있지만, 그런 자유가 마치 실제 삶에서도 가능한 것인 양 진지하게 바란다면 그것은 허상이고, 허상은 치명적입니다. 진정한 행복은 언제나 현실에 기초하고 있을 때만 가능합니다. 우리는 삶에서 우리가 행해야 할 일들에 거룩하게 헌신할 때 삶의 가장 큰 기쁨을 발견할 수 있습니다. 그런 헌신을 도외시하고 도망치면, 삶에서 누릴 수 있는 가장 깊은 행복은 비극적일 만큼 소멸되거나 더럽혀질 것입니다.

안식하고 즐기기 위해 책임과 의무를 벗어 던져야 한다는 생각은 일순간의 허상일 뿐입니다. 의무를 자각하고 그것에 헌신하지 않는 사람은 자신에게서 기쁨을 발견할 수 없게 됩니다. 그런 사람이 꿈꾸는 삶은 비현실적이고 지속성이 없습니다. 그것은 허상입니다.

당신은 지금 어떤 헌신을 하고 있는지 면밀히 점검해 보시기 바랍니다. 당신의 헌신의 크기만큼 당신이 누리는 기쁨은 크고 의미 있을 것입니다. 그 이유는 명백합니다. 인간은 유한한 존재며, 우리는 피조물입니다. 그렇기에 인생의 목적과 그 성취를 우리 자신에게서 찾는 것은 불가능합니다. 우리는 자신이 아닌 바깥, 자신 너머 곧 그분을 바라보도록 지음 받았습니다. 우리는 하나님을 향하도록 지음 받았습니다. "하나님을 영화롭게 하고 영원히 그분을 즐거워하라"는 오랜 교리문답의 가르침보다 더 지혜로운 말은 없습니다. '영원히'라는 말이 '오늘'을 포함하고 있음을 생각하면, 이 말은 매우 아름다운 말이기도 합니다.

2월 17일, 하나님 나라의 위대함

요한복음 13:1-20

"저녁 먹는 중 예수는 … 자기가 하나님께로부터 오셨다가 하나님께로 돌아가실 것을 아시고 저녁 잡수시던 자리에서 일어나 겉옷을 벗고 수건을 가져다가 허리에 두르시고 이에 대야에 물을 떠서 제자들의 발을 씻으시고 그 두르신 수건으로 닦기를 시작하여"(요 13:3-5).

제자들이 십자가에 대한 예수님의 가르침에서 가장 이해하기 힘들었던 것은 그분이 왜 자신들을 위해 고난을 받으셔야 하는지에 대한 것이었습니다. 그분은 그리스도이자 그들의 메시아와 왕이셨습니다. 자신들이 그분을 위해 고난을 감수해야 한다는 것은 예상할 수 있었지만, 그분이 자신들을 위해 고난받는다는 것은 이치에 맞지 않는 것 같아 보였습니다. 참으로 그것은 인간의 지혜에 반하는 일이었습니다. 우리의 육신적 사고에 의하면 하나님의 일하시는 방식은 당연한 것이 아닙니다. 바울은 "의인을 위하여 죽는 자가 쉽지 않고 선인을 위하여 용감히 죽는 자가 혹 있거니와"(롬 5:7)라고 말합니다. 누구도 불의한 자를 위해 죽지는 않는다는 것입니다. 그러나 예수님은 제자들에게, 그리스도께서 죄인들을 위해 죽으심으로, 즉 의로우신 분이 불의한 자를 위해 죽으심으로 하나님께서 그들을 얼마나 사랑하시는지를 보여 주실 것이라고 말씀하셨습니다. 사람들의 눈에는 그것이 부당해 보였으나, 그것이 구원을 이루시는 하나님의 방식입니다.

십자가를 지시기 전날 밤, 예수님께서는 제자들이 서로를 어떻게 대해야 하는지에 대해 가르쳐 주셨습니다. 하나님 나라의 섬김 방식은 인간의 자연적인 본능과 상반됨을 알려 주신 것입니다. 제자들은 교만과 거짓된 자존감으로 가득했습니다. 그들은 자신들 중에서 누가 가장 높은 자리에 앉는 것이 마땅한지에 대해 논쟁을 벌였습니다. 심지어 야고보와 요한은 자신들이 그리스도의 왕국에서 그분의 좌우편에 앉게 해주시도록 청탁까지 했습니다. 그러나 예수님은 그들에게 하나님 나라의 위대함이 어떤 것인지 보여 주셨습니다. 그것은 바로 섬김입니다. 그분은 수건과 대야와 물을 가져와 그들의 발을 씻어 주시기 위해 무릎을 꿇었습니다. 예배하는 자가 예배 받으실 분 앞에 무릎을 꿇어야 마땅함에도, 예배 받으실 분이 예배하는 자의 발을 씻기 위해 무릎을 꿇으신 것입니다. 이것이 그들에게 어떤 충격을 주었는지는 말할 필요도 없습니다. 이 일은 그들에게 훌륭한 교훈이 되었습니다. 예수님은 참된 위대함은 겸손과 섬김에 있음을 보여 주셨습니다. 그처럼 높으신 분이 그들을 섬겨 주셨다면, 그들은 서로 섬기기를 주저해서는 안 될 것입니다. 하나님 나라의 핵심은 누가 가장 명예로운 자리를 차지하는지가 아니라, 누가 최선의 모습으로 다른 이들을 섬겼는지에 있는 것입니다. 열한 제자는 주님의 교훈을 결코 잊을 수 없었을 것입니다. 우리 역시 잊어서는 안 될 교훈입니다.

2월 18일, 예수님을 아는 지식

요한복음 17:1-5

"내가 그리스도를 알고자 하여"(빌 3:10).

빌립보서 3장에서 바울은 마음을 터놓으며 자신이 일평생 가졌던 한 가지 소원이 무엇이었는지를 밝힙니다. "내가 그리스도와 그 부활의 권능과 그 고난에 참여함을 알고자 하여"(빌 3:10). 바울은 유대인이었습니다. 그가 히브리어에 능통했고 히브리어 성경을 잘 이해했다는 사실에는 의문의 여지가 없습니다. 구약 성경에서 안다는 것은 무엇보다 인격적인 관계를 의미하곤 합니다.

많은 사람이 앎을 말할 때 앎의 '대상'에 초점을 둡니다. 이러한 앎은 객관성, 무관심, 앎의 주체와의 분리를 특징으로 합니다. 그러나 구약 성경에서 '알다'라는 단어는 이와 다른 의미를 갖습니다. 창세기 1-3장에는 아담과 하와, 그리고 선악을 알게 하는 나무의 이야기가 나옵니다. 여기서 앎이라는 용어의 의미를 이해하려면 창세기 4장 1절을 읽어 보아야 합니다. "아담이 그의 아내 하와를 '알매'('knew', NKJV, 한글개역개정에는 '동침하매'로 의역되어 있음-역주) 하와가 임신하여 가인을 낳고." 여기서의 앎은 매우 인격적이고 관계적인 것입니다. 하나님께서 왜 자기 백성이 악에 대해 이런 친밀한 앎을 갖지 않기를 바라셨는지는 쉽게 이해할 수 있습니다. 자신의 아내에 대한 남자의 앎은 물리나 역사에 대한 지식과 무한히 다릅니다. 그런 지식은 사용하기 위한 것이지만, 다른 사람에 대한 지식은 서로를 알아 관계를 형성하기 위한 것입니다. 그런 관계를 통해 당신의 삶은 다른 사람의 삶과 연결되고, 두 개의 삶이 하나가 됩니다.

그리스도를 알고자 했던 바울의 갈망은 자신의 인생을 그리스도의 것과 하나가 되게 함으로, 자신이 결코 예수님에게서 분리될 수 없고, 예수님 또한 자신에게서 분리될 수 없게 하기 위한 것이었습니다. 우리는 존재론적 합일이 아닌 이러한 인격적 관계성을 통해 주님과 하나가 됩니다.

2월 19일, 오순절과 방언

사도행전 2장

"이 소리가 나매 큰 무리가 모여 각각 자기의 방언으로
제자들이 말하는 것을 듣고 소동하여"(행 2:6).

복음을 전하는 일에서 가장 중요한 소통의 언어는 문화나 경험의 동질성이 아닙니다. 영혼의 진정한 소통을 가능하게 하는 것은 '성령'의 언어입니다. 오순절에 그곳에 있었던 모든 사람이 설교를 각자의 언어로 들은 것에는 중요한 의미가 있습니다. 우리는 개인적인 오순절을 경험하기 전에는 모든 사람에게 나아갈 준비가 된 것이 아닙니다. 성령의 세례는 사람을 정결하게 하고, 변화시키며, 가르치고, 이해시키는 능력이 있기에, 다른 사람과의 접촉점을 형성하게 합니다. 그래서 전혀 다가가기를 계획하거나 바라지 않았던 사람들과도 갑자기 소통의 통로를 열 수 있게 됩니다. 이것이 오순절의 능력입니다. 전에는 효과적인 사역을 하지 못했던 설교자나 평신도 증인이 성령의 기름부음을 받으면, 모두가 이해해 자신의 것으로 받아들일 수 있는 말을 하게 됩니다. 설교자의 말이 갑자기 권세 그 자체처럼 들립니다.

오늘날 많은 그리스도인이 "어떻게 하면 우리가 우리와 다른 사람들, 우리와 다른 배경을 지닌 사람들에게 복음을 전할 수 있을까?"라고 묻고 있습니다. 그렇기에 우리는 더욱 이러한 성령에 관한 진리를 믿어야 합니다. 사실 사람들의 배경은 궁극적으로 중요한 것이 아닙니다. 모든 인간은 하나님의 형상으로 지음 받았기 때문에, 그분의 말씀은 각 사람의 언어를 통해 전달될 수 있습니다. 그리고 사람은 자신의 언어로 듣기 전까지는 복음을 제대로 들은 것이 아닙니다. 하나님께서 오순절에 모든 사람을 얼마나 존중하셨는지 보십시오. 그분은 바대인에게 "나는 네가 아람어를 잘 이해할 수 없다는 걸 알아. 그렇지만 복음은 아람어로 되어 있기 때문에, 열심히 듣다 보면 조금은 이해할 수 있을지도 몰라."라고 말씀하시지 않았습니다. 오히려 한 사람이 복음을 전하자 바대인이 갑자기 무리 중에서 일어나 "이럴 수가! 이건 나에게 주시는 말씀이잖아!"라며 놀라서 소리쳤습니다.

이로써 하나님께서는 모든 사람이 자신의 언어, 익숙한 관용구, 억양, 어감으로 복음을 들을 기회를 갖는 것이 마땅함을 선언하신 것입니다. 우리가 얼마나 자주 이것을 잊어버리고, 사람들이 자신에게만 익숙한 방식으로 복음을 들어야 한다고 주장하곤 하는지요. 하나님, 우리를 용서해 주소서.

2월 20일, 아낌없는 사랑

마가복음 14:1-4

"예수께서 베다니 나병환자 시몬의 집에서 식사하실 때에
한 여자가 매우 값진 향유 곧 순전한 나드 한 옥합을 가지고 와서
그 옥합을 깨뜨려 예수의 머리에 부으니"(막 14:3).

누가복음 7장은 시몬의 집에서 예수님을 위해 준비한 저녁 식사에 대해 기록하고 있습니다. 만찬 도중 한 여인이 들어와 향유 옥합을 깨뜨려 예수님의 머리에 부었습니다. 그녀는 또 그분의 발을 눈물로 적시고 자신의 머리털로 닦았습니다. 마태와 마가는 시몬의 집에서 유월절을 보낸 사실을 말하면서 그때 일어난 유사한 사건을 기록합니다. 요한은 예수님께서 베다니의 마리아와 그녀의 가족에게 베푸신 은혜로 인해 그녀가 예수님께 아낌없는 사랑을 표현한 사실을 보여 주고 있습니다. 그녀는 자신의 눈물로 예수님의 발을 씻기고, 값비싼 향유를 그분의 머리에 부었습니다. 흥미롭게도 요한은 오천 명을 먹이기 위해 여덟 달 치 월급에 해당하는 돈이 든다면, 마리아가 예수님의 발에 부은 향유를 사려면 열두 달 치 월급의 돈이 든다는 사실을 알려 줍니다. 그래서 우리가 그녀가 보여 준 사랑을 아낌없는 사랑이라고 하는 것입니다.

마리아의 사랑이 아낌없는 것이었음을 나타내는 또 하나의 암시는, 예수님의 발을 자신의 머리카락으로 닦은 점입니다. 랍비 문학 중 아들들이 모두 대제사장이 된 한 여인에 대한 흥미로운 이야기가 있습니다. 그녀는 유대인들에게 매우 존경을 받았는데, 여섯 아들이 모두 지성소에 출입한 대제사장이었기 때문입니다. 이는 이스라엘의 역사에서 매우 놀라운 일이었습니다. 사람들이 그녀에게 거룩함을 위해 어떻게 노력했는지 묻자, 그녀는 "나는 침실에서조차 머리 푼 모습을 보이지 않았기 때문에 하나님께 은혜를 입었습니다."라고 대답했습니다. 일반적으로 유대 여인은 남편 앞에서가 아니면 머리를 풀지 않았습니다.

그런데 마리아는 자신의 머리를 풀어 예수님의 발을 닦아드렸습니다. 그녀는 자신을 온전히, 철저히, 아낌없이 그분께 드린 것입니다. 요한은 그 집에 향기가 가득했다고 기록합니다. 그런 사랑은 하나님께 향기로운 제사가 됩니다.

2월 21일, 세상의 빛

이사야 58:9-12

"이같이 너희 빛이 사람 앞에 비치게 하여
그들로 너희 착한 행실을 보고
하늘에 계신 너희 아버지께 영광을 돌리게 하라"(마 5:16).

여호와의 장막 성소 안에는 중심 줄기에서 여섯 개의 가지가 나와 모두 일곱 개의 등잔을 가진 등잔대가 있었습니다. 이 등잔대는 지성소의 남쪽에 세워져 있었습니다. 일곱 등잔에는 순수한 감람유가 사용되었고, 저녁부터 아침까지 등불이 켜져 있었습니다. 꺼지지 않는 등불은 하나님의 백성이 중단 없이 하나님을 예배할 뿐 아니라, 끊임없이 세상을 비추는 것을 상징했습니다.

이 등불은 사람들에게 두 가지를 기억하게 했습니다. 첫째로, 그것은 성막 안에 있는 유일한 불빛이었습니다. 요한 계시록 21장은 성전도, 해와 달의 비침도 없는 새 예루살렘을 묘사합니다. 전능하신 주 하나님과 어린양이 그 새로운 성의 성전과 빛이 되시기 때문입니다. 성막 안에 있는 불빛은 세상의 빛이신 그분을 가리킵니다. 그리스도 그분이 우리의 빛이십니다.

둘째로, 그 불빛은 우리에게 우리의 사명을 기억하게 합니다. 예수님께서는 그분의 제자들이 어두운 세상을 비추는 빛이 되어야 한다고 말씀하셨습니다. 어둡고 그늘진 사회에서 빛을 비추는 불빛으로 살아가는 것이 신자의 사명입니다. 모든 빛의 원천은 하나님이시기에, 우리가 지닌 빛은 모두 그분의 임재에서 비롯된 것입니다. 우리는 우리 스스로의 능력이나 권능이 아닌 성령님을 통해서만 빛을 낼 수 있습니다.

그분이 우리의 빛이신 것과 동일한 방식으로, 우리 역시 주변의 세상을 비추는 빛이어야 합니다.

2월 22일, 성령님을 잃는 것

사무엘상 15장, 16장 14-23절

"여호와의 영이 사울에게서 떠나고
여호와께서 부리시는 악령이 그를 번뇌하게 한지라"(삼상 16:14).

사람은 한때 성령님을 알았더라도 이후 성령님을 잃어버린 채 살아갈 수 있습니다. 이는 받아들이기에 불편한 말이지만 성경적 진리입니다. 성경은 이스라엘의 첫 번째 왕 사울에 대해, 그가 성령으로 충만했었다고 말씀합니다. 중요한 것은, 성령께서 임하시기 전에는 그에게 왕으로서의 자질이 없었다는 것입니다. 그는 소심한 겁쟁이였으나 기름부음을 받고 성령이 임하시자 선하고 정의로운 왕이 되었습니다. 그러나 이후 성령을 따르지 않고 자신의 고집대로 행했고, 성령은 그를 떠나셨습니다. 그 즉시 사울을 대신해 다윗이 기름부음을 받았고, 성령님은 사울을 떠나 다윗과 함께하셨습니다.

사울은 남은 생애를 방황했습니다. 비록 왕좌에 남아 있긴 했으나 진정한 왕의 자격을 박탈당하고 말았습니다. 외적인 장식물은 모두 가지고 있었지만 내적인 실체는 아무것도 없었습니다. 그는 자신으로 하여금 하나님과 백성 앞에서 왕으로 세움 받게 한 그것을 상실하고 말았습니다. 다윗이 시편 51:11에서 "주의 성령을 내게서 거두지 마소서"라고 외칠 때 그는 틀림없이 사울을 염두에 두었을 것입니다. 다윗은 성령님을 잃어버린 한 사람을 보았고, 자신도 그럴 수 있다는 생각에 두려워 떨었던 것입니다.

한때 성령님과 친밀했던 사람일지라도 그 친밀함을 잃을 수 있습니다. 성령님께 순종하지는 않으면서 단지 성령님에 대해 말하고 있다는 이유로 안일한 생각을 갖는 것이 결코 안전하지 않은 것은 이 때문입니다.

2월 23일, 처음부터 온전하게

사무엘상 15, 18장

"여호와께서 번제와 다른 제사를
그의 목소리를 청종하는 것을 좋아하심 같이 좋아하시겠나이까
순종이 제사보다 낫고 듣는 것이 숫양의 기름보다 나으니"(삼상 15:22).

사울 왕 이야기는 하나님의 소명을 이루는 데 실패한 한 사람에 대한 매우 비극적이고도 흥미로운 이야기입니다. 삶의 한 지점에서 그는 특히 자신의 마음의 이기적인 본성을 드러냅니다. 청년 다윗이 골리앗을 죽였고 히브리인들은 원수들과 싸워 큰 승리를 거두었습니다. 그들이 성으로 돌아오자 여인들은 "사울이 죽인 자는 천천이요 다윗은 만만이로다"(삼상 18:7)라며 노래 부르기 시작했습니다.

사실 다윗은 단 한 명의 원수를 죽였을 뿐이고, 군대 전체를 이끈 것은 사울이었습니다. 그러나 이기심이 자신과 타인에 대한 시각을 왜곡하자 사울의 마음에는 걷잡을 수 없는 질투심과 원망이 솟구쳤습니다. 그는 다윗을 없애야겠다고 결심했습니다. 흥미롭게도, 사울은 다윗을 처음 만났을 때 그를 사랑했습니다. 그러나 다윗이 자신의 명성에 위협이 되자 원수로 여기기 시작했습니다. 이것이 인간 자아가 지닌 문제입니다. 만약 사람이 그것을 십자가에 못 박지 않고, 깨끗이 씻어 정화하지 않은 채 내버려두면, 그것은 결국 마음속에서 가장 악한 열매를 맺게 될 것입니다. 만약 자신의 삶이 정말 중요하다고 생각한다면, 우리는 사울과는 다른 방식으로 하나님과 관계를 맺어야 합니다. 즉, 우리의 마음을 전적으로 온전히 그분께 굴복시켜, 다른 사람들이 지닌 장점을 나 자신에 대한 위협이 아닌 축복으로 여기고, 하나님께서 우리를 위해 보내주신 선물과도 같이 여겨야 합니다.

사울은 이기적인 마음을 가졌을 뿐 아니라 부분적인 순종으로 만족한 사람이었습니다. 하나님께서 아말렉 사람을 진멸하라고 하셨을 때, 그는 말로는 순종했지만 마음으로는 그렇지 않았습니다. 그의 군대는 여호와께 드리지 못할 가치 없고 하찮은 동물은 죽였지만, 건강한 가축은 살려두었습니다. 그리고 그중 못한 것들을 하나님께 드렸지만, 하나님은 이를 결코 기뻐하지 않으셨습니다. 그분은 모든 것을 원하시고, 가장 좋은 것을 원하십니다. 사울은 자기 삶에서 하찮은 것, 남아도는 것, 별로 좋아하지 않는 것은 기꺼이 드리려 했지만, 하나님께서 요구하시는 것을 드릴 마음은 없었습니다. 그는 불완전한 순종으로 만족했습니다.

우리 가정은 어린 자녀에게 순종을 훈련시킬 때 '처음부터 온전하게'라는 좌우명을 가르쳤습니다. 주 예수님이 처음으로 당신에게 무언가를 요구하실 때 순종하지 않고, 또 그분께 온전하게 순종하지 않으면, 당신은 자신과 주변 사람을 위험에 빠지게 할 것입니다.

2월 24일, 기꺼이 기다리려는 마음

사무엘상 24장

"자기 사람들에게 이르되 내가 손을 들어
여호와의 기름 부음을 받은 내 주를 치는 것은 여호와께서 금하시는 것이니
그는 여호와의 기름 부음을 받은 자가 됨이니라 하고
다윗이 이 말로 자기 사람들을 금하여 사울을 해하지 못하게 하니라
사울이 일어나 굴에서 나가 자기 길을 가니라"(삼상 24:6-7).

다윗의 성품을 알 수 있는 열쇠는 사울에 대한 그의 반응입니다. 사무엘에게 기름부음받은 다윗은 자신이 왕이 될 것을 알았습니다. 그 일을 위해 자신이 하나님의 부르심을 받았음을 알았던 것입니다. 실제로 하나님의 영이 이미 사울을 떠나 그에게 임하셨기 때문에, 왕이 될 자격은 그에게 있었습니다. 다윗은 왕으로서의 모든 권한을 가졌고, 사울에게서는 그 모든 것이 사라졌습니다. 더욱이, 하나님의 백성들은 재앙과도 같은 사울의 지도력 아래에서 고통받고 있었습니다. 다윗이 어떤 행동을 취하기에 너무나 좋은 때로 보였습니다.

어느 날 다윗이 사울을 피해 한 동굴에 숨어 있는데, 그와 그의 용사들이 그 속에 있는 것을 모르고 사울이 용변을 보러 동굴에 들어왔습니다. 다윗의 용사 중 누군가가 다윗에게 말했습니다. "여호와께서 이스라엘을 구원하셨습니다. 하나님께서 그를 우리의 손에 내어주셨습니다." 다윗은 '이제 내가 하나님의 뜻을 이루고 이스라엘을 구원할 기회가 생겼구나'라는 생각으로 유혹을 받았을 것입니다. 그러나 다윗은 "그에게 손을 대지 말라"라고 명령합니다. 다윗을 왕좌에 앉히는 것은 하나님께서 하실 일이었기에, 다윗은 스스로 그 일을 하려 하지 않았습니다. 그는 하나님께서 자신을 왕으로 세우기 원하시는 때에 그렇게 하실 것을 믿었습니다.

우리는 하나님의 뜻을 재촉할 수 없습니다. 다윗은 하나님을 신뢰했기에 그분의 때를 기다릴 수 있었습니다. 예수님의 성령께서 우리에게 생명을 부여하고 바른 방향으로 이끌어 주시지 않는다면 우리의 노력은 아무런 소용이 없을 것입니다. 지금 당신은 마음에 어떤 영적인 필요를 느껴 하나님을 재촉하고 있습니까? 오늘 하나님께로 나아가십시오. 성령 하나님께서 당신의 삶에 질서를 부여하심으로 평안을 얻을 때까지 그분과 씨름하십시오.

2월 25일, 그리스도인의 징표

마가복음 10:17-30

"예수께서 그를 보시고 사랑하사 이르시되
네게 아직도 한 가지 부족한 것이 있으니
가서 네게 있는 것을 다 팔아 가난한 자들에게 주라
그리하면 하늘에서 보화가 네게 있으리라
그리고 와서 나를 따르라 하시니"(막 10:21).

젊은 부자 관원 이야기는, 개인의 어떤 인격적 특징이 그 사람을 그리스도인이 되게 하는 것이 아님을 이해하는 데 도움을 줍니다. 이 이야기는 예수님께서 그에게 참된 제자가 될 것을 요구하심으로 끝나기 때문입니다.

먼저 젊은 부자 관원의 지닌 진실함이 그를 그리스도인이 되게 하지는 않았습니다. 그가 예수님께 달려가 무릎 꿇는 것을 보면 우리는 그가 진실한 사람임을 알 수 있습니다. 그는 자신의 갈망과 필요를 부끄러워하지 않았습니다. 그리고 진실되게 영생을 구했습니다. 사실상 그는 선한 사람이었지만 그것이 그를 그리스도인이 되게 하지는 않았습니다.

부유한 관원의 의로움도 그를 그리스도인이 되게 하지는 않았습니다. 그는 모든 계명을 지키며 남달리 올바르게 살았습니다. 그는 깨끗하고 신실했습니다. 도둑질하거나 사기 치지 않았고, 살인을 저지르거나 악의를 품거나, 분노하지도 않았습니다. 거짓말을 하거나 사람들을 속이지 않았고, 부모를 공경했습니다. 그러나 이 모든 의로운 행위가 그를 예수님의 제자로 만들지는 못했습니다.

주 예수님의 사랑조차도 젊은 부자 관원이 그리스도인이 되게 하지는 못했습니다. 그리스도께서 그를 사랑하셨음에도, 그 사랑이 그를 그리스도의 제자로 만들지는 못했다는 것입니다.

진실함이나 의로움, 하나님의 사랑조차 사람을 그리스도인으로 만들지 못한다면, 도대체 무엇이 필요할까요? 이 젊은 부자 관원 이야기는 우리가 그 해답을 이해할 수 있도록 도와줍니다. 그리스도인이 된다는 것은 예수님이 신뢰할 만한 분이심을 믿어 우리의 삶을 그분의 다스림 아래 두는 것을 의미합니다. 그리스도인은 예수님을 믿기에 그분을 따르는 사람입니다.

2월 26일, 영원한 언약

로마서 8:35-39

"나는 내 사랑하는 자에게 속하였고
내 사랑하는 자는 내게 속하였으며
그가 백합화 가운데에서 그 양 떼를 먹이는도다"(아 6:3).

어떤 사람은 완전 성화의 가능성에 반대하면서 우리의 으뜸 되는 사랑의 대상이 누구인지 날마다 결정하면서 살아가야 한다고 말합니다. 그러나 나는 매일 아침 일어날 때 내가 결혼했는지 아닌지를 결론 내릴 필요가 없습니다. 그것은 오래전에 이미 결정되었습니다. 그리고 그것은 되돌릴 수 없는 것이기에 나는 매우 기쁩니다. 나와 아내의 관계는 나와 그리스도의 관계의 상징입니다. 내가 그녀와 영원한 언약을 맺은 것처럼, 그분과도 결코 깨지지 않을 영원한 언약을 맺을 수 있기 때문입니다. 나는 언약을 맺을 것인지 날마다 다시 결정할 필요가 없습니다. 한번 언약을 맺은 이상, 내가 그분을 배반하지 않는 한 언약은 깨어지지 않습니다.

하나님은 결코 언약을 깨뜨리지 않으실 뿐 아니라, 나에게 성령을 주셔서 언약을 지키기를 촉구하고 또 그럴 수 있도록 도우십니다. 우리는 이 언약 관계에 대해 때때로 의문을 갖기도 하지만, 의문을 갖는 것과 언약을 부인하는 것은 다릅니다.

하나님께서는 그 자녀들과 이러한 언약을 맺기를 바라십니다. 우리는 그런 결정을 날마다 반복하지 않아도 됩니다. 우리는 그분과 마음의 언약을 맺을 수 있습니다. 그 단번의 결정은 우리의 온 마음과 삶을 요구합니다. 우리는 세상의 그 어떤 것보다 그분을 더 사랑해야 합니다. 우리가 하나님과의 더 깊은 관계로 나아가고자 한다면, 그분을 우리의 으뜸 가는 사랑의 대상으로 삼아 우리 삶에서 다른 사랑의 대상들은 부차적인 것이 되게 함으로, 하나님께 대한 사랑이 다른 모든 사랑을 다스리게 해야 합니다.

2월 27일, 결혼과 성화

이사야 54:1-5

"이러므로 사람이 그 부모를 떠나서 그 둘이 한 몸이 될지니라
이러한즉 이제 둘이 아니요 한 몸이니
그러므로 하나님이 짝지어 주신 것을
사람이 나누지 못할지니라 하시더라"(막 10:7-9).

우리와 주 예수님의 관계가 사랑의 관계라면, 우리가 예수님과의 관계에서 온전히 성화되는 것은 결혼에서의 서약과 유사점이 있지 않을까요? 결혼의 세 가지 특징은 주님과의 궁극적인 사랑 관계에도 동일하게 적용됩니다. 첫째, 결혼은 독점적입니다. 이 특징은 십계명 중 첫째 계명 "나 외에는 다른 신들을 네게 두지 말라"(출 20:3)라는 말씀에 잘 나타납니다. 결혼 상대가 독점적인 사랑을 요구하듯, 하나님도 마찬가지입니다.

둘째, 결혼은 우리 존재의 모든 측면에 영향을 미칩니다. 서로에 대한 헌신은 전적인 것입니다. 삶에서 배우자와의 관계에 영향을 받지 않는 영역은 있을 수 없습니다. 예수님과의 관계도 그렇습니다. 그것은 우리 삶의 다른 모든 것에 영향을 끼치고 그것들을 결정짓는 완전한 관계여야 합니다.

마지막으로, 결혼은 영구적인 관계입니다. 영원히 자신을 상대방에게 조건 없이 주는 것입니다. 우리와 예수님의 관계는 우리가 어떤 상황에서도 깨뜨리지 않아야 할 영구적 관계여야 합니다.

만약 사랑의 관계의 측면에서 이러한 언약을 이해하지 않는다면, 하나님께 독점적이고 완전하며 영구적으로 헌신한다는 것은 매우 두려운 일입니다. 어떤 사람에게는 결혼이 다소 두려울 수 있지만, 결혼 관계는 사람의 마음이 갈망하는 것입니다. 예수님께서는 모든 아름답고 사랑스러운 결혼 관계에 꼭 필요한 그런 것들을 우리에게 요구하십니다.

2월 28일, 하나님과의 사귐

요한복음 1:1-5, 14

"우리가 보고 들은 바를 너희에게도 전함은
너희로 우리와 사귐이 있게 하려 함이니
우리의 사귐은
아버지와 그의 아들 예수 그리스도와 더불어 누림이라"(요일 1:3).

사람은 어떻게 하나님이 되지 않고도 삼위일체 하나님과 교제할 수 있을 만큼 하나님을 닮을 수 있을까요? 이러한 동질성이 어떻게 인간과 하나님 사이의 엄청난 이질성과 양립할 수 있을까요? 이슬람교에서는 하나님과 인간 사이에 이런 교제가 불가능합니다. 하나님은 인간과 완전히 다른 존재로, 인간과 친밀한 교제를 나눌 수 없습니다. 반면, 힌두교 같은 동양 종교나 뉴 에이지 철학에서는 인간이 '신적 영혼'의 일부가 될 정도로 신과의 동질성을 지닙니다. 인간과 하나님 사이의 경계가 흐려진 나머지 인간성이 신성 속에 용해되는 것입니다. 이러한 두 가지 관점 모두 인간과 하나님의 관계에 대한 성경적 가르침, 곧 서로 교제하면서도 구분되는 관계를 바르게 담아내지 못합니다.

기독교에서 사람은 하나님 안에 거할 수 있으나 하나님이 될 수는 없습니다. 우리는 존재 간의 이질성을 결코 경시해서는 안 됩니다. 하나님은 인간이 되실 수 있고 또 역사의 한 시점에 인간이 되셨지만, 이 과정이 반대로 이루어질 수는 없습니다. 이런 일이 가능한 것은, 하나님은 세 위격이 완전한 개별성을 유지하면서도 전적으로 연합되어 계신 삼위일체 하나님이시기 때문입니다. 이 연합은 다름을 지닌 일치이자, 이질성을 지니지 않은 함께함입니다. 삼위일체 하나님 안에서 세 위격 사이의 교제와 연합은 존재론적입니다. 즉, 세 위격은 동일한 본질을 지니신 분입니다. 인간과 인간의 교제는 심리적이고 윤리적입니다. 인간과 삼위일체 하나님의 교제는 조건적입니다. 하나님은 그분의 이질성을 유지하시고 우리는 인간으로서의 인격적 특성을 유지한 채로, 우리는 하나님과 교제를 나눌 수 있습니다. 우리가 하나님과 갖는 교제는, 과거 어느 때보다도 더 우리를 인간답게 만듭니다. 그 교제가 우리의 인간성을 치유해 온전한 사람이 되게 하기 때문입니다.

3월 1일, 기회의 상실

민수기 13-14장

"여호와께서 우리를 기뻐하시면
우리를 그 땅으로 인도하여 들이시고 그 땅을 우리에게 주시리라
이는 과연 젖과 꿀이 흐르는 땅이니라
다만 여호와를 거역하지는 말라 또 그 땅 백성을 두려워하지 말라
그들은 우리의 밥이라 그들의 보호자는 그들에게서 떠났고
여호와는 우리와 함께하시느니라 그들을 두려워하지 말라"(민 14:8-9).

성경에 나오는 가장 비극적인 이야기 중 하나는 가데스 바네아 사건입니다. 그곳에서 이스라엘 백성은 약속의 땅에 들어갈 수 있는 특권을 상실했습니다. 이스라엘은 가나안을 공격하기 전, 각 지파에서 그 땅을 정탐할 사람을 한 명씩 뽑았습니다. 그들은 사십 일간 가나안을 정탐한 후 겁에 질려 돌아왔습니다. 그 땅에는 거인들이 살고 있고, 튼튼한 성벽이 있으며, 큰 군대가 지키고 있었기 때문입니다. 오직 여호수아와 갈렙만이 일어나 그 땅으로 들어가자며 이스라엘을 격려했습니다. 신명기 14장은 성경에서 매우 슬픈 이야기를 담고 있습니다. 이스라엘 백성이 두려움에 사로잡혀 약속의 땅을 포기하고, 울부짖으면서 자신들이 종살이하던 애굽으로 돌아가자고 외쳤기 때문입니다.

우리는 하나님께서 우리를 위해 행하신 일들을 놀랄 만큼 빨리 잊어버립니다. 하나님은 이스라엘 백성을 위대한 기적과 큰 권능으로 애굽에서 구원하셨습니다. 하나님의 인도하심은 온전했음에도 그들은 계속 그분을 신뢰하려 하지 않았습니다. 하나님은 그들을 안전하게 지키셨고, 그들은 가나안 땅을 주시겠다는 하나님의 약속을 근거로 새로운 정체성을 가졌습니다. 그들은 그 약속을 따라 애굽을 떠났고, 이제 곧 그 땅을 밟기 직전입니다. 그러나 그들은 열 명의 정탐꾼의 부정적인 보고를 들은 뒤에는 하나님의 신실하심을 바라보지 못했습니다. 갈렙과 여호수아는 그들에게 하나님께서 함께하겠다고 약속하셨음을 상기시켰지만, 이스라엘 백성은 듣지 않았습니다. 그들은 더는 하나님을 신뢰하지 않기로 했습니다.

언제나 변함없이 신실하신 여호와 하나님과 달리, 이스라엘은 하나님이 주신 기회를 붙잡기에 합당하지 않은 백성임을 스스로 드러내고 말았습니다. 하나님께서는 모세의 기도를 들으시고 비록 그들을 용서하셨으나, 불신앙의 대가로 갈렙과 여호수아를 제외한 그들 모두 약속의 땅에 들어가지 못하게 하셨습니다.

이스라엘 백성은 하나님께서 주신 엄청난 기회를 거부한 결과, 목적 없이 광야를 방황할 수밖에 없었습니다. 정탐꾼들이 가나안을 정탐한 사십 일에 비례해, 이스라엘은 광야에서 사십 년을 방황해야 했습니다. 모세가 이를 이스라엘 백성에게 말하자, 그들은 크게 슬퍼하며 하나님께 또 한 번의 기회를 주시기를 간청했으나 때는 이미 늦었습니다.

지금도 이 이야기를 읽는 사람은 슬픔에 사로잡힙니다. 이 얼마나 인생을 사실적으로 보여 주는 사건입니까? 인생사에서는 우리를 위대함으로 이끌, 반드시 붙잡아야 할 기회가 찾아올 때가 있습니다. 그것을 놓친 사람은 방황할 수밖에 없게 됩니다. 기회는 우리를 기다려 주지 않습니다. 당신은 그것을 놓치고 방황하는 사람이 되겠습니까?

3월 2일, 가장 귀한 것

사도행전 6:8-7:60

"볼지어다 내가 세상 끝날까지
너희와 항상 함께 있으리라 하시니라"(마 28:20).

초기 기독교 설교자였던 존 크리소스톰은 그리스도를 전했다는 이유로 황제 앞에 끌려갔습니다. 황제가 믿음을 버리지 않으면 감옥에 갈 것이라고 말하자, 그는 주님께서 감옥에서도 함께하실 것이라고 대답했습니다. 또 황제가 그의 재산을 몰수하겠다고 협박하자, 크리소스톰은 그것에 개의치 않고 이같이 말했습니다. "당신은 내 모든 소유를 가져갈 방법이 없습니다. 내 보화는 천국에 있고, 거기는 당신의 손이 닿지 않습니다."

마지막으로 황제가 기가 막혀 "그렇다면 내가 너를 내 나라의 가장 외딴 곳으로 보내 버리겠다"고 하자, 크리소스톰은 세상의 가장 외딴 곳도 주님 나라의 일부고, 주님은 거기서도 함께하실 것이라며 평온히 말했습니다.

하나님께서는 우리가 특정 장소나 사람, 사물을 꼭 필요로 하는 상태에서 자유로워져 어떤 것에도 얽매이지 않기를 바라십니다. 그럴 때 우리에게 더 중요한 일을 맡기실 수 있기 때문입니다. 우리가 하나님 한 분 외에 다른 어떤 것에도 매이지 않을 때 우리는 진정으로 그분을 섬길 준비가 된 것입니다.

비록 하나님의 모든 선물이 우리로 누리게 하신 복이더라도, 우리가 반드시 가져야 할 애착은 오직 한 분 우리의 주님이신 예수님께 있어야 합니다.

3월 3일, 눈을 밝히시는 은혜 (1)

창세기 21:8-21

"하나님이 하갈의 눈을 밝히셨으므로 샘물을 보고 가서 가죽 부대에 물을 채워다가 그 아이에게 마시게 하였더라"(창 21:19).

성경은 하나님이 그의 자녀의 눈을 밝히신 일을 많이 기록해 놓았습니다. 그중 하나가 하갈의 이야기입니다. 이 애굽인 여종은 아들 이스마엘과 함께 아브라함의 장막에서 쫓겨났습니다. 가지고 온 음식은 다 떨어졌고, 그들은 죽어가고 있었습니다. 그녀는 절망 속에서 하나님께 부르짖었는데, 성경은 그로 인해 "하나님이 하갈의 눈을 밝히셨으므로 샘물을 보고"라고 말씀합니다. 그 물은 그들을 살리기에 충분한 양이었습니다.

하나님이 하갈의 눈을 밝히시자 그녀는 샘물을 보았습니다. 혹 하나님이 광야에 우물이 뚝딱 생기게 하셔서 하갈에게 보이셨다고 생각할 수도 있을 것입니다. 그러나 나는 샘물이 원래부터 거기에 있었음에도 하갈이 그것을 알지 못했던 것이라고 생각합니다. 하나님이 그녀에게 역사해 눈을 밝혀 주시자, 그녀는 마치 생명과도 같았던 소중한 샘물을 보게 된 것입니다. 하나님께서 이끌어 눈을 밝혀 주시지 않으셨다면, 그녀는 결코 샘물을 보지 못했을 것입니다.

당신의 삶에는 예수님께서 당신의 눈을 열어 주시지 않으면 결코 발견하지 못할 놀라운 자산이 있습니다. 주님은 당신을 인도하셔서 당신 스스로는 결코 알지 못하고 사용할 수 없었을 그 소중한 것을 발견하게 하실 것입니다.

나는 한국에서 매일 1만 8천 명의 과부와 고아를 먹여 살리는 한 선교사님과 교제할 기회가 있었습니다. 우리는 바닷물로 만들어진 호수가 내려다보이는 언덕에 앉아 있었습니다. 그것은 내가 보기에 조수로 만들어진 호수일 뿐이었습니다. 그런데 그 선교사님은 같은 곳을 보면서 고아와 과부들을 먹여 살릴 논을 마음속에 그렸습니다. 그리고 바닷물을 막을 둑길을 생각해 냈습니다. 그는 비가 계속 내려 그곳이 사람들에게 먹을 것을 제공하는 논으로 바뀌게 될 가능성을 보았습니다. 하나님께서는 먼저 그에게 감당해야 할 사명을 주신 후, 그 일을 이루는 데 필요한 것을 공급하시기 위해 그의 눈을 열어 주고 계신 것이었습니다. 그리고 그 선교사님은 하나님께서 자신에게 보여 주신 가능성을 실현했습니다.

하나님께서 당신에게 맡기신 일이 있습니까? 그렇다면 어딘가에는 그 일을 하기 위해 필요한 것을 공급할 자원도 함께 있습니다. 당신은 당신이 활용할 그 자원을 보게 하시는 주님의 인도하심을 받아야 합니다.

3월 4일, 눈을 밝히시는 은혜 (2)

민수기 22-23장

"그 때에 여호와께서 발람의 눈을 밝히시매
여호와의 사자가 손에 칼을 빼들고 길에 선 것을
그가 보고 머리를 숙이고 엎드리니"(민 22:31).

하나님께서 사람의 눈을 밝히신 구약의 두 번째 이야기는 민수기 22장에 기록된 한 사람과 나귀에 관한 것입니다.

한 이방 나라의 왕이 선지자 발람에게 이스라엘을 저주해 달라고 부탁했습니다. 그는 발람이 하나님의 백성을 저주만 해준다면 막대한 재산을 주겠다고 제안했습니다. 발람이 왕의 제안을 들어주기 위해 길을 나섰는데 갑자기 그의 나귀가 멈춰 서더니 발람이 때리고 채찍질해도 꿈쩍도 않았습니다. 마침내 하나님께서 발람의 눈을 밝히시자, 고집스러운 나귀 앞에 번쩍이는 칼을 든 하나님의 천사가 서 있는 것이 보였습니다.

짐승이 사람보다 더 잘 볼 수 있었다는 것이 흥미롭지만 그런 경우가 종종 있습니다. 우리는 보고 싶은 것만 보려 합니다. 발람은 큰 재산을 보기로 선택했기 때문에 그를 죽이러 온 하나님의 천사를 보지 못했습니다. 하나님은 이 재미있는 이야기를 통해, 그분이 우리의 눈을 열어 주시지 않는다면 우리는 잘못되거나 쓸모없는 것, 또는 심지어 악한 것을 좇으며 평생을 낭비할 수 있음을 우리에게 가르쳐 주십니다. 하나님께서 우리를 이끄시지 않는다면 우리는 멸망의 길에 서 있으면서도 그것을 모를 수 있습니다.

오늘날에는 스스로 고귀한 일을 하고 있다고 생각하지만 궁극적으로는 사람들의 행복을 파괴하는 일을 하고 있는 사람이 많습니다. 그런 일을 하는 사람들은 자신이 일생을 바쳐 하는 일이 사람에게 유익이 아닌 해를 끼친다는 것을 결코 깨닫지 못할 수 있습니다. 우리의 눈을 밝히시는 그리스도의 도움을 받지 않으려 한다면, 우리는 결국 무의미하거나 공허한 것, 또는 심지어 파괴적인 것에 인생을 낭비할 것입니다.

"너는 하나님의 집에 들어갈 때에 네 발을 삼갈지어다 가까이하여 말씀을 듣는 것이 우매한 자들이 제물 드리는 것보다 나으니 그들은 악을 행하면서도 깨닫지 못함이니라"(전 5:1).

3월 5일, 눈을 밝히시는 은혜 (3)

열왕기하 6:8-23

"기도하여 이르되 여호와여 원하건대
그의 눈을 열어서 보게 하옵소서 하니
여호와께서 그 청년의 눈을 여시매
그가 보니 불말과 불병거가 산에 가득하여
엘리사를 둘렀더라"(왕하 6:17).

하나님이 사람의 눈을 밝히신 세 번째 이야기는, 선지자 엘리사와 그의 종에 관한 매우 흥미로운 사건입니다. 아람 왕은 엘리사로 인해 군사 작전이 번번이 좌절되자 매우 화가 났습니다.

어느 곳을 공격하든 이스라엘 사람들은 미리 예상하고 대비했기 때문에, 그는 자신의 군대에 첩자가 있다고 생각했습니다. 비록 아람 왕은 알지 못했지만, 하나님께서는 그의 군사 작전을 엘리사에게 알려 주셨고, 엘리사가 그것을 이스라엘 왕에게 전달해 주면 그는 그에 따라 자신의 군사를 움직였던 것입니다.

몹시 화가 난 아람 왕은 엘리사가 사는 성을 포위해 그를 붙잡으려는 계획을 세웠습니다. 도시를 에워싼 군대를 보자 엘리사의 종은 겁에 질려 엘리사에게 달려갔습니다. 그러자 엘리사는 주께서 그 종의 눈을 밝혀 자신들을 대적하는 군대보다 자신들을 지키는 군대가 얼마나 더 큰지 볼 수 있게 해주시기를 간구했습니다. 하나님께서 종의 눈을 밝히시자, 그는 온 하늘이 불병거로 가득하고, 하나님의 군대가 아람 군대를 에워싼 것을 보게 되었습니다.

이런 일이 엘리사에게 날마다 일어난 것은 아니었고, 당신의 삶에서도 그럴 것입니다. 그러나 그리스도께서 당신의 눈을 밝히시면, 당신은 전에 알지 못했던 자원이 당신에게 있다는 것을 발견하는 때가 종종 있을 것입니다. 때로는 당신 주위에 있는 사람은 전혀 볼 수 없는 초자연적인 자원도 있을 것입니다. 앞으로 당신이 그런 자원을 필요로 하는 때, 그리고 당신을 위한 자원이 당신을 대적하는 이들의 자원보다 훨씬 크고 수가 많다는 사실을 깨달아야 하는 때가 찾아올 것입니다. 그런 날에는 그리스도께서 당신의 눈을 밝혀 주시기를 간구하십시오.

3월 6일, 눈을 밝히시는 은혜 (4)

누가복음 24:13-35

"그들과 함께 음식 잡수실 때에 떡을 가지사 축사하시고 떼어 그들에게 주시니 그들의 눈이 밝아져 그인 줄 알아 보더니 예수는 그들에게 보이지 아니하시는지라"(눅 24:30-31).

십자가 처형이 있었던 직후 일요일이었습니다. 설교자도 사도도 아닌 두 사람이 예루살렘에서 엠마오를 향해 걸어가고 있었습니다. 그들은 예수님을 사랑했던 사람들로, 그들이 알고 신뢰했던 그리스도는 죽고 말았습니다. 그들은 애통해하며 걸어가는 내내 울고 있었습니다. 그러던 중 갑자기 한 낯선 사람이 다가왔습니다. 그는 그들이 슬퍼하는 이유를 듣더니 구약성경을 펼쳐 그들에게 십자가의 의미를 설명했습니다. 이후 한 숙소에 들러 함께 저녁을 먹었는데, 그가 떡을 떼어 주자 그들은 눈이 밝아져 그분이 예수님이신 것을 알아보았습니다.

살아 계신 그리스도께서는 그날 밤 글로바와 그의 친구와 함께하셨던 것과 똑같이 당신과도 함께 계십니다. 전에는 그분이 눈을 밝혀 주시기 전까지는 그분이 함께 계신 것을 깨닫지 못했습니다. 오늘날 당신이 어떤 형편에 있든, 글로바와 그의 친구가 더할 나위 없는 큰 절망에 빠졌던 사실을 기억하시기 바랍니다. 예수님은 가장 곤궁하고 몸서리쳐지는 상황에서도 함께하십니다. 당신의 상황을 누구보다 잘 아시는 분이 그분이십니다. 그분의 함께하심은 당신이 당면한 현실에 희망과 기쁨을 불어넣을 것입니다. 그리스도는 당신과 함께하십니다. 혹 그 사실을 잊었습니까? 당신의 눈을 밝혀 주셔서 그분을 볼 수 있게 해주시도록 그분께 간구하십시오.

3월 7일, 대제사장이신 예수님

히브리서 7-8장

"이러한 대제사장은 우리에게 합당하니 거룩하고 악이 없고 더러움이 없고 죄인에게서 떠나 계시고 하늘보다 높이 되신 이라 그는 저 대제사장들이 먼저 자기 죄를 위하고 다음에 백성의 죄를 위하여 날마다 제사 드리는 것과 같이 할 필요가 없으니 이는 그가 단번에 자기를 드려 이루셨음이라"(히 7:26-27).

구약성경에서 제사장이 어떤 역할을 감당했는지 이해하는 것은 매우 중요합니다. 그것이 우리를 대속하시는 그리스도의 역할을 이해하는 데 도움을 주기 때문입니다. 제사장은 거룩하신 하나님과 거룩하지 못한 사람 사이의 중재자였습니다. 하나님의 거룩하심이 변질되었을까요? 사람들의 죄성이 사라졌을까요? 그렇지 않습니다! 그렇기에 하나님과 우리 사이에는 오늘날에도 여전히 중재가 필요합니다. 단지 그 중재의 방법이 달라졌을 뿐입니다. 즉, 더는 이 땅의 제사장들을 통해 중재가 이루어지지 않습니다. 우리에게는 이스라엘의 제사장들이 했던 자신을 위한 속죄마저 필요없는 위대한 대제사장이 계십니다. 우리의 대제사장은 죄가 없는 그리스도 곧 예수님이십니다.

제사장 직분에 대해 알아야 할 두 번째 중요한 사실은, 누구도 하나님을 가벼이 여겨서는 안 된다는 것입니다. 구약 시대에 하나님께서는 이스라엘 백성을 보호하기 위해 그들과 자신 사이에 경계를 두셨습니다. 특정한 지파에 속한 사람만 성전에서의 일들을 수행할 수 있었고, 그 지파 내에서도 특정 가정의 일원만 희생제사를 드릴 수 있었습니다. 나아가, 그 가정에서도 오직 한 명만 지성소의 휘장 뒤에 계신 하나님의 임재로 나아갈 수 있었으며, 그것도 일 년에 딱 한 번만 가능했습니다. 제사장은 백성을 위해 제사 드리기 전 먼저 자신의 죄를 씻는 제사를 드려야 했습니다. 그렇게 하지 않는 대가는 죽음의 형벌이었습니다.

하나님의 거룩하심은 지금도 여전히 순결하고 강력합니다. 그럼에도 우리는 더는 이 세상의 죄 많은 제사장을 통해 그분께 나아가지 않습니다. 우리는 자신의 죽음으로 성전 휘장을 찢어 버리심으로 모든 사람이 담대하게 하나님께 나아갈 수 있게 하신 예수님을 통해 성부 하나님께 나아갈 수 있습니다. 우리 스스로의 자격이 아닌 예수님을 통해 나아가는 것이기에 이 담대함은 주제넘은 것이 아닙니다. 이 담대함은 그리스도의 속죄 사역에 기초한 것입니다. 우리는 구약의 제사장 직분에서 그리스도께서 무엇을 위해 이 세상에 오셨는지를 이해할 수 있습니다. 그분이 구약의 제사장 직분을 없애신 것은, 제사장의 사역과 그 목적하는 결과를 그분 자신이 행하셨으며, 오늘날에도 우리를 위해 행하고 계시기 때문입니다.

그러므로 우리는 그리스도를 통해 '은혜의 보좌 앞에 담대히 나아가야' 합니다(히 4:16).

> 나 이제 정죄를 두려워하지 않네
> 예수님과 그분의 모든 것이 나의 것
> 내 살아 계신 주님, 그분 안에 내가 살고
> 거룩한 의의 옷을 입었네
> 담대히 영원한 보좌로 나아가
> 그리스도로 인해 면류관을 취하네
>
> (찰스 웨슬리의 찬송가, <어찌 날 위함이온지> 중 일부)

3월 8일, "그보다 두 배는 해야 돼!"

시편 4편

"여호와여 아침에 주께서 나의 소리를 들으시리니
아침에 내가 주께 기도하고 바라리이다"(시 5:3).

타인의 말 한마디가 당신에게 얼마나 큰 영향을 끼칠 수 있는지를 볼 때면 매우 놀랍습니다. 대학교 1학년이었을 때 내 신앙생활에서 가장 좋았던 것은 하나님을 기쁘시게 하고 그분을 더 알고자 하는 갈망이 있었다는 것이었습니다. 나는 놀라울 만큼 성숙한 신앙을 지닌 한 4학년 선배와 친해졌고, 그에게 어떻게 하면 더 빨리 신앙이 성장할 수 있는지 물어보았습니다. 그는 내게 "얼마나 기도 시간하고 있니?"라고 물었는데, 나는 거짓말로 답하고 말았습니다. 그러자 그는 "그보다 두 배는 해야 돼!"라고 말했고, 그것으로 우리의 대화는 끝났습니다. 매우 간단한 문장이었습니다 "그보다 두 배는 해야 돼!" 헤어진 이후에도 그의 말은 계속 내 귀에 맴돌았습니다.

나는 선배가 아침에 일어나면 가장 먼저 경건의 시간을 갖는다는 것을 알고 있었습니다. 나는 대학을 다니면서 일을 해야 했는데, 내가 일했던 빵집은 매우 일찍 문을 열었습니다. 그 선배처럼 하는 것은 내게 쉬운 일이 아니었습니다. 그러나 나는 자명종을 한 시간 일찍 맞추어 선배가 말한 것을 실천해 보려고 노력했습니다. 하나님과 함께 하루를 시작하겠다던 내가 무릎을 꿇은 채로 얼마나 많이 졸았는지는 하나님만 아실 것입니다. 그러나 그렇게 한 것에 대해 후회하지는 않습니다. 그것이 내게는 점차 습관이 되었는데, 만약 그 습관이 없었다면 내 인생은 비극적일 정도로 공허했을 것이기 때문입니다. 의무감으로 시작했던 그 일이 점차 즐거움이 되었습니다. 나는 다른 것 없이는 살 수 있어도 그리스도와 함께하는 시간 없이는 결코 살아갈 수 없음을 알게 되었습니다.

내 삶에는 매우 큰 의미를 지닌 몇몇 순간이 있었습니다. 돌이켜 보면, 4학년 선배가 아직 제대로 훈련 받지 못했지만 열심히 길을 찾고자 노력하던 새내기에게 한마디 조언을 해주었던 그 일이 그 가장 중요한 순간에 해당되는 것임을 인정할 수밖에 없습니다.

"여호와여 아침에 주께서 나의 소리를 들으시리니 아침에 내가 주께 기도하고 바라리이다"(시 5:3).

3월 9일, 하는 일을 하라

누가복음 23:6-12

"예수께서 대답하시되 내가 떡 한 조각을 적셔다 주는 자가 그니라 하시고 곧 한 조각을 적셔서 가룟 시몬의 아들 유다에게 주시니 조각을 받은 후 곧 사탄이 그 속에 들어간지라 이에 예수께서 유다에게 이르시되 네가 하는 일을 속히 하라 하시니"(요 13:26-27).

예수님이 유다를 세상에서 보시는 마지막 무렵이었습니다. 그들은 삼 년을 같이 지냈습니다. 이제 유다는 자신의 파멸을 향해 나아가고 있고, 예수님은 그에게 그러지 말라고 간청하지 않으십니다. 그분은 단지 "네가 하는 일을 속히 하라"라고 말씀하십니다.

성경은 사람의 인생에서 하나님이 더는 해주실 말씀이 없는 순간이 올 수 있음을 분명히 말씀합니다. 이미 말씀하셨지만 우리가 거부했기 때문입니다. 예수님께서 헤롯 앞에 서셨을 때가 바로 그런 순간입니다. 예수님은 헤롯의 존재 자체를 인정하지 않으셨습니다. 누군가 왕을 무시하는 것, 특히 왕 앞에 끌려 나온 사람이 그를 무시하는 것은 흔히 있는 일이 아닙니다. 자기 목숨이 경각에 처한 죄인이 재판관에게 답변을 거절하는 것 역시 마찬가지입니다. 하지만 예수님은 헤롯에게 하실 말씀이 없으셨습니다. 이미 말씀하셨기 때문입니다.

헤롯은 세례 요한을 알고 있었습니다. 요한은 헤롯에게 의와 진리와 거룩함에 대해 말했지만, 헤롯은 자신을 위해 춤을 춘 여자아이를 기쁘게 해주고자 그의 목을 베었습니다. 그 후 헤롯은 예수님에 대한 이야기를 들었습니다. 그리고 예수님이 오신다는 소식에 기뻐했습니다. 그는 예수님이 행하신 기적들에 대해 들었습니다. 미신과 호기심에 이끌린 그는 예수님이 자신 앞에서 그 기적들 중 하나라도 행하게 할 수 있을 것이라 생각했습니다. 그러나 예수님은 그런 재미와 오락을 위해서가 아니라 인류를 구원하시기 위해 오셨습니다. 만약 사람이 구원에 관심이 없다면, 예수님은 그에게 하실 말씀이 없으십니다. 그래서 그분은 헤롯이 시키는 대로 하지도, 그와 말을 섞지도 않으셨습니다.

이 예수님이 누구신가요? 죄 많은 세상을 품기 위해 두 팔을 넓게 뻗으신 무한한 사랑의 구주이십니다. 하지만 그분은 동시에 우리에게 자유를 주신 하나님이시기에, 우리의 자유를 침해하지 않으실 것입니다. 우리 자신이 선택해 우리의 방향을 결정하면, 그분은 우리의 결정을 존중하실 것입니다. 단지 그분께 더는 해주실 말씀이 없으실 뿐입니다.

3월 10일, 제자들의 기쁨

시편 100편

"날마다 마음을 같이하여 성전에 모이기를 힘쓰고
집에서 떡을 떼며 기쁨과 순전한 마음으로 음식을 먹고
하나님을 찬미하며 또 온 백성에게 칭송을 받으니
주께서 구원받는 사람을 날마다 더하게 하시니라"(행 2:46-47).

초기 그리스도인들은 기쁨으로 충만했습니다. 성경은 그들이 "기쁨과 순전한 마음으로" 음식을 먹었다고 말씀합니다. 그들은 하나님을 찬양하며 즐거워했습니다(행 2:46). 시편에는 하나님께 "감사의 제사"(107:22)를 드리라는 구절이 있습니다. 그리스도인의 기쁨은 우리의 모든 문제를 해결하는 무언가가 아니고, 저절로 찾아오는 것도 아닙니다. 기쁨은 우리에게 수동적으로 주어지는 것이 아니라 우리가 선택하는 것입니다. 그것은 하나님께서 우리 마음에 선물로 떨어뜨리시는 물건 같은 것이 아닙니다. 기쁨은 선택, 곧 선물이 아닌 선택입니다.

초기 교회에서는 이것이 분명한 사실이었습니다. 처음 신자들은 기쁨으로 고난받기를 선택했는데, 그것이 그들을 향한 그리스도의 뜻이었기 때문입니다. 세상은 자기 앞에 놓인 어려움을 기뻐하기로 선택하는 사람들을 보면 할 말을 잃고 맙니다. 기뻐하는 태도는 당신의 사역 장소가 사무실이든, 교회든, 집이든 그곳에 굉장한 변화를 일으킬 것입니다. 당신이 처해 있는 모든 상황을 기쁨의 눈으로 바라보며 하나님의 선물로 여긴다면, 결코 그것에서 도망치려는 유혹에 빠지지 않을 것입니다. 기쁨은 선택입니다.

시편 100편 1-3절을 스코틀랜드어 성경은 이렇게 번역합니다.

> 온 땅에 거하는 모든 사람들아,
> 기쁜 목소리로 주님께 노래하라
> 기쁨으로 섬기며 그를 찬양하라
> 그의 앞에 나아와 기뻐하라.*

나는 기쁨이라는 단어를 참 좋아합니다. 당신은 그분으로 인해 기뻐합니까?

* *The Psalms of David in Metre* (Dallas, Tex.: Presbyterian Heritage Publishers, 1991).

3월 11일, 하나님의 개척자

시편 8편

"바다의 물고기와 하늘의 새와 땅에 움직이는
모든 생물을 다스리라 하시니라"(창 1:28).

내 삶에서 가장 유쾌한 놀라움을 일으키는 것 중 일부는 세상 사람들이 가장 불쾌하게 여기는 듯한 성경의 내용에서 비롯됩니다. 성경의 논란이 많은 본문들은 우리에게 최고의 통찰력을 얻게 합니다. 예를 들어, 대체로 이해하기 힘든 내용이 많은 하나님의 천지창조에 대한 이야기는 내가 지적인 자유를 얻는 기초가 되었습니다. 창세기 1장과 2장은 성경의 모든 다른 부분과 인류 역사의 토대를 형성하며, 다음 사실을 가르쳐 줍니다.

첫째, 하나님은 한 분이시며, 그분이 모든 것의 창조주시다.

둘째, 그분이 만드신 모든 것은 선하다.

셋째, 그분은 나로 주인이 아닌 청지기로서, 단지 누릴 뿐 아니라 다스리게 하시기 위해 세상을 만드셨다.

이러한 가르침은 내게 세상의 모든 부분을 탐험하고 발견할 자유와 의무가 있음을 알려 줍니다. 그리고 이것이 가장 신나는 도전을 가능하게 합니다. 이 세상에서 그분의 목적을 더 잘 이해하고 그것에 따라 살아가는 것은 그리스도인의 마땅한 소명입니다. 하나님께서는 인간에게 놀라운 호기심을 주셨고, 그 호기심을 자극하도록 설계하신 세상에서 살게 하셨습니다.

하나님의 백성들은 너무 자신에게만 몰두해 있어 하나님의 이러한 명령을 자주 잊어버립니다. 그러나 우리가 잊었다고 해서 하나님의 명령이 취소되지는 않습니다. 그리스도인은 어느 누구보다 지적인 탐구에서 만족을 느껴야 합니다. 그리스도인은 기본적으로 연구를 긍정적으로 생각합니다. 우리는 하나님께서 주신 세상을 탐구하도록 지음 받았습니다. 우리는 하나님이 만드신 개척자들입니다. 우리가 그런 시각으로 우리 자신을 보면, 삶의 모든 것에 대한 관점이 달라질 것입니다. 우리는 성실하게 배우고 성장할 것입니다. 그리고 하나님이 우리에게 주신 세상에서 즐거워할 것입니다.

3월 12일, 하나님과의 인격적 사귐

요한복음 16:12-15

"의가 주의 앞에 앞서 가며 주의 길을 닦으리로다"(시 85:13).

오직 하나님만이 사람의 체험을 통해 자신을 알리실 수 있습니다. 계시란 쉽게 말해, 인간의 역사에 하나님께서 함께하심으로 사람들이 그분이 누구시며 어떤 일을 행하시는지 알게 되는 것입니다. 지식 중에는 사물에 대한 것이 있습니다. 이런 부류의 지식은 인격적인 소통을 필요로 하지 않습니다. 단지 관찰과 연구만을 필요로 하기 때문입니다. 그러나 기독교 신학과 하나님의 계시는 그 이상의 것입니다. 기독교 신학은 한 분이신 하나님 안에 계신 세 신격에 대한 인격적인 지식입니다. 우리는 인격적인 관계로 들어가 인격적인 교제를 나눔으로 그분을 알게 됩니다. 제삼자로서 얻는 어떤 정보보다 더 깊고 참된 앎이 이 교제에서 비롯됩니다.

내가 전에 목회하던 교회에 선교 현장으로 가려고 준비하던 한 젊은 의사 부부가 있었습니다. 그들은 자신들의 연애사를 내게 들려주었습니다. 두 사람이 의대를 다닐 때, 하루는 지금의 남편에게 해부용 시신 연구가 부여되었는데, 그 시신 너머의 파트너를 보던 그는 문득 매우 아름다운 젊은 여성의 눈을 응시하고 있는 자신을 발견하게 되었습니다. 그는 다소 당황해 "여기서 뭐하시는 거예요?"라고 말했습니다.

그녀는 "난 의료 선교사가 될 거예요"라며 당차게 대답했습니다.

"나도 그래요." 그가 대꾸했습니다. 그 두 학생은 시체를 함께 연구하면서 의학적인 지식을 쌓아 갔지만, 그들이 서로를 바라볼 때는 그와는 전혀 다른 종류의 연구가 이루어지고 있었습니다. 곧 그는 "해부용 시신을 연구하러 갈 때 좀 더 좋은 옷을 입어야겠어"라고 말했습니다. 그들이 서로에 대해 알아간 지식은 인체 해부학에서 얻는 지식과는 전혀 다른 것으로, 그보다 더 큰 영향력으로 삶을 완전히 바꾸어 놓은 것이었습니다.

당신은 성경을 대하거나 그리스도를 알아갈 때 사물을 연구하듯 다가갑니까? 그렇지 않으면, 그분이 당신도 모르는 사이에 이미 당신의 마음을 사로잡으셨습니까? 당신은 그분을 더 깊이 알고자 노력하고 있습니까? 당신이 어떤 태도로 그리스도께 나아가는지에 따라, 당신이 그분을 얼마나 잘 아는지가 결정될 것입니다.

3월 13일, 성령을 근심하게 하지 말라

이사야 63:7-19

"하나님의 성령을 근심하게 하지 말라
그 안에서 너희가 구원의 날까지 인치심을 받았느니라"(엡 4:30).

하나님과 친밀하게 살아가던 사람이 그 친밀함을 잃어버리게 만드는 것은 무엇일까요? 나는 그것이 모든 인격적인 관계에 영향을 끼치는 내면의 태도라고 생각합니다.

성경은 우리가 성령님을 대할 때 갖기 쉬운 네 가지 부정적인 태도에 대해 말씀합니다. 그 첫 번째는 에베소서 4장 30절에서 발견됩니다. 킹 제임스 성경은 이를 "하나님의 성령을 근심하게 하지 말라"로 번역했고, 굿뉴스 성경은 "하나님의 성령을 슬프게 하지 말라"로 옮겼습니다. 굿뉴스 성경의 번역은 우리와 성령님의 관계가 인격적 특징을 지닌다는 사실을 더 강조한 것입니다. 우리는 성령님을 상처받게 할 수 있습니다.

누군가로 인해 슬퍼한다는 것은 오직 친밀한 인격적 관계에서만 가능합니다. 우리는 어머니나 아버지, 남편이나 아내, 또는 가까운 친구를 근심하게 할 수는 있지만, 우연히 알게 된 사람을 근심하게 하지는 않습니다. 그를 화나게 할 수는 있어도 근심하게 할 수는 없습니다. 특히 원수를 근심하게 할 수는 없습니다. 분노하거나 적개심을 갖게 할 수는 있지만, 그것이 근심은 아닙니다. 근심하게 한다는 말은, 다정하고 친밀한 사랑의 관계에서 상대방을 사랑하는 사람이 깊이 상처받은 것을 의미합니다.

이제 두 가지를 묻고자 합니다. 당신은 근심하시게 하는 것이 가능할 만큼 성령님과 친밀한 관계 속에서 살고 있습니까? 다음으로, 성령님이 당신 때문에 근심하고 계십니까? 만약 그렇다면, 더는 미루지 말고 즉시 돌이키십시오.

3월 14일, 성령을 소멸하지 말라

사도행전 2장

"성령을 소멸하지 말며"(살전 5:19).

우리가 성령님에 대해 가질 수 있는 두 번째 부정적인 태도는, 데살로니가전서의 "성령을 소멸하지 말며"(Do not quench the Spirit)라는 말씀에 묘사되어 있습니다 ('소멸하다'로 번역된 동사 'quench'는 '끄다'라는 뜻임-역주). 꺼질(소멸될) 수 있는 것은 불밖에 없습니다. 세례 요한은 예수님에 대해 "그는 성령과 불로 너희에게 세례를 베푸실 것이요"(마 3:11)라고 말했습니다. 오순절에 성령님이 능력으로 임하시자 이 불 세례가 나타났습니다. 불의 혀 같은 것이 제자들의 머리에 임하고, 그들의 마음에도 불이 붙었습니다. 제자들 마음에 붙은 이 불은 온 세상으로 퍼져 갔습니다. 신자가 성령으로 충만해지면 그 영혼에 불이 임합니다. 그 결과 그리스도를 알고 그분의 복음을 전하고자 하는 강한 열망이 생깁니다. 마음에 불이 붙은 불의 사람만이 참으로 성령의 불 세례를 받은 사람인 것입니다.

그러나 그렇게 타오르던 아름다운 헌신의 불도 꺼질 수 있습니다. 바울은 내면에서 타오르던 불을 끄는 일, 영혼에 활활 타오르던 불길이 점점 약화되다 결국 시꺼멓고 차가운 재만 남는 일이 가능하다고 경고합니다. 한때 뜨거움과 빛이 있었던 곳이라도 차가움과 죽음만 남을 수 있습니다.

흥미롭게도 바울은 데살로니가전서 5장 19절에서, 어떻게 하면 성령을 소멸하게 되는지에 대해서는 말하지 않고 단지 그렇게 하지 말라고 말합니다. 그러나 물을 끼얹으면 불은 꺼집니다. 성령을 근심하게 하고 성령의 불을 끄는 우리 삶 속의 '물'은 바로 죄입니다.

당신의 삶은 지금 성령의 불로 뜨겁습니까, 아니면 그 불을 끄고 있습니까?

3월 15일, 성령을 거스르지 말라

사도행전 7장

"목이 곧고 마음과 귀에 할례를 받지 못한 사람들아 너희도 너희 조상과 같이 항상 성령을 거스르는도다"(행 7:51).

우리가 성령님에 대해 가질 수 있는 세 번째 부정적인 태도는, 순교하면서 마지막으로 자신을 변호한 스데반의 말에서 찾을 수 있습니다. 그는 자신을 죽이려는 바리새인들에 대해 그들이 '할례 받지 못한 마음'을 가졌다고 말했습니다. 바리새인들은 정결 예식(mikvah)을 통해 세례를 받았지만, 그 예식은 실제가 아닌 상징일 뿐이었습니다. 예식 그 자체가 어떤 내적이거나 외적인 변화를 반영하는 것은 아니었습니다. 스데반의 말을 의역해 보면 다음과 같습니다. "여러분은 외적인 것에는 신경을 많이 쓰지만, 그것의 내적인 실재는 여러분에게 없습니다. 여러분은 하나님 말씀에 귀 기울이지 않고, 성령을 받지 못했습니다. 여러분은 여러분의 조상과 다를 바 없습니다. 여러분도 성령님을 거스르고 있습니다."

성령님과 신자의 관계는 가깝고 친밀한 관계에서 급속도로 사랑이 식어버릴 수도 있고, 최종적으로는 성령님께 반역하고 저항하는 데까지 나아갈 수 있습니다. 성령님을 근심하시게 하면, 그다음 단계는 그분의 음성을 저버리는 것이고, 회개하지 않을 시 최종적으로는 예수님의 영에 대한 저항이 마음에 굳게 자리 잡습니다. 성령님을 거스르지 마십시오. 그 결과는 매우 끔찍합니다.

3월 16일, 성령을 모독하지 말라

마태복음 12:25-37

"모세의 법을 폐한 자도 두세 증인으로 말미암아 불쌍히 여김을 받지 못하고 죽었거든 하물며 하나님의 아들을 짓밟고 자기를 거룩하게 한 언약의 피를 부정한 것으로 여기고 은혜의 성령을 욕되게 하는 자가 당연히 받을 형벌은 얼마나 더 무겁겠느냐 너희는 생각하라"(히 10:28-29).

우리가 성령님에 대해 가질 수 있는 네 번째 부정적인 태도는, 히브리서에서 전에 진리를 알았으나 이후 불순종하기로 결정한 사람들에 대해 말하는 부분에서 발견됩니다. 히브리서 기자는 모세의 법에 불순종한 사람도 두세 증인의 증언에 따라 죄인으로 여김받고 죽게 되었음을 말합니다. 하물며 우리가 우리 죄를 씻기 위해 흘린 하나님의 언약의 피를 가볍게 여긴다면 이는 얼마나 더 큰 죄가 되겠습니까? 하나님의 언약을 거절하는 사람은 은혜의 성령님을 모독하는 것입니다.

우리는 앞서 성령님을 근심하시게 하는 것에서 그분의 음성에 불순종하는 것, 나아가 그분을 거스르는 태도까지 살펴보았습니다. 성령님에 대한 이런 부정적인 태도는 일련의 과정을 거치며 점차 악화되어 결국 성령을 모독하는 최악의 상태로 나아갑니다. 히브리서 기자는 이 죄에 대한 형벌은 죽음보다 훨씬 더 끔찍함을 알려 줍니다.

그리스도인으로서 우리는 어떻게 성령님을 결코 모독하지 않을 수 있을까요? 바리새인들은 '율법 주위에 울타리 세우기'를 그들의 방침으로 삼았습니다. '우리가 어디까지 잘못해야 율법을 어기게 되는가?'라고 묻는 대신, 율법 주위에 여러 규칙으로 울타리를 쌓아 율법을 결코 어길 수 없게 만들려 한 것입니다. 그들은 극단적으로 율법을 보호하려다 오류에 빠졌지만, 율법을 지켜야 한다는 생각 그 자체는 건전한 것입니다.

우리는 성령님을 근심하시게 하지 않는 데 초점을 맞추어야 합니다. 우리가 성령을 근심하게 하지 않으면, 그분을 소멸하는 일은 없을 것입니다. 우리가 그분을 거스르지 않는다면, 그분을 모독하는 일은 없을 것입니다. 결국 가장 첫 단계인 성령을 근심하게 하는 일을 하지 않을 때, 우리는 그분과의 인격적이고 활력 넘치는 사랑과 신뢰의 관계 속에서 그분으로 인해 충만한 축복, 기쁨, 평안, 능력, 열매를 누리며 살게 될 것입니다.

3월 17일, 진정한 만족

요한복음 6:22-52

"예수께서 대답하여 이르시되 내가 진실로 진실로 너희에게 이르노니
너희가 나를 찾는 것은 표적을 본 까닭이 아니요
떡을 먹고 배부른 까닭이로다"(요 6:26).

성경의 기적들은 언제나 양날의 검과 같습니다. 이중적 의미를 지니기 때문입니다. 첫 번째 의미는 매우 단순하고 명백합니다. 즉, 기적은 하나님의 목적을 이루기 위해 당장 필요한 것을 공급합니다. 그러나 이런 기적에는 언제나 또 다른 측면이 있습니다. 기적은 단지 어떤 필요를 채우는 하나님의 역사일 뿐 아니라, 영적 의미를 지닌 비유이기도 하기 때문입니다. 예수님께서 행하신 일반적인 기적들이 그러합니다.

오병이어의 기적도 그렇습니다. 모인 사람들은 배가 고팠고, 예수님은 음식을 주지 않으면 허기져 집에 도착하기도 전에 쓰러질 사람이 있음을 아시고 그들을 측은히 여기셨습니다. 그들이 거기에 모인 것은 자신 때문이었기에 그분은 책임감을 가지고 그들을 먹이셨습니다. 더 깊은 차원에서 예수님은 이 기적을 주님께서 주시는 양식에 대해 가르치는 기회로 삼으셨습니다. 그분은 그들에게 세상의 것들로는 배부르게 하지 못할 갈망과 욕구가 있음을 가르치셨습니다. 그들이 진정으로 배부르고자 한다면 그분의 몸과 피를 먹고 마셔야 했습니다. 곧 예수님의 생명이 그들 안에 있어야 했습니다. 그분만이 사람의 영혼을 만족시키시기 때문입니다.

예수님께서는 당신 삶의 물질적 필요를 공급하고 계십니다. 그러나 당신은 그분께서 당신 마음속 더 깊고 강한 갈망까지 채워 주기 원하신다는 사실은 전혀 알지 못할지도 모릅니다. 그분은 자기 자신으로 당신을 만족시키기 원하십니다. 그분 외에는 어떤 것도 당신을 궁극적으로 만족시킬 수 없습니다.

3월 18일, 마음속 천국

요한복음 15:1-8

"아버지께서 나를 사랑하신 것같이 나도 너희를 사랑하였으니
나의 사랑 안에 거하라"(요. 15:9).

하나님께서는 은혜를 베풀어 내가 매 순간 그분의 임재 안에 살아갈 수 있게 하셨습니다. 그래서 나는 천국을 바로 지금 이 시공간 속에서 이미 경험하고 있습니다. 구세군 사령관이자 시인이었던 알버트 오스본(Albert Orsborn)은 이 사랑의 자유로움을 잘 알고 있었습니다.

> 영원한 사랑의 성령님
> 방황하지 않도록 나를 인도하소서
> 하늘의 것에 마음을 정하게 하소서
> 당신을 따르도록 나를 이끄소서
> 이 세상의 것들은 헛되어
> 잠시 있다 사라지는 환영일 뿐입니다
> 당신과 영원한 사귐을 누리게 하소서
> 오 성령님 오셔서
> 헛된 욕망의 불길을 다스리소서
> 내 영혼의 모든 갈망이
> 당신께만 향하게 하소서
>
> 그릇된 생각을 물리치게 하시고
> 당신의 평안으로 우리를 인도하시며
> 내 모든 날에 평안과 질서를 주심으로
> 내 생명이 당신 안에 감추어지게 하소서
> 그러면 나 같은 자라도
> 당신이 항상 옆에 계심을 알고
> 당신에게 다가가는 삶의
> 가장 큰 기쁨을 얻을 것입니다
>
> 내면의 생명의 어떤 방해도 받지 않고
> 아직 남아있는 어떤 숨은 죄도 없으니
> 여기 지금 내 안에 천국이 있습니다*

* Albert Orsborn, "Spirit of Eternal Love," *Songbook of the Salvation Army* (London: Salvationist Publishing, 1953), no. 538.

3월 19일, 하나님의 형상

시편 104편

"너희가 오른쪽으로 치우치든지 왼쪽으로 치우치든지
네 뒤에서 말소리가 네 귀에 들려 이르기를
이것이 바른 길이니 너희는 이리로 가라 할 것이며"(사 30:21).

노동은 인류 공통의 운명입니다. 무엇인가 할 일이 있다는 것은 하나님의 가장 큰 선물 중 하나입니다. 우리는 자신의 일이 존엄한 것인지 염려하지 않아도 됩니다. 하나님이 본을 보이셨기 때문입니다. 그분은 우리를 손으로 지으시며 직접 일하셨습니다. 하나님께서는 사람이 일하기를 원하시는데, 이는 벌하시기 위해서가 아니라, 그들이 하나님의 일에 참여하게 함으로 성취감을 맛보게 하시기 위해서입니다. 우리는 하나님의 형상으로 지음 받은 피조물이기에 창조적 성향을 표현하기 원합니다. 그리고 그것을 하나님께서 맡기신 일을 통해 성취합니다.

각 사람은 섬김의 자리를 찾아야 합니다. 모든 사람은 일하도록 지음 받았습니다. 불행한 사람은 할 일이 없거나 잘못된 일을 하는 사람입니다. 하나님께서는 당신을 위한 자리를 마련하셨고, 당신의 발걸음을 그곳으로 이끄실 것입니다. 주님께서는 모든 사람의 발걸음을 질서 있게 인도하실 수 있습니다. 만약 그분의 다스림이 없다면, 세상의 질서는 즉시 무너지고 말 것입니다. 당신이 성령님의 지도를 받는다면, 그분이 당신의 걸음을 인도하실 것입니다. 혹 의문이 생기고 질문할 수밖에 없는 때도 있겠지만, 막다른 골목에 다다르는 일은 없을 것입니다. 시편 기자는 우리가 주님을 사랑하면 우리의 발이 미끄러지지 않고 우리 미래는 평안일 것이라고 말합니다(시 37:31, 37).

3월 20일, 담대함

사도행전 13:44-14:28

"루스드라와 이고니온과 안디옥으로 돌아가서
제자들의 마음을 굳게 하여 이 믿음에 머물러 있으라 권하고
또 우리가 하나님의 나라에 들어가려면
많은 환난을 겪어야 할 것이라 하고"(행 14:21-22).

초대 교회 성도들의 두드러진 특징 중 하나는 담대함이었습니다. 열두 제자는 두려움에 떨며 권세자들의 박해를 피해 다락방으로 숨어들었으나, 오순절에 성령을 받은 후에는 담대히 밖으로 나가 만나는 모든 사람에게 부활하신 그리스도를 전파했습니다. 당신이 주님의 일을 하기 위해 나설 때 잠시 무릎이 떨리겠지만, 괜찮습니다. 계속 나아가십시오. 그리스도께서 당신에게 맡기신 일을 하면, 그분은 당신을 성령과 그에 따른 담대함으로 채우실 것입니다. 그 담대함은 당신이 행할 때만 임합니다.

어느 누구도 그 처음 그리스도인들을 막을 수 없었습니다. 세상은 이들을 감당할 수 없었습니다. 그들은 감옥도, 죽음도 두려워하지 않았습니다. 세상은 그들과 싸워 이길 수 있는 무기가 없었습니다(사 54:17).

바울의 첫 전도여행 때 루스드라 사람들이 그를 심하게 돌로 쳐 사람들은 그가 죽은 줄 알았습니다. 하지만 그는 일어나 더베로 가 계속 설교했습니다. 그 후 안전한 곳으로 피하기는커녕 다시 루스드라로 돌아갔습니다. 그는 돌팔매질과 매질을 당한 곳으로 돌아가, 그리스도인이 되는 것이 얼마나 놀라운 일인지 알려줌으로 그들을 격려하기를 갈망했습니다. 신자들의 마음을 굳건하게 하고 믿음 안에 머물러 있도록 격려했습니다. 그런 후에야 기뻐하며 루스드라를 떠나 전도여행을 계속했습니다.

우리도 이처럼 담대할 수 있을까요? 바울 안에 계셨던 성령님은 당신과 내 안에서도 그렇게 하실 수 있습니다.

3월 21일, 건설 감독자

고린도후서 3:16-4:1

"우리가 다 수건을 벗은 얼굴로 거울을 보는 것같이 주의 영광을 보매 그와 같은 형상으로 변화하여 영광에서 영광에 이르니 곧 주의 영으로 말미암음이니라"(고후 3:18).

우리는 전혀 생각해 보지 않고서 주 예수님의 마음을 아프시게 하는 것이 몇 가지 있습니다. 그중 하나가 게으름입니다. 우리가 빈둥거리며 시간을 낭비하는 것이 예수님을 근심하시게 한다는 것을 알고 있습니까? 게으름은 우리를 그리스도의 임재에서 멀어지게 하므로, 언제나 우리가 거룩하지 못하다는 느낌을 갖게 합니다. 성령님을 근심하시게 하는 또 하나는, 그리스도인이 다른 사람을 사려 깊게 대하지 않는 것입니다. 무례함은 다른 사람이 우리에게 느끼게 한 그대로를 되돌려주어 보복하려는 태도입니다. 심지어 아주 작은 것에 대해서도 앙갚음하려는 이런 욕망은 자기 도취에서 비롯되는데, 그것은 죄입니다. 성령을 근심하시게 하는 세 번째 요소는, 신자가 낙심해 절망 속에 살아가는 것입니다. 지속적인 낙심은 그리스도에게서 오는 것이 아니며, 언제나 다른 원인에서 비롯됩니다.

하나님께서는 우리 마음에서 우리를 이끄시는 과정을 이미 시작하셨는데, 이는 우리로 그분을 닮아 가게 하기 위한 것입니다. 하나님의 성령은 우리 삶을 새롭게 건설하는 프로젝트의 감독자이십니다. 그분의 일은 우리를 하나님을 닮아 거룩하게 하시는 것입니다. 성령님의 마음을 아프게 하는 우리 안의 이러한 요소들은 그분의 수술과 씻어 주심, 징계에 저항하면서 끝까지 붙들고 있는 것들입니다. 성령님은 우리가 어떤 게으름이나 무례함, 절망도 없으셨던 그리스도의 모습을 본받기 원하십니다.

3월 22일, 향기로운 제물

빌립보서 4:14-20

"나의 하나님이 그리스도 예수 안에서 영광 가운데
그 풍성한 대로 너희 모든 쓸 것을 채우시리라"(빌 4:19).

바울은 그가 깊이 사랑했던 빌립보 교회 성도들에게 편지를 쓸 때 죽음을 앞두고 있었기에, 그 어조가 매우 온화했습니다. 빌립보 교회는 선교 헌금을 모아 바울에게 보냈습니다. 바울은 이 편지에서 그들에게 고마움을 표하며, 그들의 선물이 "받으실 만한 향기로운 제물이요 하나님을 기쁘시게 한 것"(빌 4:18)이라고 적었습니다. 바울은 빌립보 교회가 이방인들을 위한 자신의 사역에 동참한 것에 기뻐했습니다. 그들은 세상의 구원을 위해 자신의 것을 내어 준 것입니다. 이런 성도들에게 바울은 "나의 하나님이 그리스도 예수 안에서 영광 가운데 그 풍성한 대로 너희 모든 쓸 것을 채우시리라"라며 확신을 주었습니다.

우리는 성경구절을 이러한 문맥과 분리해 개별적으로 이해하는 안타까운 습성이 있습니다. 당신은 하나님께서 모든 쓸 것을 채우실 것이라는 이 말씀을 인용한 적이 있습니까? 이 약속은 일반적인 모든 사람이 아니라, 하나님의 일을 위해 자신의 것을 드린 사람에게 주신 것입니다. 즉, 누군가 하나님의 일을 위해 기꺼이 자신의 것을 바친다면, 하나님께서 그의 삶의 필요를 채우신다는 것입니다. 이 약속은 하나님과 그분의 백성의 상호관계에서 주어진 것입니다.

한번은 남쪽에 있는 한 전통적인 장로교회에서 고난주간 집회를 인도한 적이 있었습니다. 그 교회는 굉장한 능력과 생명력을 나타내고 있었고, 또 내가 본 교회 중 가장 큰 대학생 그룹들이 있었습니다. 나는 교회의 게시판을 살펴보면서 그런 활력의 이유를 발견했습니다. 교회 총예산의 51퍼센트를 해외 선교에 사용하고 있었던 것입니다.

우리가 하나님이 관심을 갖는 일에 마음을 쏟고, 헌신적인 나눔으로 그것을 나타내 보이면, 그분은 우리가 그분을 영화롭게 했기 때문에 우리에게 복을 주시고 우리를 높이십니다. 우리가 드리는 것은 하나님께 바치는 향기로운 제물입니다. 하나님을 기쁘시게 하고 싶습니까? 헌금과 기도, 그리고 당신 자신을 드림으로 온 세상에 복음을 전하는 일에 동참하십시오.

3월 23일, 예수님의 약속

요한복음 2:13-25

"비둘기 파는 사람들에게 이르시되 이것을 여기서 가져가라 내 아버지의 집으로 장사하는 집을 만들지 말라 하시니 … 이에 유대인들이 대답하여 예수께 말하기를 네가 이런 일을 행하니 무슨 표적을 우리에게 보이겠느냐 예수께서 대답하여 이르시되 너희가 이 성전을 헐라 내가 사흘 동안에 일으키리라"(요 2:16,18-19).

성경에는 상징에 대해 말하는 흥미로운 내용들이 있습니다. 예수님께서 성전을 정화하신 후 권세자들이 무슨 권리로 그렇게 한 것인지 물었습니다. 주님은 그들이 성전을 허물더라도, 자신이 삼 일 안에 다시 세울 것이라고 답하셨습니다. 여기서 중요한 것은 성전이라는 상징이 아니라, 상징 뒤의 실체입니다. 성전은 하나님께서 그의 백성과 함께 거하시겠다는 일종의 약속입니다. 하나님께서는 모세에게 이 성전이 하나님 백성의 삶의 중심이 되어야 한다고 말씀하셨습니다. 그러나 그것조차도 충분히 가깝지 않았습니다. 하나님께서는 성전에 머무시는 것보다 더 우리와 가까워지고자 우리 중 한 사람이 되기로 결정하셨습니다. 그런 점에서 성전은 베들레헴, 곧 성육신 그 자체에 대한 약속이었습니다. 그러나 성전이 가리키는 실체이신 분이 그 상징 안으로 걸어 들어갔을 때, 권세자들은 그가 누구신지 알아보지 못했습니다. 단지 상징에 대한 사랑이 우상숭배가 돼 버린 것입니다. 그들은 돌과 회반죽에 불과한 것을 하나님 자신보다 더 귀중히 여겼습니다.

참된 실체를 가리키지 못하는 상징은 거짓된 것이기에, 하나님은 그런 것을 남겨 두시지 않습니다. 성전 권위자들이 상징이 가리키는 실재이신 예수님을 고문하고 죽인 지 사십 년이 지났을 때, 하나님께서는 로마 병사들을 통해 상징이었던 성전을 돌 위에 돌 하나 남지 않도록 철저히 허무셨습니다. 그러나 예수님은 단지 사흘 동안만 무덤에 계셨습니다. 예수님의 상징이었던 성전은 영원히 파괴되었습니다. 더는 존재할 필요가 없기 때문입니다.

당신의 삶에 있는 상징들은 무엇입니까? 당신은 상징만 붙들면서 실체를 거부하고 있지는 않습니까? 그 상징은 예수님 그분을 가리킵니까?

3월 24일, 성령의 전

마태복음 13:10-23

"보혜사 곧 아버지께서 내 이름으로 보내실 성령
그가 너희에게 모든 것을 가르치고
내가 너희에게 말한 모든 것을 생각나게 하리라"(요 14:26).

사무엘 로건 브렝글(Samuel Logan Brengle)이 들려준 한 친구에 대한 이야기입니다. 하루는 그 친구가 독서를 하고 있는데 성령님께서 그에게 매우 분명하게 "이 책은 읽으면 안 되는 책이야"라고 말씀하셨습니다.

그 친구는 "그래요?" 하고선 계속 읽었습니다.

성령님이 다시 말씀하셨습니다. "그래, 나는 네가 그것을 읽지 않았으면 좋겠어. 그것이 네 생각에 있지 않기를 바란다."

그는 책을 내려놓고 "감사합니다, 주님" 하고 말했습니다.

나는 이 이야기를 잊을 수 없습니다. 성령님은 우리의 마음을 다스리시기 원하십니다. 그리고 그것은 우리 마음에 있어서는 안 될 것이 있음을 의미합니다. 그분은 우리에게 이렇게 말씀하십니다. "너희가 하나님의 성전인 것과 하나님의 성령이 너희 안에 계시는 것을 알지 못하느냐"(고전 3:16). 다른 사람들에게는 괜찮을지 몰라도, 성령께서 우리 영혼에게는 허락해서는 안 된다고 하시는 것이 있습니다. 그것은 사소해 보일 수 있습니다. 그러나 내 인생에서 가장 결정적인 선택 중 어떤 것은 사소해 보이는 그런 작은 것과 관계가 있었습니다.

당신은 예수님의 영이 당신의 태도, 말, 읽는 책, 생각, 관계, 재정, 오락에 대해 자유로이 말씀하실 정도로 그분과 가까이 동행하고 있습니까? 그분이 당신에게 태도를 바꾸라고 하시면, 그 말씀을 듣습니까? 그렇다면 당신은 특별한 내적 자유를 누리기에 더욱 창조적일 수 있을 것입니다.

3월 25일, 지성소에서

마태복음 27:51, 히브리서 10:19-25

"그러므로 형제들아 우리가 예수의 피를 힘입어 성소에 들어갈 담력을 얻었나니 … 우리가 마음에 뿌림을 받아 악한 양심으로부터 벗어나고 몸은 맑은 물로 씻음을 받았으니 참 마음과 온전한 믿음으로 하나님께 나아가자"(히 10:19, 22).

유대인이 성전 바깥 뜰에 들어가면 먼저 동물 제사를 드리는 제단을 마주합니다. 그곳에서 죄를 속하기 위해 동물의 피를 흘리고, 생명을 취하며, 사체를 태웁니다. 다음으로는 정결을 상징하는 물두멍에서 손발을 씻습니다. 이처럼 죄 용서를 위한 제사와 신생의 씻음을 거친 후에야 그는 다음으로 옮겨갈 수 있었습니다.

이제 그는 성소로 들어갈 수 있는데, 거기서 생명을 상징하는 진설병을 발견합니다. 이처럼 우리는 회심과 죄 용서를 거친 후에야, 하나님의 진리의 빛 안에서 행하기 시작하고, 예수님께서 자기 자신으로 우리를 먹이시기 시작합니다.

어떤 사람은 성전 더 깊은 곳인 지성소라 불리는 곳에 들어갈 수 있었습니다. 대제사장이 성소와 지성소를 분리하는 휘장 너머로 들어가면, 그는 하나님의 임재 앞에 섭니다. 옛 언약 아래에서 대제사장은 일 년에 딱 한 번만 그곳에 들어갈 수 있었습니다. 그리스도께서는 자신의 죽음으로 우리 모두를 위해 그 길을 열어 주셨습니다. 그로 인해 그리스도인은 거룩하신 하나님의 직접적인 임재를 특권으로 누립니다.

당신이 하나님의 거룩하신 직접적인 임재를 맛보았다면, 그 친밀함이 없는 인생은 헛되게 보일 것입니다. 그분이 당신 안에서 그분의 영광을 드러내셨다면, 당신은 그분의 거룩하신 임재를 벗어나고 싶지 않을 것입니다.

당신은 아직 바깥 뜰에서 머물고 있습니까? 하나님의 은혜로 그분의 임재 가운데 점점 더 깊이 나아가십시오. 예수님이 속죄제물이 되신 것은 당신과 내가 우리의 삶을 산 제물로 드리게 하기 위해서입니다. 우리가 우리 자신을 드리면 우리는 휘장 안으로 들어갈 수 있으며, 예수님 자신이 우리의 생명, 기쁨, 영광이 되실 것입니다.

예수님께서 그런 분이 되시면 당신에게는 다른 어떤 것도 필요하지 않을 것입니다. 삶이 형통하든 곤고하든 문제되지 않습니다. 그분만으로 충분하기 때문입니다. 그분이 당신의 손을 채우셔도 비우셔도 문제되지 않습니다. 그분만으로 충분하기 때문입니다. 당신이 건강하든 아프든 문제되지 않습니다. 그분만으로 충분하기 때문입니다. 살아도 죽어도 문제되지 않습니다. 그분만으로 충분하기 때문입니다. 지성소에 들어가면 예수님만으로 충분해 당신은 다른 어떤 것도 필요하지 않을 것입니다.

3월 26일, 팔복

마태복음 5:1-12

"심령이 가난한 자는 복이 있나니 천국이 그들의 것임이요"(마 5:3).

산상수훈은 예수님의 가르침 중 가장 널리 알려져 있습니다. 거기서 예수님은 그분의 나라에 거할 사람들의 특징과 그들이 이 세상에서 해야 할 역할을 말씀하십니다. 그중 팔복이 묘사하는 특징은 세상이 환호하는 특징과는 매우 거리가 멉니다. 사람들이 왕이나 왕국 하면 떠올리는 것은 화려함이나 부, 격식 같은 것입니다. 심령의 가난함, 온유함, 자비로움, 순결함, 화평하게 함, 의에 주림과 같은 특징이 그런 것과 얼마나 거리가 멉니까? 이 나라는 제자들이 기대했던 나라나 우리가 자연스럽게 선호하는 나라와 얼마나 다릅니까! 그러나 우리가 그리스도의 나라의 일원임을 천명하기 위해 우리 삶에 반드시 있어야 하는 특징이 이런 것들입니다.

'복이 있다'는 말은 '행복하다'로도 번역할 수 있는데, 이는 일시적인 행복보다 더 큰 것을 의미 합니다. 그것은 하나님의 얼굴빛이 당신에게 비칠 때 주어지는 것으로, 은혜의 모든 풍요로움을 누리는 것을 말합니다. 당신이 영적 빈곤함을 느끼고 그것에 대해 애통해하며 온유함으로 하나님께 복종하면, 당신은 분명 하나님의 의에 주리고 목마를 것입니다. 그러나 물론 계속 그 상태에 머물지는 않을 것입니다. 하나님께서 곧 당신의 삶을 그의 풍요로움으로 채우실 것이기 때문입니다. 하나님의 자비를 원하는 하나님 나라의 시민들은 자비롭습니다. 행복의 비결이 되는 다른 속성은 순결함과 화평입니다. 하나님 나라의 백성이 된 사람은 그들의 왕의 본성을 갖게 되기 때문입니다. 세상은 그들을 자주 오해하고 대적하지만, 예수님의 복음으로 인해 핍박받고 오해받는 사람들에게는 상이 클 것입니다. 선지자들과 그리스도의 기업이 그들의 것이 될 것입니다.

주님은 우리에게 지금까지 열거한 여덟 가지의 덕을 나타낼 것을 간곡히 권고하십니다. 당신의 마음에는 하나님께서 그 덕을 당신의 삶에 이루어 주시기를 바라는 갈급함이 있습니까? 그분을 바라고 닮으려는 갈급함이 없다면, 당신은 하루를 바르게 시작할 준비가 되어 있지 않은 것입니다. 당신이 그분을 바란다면, 그분은 오늘 어디서든 당신을 만나 주실 것입니다. 부디 그분을 발견하시길 바랍니다!

3월 27일, "내 주를 의지하니"

마가복음 15:21-40

"수고하고 무거운 짐진 자들아 다 내게로 오라 내가 너희를 쉬게 하리라
나는 마음이 온유하고 겸손하니 나의 멍에를 매고 내게 배우라
그리하면 너희 마음이 쉼을 얻으리니"(마 11:28-29).

성부의 어린양이 죄 지고 가시니 내 몸에 당할 형벌 다 대신하셨네
내 죄가 추악하나 그 피로 씻으면 눈같이 희게 되어 티 하나 없으리

내 죄를 회개할 때 용서해 주시고 병든 몸 고쳐 주사 새 생명 주시네
내 속에 쌓인 근심 한없이 크건만 주 친히 벗겨 주사 위로해 주시네

내 주를 의지하니 내 맘이 편하고 주 나를 붙드시니 내 앞길 환하다
임마누엘 주 예수 끝없는 그 사랑 그 향기 바람 타고 온 땅에 퍼지네

주 예수 본을 받아 온유한 마음과 겸손한 마음으로 섬기며 살리라
나 주의 뒤를 따라 저 천국 이르러 천사의 노래 따라 주 찬송하리라

이 찬송(새찬송가 82장-역주)은 스코틀랜드의 목사이자 성자인 호라티우스 보나(Horatius Bonar)가 아이들을 위해 지은 것입니다. 인간의 마음속 깊은 필요와 주 예수님 안에서 발견하는 놀라운 풍요로움은 아이나 어른이나 모두 동일합니다. 이런 찬송과 함께하는 것, 이 얼마나 하루를 시작하는 훌륭한 방법입니까!

3월 28일, 구원받은 자의 노래

시편 100편

"오직 성령이 너희에게 임하시면 너희가 권능을 받고
예루살렘과 온 유대와 사마리아와 땅끝까지 이르러
내 증인이 되리라 하시니라"(행 1:8).

사무엘 채드윅(Samuel Chadwick)은 "오직 성령이 너희에게 임하시면 너희가 권능을 받고"라는 본문을 가지고 밤새도록 씨름한 어느 주일 아침, 자신이 성령님의 권능에 대해 체험적으로가 아니라 이론적으로만 알았다는 사실을 깨달았다고 고백했습니다. 바로 그 주일 동 트기 전 새벽에 성령님께서 책상에 엎드려 연구하고 있던 그에게 임하신 것이었습니다. 그날 이후 그가 설교하면 한 번의 예배에서 지난 몇 달 동안보다 더 많은 사람이 회심했습니다.

진리가 우리 안에서 밝게 비추는 생명력이 되면, 사람들은 그 빛에 끌립니다. 당신은 성령님의 충만함을 머리만이 아니라 마음으로도 알고 있습니까? 당신은 죄를 용서받았음을 깨닫는 것이 어떤 것인지 알고 있습니까? 당신은 죄 자체에서의 해방이 어떤 것인지 알고 있습니까?

> 내 지은 죄 주홍빛 같더라도
> 주 예수께 다 아뢰면
> 그 십자가 피로써 다 씻으사
> 흰 눈보다 더 정하리라

온전한 구원이 인격적이고 실제적인 것이 되면, 그것은 찬양으로 터져 나옵니다. 그것은 그저 지루한 명제가 아닌 아름다운 음악입니다. 이 찬양은 기계적으로 반복되는 것이 아니라 기쁨의 탄성으로 흘러 넘치게 하기 위한 것입니다. 하나님의 백성이 온전한 구원을 노래하면, 그리스도를 알지 못했던 사람들이 듣기 시작합니다. 그들은 자신들의 공허하고 적막한 마음을 채워 줄 음악을 갈망하고 있기 때문입니다.

3월 29일, 생명의 열쇠

디모데후서 3:10-17

"모든 성경은 하나님의 감동으로 된 것으로
교훈과 책망과 바르게 함과 의로 교육하기에 유익하니
이는 하나님의 사람으로 온전하게 하며
모든 선한 일을 행하는 능력을 갖추게 함이라"(딤후 3:16-17).

성경을 묵상할 때, 우리는 그리스도인의 삶에 대해 알려 주는 성경의 큰 단서들을 이해하기 위해 계속 노력해야 합니다. 우리 삶의 모든 관점과 방향이 철저하게 성경적이었다면, 우리는 훨씬 더 행복하게 효율적으로 살았을 것입니다. 성경에는 실제를 바르게 해석하는 열쇠가 있습니다. 우리 중에는 삶을 바르게 이해하지 못하는 사람이 너무나 많습니다. 너무나 많은 사람이 혼돈과 불확실함 속에 살아갑니다. 하나님은 그분의 자녀들이 보고, 분별하고, 인식하고, 앎으로 다른 사람을 이끌고 도와 주기를 바라십니다. 성경이 단지 마술책이나 종교 서적이 아니라 생명의 열쇠임을 자각하기 전에는 우리는 결코 그런 일을 할 준비를 갖추지 못한 것입니다. 성경은 실제를 창조하신 분께서 실제를 이해할 수 있는 열쇠로 우리에게 주신 것입니다.

나는 성경을 잘 알기 전까지는 누구도 하나님이나 사람, 결혼, 국가, 소명의 본성 같은 삶의 기본적인 실제를 바르게 이해할 수 없다고 생각합니다. 내가 성경을 중시하는 이유는, 성경이 모든 책 중에 가장 실제적이기 때문입니다. 성경의 가르침의 깊이를 헤아려 거기에 내 삶을 기초하는 것이 안전하기 때문입니다.

예레미야 10장 23절은 우리의 길이 우리 자신 안에 있지 않다고 말합니다. 나아가 예수님께서는 우리의 길이 그분 안에 있음을 알려주십니다(요 14:6). 우리는 예수님을 그분의 말씀 안에서 가장 잘 발견할 수 있습니다.

3월 30일, 마지막 말씀

요한복음 13-14장

"유월절 전에 예수께서 자기가 세상을 떠나 아버지께로 돌아가실 때가 이른 줄 아시고 세상에 있는 자기 사람들을 사랑하시되 끝까지 사랑하시니라"(요 13:1).

예수님은 제자들과 함께하신 마지막 날 밤, 많은 것을 말씀하셨습니다. 그중 세 가지는 우리에게 특히 중요합니다. 첫째, 그분은 자신을 희생제물로 드릴 것에 대해 말씀하셨습니다. 그날 밤 예수님께서 제정하신 주의 만찬은 우리와 세상을 구원하기 위해 그분의 고난과 죽음이 있었음을 기억하게 합니다. 이 기념 식사는 우리의 생명을 위해 그 값비싼 대가를 지불하신 하나님의 놀라운 사랑에 집중하게 합니다.

다음으로, 예수님은 하나님 나라의 섬김에 대해 말씀하셨습니다. 그분은 자신의 행동으로 하나님 나라에서 가장 높은 자들은 섬기는 자들임을 보여 주셨습니다. 그리고 십자가뿐 아니라 하나님 나라의 위대함에 부응하는 매일의 희생적인 섬김을 통해 자신을 내어주는 사랑을 가르쳐 주셨습니다.

마지막으로, 예수님께서는 장차 임하셔서 제자들의 사역에 능력을 부어 주심으로 주의 권능으로 행하게 하실 분에 대해 말씀하셨습니다. 자신이 승천한 후 제자들이 버림받은 것처럼 느낄 것을 염려하신 예수님은 자신의 자리를 대신할 다른 분이 오실 것임을 분명히 약속하셨습니다. 성령께서 그들의 스승이 되실 것이며(요 14:26), 죄와 의와 심판에 대해 세상을 책망하실 것입니다(요 16:8). 그리고 예수님에 대한 제자들의 증언에 권능을 불어넣으실 것입니다. 바로 이 성령님이 제자들을 홀로 남겨놓지 않기 위해 예수님께서 보증하신 것입니다.

예수님께서 갈보리 언덕에 오르시기 전 마지막 날 밤에 십자가와 하나님 나라의 위대함, 성령님에 대해 가르치셨다는 것은, 이 세 가지가 세상에서의 마지막 순간 그분이 마음에 가장 중요하게 여기신 것들임을 의미합니다. 우리가 그분을 사랑한다고 고백한다면 이 중요한 가르침들을 매우 소중히 여겨야 합니다.

우리는 그처럼 막대한 대가를 치르고 우리를 구원하신 그분의 사랑에 엎드려 경배하며 찬양해야 합니다. 그분이 우리를 섬기신 것처럼 기꺼이 자신을 낮추어 다른 이들을 섬겨야 합니다. 그리고 이 세상에서 예수님의 자리를 대신하기 위해 오신 성령님께 온 마음을 열어 드려야 합니다.

3월 31일, 하나님의 훈련 과정

출애굽기 2장

"믿음으로 모세는 장성하여
바로의 공주의 아들이라 칭함 받기를 거절하고
도리어 하나님의 백성과 함께 고난 받기를
잠시 죄악의 낙을 누리는 것보다 더 좋아하고"(히 11:24-25).

모세의 출생과 성장 과정에 대한 이야기는 참으로 놀랍습니다. 그는 애굽인들의 속박 아래서 미움받던 히브리인의 아이였습니다. 모든 히브리인 남자아이를 죽이라고 명령한 바로 왕의 딸이 그를 발견했습니다. 그녀는 그를 입양했고, 그는 바로 왕의 후계자 중 한 사람이 되었습니다. 그의 히브리인 친모는 그를 입양한 애굽인 어머니에게 삯을 받으며 그에게 젖을 먹였습니다. 모세의 친모의 이름 요게벳은 '여호와는 영광스러우시다' 또는 '여호와는 위대하시다'라는 뜻입니다. 그녀는 하나님이 자신의 아이를 구하실 수 있다고 믿었고, 하나님은 그녀의 믿음에 대해 보상하셨습니다. 하나님은 모세를 죽음에서 구원하셨으며, 이후 모세를 자기 백성을 종살이에서 건져 내는 일에 사용하셨습니다. 하나님께서 구원자를 구원하신 것입니다.

모세는 자신의 출생의 비밀을 잘 알고 있었고, 자기 백성을 돕기를 바랐습니다. 그가 노예 민족인 그들과 자신을 기꺼이 동일시했다는 것은 그가 훌륭한 사람임을 보여줍니다. 그러나 안타깝게도 그는 문제를 스스로 해결하려다 히브리인을 때린 애굽인을 죽이고 말았습니다. 아브라함과 사라가 하갈을 통해 하나님의 계획을 이루려 했던 것처럼, 모세도 자신의 힘으로 자기 백성을 돕고자 한 것입니다. 그러나 그는 아직 일생의 사명을 이루기 위한 준비를 제대로 갖추지 못했고, 이스라엘 역시 구원받을 준비가 되어 있지 않았습니다. 모세는 성숙하기 위해 더 가르침을 받아야 했기에, 하나님은 그를 미디안으로 보내 양을 치게 하셨습니다. 하나님께서 그를 애굽에서 옮기심으로 그는 이스라엘의 구원자가 되기 위해 필요한 훈련을 받을 수 있었습니다.

우리는 종종 하나님께서 우리를 훈련하시는 데 사용하는 시간을 안타까워합니다. 우리는 그런 훈련 중에 있으면 조급해집니다. 그러나 하나님께서 모세를 준비시키시는 데는 사십 년이라는 긴 시간이 걸렸습니다. 우리는 그분이 우리를 준비시키시는 데 사용하시는 시간, 또는 우리를 훈련하시기 위해 우리를 두신 장소를 경시해서는 안 됩니다. 모세는 왕자에서 양치기가 되는 급격한 변화를 겪었지만, 하나님께서는 그 광야의 고독 속에서 자신의 사람을 훈련하셨습니다. 우리가 하나님의 일하시는 방식을 알고자 한다면 어느 정도 고독을 경험해야 합니다. 그 방식은 조급하게 서두르는 삶에서는 결코 배울 수 없기 때문입니다. 우리는 묵상의 시간을 경험해야 합니다. 훈련 기간에 모세는 하나님의 백성을 이끌고 갈 땅의 길을 익혔습니다. 단순히 양치기로서 시간을 낭비한 것이 아니었습니다. 우리가 하나님의 뜻 안에 있다면 어떤 날도 헛되이 버려지는 것이 아닙니다. 그 모든 것이 합력해 그분의 뜻을 이루게 됩니다.

4월 1일, '나'라는 걸림돌

민수기 13장

"그 땅을 정탐한 자 중 눈의 아들 여호수아와 여분네의 아들 갈렙이 자기들의 옷을 찢고 이스라엘 자손의 온 회중에게 말하여 이르되 우리가 두루 다니며 정탐한 땅은 심히 아름다운 땅이라 여호와께서 우리를 기뻐하시면 우리를 그 땅으로 인도하여 들이시고 그 땅을 우리에게 주시리라 이는 과연 젖과 꿀이 흐르는 땅이니라"(민 14:6-9).

우리가 정말 두려워해야 하는 유일한 대상은 우리 자신입니다! 하나님께서 우리를 위해 예비하신 미래를 방해할 수 있는 것은 오직 우리 자신 뿐이기 때문입니다. 그러므로 우리는 우리의 자기중심적인 삶의 방식이 미래를 결정지을 수 있다는 사실에 경각심을 가져야 합니다. 그것은 우리 삶을 매우 복잡하게 만들 것입니다. 한 선지자는 우리 모두에게 주시는 하나님의 계시의 말씀을 다음과 같이 전해줍니다. "여호와의 말씀이니라 너희를 향한 나의 생각을 내가 아나니 평안이요 재앙이 아니니라 너희에게 미래와 희망을 주는 것이니라"(렘 29:11).

열두 명의 장정이 가데스 바네아라는 곳에서 하나님께서 주시는 미래를 마주하게 되었습니다. 그들 중 열 명은 자신들의 미래를 자신의 염려와 불신에 기초해 선택했습니다. 그들의 이름은 삼무아, 사밧, 이갈, 발디, 갓디엘, 갓디, 암미엘, 스둘, 나비, 그우엘이었습니다. 그 후 누구도 그들의 이름으로 자녀의 이름을 짓지 않았습니다. 소수의 역사가만 이런 이름이 누구의 것인지 알아봅니다.

나머지 두 사람은 자신들의 미래를 여호와 하나님과 자신들을 위한 그분의 계획에 대한 인격적 지식과 온전한 헌신에 기초해 선택했습니다. 그들은 주님을 온전히 따랐고, 그들의 이름은 수천 년이 흐른 오늘날에도 계속 언급됩니다. 많은 사람이 이들의 이름으로 자녀의 이름을 짓습니다. 세상은 더 많은 갈렙과 여호수아를 필요로 합니다. 그런 사람들이 우리를 복된 미래, 우리에게 필요하고 우리가 바라는 약속된 땅으로 이끌 수 있습니다.

고개를 들어 높은 곳을 보십시오! 하나님께 가까이 나아가 그분이 당신을 위해 계획하신 미래를 얻으십시오!

4월 2일, 생명의 길

시편 16편

"주께서 생명의 길을 내게 보이시리니
주의 앞에는 기쁨이 있고
주의 오른쪽에는 영원한 즐거움이 있나이다"(시 16:11).

시편 기자는 '생명으로 가는' 길이 아닌 '생명의' 길을 말하고 있습니다. 그 길을 발견하는 사람만 생명을 얻기 때문입니다. 시편 16편 11절은 예수님의 "내가 곧 길이요 진리요 생명이니"(요 14:6)라는 말씀의 구약 버전입니다. 우리의 생명은 그분 안에 있습니다. 시편 기자는 사람이 하나님의 임재를 경험하고 참된 생명을 발견하는 것이 지금 바로 가능함을 믿었습니다.

주님께서 가르쳐주신 "나라가 임하시오며 뜻이 하늘에서 이루어진 것같이 땅에서도 이루어지이다"(마 6:10)라는 기도가 성취되도록 우리가 하나님과 그분의 길을 아는 것은 우리의 가장 중요한 사명입니다. 하나님의 임재 안에 거하며 거기서 즐거움을 누리는 것보다 더 큰 사명과 특권은 없습니다. 이 땅에서 살아가는 비결은 하나님과 그분의 말씀을 통해 발견되는 지혜입니다.

우리가 살아가는 곳은 하늘이 아닌 이 세상입니다. 비종교적인 사람들과 불신자들은 누구보다 앞서 이 세상이 천국과 다름을 주장할 것입니다. 현대인의 삶이 이같이 생기를 잃고 불행해진 것은, 행복의 원천이신 하나님을 잃어버림으로 자기 자신마저 잃어버린 결과입니다. 우리는 예수 그리스도와 그분의 말씀에서만 생명의 길을 찾을 수 있습니다.

4월 3일, 실재하는 지옥

누가복음 16:19-31

"모세와 선지자들에게 듣지 아니하면
비록 죽은 자 가운데서 살아나는 자가 있을지라도
권함을 받지 아니하리라"(눅 16:31).

누가복음 16장에서 예수님은 부자와 나사로의 이야기를 통해 영원한 운명에 대해 말씀하십니다. 먼저 이 이야기는 사람이 세상에서 무엇을 선택하는지에 따라 영원한 미래가 결정됨을 보여줍니다. 즉, 영원한 미래는 우연이나 심지어 하나님이 선하시다는 이유만으로 결정되지 않는다는 것입니다. 우리는 하나님의 구원을 받아들이거나 거부하기로 선택함으로 스스로의 운명을 결정합니다. 두 번째로 이 이야기는 죄에는 영원한 결과가 따름을 보여줍니다. 대부분의 사람은 자기 죄의 대가는 매우 일시적이며, 시간이 지나면 그 죄책이 사라져 없어진다고 생각합니다. 부자와 나사로 이야기는, 이 세상에서 우리가 지은 죄는 하나님의 은혜로 용서받지 않으면 영원한 정죄를 초래함을 보여줍니다. 죄를 용서받지 못했다면, 이생이 끝나도 죄의 책임은 끝나지 않습니다.

세 번째로 이 이야기는 죄의 결과는 불행임을 명백히 보여줍니다. 예수님은 그것을 '괴로움'으로 표현하셨습니다. 하나님과 바른 관계를 가지지 않은 채 이 세상을 떠나는 것은 심각한 일입니다. 이 이야기의 네 번째 요점은 바로 그 심각성에 대한 것입니다. 예수님은 이생을 마치고 나면 또 한 번의 기회는 없다고 말씀하십니다. 구원받은 사람과 멸망하는 사람 사이에는 큰 구렁텅이가 놓여 있습니다. 예수님께서 이생이 끝난 이후 인간의 상태에 대해 계시하신 내용에 따르면, 그때는 은혜와 자비의 날은 지나가고 구원의 기회도 끝나버립니다. 죽음 후에 또 다른 기회가 있을 것이라 기대하는 것은, 그저 자기 좋을 대로 생각하는 일종의 도박일 뿐입니다. 그는 자책과 후회로 가득한 의식적 상태에서 영원히 고통받게 될 것입니다. 이 이야기는 독자들이 그런 운명을 피할 수 있도록 경계하기 위한 것입니다. 예수님은 바리새인들과 부자들을 사랑하셨기에 경고로 이 말씀을 하신 것입니다.

우리는 지옥에 대해 말하기를 좋아하지 않으나, 예수님은 그렇지 않으셨습니다. 당신은 그 마지막 날 후회하지 않을 방식으로 살고 있습니까? 이웃들에게 예수님을 보여줌으로 그들이 그 마지막 날 후회하지 않도록 돕고 있습니까?

4월 4일, 성자의 희생

마태복음 27:32-56

"지금 내 마음이 괴로우니 무슨 말을 하리요
아버지여 나를 구원하여 이때를 면하게 하여주옵소서
그러나 내가 이를 위하여 이 때에 왔나이다
아버지여, 아버지의 이름을 영광스럽게 하옵소서 하시니
이에 하늘에서 소리가 나서 이르되 내가 이미 영광스럽게 하였고
또다시 영광스럽게 하리라 하시니"(요 12:27-28).

하나님은 전능하십니다. 그러나 그것이 꼭 하나님께서 그 백성을 삶의 어려움에서 보호하신다는 뜻은 아닙니다. 유다 백성은 많은 문제를 가지고 있었지만, 하나님과 동행하는 동안에는 그 문제가 하나님을 경험하는 기회가 되었습니다. 예수님의 생애를 살펴보아도, 어떤 사람에게는 문둥병이 예수님께서 질병을 치유하시는 분이심을 드러내는 기회가 되었습니다. 어떤 사람에게는 눈먼 것이 그분이 보게 하실 수 있음을 나타내는 기회가 되었습니다. 하나님은 이스라엘에게 고난이 닥치도록 허락하심으로 온 세상이 그리스도의 구원하시는 능력을 볼 수 있게 하셨습니다. 하나님께서 당신의 마음을 온전히 소유하시더라도, 당신에게 어려움이 없지는 않을 것입니다. 그러나 전능하신 하나님은 그 어려움을 그분의 영광을 나타내시는 통로로 삼으실 수 있습니다. 당신이 하나님께 영광 돌리는 것을 가장 큰 기쁨으로 여긴다면, 당신이 직면하는 문제를 통해서도 그분께 영광을 돌리게 될 것입니다.

노스캐롤라이나에서 자란 한 사람이 하나님의 부르심을 받아 의료 선교사가 되기로 결정했습니다. 그는 선교사가 되기 위해 의학뿐 아니라 신학도 공부했습니다. 결국 세 개의 박사학위를 받았는데, 하나는 의학, 다른 두 개는 신학에서였습니다. 그 후 그는 임신한 아내와 아프리카 최고의 오지로 향했습니다. 그들은 한 부족에게 4년간 복음을 전했지만 아무런 반응이 없었습니다. 매주 예배를 인도했지만 참여하는 아프리카 사람은 아무도 없었습니다. 그러던 어느 날 그들의 아들이 심하게 앓다 죽고 말았습니다. 그 선교사는 아들의 관을 만든 후 이를 땅에 묻기 위해 밖으로 옮겼습니다. 한 명의 아프리카 사람을 제외하고 그는 내내 혼자였습니다. 그는 허름한 관을 흙으로 덮다 슬픔을 못 이겨 그 흙더미에 얼굴을 파묻고 흐느껴 울었습니다. 그러자 그 아프리카 사람이 선교사의 머리카락을 잡아 올리며 그의 얼굴을 쳐다보았습니다. 그리고 머리를 다시 흙에 조심스럽게

내려놓은 후 마을로 달려가 "저 흰 사람도 우리처럼 울어!"라고 소리쳤습니다. 선교사 부부가 그다음 주 예배를 드릴 때, 그곳은 사람들로 가득했습니다. 한 가족의 고난의 열매로 이제 그곳에 교회가 존재하게 된 것입니다.

세상이 구원받을 수 있는 단 하나의 방법이 있는데, 하나님은 그것을 갈보리에서 보여주셨습니다. 즉 자신의 아들을 희생시키신 것입니다. 아프리카 부족이 구원을 받은 것도 그러한 희생을 통해서였습니다.

최고의 희생은 육체의 죽음이 아닙니다. 그보다 큰 희생은 삶의 주권을 그리스도께 드려, 그리스도께서 우리 안에 살아 계심으로 승리와 기쁨의 삶을 살아가는 것입니다. 만약 우리의 마음이 깨끗하지 않으면, 우리는 그분과 대적해 싸우거나 그분께 분개할 수 있습니다. 반면 온 마음을 주님께 드리면, 우리는 기꺼이 그분의 뜻을 행하게 되며, 거기에는 행복이 있습니다. 그 행복은 우리를 위해 십자가에 못 박히신 분과의 소중한 교제에서 비롯되는 것으로, 이 같은 행복은 이 세상에 또 없습니다. 이 행복을 놓치지 마십시오.

4월 5일, 인격적이신 하나님

이사야 63:7-9

"하나님이 세상을 이처럼 사랑하사 독생자를 주셨으니
이는 그를 믿는 자마다 멸망하지 않고
영생을 얻게 하려 하심이라"(요 3:16).

고대 헬라인들의 신 이해와 성경의 하나님에 대한 가르침은 근본적으로 다릅니다. 그 차이는 완전함에 대한 서로 다른 이해에서 비롯됩니다. 헬라인들에게 완전함은 불변을 뜻합니다. 그 완전함은 정적인 것입니다. 무엇인가가 완전하다면 변할 수 없고, 만약 변한다면 그것은 완전하지 않다는 것입니다. 그래서 그들은 감정을 가진 존재라면 변할 수 있기 때문에 신에게는 감정이 없다고 주장했습니다. 신은 사랑하지도, 고통받지도 않는다는 것입니다. 헬라 철학은 그것을 '무감성'(apatheia)이라는 용어로 표현했고, 그것이 영어의 '냉담함'(apathy)이라는 단어의 어원입니다. 헬라인들은 그 용어를 신에게 사용해, 신은 "감정도 없고, 고통도 받지 않는다"고 가르친 것입니다.

그러나 우리가 성경에서 만나는 하나님의 모습은 이와 매우 다릅니다. 하나님은 이스라엘을 사랑하십니다. 그리고 불의에 분노하십니다. 또 그분은 근심하기도 하십니다. 예수님은 나사로의 죽음에 눈물을 흘리시고, 십자가를 지셔야 한다는 것에 두려움을 느끼셨습니다.

어떤 차이가 있습니까? 헬라의 신들은 인격적이지 않은 어떤 힘이라면, 성경의 하나님은 매우 인격적이십니다. 그분은 성부이시며, 성부이신 그분에게는 아들이신 성자가 있습니다. 성부와 성자는 성령과 사랑의 관계를 이루시고, 이러한 사랑의 교제 속에서 세상을 창조하셨습니다. 사람이 죄를 지었을 때, 하나님은 마음이 쓰이셨습니다. 그것이 십자가까지 이끈 것입니다. 성경의 하나님은 감정이 없는 분이 아니십니다. 그분은 열정적인 사랑이시며, 그 사랑의 대상은 바로 우리입니다. 우리는 그분을 예배해야 합니다.

4월 6일, 임마누엘

출애굽기 40:34-38

"보라 처녀가 잉태하여 아들을 낳을 것이요 그의 이름은 임마누엘이라 하리라 하셨으니 이를 번역한즉 하나님이 우리와 함께 계시다 함이라"(마 1:23).

우리가 경배하는 하나님은 감정을 지니신 분입니다. 사랑이신 그분은 우리를 사랑하기로 결정하셨습니다. 아담과 하와가 그분을 배반한 후에도, 그분은 자신의 백성 중에 거하며 그들의 사랑을 받기 원하셨습니다. 사람이 사랑하는 사람과 가까이 지내고 싶어 하듯, 하나님도 그 사랑하시는 이들과 가까이 있기를 바라십니다. 그래서 아브라함을 부르셨고, 그는 하나님을 사랑하고 하나님과 동행했습니다. 하나님은 아브라함의 자손을 통해 택함 받은 백성의 나라를 이루게 하셨습니다. 그들은 하나님을 위한 성전을 지었고, 하나님은 오셔서 그들과 함께 거하시며 그분의 모든 영광을 나타내셨습니다. 그분은 그 백성의 삶의 중심이 되셨습니다.

하나님께서는 우리의 삶에서도 중심이 되시고, 현존하는 모든 것의 기준이 되시기 원하십니다. 그것이 하나님이 자신의 이름을 '임마누엘', 곧 '하나님이 우리와 함께 계시다'라는 뜻으로 우리에게 알려주신 이유입니다. 임마누엘보다 더 놀라운 일이 있을 수 있을까요? 하나님은 우리의 일상에 참여해, 이 세상 누구보다 우리를 가까이하기 원하십니다. 위대하신 하나님이 하찮은 우리와 함께하기를 열망하신다는 사실을 진정으로 아는 사람은, 경외심과 감사함으로 그분 앞에 무릎을 꿇을 것입니다. 그 누구도 하나님은 사랑이 아니시라고 말해서는 안 됩니다.

4월 7일, 깨진 그릇

사도행전 9:1-19

"자기가 야곱을 이기지 못함을 보고 그가 야곱의 허벅지 관절을 치매 야곱의 허벅지 관절이 그 사람과 씨름할 때에 어긋났더라"(창 32:25).

나는 한때 헌신의 결단 시간에는 일어서야 한다고 생각했습니다. 내가 다녔던 교회 청년부 예배에서는 오래 전부터 그렇게 헌신의 결단 시간을 가졌습니다. 청년들은 촛불을 들고 "나는 내 삶을 그리스도께 드립니다"라고 말하며 헌신을 결단했습니다. 그 시간은 매우 고귀하고 아름다웠으며, 우리는 당당하고 자랑스럽게 우리 자신을 예수님께 드렸습니다. 하지만 야곱이 자신을 하나님께 드린 것은 그런 방식이 아니었습니다. 그의 이야기는 우리에게 더 나은 헌신의 방법을 알려줍니다.

야곱을 찾아와 씨름을 시작한 분은 하나님이십니다. 하나님은 언제나 우리를 자유롭게 하는 일을 주도적으로 먼저 시작하십니다. 그분은 야곱에게 복을 주시기 전 그의 허벅지 관절을 꺾으셨습니다. 사람이 하나님께 항복하게 하기 위해서는 먼저 그를 꺾으셔야 하기 때문입니다. 실제로 기독교 공동체는 헌신보다 항복을 더 말할 수 있어야 합니다. 사람은 하나님께 끝까지 저항하려 하지만, 언젠가는 그분 앞에 자신을 꺾고 그분이 삶과 마음을 다스려 주시기를 간구해야 하기 때문입니다. 하나님께서 야곱을 꺾으시자, 야곱은 다리를 절게 되었습니다. 야곱이 그렇게 된 후에야 하나님은 그를 축복하셨습니다.

나는 성령으로 충만한 사람 중 크게 깨어지는 경험이 없었던 사람을 본 적이 없습니다. 우리는 굳게 서서 모든 일을 스스로 해나가며 균형 있게 살아가길 원합니다. 그러나 그런 상태에 있으면 하나님은 우리를 사용하거나 우리에게 복을 주실 수 없습니다. 그분이 우리를 꺾으시려는 것은, 우리가 스스로의 힘이 아닌 성령님의 능력으로 살게 하시기 위함입니다. 당신은 그분의 뜻대로 기꺼이 깨어지기를 원하십니까? 그것은 모든 씨름 중 가장 힘들지만 그것이야말로 우리가 계속 속박 속에서 살아갈 것인지 진정으로 자유를 얻을 것인지를 결정짓습니다.

우리는 예수님을 얼굴과 얼굴로 만나는 우리 자신만의 브니엘이 있어야 합니다. 우리는 우리의 진정한 모습을 보아야 합니다. 하나님께서 마음을 씻어주시기를 부르짖어 간구하고, 그분으로 하여금 우리에게 오셔서 성령으로 채워주시게 해야 합니다. 우리를 꺾으심으로 우리를 승리자와 정복자로 만드실 수 있게 해야 합니다.

4월 8일, 복에 저항함

창세기 32:1-32

"당신이 내게 축복하지 아니하면 가게 하지 아니하겠나이다"(창 32:26).

일생일대의 위기가 닥쳐오자 야곱은 홀로 하나님과 마주했습니다. 에서가 사백 명의 장정을 이끌고 야곱의 가족에게 가까이 다가오는 상황에서 야곱이 스스로를 보호하기 위해 할 수 있는 모든 것을 다 한 후에야, 하나님은 그를 홀로 만나 그에 대해 일하기 시작하셨습니다. 야곱은 목숨을 구하기 위해 모든 방법을 다 떠올려 보았습니다. 그러나 하나님은 야곱이 어떤 계획을 세우더라도 그분이 원하시는 사람이 되지는 못할 것을 아셨습니다. 하나님은 야곱의 마음을 변화시키기 원하셨기에 그와의 씨름을 시작하셨습니다.

우리는 대부분 야곱이 하나님을 강권해 축복을 쟁취한 것으로 해석해, 우리도 하나님께 복을 받으려면 하나님을 설득해야 한다고 생각합니다. 그러나 야곱과 우리의 실제 모습은 하나님이 우리에게 복을 주실 수 없도록 그분과 맞서 싸우고 있을 뿐입니다. 하나님은 우리의 마음을 온전히 깨끗하게 하시고, 우리를 전적으로 소유하시며, 우리를 자유롭게 하기를 원하십니다. 그러나 하나님께서 그렇게 하시는 내내 우리는 끊임없이 그분께 저항합니다. 그분이 우리에게 자유를 주시려고 최선을 다하시는 동안, 우리는 우리를 속박하는 사슬을 지켜내려고 싸웁니다. 하나님께서 밤새도록 야곱과 씨름하신 후 새벽이 되어 야곱이 고개를 들자, 하나님은 "좋아. 난 노력할 만큼 했고 이제 떠난다"라고 말씀하셨습니다.

이제 야곱은 하나님을 가장 가까이 대면하면서도 계속 그분의 뜻에 저항하는 사람이 직면하는 가장 절박한 상황에 놓이게 되었습니다. 하나님의 말씀은 "네가 나의 최선을 받아들이지 않겠다면 떠나겠다"라는 의미였습니다. 그러자 야곱은 당황했습니다. "설마 저를 이대로 두고 떠나지는 않으시겠지요? 저는 내 소와 양, 염소, 아내, 자식 모두 잃었어요. 모든 것을 잃었는데, 이제 하나님마저 잃는 건가요?" 하나님 한 분의 가치를 알게 된 그때가 야곱에게는 가장 복된 순간이었습니다.

당신은 하나님께서 당신에게 최선의 것을 주시지 못하도록 심지어 자신도 모르는 가운데 그분께 저항하고 있지는 않습니까? 당신이 계속 그분께 저항한다면, 그분은 결국에는 당신을 떠나실 것입니다. 당신은 하나님 한 분의 가치를 발견했습니까? 그래서 절박한 심정으로 그분을 붙들고 있습니까?

4월 9일, "네 이름이 무엇이냐?"

창세기 32:22-32

"그 사람이 그에게 이르되 네 이름이 무엇이냐
그가 이르되 야곱이니이다"(창 32:27).

하나님께서 야곱의 삶에서 역사하신 긴 이야기의 절정에서 하나님은 야곱을 축복하실 뿐 아니라 변화시키기 원하셨습니다. '발꿈치를 잡다'라는 뜻의 이름처럼 야곱은 권모술수에 능한 사람, 어떤 수를 써서라도 자기 이익을 챙기려 남을 속이는 사람의 전형이었습니다. 그런 그가 이제 자신을 원수처럼 여기는 형을 만나야 했고, 도저히 이를 피할 방법이 없었습니다. 끝까지 머리를 굴려보았지만, 그는 철저히 혼자였고 매우 두려웠습니다. 이제 더는 할 수 있는 것이 없었습니다. 자신과 가족이 살기 위해서는 하나님의 도움이 필요했습니다. 그래서 그는 자신이 오랜 세월 계속 씨름해왔던 하나님과 또다시 씨름할 수밖에 없었습니다. 그리고 마침내 야곱은 항복하고 하나님의 복을 구했습니다.

하나님은 야곱에게 그의 이름이 무엇인지 물으셨습니다. 그것은 야곱에게 최고의 자기 발견의 순간이었습니다. 그는 더는 피할 수 없이 자신의 본 모습을 마주해야 했고, 자신이 타인의 발꿈치를 잡고 뒤통수 치기를 일삼는 도둑이자 사기꾼임을 인정할 수밖에 없었습니다. 야곱이라는 이름이 그가 정말 누구인지 있는 그대로 말해주었던 것입니다.

이 일이 야곱이 벧엘에서 하나님을 만난 지 20년이 지난 후 일어났다는 데서 우리는 중요한 교훈을 얻습니다. 즉, 죄의 이기심이 얼마나 우리 존재에 깊이 자리하고 있는지를 깨닫는 데는 시간이 걸린다는 것입니다. 성령께서는 우리가 우리의 밑바닥을 보는 데까지 끌고 가십니다. 우리가 우리의 본 모습을 자각하고 인정하기 전에는 우리를 구원하시는 일이 불가능하기 때문입니다. 그래서 하나님이 "네 이름이 무엇이냐?"라고 물으셨던 것입니다. 자신의 모습을 인정하는 것이 야곱을 깨어지게 했고, 그 깨어짐은 구원으로 이어졌습니다. 권모술수에 능하고 남을 속이던 사람이 하나님의 사람이 된 것입니다. 그가 얻은 새 이름 '이스라엘'은 하나님의 백성을 지칭하는 이름이 되었습니다. 당신은 그런 구원을 경험했습니까? 그리스도의 십자가와 성령의 선물은 우리에게도 그런 구원이 이루어지게 하십니다.

4월 10일, 발꿈치를 잡으려는 마음

창세기 32장

"네 이름을 다시는 야곱이라 부를 것이 아니요 이스라엘이라 부를 것이니"(창 32:28).

야곱의 이야기는 하나님께서 베푸신 놀라운 은혜의 연대기와도 같아서, 독자들에게 하나님께서 어떤 이기심의 웅덩이에서 자신을 구해내셨는지를 떠올리게 합니다. 야곱은 죄 속에서 살아가는 모든 사람을 상징합니다. 야곱이라는 이름이 그것을 잘 드러냅니다. 그는 쌍둥이로 태어나면서 형의 발꿈치를 붙잡았고, 그로 인해 '발꿈치를 잡다' 또는 '탈취하다'라는 뜻의 '야곱'이라는 이름을 갖게 되었습니다. 그의 특징은 '붙잡는' 것이었고, 성경은 이처럼 무슨 수를 써서라도 자기 목적을 이루려는 것을 죄의 본질로 묘사합니다.

그러나 놀랍게도 하나님은 야곱을 사랑하셨고, 야곱을 통해 세상의 구원자를 보내는 통로가 될 민족을 일으키고자 하셨습니다. 하나님께서 그런 기만적인 사람을 사용해 구원의 과정을 이루어가신다는 사실은 믿기 힘든 일입니다. 하지만 하나님께서는 탈취하는 자 야곱에게 주신 변화의 새 이름을 통해 그분의 구원 계획을 어떤 방식으로 이루실지 보여주셨습니다. 그 새 이름은 '하나님께 통치권을 드리다'라는 의미의 '이스라엘'이었습니다. 단 한 명의 이기적인 사람을 세상을 바꾸는 자로 만드실 정도로 그 하나에게 큰 관심을 가지시는 주권자 하나님이 그 사람의 유일한 희망입니다. 하나님께서 그 삶을 통치하심으로 자기중심적이었던 성향을 변화시켜주신 사람은 복된 자이며, 그런 사람이 온 세상을 복되게 할 것입니다. 발꿈치를 잡으려는 사람의 마음은 오직 하나님 안에서만 변화의 소망을 가질 수 있습니다.

4월 11일, 기분 좋은 놀라움

히브리서 11:8-12

"여호와께서 아브람에게 이르시되
너는 너의 고향과 친척과 아버지의 집을 떠나
내가 네게 보여줄 땅으로 가라"(창 12:1).

하나님은 아브라함을 부르실 때, 그에게 집과 가족과 고향을 떠나라고 말씀하셨습니다. 그러시면서 그의 새로운 여정이 어떤 것일지는 알려주시지 않고, 단지 그분이 함께하실 것이며 그에게 새로운 가족과 새 땅과 집을 주실 것이라고 하셨습니다. 하나님께서 우리를 불러 자신을 따르라 하실 때, 그분은 우리의 새로운 여정이 어떨지 알려주지 않으십니다. 만약 그렇게 하신다면, 우리는 너무 두려움에 빠져 출발조차 하지 않을지도 모르기 때문입니다. 하나님은 우리가 앞으로 겪게 될 어려움이 아닌 그분 자신에게 집중하기를 바라십니다. 우리가 그분께 우리 자신을 맡기기를 원하십니다.

우리를 위해 이끄시는 하나님의 길은 우리가 선택할 만한 길이 아닐 때가 대부분입니다. 이것이 우리에게는 기분 좋은 놀라움을 느끼게 하곤 합니다. 하나님을 신뢰해 예기치 못한 길을 통해 예기치 못했던 장소로 인도하심을 받은 후 과거를 회상해 보면, 우리는 우리가 걸어온 길과 도달한 목적지가 언제나 최선의 것이었음을 발견합니다. 그 모든 것이 우리를 위해 가장 적합했음을 깨닫습니다.

빌 보든(Bill Borden)이 죽은 후 친구들은 그의 성경에 다음의 세 문구가 적혀 있는 것을 발견했습니다. "어떤 보류함도 없다. 조금도 후퇴하지 않는다. 아무런 후회가 없다."

"어떤 보류함도 없다." 이는 그가 예수님과의 동행을 시작한 방식입니다.

"조금도 후퇴하지 않는다." 이는 분투하는 가운데 그가 지닌 자세였습니다.

"아무런 후회가 없다." 이는 예수님과 동행한 자신의 삶을 돌아보며 그가 느낀 것입니다.

아브라함은 이러한 삶의 태도에 '아멘'이라고 말했을 것입니다. 당신도 그렇게 할 수 있습니까? 그리스도 안에 있는 우리는 우리가 두려워하는 것에는 결코 정당한 이유를 댈 수 없지만, 그분을 신뢰하는 것에는 언제나 충분한 이유가 있습니다.

4월 12일, 성령님과의 동행

갈라디아서 5:16-26

"내가 이르노니 너희는 성령을 따라 행하라
그리하면 육체의 욕심을 이루지 아니하리라 …
만일 우리가 성령으로 살면 또한 성령으로 행할지니"(갈5:16, 25).

우리가 예수님의 영의 명백한 임재 속에 있다 다시 평범한 일상으로 돌아가야 할 때는 어느 정도의 긴장 상태가 존재합니다. 하나님께서 우리 중에 특별한 방법으로 일하실 때, 우리는 그때의 기쁨이 평생 지속되기를 바라지만 그렇게 되지 않습니다. 어떤 면에서는 성령으로 단번에 충만하게 되는 것이, 이후 성령님과 지속적으로 동행하며 사는 것보다 쉬울 수 있습니다. 그러나 그것은 낙심의 이유가 아니라 오히려 기뻐할 이유가 됩니다. 그 사실로 인해 우리가 어떻게 하면 성령 안에서 그분의 은혜로 충만하게 살아갈 수 있는지에 대해 고민하게 하신 분은 바로 하나님이시기 때문입니다. 우리가 성령의 기름 부으심과 기쁨이 없다면 어떻게 살 수 있겠습니까?

성령 안에서 살아가기를 배우는 것은 신앙생활에서 더 깊은 단계의 가르침입니다. 그리스도께서는 당신이 어떻게 정결한 마음을 가지고 거룩한 생활을 할 수 있으며, 어떻게 일상생활에서 매시간 그분을 섬길 수 있는지 그 방법을 배우기를 원하십니다. 그분은 크고 중요한 일에서와 같이 작고 사소한 일에서도 당신을 인도하실 것입니다. 사실 그 작고 사소한 일들은 크고 중요한 일의 열쇠이기도 합니다. 주님께서 당신에게 공부하거나 청소하거나 잔디를 깎게 하신다면, 그 공부, 청소, 잔디 깎는 일은 기도모임에 참여하는 것 만큼이나 거룩합니다. 그러나 그분이 당신을 기도모임으로 이끄시는데도 당신은 계속 공부나 청소, 잔디 깎는 일만 하고 있다면, 그것은 그분의 뜻을 어기는 것이 되고, 그분의 임재에 대한 의식은 희미해질 것입니다.

우리는 한 손은 하나님을 찬양하기 위해 높이 들고, 다른 한 손은 일상생활에 필요한 일들을 열심히 행하며 살아가야 합니다. 이를 위해 우리는 그분의 음성을 듣는 세밀한 방법을 배워야 합니다. 우리가 성령으로 충만하며 성령이 인도하시는 거룩한 삶을 사는 법을 배우는 곳은 바로 우리의 삶의 현장입니다.

4월 13일, 잉태하지 못한 태에서

창세기 15장, 21장 1-7절

"잉태하지 못하며 출산하지 못한 너는 노래할지어다
산고를 겪지 못한 너는 외쳐 노래할지어다
이는 홀로 된 여인의 자식이 남편있는 자의 자식보다 많음이라
여호와께서 말씀하셨느니라"(사 54:1)

성경은 하나님께서 불임 상태의 몸에서 생명을 이끌어내실 수 있음을 말씀합니다. 하나님께서는 아브라함에게 나타나셔서 그의 삶을 통해 전 인류의 역사가 달라질 것이고, 그의 후손 중에서 세상을 구원할 구원자가 태어날 것이라고 말씀하셨습니다. 하나님께서 그 말씀을 하신 후 아브라함과 하나님 사이에 어떤 대화가 이어졌을지 상상이 됩니다. 아브라함이 "당신은 이 세상에 속한 분이 아니신 것이 분명합니다"라고 말하는 것이 귀에 들리는 듯합니다.

그러자 하나님이 "그래? 그게 무슨 뜻이지?" 하고 물으십니다.

"당신이 이 세상에 속한 분이라면, 남자가 75세, 그 아내가 65세면 이제 아이를 낳을 수 없다는 것을 아셨을 것입니다."

"그래. 나는 세상에 속하지 않았어. 내가 거하는 곳은 하늘이고, 나는 불가능한 일을 가능하게 하지."

나는 하나님께서 유머감각을 가지고 계시다고 확신합니다. 그분은 아브라함에게 하신 약속을 이루어주시기까지 그로 하여금 자그마치 24년을 기다리게 하셨습니다. 하나님이 불임 상태의 몸에서 새 생명을 일으키실 수 있는 분이심을 이보다 어떻게 더 잘 보여주실 수 있겠습니까? 하나님은 그런 방법으로 자신이 바위에서 물을 내시고, 황량한 곳에서 과실을 주시며, 죽음에서 생명을 일으키시는 분임을 가르치십니다. 사사기 13장에서 삼손의 출생 이야기, 사무엘상 1장에서 사무엘의 출생 이야기, 누가복음 1장에서 세례 요한의 출생과 예수님의 탄생 이야기를 보십시오. 그 모두는 하나님께서 어떤 일을 하실 수 있는지에 대한 증언입니다.

하나님은 메마르고 열매 없는 마음에서도 무엇인가를 이끌어내실 수 있습니다. 그분께 인생을 열어드리면 당신에게는 뜻밖의 일이 생길 것입니다. 당신에게서 생수의 강이 흘러 세상을 살리고 하나님의 영광을 나타낼 것입니다. 이보다 큰 특권이 있겠습니까?

4월 14일, 성령의 만지심

요한복음 20:19-23

"내가 이르노니 너희는 성령을 따라 행하라 그리하면 육체의 욕심을 이루지 아니하리라 육체의 소욕은 성령을 거스르고 성령은 육체를 거스르나니 이 둘이 서로 대적함으로 너희가 원하는 것을 하지 못하게 하려 함이니라 너희가 만일 성령의 인도하시는 바가 되면 율법 아래에 있지 아니하리라"(갈 5:16-18).

하나님은 그분의 모든 자녀가 성령으로 충만하기를 원하십니다. 그래서 예수님께서 십자가를 지시기 전날 밤 제자들에게 성령님에 대해 그토록 많이 말씀하신 것입니다. 예수님께서는 제자들에게 사명을 위탁해 세상으로 보내실 때 그들에게 성령을 받으라고 하셨습니다(요 20:19-23). 또 성부 하나님께서는 모든 믿는 자에게 성령 주시기를 간절히 바라신다고 하셨습니다(눅 11:13). 바울은 그의 모든 친구들에 대해 이와 동일한 관심을 가졌습니다. 하지만 왜 성령을 받아야 할까요? 성령께서 신자의 삶 속에 계신다는 증거는 무엇일까요?

성령께서 함께하시는 삶의 특징 중 하나는 영적인 것에 대한 갈망입니다. 죽은 자를 살리시는 성령님(롬 8:11)께서 우리 안에 하나님의 말씀에 대한 갈망을 일으키시면, 우리는 성경 없이는 살 수 없게 됩니다. 성경은 우리 삶의 가장 중요한 요소, 우리 영혼의 음식이 됩니다.

두 번째 특징은 기도에 대한 열심입니다. 우리는 성령님과의 교제를 간절히 바라게 됩니다. 우리가 누군가를 좋아하면 그와 함께 있고 싶어하듯, 성령님과의 교제는 부담스러운 짐이 아닌 즐거운 일이 됩니다.

세 번째 특징은 다른 성도들과의 교제를 귀하게 여기고 좋아하게 되는 것입니다. 우리는 동일한 믿음을 가진 성도들과 함께하기를 간절히 바라게 되는데, 이는 그들 속에서도 성령님을 발견하기 때문입니다.

네 번째 특징으로서 어쩌면 성령께서 우리 내면에서 역사하심을 가장 확실하게 나타내는 것은, 우리가 성령님에 대해 아는 지식을 다른 사람들에게도 나누어주고자 갈망하게 되는 것입니다. 하나님의 사랑은 타인 지향적인 사랑입니다. 하나님께서 우리에게 다가오시듯, 그분의 사랑이 우리 안에 있을 때 우리는 그분을 모르는 사람들에게 다가갈 것입니다.

당신은 오늘 얼마나 건강합니까? 성령님께서 당신 안에서 당신을 통해 사람을 살리는 사역을 하고 계십니까? 만약 그렇다면 기뻐하십시오. 그러나 그렇지 않다면 그분의 얼굴을 구하십시오.

4월 15일, 하나님과의 동행

창세기 5:21-24

"사람아 주께서 선한 것이 무엇임을 네게 보이셨나니
여호와께서 네게 구하시는 것은 오직 정의를 행하며 인자를 사랑하며
겸손하게 네 하나님과 함께 행하는 것이 아니냐"(미 6:8).

우리는 비록 에녹에 대해 단지 그가 "하나님과 동행"(창 5:24)했다는 사실밖에 모르지만, 그는 성경의 영웅 중 한 사람입니다. 하나님과 동행한 것으로 충분하며, 그것이 그리스도인의 삶의 핵심이기 때문입니다.

창조 이야기에서도 이것을 볼 수 있는데, 바람이 불 때 하나님은 자신의 피조물과 대화하며 동행하기 위해 내려오셨습니다(창 3:8). 성경은 노아가 의인이요 당대에 완전한 자였다고 말씀합니다(창 6:9). 하나님과의 동행은 그 의로움과 완전함의 결과가 아닙니다. 정반대로, 노아가 하나님과 동행한 것의 결과가 의로움과 완전함이었습니다. 요한서 1장 7절은 "그가 빛 가운데 계신 것같이 우리도 빛 가운데 행하면 우리가 서로 사귐이 있고 그 아들 예수의 피가 우리를 모든 죄에서 깨끗하게 하실 것이요"라고 말씀합니다.

아브라함은 믿음의 조상입니다. 우리는 그를 설교자나 선교사, 사회 활동가라고 기록한 말씀은 찾을 수 없지만, 그가 하나님과 동행했다는 말씀은 찾을 수 있습니다 성경은 그를 "하나님의 벗"이라 칭합니다(약 2:23; 참고. 대하 20:7; 사 41:8). 설교, 선교, 사회봉사는 반드시 해야 하지만, 하나님과 동행함의 결과일 때 진정한 것이 됩니다.

당신은 하나님과 동행하고 있습니까?

4월 16일, 지혜로운 말

사도행전 1-2장

"여호와여 내가 알거니와 사람의 길이 자신에게 있지 아니하니 걸음을 지도함이 걷는 자에게 있지 아니하니이다"(렘 10:23).

예레미야는 우리가 무엇인가를 성취할 수 있는 길이 결코 우리 자신에게 있지 않음을 인정했습니다. 그것은 그 너머에서 비롯됩니다. 만약 예레미야가 오늘 우리와 함께 있다면 아마 다음 두 가지를 말해줄 것입니다.

그 첫째는 이것입니다. "당신이 누구의 권위 아래 살아가는지 인식하십시오." 자신의 종이 병들자 예수님을 찾아간 백부장은 "나도 남의 수하에 든 사람이요"(눅 7:8)라고 말했습니다. 우리 모두도 그렇습니다. 우리가 우리 스스로를 다스린다고 생각하기 쉽지만, 그것은 죽음의 길입니다. 그래서 하나님은 우리에게 그분의 말씀을 주셔서, 어떻게 하나님께서 우리 삶 속에서 주시는 구원의 은혜에 순응할 수 있는지 알게 하셨습니다. 그 말씀을 날마다 깊이 읽고 묵상할 때 우리는 그 빛이 비추시는 길을 따라 자유와 의로움에 이르게 됩니다.

예레미야는 또 아마 이런 말을 해줄 것입니다. "당신이 필요로 하는 능력이 어디서 오는지 인식하십시오. 그 힘이 당신에게 있지 않음을 인정하십시오. 그것은 그 너머에서 옵니다." 스가랴는 이 사실을 잘 알고 있었기에 이렇게 말했습니다. "만군의 여호와께서 말씀하시되 이는 힘으로 되지 아니하며 능력으로 되지 아니하고 오직 나의 영으로 되느니라"(슥 4:6).

우리가 하나님께서 우리에게 주신 목표를 이루기 위해 필요한 자원은 우리 안에 있지 않습니다. 그것은 예수님의 삶의 비결이 되어 주신 분, 성령님 안에 있습니다. 그러므로 우리는 우리를 이끌고, 조명하고, 깨끗하게 하며, 우리의 존재 목적을 이루게 하기 위해 하늘에서부터 우리를 찾아와주신 그분께 민감해야 합니다.

4월 17일, 미래를 기억하라

역대상 16:7-36

"너희 안에서 행하시는 이는 하나님이시니
자기의 기쁘신 뜻을 위하여
너희에게 소원을 두고 행하게 하시나니"(빌 2:13).

빌립보서 2장 12-13절에서 바울은 빌립보교회 성도들을 향해, 하나님께서 그들 안에서 일하시니 두려움과 떨림으로 그들 자신의 구원을 이루어가라고 권면합니다. 그는 우리가 과거와 변함없이 항상 악한 죄인으로 남아 있을 것임에도 하나님께서 우리 삶 속에서 구원을 위해 일하실 것이라고 말하지 않습니다. 오히려 하나님은 우리의 미래를 위한 그분의 사역에 우리를 동참하게 하시면서 우리를 그분이 바라시는 모습으로 변화시키기 원하신다고 말합니다.

미래에 대해 불안한 마음이 들 때가 있습니까? 그 불안함에 대한 최고의 해결책은, 과거를 돌아보면서 하나님께서 당신을 그분의 자녀 삼으시기 오래전부터 놀라운 선행적 은총을 통해 당신의 삶에서 어떻게 일해오셨는지를 보는 것입니다. 우리가 그리스도를 영접하기까지 하나님께서 얼마나 많이 배후에서 영향을 끼치셨고, 또 어떤 능력으로 우리를 이끄셨는지 생각해보는 것도 유익합니다. 예수님을 영접한 날부터 하나님의 전능하신 섭리의 손길이 당신과 함께하신 사실을 돌아보고, 당신을 향한 하나님의 뜻이 바뀌지 않았다는 사실도 기억하십시오. 당신을 향한 하나님의 뜻은 어제와 같이 오늘도 동일하게 선하시며, 하나님은 당신이 하나님을 부인하는 죄인이었을 때 사랑으로 그분 자신에게로 이끌어주셨을 때와 동일하게 선하십니다. 나아가 하나님은 당신을 위해 끝까지 일하셔서 마침내 당신을 최후의 궁극적이고 완전한 구원으로 인도하실 것입니다.

바울이 결코 좋아 보이지 않는 상황도 즐겁게 바라볼 수 있었던 것은 그것 때문입니다. 그는 감옥에 있을 때든(빌 1:7), 재정지원이 절실할 만큼 매우 궁핍할 때든(빌 4:12) 기뻐할 수 있었습니다. 모든 것을 다스리시는 하나님께서 자신을 위해 어떤 계획을 가지고 계시는지 알았던 것입니다. 그것은 선하고, 바뀌지 않을 것입니다. 그 계획에 순응하며 행하는 것이 얼마나 적절합니까.

4월 18일, 예배와 연구

이사야 40:28-31
"명철이 한이 없으시며"(사 40:28).

예배는 우리의 영적인 삶뿐 아니라 우리의 학구적이고 지적인 추구에서도 가장 중요한 목적이 되어야 합니다. 삶의 모든 것의 원천이자 자양분은 한 분 하나님이시기에, 우리 삶은 그분 안에서 전인적인 것이 되어야 합니다. 우리에게 창조 세계와 영적 세계 모두에 관해 모든 것을 연구하고 배우라는 도전을 주신 분은 하나님 자신이십니다.

이 세상은 성부 하나님의 것이고, 하나님은 이 세상을 그분의 청지기인 우리에게 주어 다스리게 하셨습니다. 따라서 이 모든 것을 주신 분을 예배하는 사람은 더 개방적이고 세밀하며 창조적인 자세로 지식과 진리를 추구하게 될 것입니다.

믿음과 배움은 서로 모순되지 않습니다. 기독교 신앙은 지식의 장애물이 아닙니다. 안셀름은 "나는 믿기 위해 이해하려 하지 않고, 이해하기 위해 믿는다"고 말했습니다. 하나님께서 우리에게 배움을 위해 주신 자유를 누리면서, 세상이 흑암이 깊음 위에 있을 때 처음으로 그 숨을 불어넣으신 성령님의 인도를 구하십시오. 그럴 때 우리의 지식은 하나님을 영화롭게 할 것입니다.

"땅과 거기에 충만한 것과
세계와 그 가운데에 사는 자들은 다 여호와의 것이로다
여호와께서 그 터를 바다 위에 세우심이여
강들 위에 건설하셨도다"(시 24:1-2).

4월 19일, 하나님을 의지하라

여호수아 1장

"네 평생에 너를 능히 대적할 자가 없으리니
내가 모세와 함께 있었던 것같이 너와 함께 있을 것임이니라
내가 너를 떠나지 아니하며 버리지 아니하리니"(수 1:5).

여호수아서에서 하나님은 그분의 백성을 위해 새로운 일을 준비하십니다. 애굽의 속박 아래 노예로 지내던 이스라엘 백성은 고통 중에 여호와께 부르짖었습니다. 하나님은 그 부르짖음을 듣고 그들을 속박에서 구원해 그분을 섬기는 백성이 되게 하셨습니다. 그러나 지금 그들은 자신들의 죄로 인해 아직도 요단강을 건너지 못하고 자신들의 땅을 얻지 못한 채 광야를 떠돌고 있었습니다. 그들은 더 안정된 삶을 간절히 바랐고, 하나님은 그들이 바라는 안정을 주기 원하셨습니다. 인간이 마음으로 갈망하는 얼마나 많은 것이 사실상 하나님의 뜻에서 비롯되었는지를 알게 되면 놀랍습니다. 인간에게 기본적인 욕망을 부여하신 분은 하나님이시기에, 하나님은 그것을 좋게 보시고, 우리가 필요를 채우기 위해 하나님께 구하기를 원하십니다.

우리가 우리의 필요를 충족시키고자 한다면 우리가 하나님을 의존하고 있는 존재임을 깨달아야 합니다. 즉, 우리의 욕망에 이끌려 상황을 억지로 바꾸려 하지 말고, 하나님을 신뢰해야 합니다. 우리가 하나님의 뜻에 순종하기만 한다면, 세상의 그 어떤 세력도 하나님께서 우리에게 좋은 것 주시는 일을 방해할 수 없습니다. 여호수아에게 주신 하나님의 약속이 이 진리를 강조합니다. "네 평생에 너를 능히 대적할 자가 없으리니 내가 모세와 함께 있었던 것같이 너와 함께 있을 것임이니라 내가 너를 떠나지 아니하며 버리지 아니하리니 강하고 담대하라 너는 내가 그들의 조상에게 맹세하여 그들에게 주리라 한 땅을 이 백성에게 차지하게 하리라"(수 1:5-6). 우리는 종종 우리가 처한 상황을 보면서 하나님의 약속이 실제로 이루어지지 못하게 방해하는 너무나 많은 장애물과 적이 있다고 느낍니다. 우리로 그분을 의심하게 하는 것은 우리의 근시안적인 시야뿐입니다. 하나님께서는 우리 자신 외에는 그 어떤 것도 하나님이 우리에게 주고자 하시는 것을 방해할 수 없게 하시겠다고 약속하셨습니다. 나를 위한 하나님의 계획을 좌절시키는 것은 나 자신이며, 나 외에는 그 어떤 것도 그렇게 할 능력이 없습니다.

4월 20일, 제사장 나라

히브리서 7:26-8:6

"너희가 내게 대하여 제사장 나라가 되며 거룩한 백성이 되리라 너는 이 말을 이스라엘 자손에게 전할지니라"(출 19:6).

그리스도인이 제사장 나라가 된다는 것은 무슨 뜻일까요? 제사장은 자신을 위해 살지 않고 그들이 섬기는 이들을 위해 삽니다. 한 나라를 이룬 이스라엘 민족은 자기 민족을 위해 살지 않고 다른 민족들을 위해 살아야 했습니다. 이렇게 자신을 내어주는 존재가 되는 것이, 하나님께서 과거 이스라엘에 대해 품으셨고, 이후에는 교회에 대해 품으신 계획입니다. 그러므로 선교에 대한 열정과 예산이 없는 교회는 그리스도께서 뜻하신 교회가 아닙니다.

제사장은 중재자입니다. 다른 사람과 하나님 사이를 이어줍니다. 그들이 중요한 것은 그들이 중재하는 양자 때문입니다. 하나님은 이 세상 사람들이 하늘에 계신 우리 아버지에 대해 알 수 있도록 그리스도인들을 이곳에 두셨습니다. 신자들은 세상과 하나님 사이에 서서 양자를 중재할 책임이 있습니다. 그리스도를 따르는 사람들은 자신이 누구에게 속했는지 세상에 보여줄 하나님의 징표가 있어야 합니다. 예수님의 보혈로 죄 씻음 받은 그리스도인은 그때부터 예수님을 닮아갑니다. 그리스도의 성품이 그리스도인의 삶을 형성하는 본질적 특징이 됩니다.

구약의 제사장들에게서 중요한 것 중 하나는 그들이 입은 의복입니다. 어떤 제사장도 제사장 의복을 입지 않고 섬길 수는 없었습니다. 하나님 없는 세상과 하나님 사이에서 중재자로 섬기려면, 우리는 세상이 우리 속에 그분이 계심을 볼 수 있도록 하나님의 의로 옷 입어야 합니다. 우리는 단지 우리의 죄를 가려주기만 하는 의의 옷을 입으려 해서는 안 됩니다. 성령님께서 우리를 내면에서부터 변화시키시도록 허락해 우리가 실제로 예수님을 닮아가야 합니다.

예수님은 우리의 대제사장이십니다. 그분은 하나님과 우리 사이를 이어주심으로 하나님의 은혜로 우리의 필요를 충족시키셨으며, 그 결과 우리는 구원을 얻었습니다. 그리스도인으로서 우리는 그리스도와 그분의 십자가, 그리고 길을 잃고 방황하는 세상 사이에서 살아가야 합니다. 우리의 일은 그리스도의 은혜와 세상의 필요를 이어주는 것입니다. 하나님께서 예수님을 우리에게 보내신 것같이, 예수님은 우리를 세상으로 보내십니다.

4월 21일, 예수님을 닮은 삶

마태복음 14:3-12

"예수께서 빌립보 가이사랴 지방에 이르러 제자들에게 물어 이르시되 사람들이 인자를 누구라 하느냐 이르되 더러는 세례 요한, 더러는 엘리야, 어떤 이는 예레미야나 선지자 중의 하나라 하나이다 이르시되 너희는 나를 누구라 하느냐 시몬 베드로가 대답하여 이르되 주는 그리스도시요 살아 계신 하나님의 아들이시니이다"(마 16:13-16).

예수님께서 제자들에게 "사람들이 나를 누구라 하느냐"라고 물으셨을 때 돌아온 그들의 대답은 매우 흥미롭습니다. 예수님은 모든 변두리 지방까지 찾아다니시면서 사람들을 가르치고 치료하셨습니다. 그분은 병든 자들을 고쳐주시고, 나병 환자들을 깨끗하게 하셨으며, 눈먼 자는 보게 하시고 앉은뱅이는 걷게 하시며, 심지어 죽은 자도 살리셨습니다. 그분의 사역은 표적과 이적으로 가득했습니다. 그렇기 때문에 사람들이 예수님을 누구라 하는지에 대해 말할 때, 제자들이 언급한 세 명 중 두 명은 우리가 아는 한 기적을 한 번도 행하지 않은 사람이었다는 점이 흥미로운 것입니다. 세례 요한과 예레미야는 기적을 행하는 사람이 아니었습니다. 그들은 하나님의 말씀을 선포했고, 그 말씀 때문에 고난을 당한 사람들이었습니다.

기적을 행하는 능력보다 위대하고 훨씬 사모할 만한 것은 바로 성결입니다. 세례 요한과 예레미야는 십자가의 길이 어떤 것인지 알았고, 그 길을 걸었습니다. 표적과 이적은 단지 일시적 문제를 해결 받는 것을 말합니다. 그러나 십자가는 하나님의 성품 및 그분이 우리 각 사람을 어떤 존재로 만들기 원하시는지를 뜻합니다. 표적과 이적은 고통에서의 구원을 말합니다. 그러나 십자가는 우리가 고난을 기꺼이 감내함으로, 우리 주위에 있는 사람들이 우리 속에서 그리스도 자신을 볼 수 있게 하는 것을 의미합니다. 바울은 이를 잘 알고 있었습니다. 그래서 빌립보서 3장 10절에서 "그리스도와 그 부활의 권능과 그 고난에 참여함을 알고자 하여 그의 죽으심을 본받기를" 간절히 원한다고 말한 것입니다.

당신에게는 십자가의 전령으로 살아가고 있음을 보여주는 증거가 있습니까? 사람들이 당신에게서 주 예수님을 봅니까?

4월 22일, 하나님께 드리는 예물

누가복음 18:18-25

"네게 있는 것을 다 팔아 가난한 자들에게 나눠주라
그리하면 하늘에서 네게 보화가 있으리라
그리고 와서 나를 따르라"(눅 18:22).

나의 영웅 중 한 사람은 대학을 다니지 않은 사람입니다. 하지만 그는 내가 만나본 그 어떤 사람보다 똑똑합니다. 그리스도인으로서 그의 영향력은 온 세상에 미치고 있습니다.

그가 그렇게 살게 된 비결은 『사막에 샘이 넘쳐흐르리라』(Streams in the Desert, 복있는사람)의 저자 레티 카우만(Lettie Cowman)과 나눈 대화였습니다. 그녀가 자신의 삶에 결정적 영향을 끼친 경험을 내 친구에게 말해주었던 것입니다.

레티 카우만 부부는 그리스도인이 된 후, '기독교선교연맹'(Christian and Missionary Alliance Church)의 설립자인 앨버트 심슨(A. B. Simpson)이 주도하는 선교 모임에 참석했습니다. 설교를 마칠 무렵 심슨 박사는 이렇게 말했습니다. "이제 우리는 예물을 받을 것입니다. 좀 특별한 예물입니다. 여러분은 헌금 접시가 비어 있지 않고 시계로 가득한 것을 보게 될 것입니다. 금시계는 아니지만 좋은 품질의 시계입니다. 여러분이 차고 온 금시계를 헌금 접시에 내려놓으면, 거기에 있는 더 값싼 시계 하나를 가져갈 수 있습니다. 우리는 여러분의 금시계를 팔아 아직 그리스도의 복음을 듣지 못한 사람들에게 복음을 전할 것입니다."

헌금 접시가 레티에게 오자 그녀는 그것을 남편에게 건네주었습니다. 그런데 충격적이게도 그는 헌금 접시를 받은 후 자신이 선물로 준 금시계를 풀어 접시 위에 내려놓고, 값싼 시계 하나를 집어 드는 것이었습니다. 그녀는 남편을 나무라듯 "그건 내가 당신에게 준 거잖아요"라고 말했습니다. 하지만 접시는 이미 멀어진 후였습니다.

심슨 박사는 다음으로 이렇게 말했습니다. "우리는 또 하나의 예물을 받고자 합니다. 이번에는 헌금 접시가 비어 있을 것입니다. 우리 중 많은 분이 몸단장에 필요한 정도보다 더 많은 장신구를 착용하고 있습니다. 당신에게 정말로 필요하지는 않은 장신구를 접시에 내려놓으면, 우리는 그것을 팔아 그리스도의 복음을 알지 못하는 사람들에게 복음을 전할 것입니다." 헌금 접시가 레티에게 오자 그녀는 그것을 남편에게 건네주었습니다. 그는 왼손으로 헌금 접시를 받아 들고는,

오른손을 뻗어 그녀의 손가락에서 약혼반지를 빼냈습니다. 그리고 그것을 접시 위에 내려놓았습니다. 그녀는 충격을 받아, "그건 당신이 내게 준 거잖아요"라고 말했습니다. 그러나 접시는 이미 사라진 후였습니다.

심슨 박사는 또다시 "이제 우리는 현금의 예물을 받고자 합니다"라고 말했습니다. 헌금 접시가 오자, 그녀는 그것을 남편에게 건네주었고, 그가 지난 2주 동안의 급여가 담긴 봉투를 주머니에서 꺼내는 것을 보았습니다. 그는 그것을 접시에 내려놓았습니다. 그녀는 남편에게 "장은 어떻게 보려고요?"라고 말했습니다. 하지만 접시는 지나간 후였습니다.

그 후 심슨 박사는 이렇게 말했습니다. "이제 우리는 진짜 예물인 인생의 예물을 받고자 합니다. 세상에 복음을 전달하는 일에 여러분의 인생을 바칠 수 있다면, 일어서십시오." 그러자 레티 카우만의 남편은 즉시 일어섰습니다. 이때 일에 관해 레티는 이렇게 말했습니다. "그것은 내 삶에서 결정적인 순간이었습니다. 나는 남편이 가겠다고 하면, 내가 함께 가든 가지 않든 그가 갈 것임을 알았습니다. 그래서 나도 일어섰습니다."

레티 카우만이 해준 이야기는 내 친구에게 깊은 인상을 남겼고, 그 역시 자신의 인생을 온전히 그리스도께 드려 오직 그분을 위해 살아갈 것을 결심하게 만들었습니다. 그는 설교자가 되지는 않았지만, 그리스도를 전하며 사는 사업가로서 자신의 인생 전체를 그분께 드렸습니다. 그 결과 그의 영향력은 온 세상에 미치고 있고, 내가 아는 그 어떤 사람보다 많은 영혼의 열매를 거두고 있습니다. 누군가가 자신의 삶을 전적으로 하나님께 바칠 때 하나님께서 그 한 사람을 통해 행하시는 일은 참으로 놀랍습니다.

4월 23일, 그분은 어디 계신가

마태복음 28:16-20

"축복하실 때에 그들을 떠나 하늘로 올려지시니 그들이 그에게 경배하고"(눅 24:51-52).

과거에 나는 목사로서 예수님의 승천에 대해 설교한 적이 한 번도 없었습니다. 그리스도의 탄생, 세례 받으심, 생애의 사건들, 죽으심과 부활에 대해서는 설교했지만, 그분의 승천은 다룬 적이 없었습니다. 어느 날 그 이야기에도 무언가 중요한 의미가 있을 것이라는 생각이 들어, 그리스도의 승천을 주제로 설교를 준비하면서 그 의미를 이해하기 위해 노력했습니다. 설교를 준비하면서 '예수님은 얼마나 높이 올라가셨을까?', 또 '거기까지 가시는 데 얼마나 오래 걸렸을까?'라는 두 가지 질문이 떠올랐습니다. 그리고는 이것이 얼마나 어리석은 생각인지를 깨닫고 웃었습니다. '얼마나 높이?'라고 묻는 것은 공간에 대한 질문입니다. 그러나 그분은 공간을 창조하신 분으로, 공간이 있기 전부터 계셨습니다. 즉, 그분은 공간 속에 계시지 않고 공간을 초월하십니다. 공간이 그분 안에 존재할 뿐입니다. '얼마나 오래?'라고 묻는 것은 시간에 대한 질문입니다. 그분은 시간이 공간의 반영이자 창조의 반영이기에 시간을 창조하셨습니다. 날(day)과 시(hour)와 분(minute)은 피조물의 경험이지, 하나님과 관련된 경험이 아닙니다. 그분은 시간이나 공간에 매이시지 않기 때문입니다.

    생각이 그 지점에 도달하는 순간, 나에게는 계시와도 같은 깨달음이 있었습니다. 예수님이 우리에게 다시 오실 때는 공간을 통한 여행이나 어느 정도의 시간도 필요로 하지 않을 것이라는 깨달음이었습니다. 그분은 공간과 시간의 주인이시기 때문입니다. 이는 그분이 이미 이곳에 계시다는 것을 의미합니다. 그분은 실제로 정말 우리를 떠나신 적이 없습니다. 단지 우리에게 그분의 거룩한 임재를 인식할 능력이 없을 뿐입니다. 우리는 우리 마음에 그리스도를 모셔야 한다고 말하곤 합니다. 그러나 사실 그분은 어디에나 계시기에 우리가 그분 안에서 사는 것입니다. 바울이 아덴 사람들에게 "그는 우리 각 사람에게서 멀리 계시지 아니하도다 우리가 그를 힘입어 살며 기동하며 존재하느니라"(행 17:27-28)라고 말한 그대로입니다. 갑자기 나는 전에는 결코 느껴보지 못한 깊이로 그분이 가까이 계심을 느끼게 되었습니다. 예수님께서 다시 오시고 우리의 눈이 열려 그분을 보게 될 때, 나는 그분이 언제나 우리와 함께 계셨다는 사실을 우리가 깨닫게 될 것이라고 믿습니다.

4월 24일, 감사하는 마음

다니엘 6장

"다니엘이 이 조서에 왕의 도장이 찍힌 것을 알고도
자기 집에 돌아가서는 윗방에 올라가 예루살렘으로 향한 창문을 열고
전에 하던 대로 하루 세 번씩 무릎을 꿇고 기도하며
그의 하나님께 감사하였더라"(단 6:10).

다니엘의 성공적인 삶의 비결은, 다니엘이 어디를 가든 주님께서 그와 함께하신 것입니다. 다니엘을 미워한 사람들은 왕을 부추겨 삼십 일 동안 누구도 다른 신에게 기도하면 안 된다는 법을 공포하게 했습니다. 다니엘은 이 법령을 들은 후에도 자신의 방으로 돌아가 예루살렘으로 향한 창문을 열고 기도했습니다. 나는 다니엘이 예루살렘이 있는 방향으로 기도한 것을 좋아합니다. 그 방향을 향하는 것에 특별한 마법이 있었던 것은 아니지만, 다니엘은 예루살렘을 하나님께서 거하시는 처소로 여겼습니다. 그는 그곳을 향해 하루에 세 번 기도했습니다. 나는 그의 기도가 단지 습관적인 것이라고 생각하지 않습니다. 다니엘은 자신을 인도하시고, 안전하게 지키시며, 기쁨의 원천이 되시는 분을 지속적으로 가까이해야 할 만큼 마음이 가난했던 것입니다. 예루살렘을 향해 무릎 꿇고 기도할 때, 그는 그로 인해 사자 굴에 던져져 죽임당할 수 있음을 알았음에도 감사의 기도를 드렸습니다.

당신이 감사하는 마음을 품으면 항상 하나님의 임재를 더 수월하게 느낄 수 있습니다. 나는 과거에 위대한 설교자들이나 주님의 일을 위해 상당한 금액의 재정적 지원을 해줄 수 있는 사람들이 가장 유능한 그리스도인들이라고 생각한 적이 있습니다. 그러나 지금은 사람이 할 수 있는 가장 거룩하고 창조적이며 위대한 일은 하나님께 감사하고 찬양하며 기도하는 일임을 확신합니다. 하나님께서는 휠체어에 앉아 감사의 찬양과 경배를 드리는 사람을, 그분의 백성 중 어떤 사람보다 더 귀하게 여기실지도 모릅니다. 하나님께서는 아무도 편애하거나 버리지 않으십니다. 그 누구도 쓸모없게 여기지 않으십니다. 우리 모두는 하나님께 감사하고 기도할 수 있습니다. 감사와 기도에는 능력이 있습니다.

4월 25일, 헛된 성취감

시편 46편

"하나님은 우리의 피난처시요 힘이시니
환난 중에 만날 큰 도움이시라"(시 46:1).

인간의 인격적 특징 중 하나는 우리가 우리 안에서는 참된 성취를 이룰 수 없다는 것입니다. 참된 성취를 이루기 위해서는 우리 너머를 바라보아야 합니다. 인간인 우리는 우리 삶의 목적과 의미가 되어줄 무엇인가를 필요로 합니다. 우리가 자랑할 수 있고, 우리에게 자신감과 자존감, 내적인 기쁨을 줄 수 있는 무엇인가를 필요로 합니다. 그러나 죄는 우리에게 영향을 끼쳐 우리의 눈을 자연스럽게 잘못된 곳으로 향하게 합니다. 우리는 하나님을 찾아야 할 때 그분 외의 다른 무엇인가를 찾곤 합니다. 그러나 우리의 참되고 유일하며 궁극적인 성취는 오직 하나님 안에 있습니다.

우리는 무엇인가를 성취하고자 할 때 안전을 함께 추구합니다. 그리고 그 안전을 창조물이나 사회적 제도, 소유물에서 찾으려 합니다. 또다시 죄가 우리의 눈을 멀게 하고 우리를 속이는 것입니다. 그리스도 이외에 모든 것은 일시적인 피난처일 뿐입니다. 다윗은 이 사실을 깨달아 "하나님은 우리의 피난처시요"(시 46:1)라고 고백했습니다. 하나님이 우리가 피해야 할 안식처입니다. 베드로가 예수님께 "주여 영생의 말씀이 주께 있사오니 우리가 누구에게로 가오리이까"(요 6:68)라고 고백한 것은, 그 사실을 알고 있었기 때문입니다.

지금 안전과 성취 모두가 보장되는 피난처를 찾고 있습니까? 예수님께 달려가십시오. 당신이 만나야 할 분은 바로 그분입니다.

4월 26일, 어떤 일이 있어도

신명기 30:1-6

"너는 나를 도장같이 마음에 품고 도장같이 팔에 두라
사랑은 죽음 같이 강하고"(아 8:6).

예수님은 하나님과 사람 사이의 거리를 없애기 위해 죽으셨습니다. 우리와 하나님과의 관계를 멀어지게 하는 의심을 제거하고, 계속 거리를 두게 만드는 방해물들을 뿌리 뽑기 위해 죽으신 것입니다. 옛 언약 아래서 하나님의 백성의 표지는 할례였습니다. 그것은 친밀함의 상징이었습니다. 하나님께서는 남성의 신체 중 가장 사적이며 사랑과 연합을 위한 곳에 자신을 기억하게 하는 표식을 두셨습니다. 하지만 그 신체의 표식은 하나님께서 모든 사람의 마음에 행하기 원하시는 일을 상징하는 것일 뿐입니다(신 30:6). 당신은 하나님께서 가장 깊은 친밀함의 순간에 우리의 완고한 마음에도 할례를 베푸실 수 있음을 알고 있습니까? 하나님은 우리가 온 마음과 영혼을 다해 그분을 사랑할 수 있도록 영적 수술을 하실 수 있습니다. 신명기 30장 1-6절에서의 모세의 가르침에 의하면, 하나님께 이 수술을 받지 않는 한 우리의 영적 삶은 결코 참된 것일 수 없습니다.

기독교 신앙의 최고점은, 하나님께서 우리의 마음을 변화시켜 그분이 우리 삶의 가장 큰 기쁨이 되실 때 찾아옵니다. 하나님은 우리 영혼의 가장 큰 기쁨이 되심으로, 우리가 그분의 뜻에 순종하며 살아가는 것을 최고의 특권으로 느끼게 되기를 바라십니다. 그럴 때 우리는 이렇게 기도하게 될 것입니다. "주님, 저는 좋을 때나 나쁠 때나, 부유할 때나 가난할 때나, 병들었을 때나 건강할 때나, 주님이 사랑하고 소중히 여기시는 주님 당신의 것입니다." 그 사랑이 아름다운 것은, 죽음조차 우리를 갈라놓을 수 없고 오히려 더 친밀하게 할 뿐이기 때문입니다.

당신은 예수님을 당신의 기쁨으로 여기는 신앙의 단계에 이르렀습니까? 온전히 주 예수님의 소유가 되는 것이 가장 안전하다고 느끼는 그 지점에 도달했습니까? 인간의 실제적 경험 중 이러한 영적 경험과 가장 유사한 것은 신랑이 신부를 발견했을 때의 기쁨일 것입니다. 그러나 사랑스러운 아내도 하나님만큼 좋을 수는 없습니다. 남편과 아내가 서로에게 자신을 주어야 하는 방식으로 하나님은 우리에게 그분 자신을 주기를 원하시며, 우리 또한 같은 방식으로 그분께 우리 자신을 드리기를 바라십니다. 온전하게! 조건 없이! 영원히!

4월 27일, 하나님을 본받는 자

에베소서 4:20-5:2

"그러므로 사랑을 받는 자녀같이 너희는 하나님을 본받는 자가 되고
그리스도께서 너희를 사랑하신 것 같이 너희도 사랑 가운데서 행하라
그는 우리를 위하여 자신을 버리사
향기로운 제물과 희생제물로 하나님께 드리셨느니라"(엡 5:1-2).

어느 날 나는 에베소서를 읽다 5장 1절의 "너희는 하나님을 본받는 자가 되고"라는 말씀에 이르렀을 때 그만 큰 소리로 웃고 말았습니다. 어떻게 나 같은 사람이 하나님을 본받을 수 있겠습니까? 그 즉시 하나님의 많은 속성이 떠올랐습니다. 먼저, 그분은 전능한 분이십니다. 역사상 자신이 전능한 것처럼 흉내 낸 사람이 여럿 있었지만, 그들은 모두 어리석은 자들이었음이 드러나고 말았습니다. 둘째, 그분은 전지한 분이십니다. 즉 모든 것을 아십니다. 그러나 나는 어떤 한 가지 질문에 답을 찾으려다 보면 열 개가 넘는 질문이 생기고, 그래서 폭발적인 지식이 아닌 폭발적인 무지를 경험할 뿐입니다. 더 많이 알수록 배울 것은 더 많아집니다. 셋째, 그분은 편재하는 분이십니다. 그러나 나는 시간의 한 순간과 공간의 한 점에 한정되어 있습니다. 그런데 내가 어떻게 그분을 본받을 수 있겠습니까?

나는 다시 그 본문을 읽어보았습니다. "그리스도께서 너희를 사랑하신 것같이 너희도 사랑 가운데서 행하라 그는 우리를 위하여 자신을 버리사 향기로운 제물과 희생제물로 하나님께 드리셨느니라"(엡 5:2). 하나님께서 우리가 본받기 원하시는 것은 그분의 속성이 아니라 삶의 방식임을 깨닫고 나는 웃음을 멈추었습니다. 바울이 교회가 본받아야 한다고 말한 것은, 주 예수님께서 몸소 자신을 희생시키며 보여주신 사랑의 삶이었던 것입니다.

갑자기 나는 추상적인 하나님의 속성이 아닌 예수 그리스도의 십자가를 마주하게 되었습니다. 그리고 바울이 우리가 본받아야 한다고 권고한 하나님은 바로 갈보리 십자가에 달리셨던 하나님, 곧 자신보다 다른 사람을 더 사랑하셨던 하나님이라는 사실을 깨달았습니다. 바울은 그 자기희생적 사랑이 하나님을 기쁘시게 한다고 말한 것입니다.

하지만 내가 어떻게 내가 행하고 접촉하는 모든 일을 오염시키는 자기중심적 태도를 벗어날 수 있겠습니까? 바울은 그 열쇠를 우리에게 알려줍니다. 그것은 우리 안에 있지 않고, 그리스도를 갈보리로 보내신 바로 그 하나님의 사랑에 있습니다. 바울은 우리가 바라고 구하면 하나님께서 그분의 사랑을 우리 안에 불

어넣어주실 수 있다고 믿었습니다.
 우리가 하나님의 성령으로 충만해지면, 그분의 임재와 함께 그분의 사랑이 임함을 알게 될 것입니다. 그러면 성령께서 우리를 통해 사심으로 우리는 그분이 사시는 것과 같이 살 수 있습니다.

4월 28일, 생수

요한복음 4장

"내가 주는 물을 마시는 자는 영원히 목마르지 아니하리니"(요 4:14).

예수님과 수가성 우물가 사마리아 여인의 이야기는 예수님께서 얼마나 효과적으로 전도하셨는지를 보여주는 좋은 예입니다. 예수님은 지치고 목마르셨습니다. 여인은 죄에 깊이 빠져 있었고, 자신의 삶이 얼마나 헛된지 깨닫고 있었습니다. 예수님은 그녀를 돕기 위해 기다리셨습니다. 그녀는 사회적, 도덕적, 영적으로 더 못한 처지에 있었음에도, 예수님께서 그녀를 대하시는 태도에는 우월감이 전혀 없었습니다. 그분은 도리어 그녀에게 무엇인가를 부탁하심으로 스스로 그녀에게 빚진 상태로 만드셨고, 그렇게 하심으로 닫혀 있던 대화의 문을 여셨습니다. 여기서 중요한 것은 그분이 부탁하셨다는 사실뿐이 아닙니다. 예수님이 무엇을 부탁하셨는지도 중요합니다. 예수님은 물을 좀 달라고 부탁하셨고, 그녀가 놀라 그분께 질문한 것을 계기로 그녀에게 생수라는 선물을 제시할 수 있었습니다. 여인의 관심과 갈망을 이끌어내신 것입니다. 그러자 여인은 그 생수에 대해 묻기 시작했고, 예수님은 생수를 얻는 비결을 알려주셨습니다.

죄는 사람들이 그리스도께 생명수를 받고, 그분의 임재 안에서 기뻐하지 못하도록 가로막습니다. 우리가 그리스도께서 주시는 생명수의 시원함과 치유력, 정결케 하는 힘을 맛보기 원한다면 죄와의 관계를 끊어야 합니다. 예수님은 온유하지만 단호하게 사마리아 여인의 죄의 문제를 다루셨습니다. 여인의 죄를 드러내 숨길 수 없게 하셨습니다. 이는 예수님과의 관계에서 반드시 필요한 부분입니다. 우리는 기꺼이 씻음 받고 그분께 우리의 연약함을 드러내야 합니다. 놀랍게도 사마리아 여인은 대화를 계속 이어갔습니다. 예수님께 생수를 받고자 하는 간절함이 너무 컸기에 그녀는 기꺼이 마음을 열었습니다. 당신은 기꺼이 예수님께서 당신 마음의 은밀한 곳들을 드러내시게 하겠습니까?

예수님은 예루살렘 유대인들이 배척하던 이 곤궁하고 가련한 여인에게 가장 먼저 자신이 메시아임을 밝히셨습니다. '메시아의 도시'라는 거룩한 도시에서는 드러내어 말씀하지 못했던 것을, 구원을 갈망하는 가난하고 죄 많은 여인에게는 말씀하실 수 있었습니다. 예수님께서는 가장 탁월한 사람이 아닌 가장 곤궁한 사람에게 그분의 가장 큰 비밀을 알려주십니다. 당신은 그런 사람입니까?

4월 29일, 제자들을 부르심

요한복음 1:29-51

"빌립이 나다나엘을 찾아 이르되 … 그이를 우리가 만났으니 요셉의 아들 나사렛 예수니라"(요 1:45).

예수님께서 열 두 제자를 부르신 이야기는 사람들이 어떻게 그리스도를 따르게 되었는지에 대한 훌륭한 통찰을 제공합니다. 요한복음에 의하면, 처음 부르심 받은 다섯 명의 제자 중 주님이 직접 찾아가신 사람은 한 사람뿐입니다. 바로 빌립입니다. 예수님은 그에게만 직접 "나를 따르라"(요 1:43)라고 말씀하셨습니다. 나머지 네 명은 누군가가 그리스도에 대해 말하는 것을 듣고 예수님을 따랐습니다.

안드레와 이름을 밝히지 않은 다른 제자, 그리고 아마도 요한은 세례 요한의 증언으로 주님을 따랐습니다. 시몬은 형제 안드레로 인해, 나다나엘은 친구 빌립으로 인해 주님을 따랐습니다.

나와 당신에게도 하나님 나라를 진척시키기 위해 중요한 역할이 있습니다. 우리 주변의 사람들이 언젠가 예수님을 만나게 된다면, 그 만남은 우리가 그들에게 그리스도가 어떤 분이신지 매력적으로 증언함으로 이루어질 것입니다. 예수님을 따랐던 첫 제자들은 성직자들이 아니라, 누군가가 예수님에 대해 증언하는 것을 듣고 감명을 받은 평신도들이었습니다. 그들은 예수님을 안 지 얼마 되지 않았음에도 영혼을 구원하는 사람이 되었고, 먼저 가족과 친구들에게 찾아가 예수님에 대해 말했습니다. 우리가 그리스도를 전하는 일을 시작하면서 먼저 찾아가야 할 사람은 우리와 가장 가까운 사람들입니다. 우리는 가장 먼저 그들을 책임져야 합니다.

당신은 다른 사람들을 예수님께로 이끌기 위해 무엇을 하고 있습니까? 우리의 삶과 입술이 그분에 대해 말해야 합니다. 그리고 우리가 사랑하는 이들에게 가장 먼저 그렇게 해야 합니다.

4월 30일, 생명의 원천이신 하나님

요한1서 5:1-13

"진실로 생명의 원천이 주께 있사오니
주의 빛 안에서 우리가 빛을 보리이다"(시 36:9).

그리스도인은 다음을 믿습니다. 사람은 하나님을 떠나기로 선택한 후, 스스로는 되돌아갈 수 없음을 알게 되었습니다. 인간에게는 스스로를 구원할 능력이 없기 때문입니다. 오직 하나님만이 우리를 도우실 수 있었습니다. 하지만 하늘에 있는 보좌에 앉은 채로는 우리를 구하실 수 없었습니다. 문제는 하늘이 아닌 땅에 있었기에, 그분은 문제가 발생한 우리 가운데서 문제를 해결하셔야 했습니다. 그래서 성육신과 십자가가 필요하게 되었습니다. 하나님은 우리 측에서 발생한 하나님과의 분리와 죽음의 문제를 해결하시기 위해 인간이 되셔야 했습니다.

이 모든 일에서 중심 인물은 성자가 아닌 성부 하나님이십니다. 성부께서는 성자를 보내어 우리 중 한 사람이 되게 하심으로 임마누엘, 곧 우리와 함께하시는 하나님이 되셨습니다. 그분이 우리 죄를 짊어지고 그 형벌을 받아 죽으심으로 우리의 영원한 죽음은 극복되었습니다. 모든 생명의 원천이신 성부 하나님은 부활을 통해 성자의 생명을 되돌려주셨습니다. 우리는 죄의 대가가 얼마나 큰지 결코 잊어서는 안 됩니다. 죄는 죄인에게 죽음을 초래하기 때문입니다. 그러나 구원의 대가는 그보다 훨씬 큽니다. 성자께서 자신의 죄가 아닌 다른 사람들의 죄로 인해 죽으셨기 때문입니다. 자신의 죄로 인한 것이든, 타인의 죄로 인한 것이든 하나님과의 분리는 죽음을 피할 수 없게 만듭니다.

이것이 우리가 생명의 원천이신 하나님을 가까이해야 하는 이유입니다. 우리의 안전을 지키는 유일한 방법은 생명의 원천이신 분을 단 한순간도 떠나지 않고 그분과 친밀한 교제를 누리는 것입니다. 당신은 그렇게 살고 있습니까?

5월 1일, 나에게서의 자유

빌립보서 2:5-8

"사랑은 … 자기의 유익을 구하지 아니하며"(고전 13:4-5).

소극적인 자유, 곧 무엇인가를 할 수 있는 자유가 아닌 무엇을 하지 않아도 되는 자유가 주는 큰 기쁨에 대해 깊이 생각해본 적이 있습니까? 무엇인가 하지 않아도 되는 것이 있음을 아는 것이 얼마나 큰 기쁨인지 아시나요? 이런 방치의 자유가 주는 가장 큰 즐거움은 자기 뜻대로 하지 않을 수 있다는 점일 것입니다. 어떤 상황에서든 모든 것을 당신 뜻대로만 해야 하거나, 그렇게 하기 위해 열심히 노력해야 한다면 그보다 더 큰 속박은 없습니다. 세상에서 자기 뜻대로 모든 것을 하려는 속박만큼 인간관계를 빠르고 완벽하게 파괴하는 것은 없습니다. 이 폭정이 결혼 관계, 친구 관계, 부모와 자식 관계를 오염시킵니다. 하나님의 말씀은 우리가 그것에서 자유로워질 수 있다고 분명히 말씀합니다.

사도 바울은 고린도전서 13장에서 사랑은 자기의 유익을 구하지 않는다는 말로, 매사를 자기 뜻대로 하려는 우리의 고집 문제를 다룹니다. 인간의 죄의 핵심에는 자기 고집과 원하는 것을 반드시 갖겠다는 욕망이 있습니다. 그러나 만약 그리스도인이 되고자 한다면, 우리는 단번의 영원한 결단을 통해 내 삶의 법칙은 내 의지가 아닌 그리스도의 의지임을 확고히 해야 합니다. 나에게 그분의 뜻보다 중요한 것이 없어야 하는데, 이는 내 뜻은 십자가에 못 박혀야 한다는 것입니다.

주 예수님은 우리가 우리 뜻을 고집하지 않고도 잘 살 수 있는지 직접 확인할 수 있도록, 우리가 수많은 실수를 저지르는 것을 허용하십니다. 우리는 비록 많은 실패를 통해서라도, 내 욕심인지 하나님의 뜻인지 분명히 확인하지도 않고서 내 뜻을 밀어붙여서는 안 된다는 것을 깨달아야 하기 때문입니다. 그 결과 우리가 다른 사람들, 그리고 무엇보다 하나님께 부복할 수 있을 때 우리의 인간관계에서 어떤 치유와 성장이 일어날 수 있는지를 보면 놀랍습니다.

5월 2일, 점점 복된 삶

빌립보서 4:4-8

"내가 궁핍하므로 말하는 것이 아니니라
어떠한 형편에든지 나는 자족하기를 배웠노니"(빌 4:11).

우리는 자기 연민에서 벗어나기까지는 진정으로 자유롭지 않습니다. 자기 연민은 많은 사람을 옭아매지만, 예수님은 우리가 스스로를 안쓰러워할 이유가 없도록 우리를 일으키실 수 있습니다. 나는 자기 연민이 연령과 관계없다는 사실을 보아왔음에도, 어쩌면 나이가 많은 사람에게는 더 큰 유혹이 될지도 모릅니다.

나의 장모님은 인생의 황혼기에 우리와 함께 지내셨습니다. 그 시기는 내 인생에 큰 깨달음을 주었습니다. 우리 가족은 70대에서 80대가 되신 그분이 점점 쇠약해져가시는 것을 지켜볼 수 있었습니다. 그러다 어떤 육체적인 일도 할 수 없게 되면서, 그분은 자신이 더는 쓸모없다고 느끼시기도 했습니다. 나는 장모님을 지켜보다 그분이 스스로를 쓸모없게 느끼고 계시다는 것을 깨닫고는 이렇게 말씀드렸습니다. "어머니는 이 집에서 가장 중요한 분입니다. 어머니께서 이곳에 계신 후로 다섯 자녀 모두의 태도가 더 좋아졌습니다." 그 말은 사실이었습니다. 우리 아이들은 나이 많은 여성이 매일 더 온화해지고 더 만족해하는 것을 지켜볼 기회를 얻었기 때문입니다. 아이들은 할머니 방에 살며시 들어가곤 했는데, 그 때마다 할머니는 무릎 위에 종이를 얹어놓고 앉아 계시곤 했습니다. 자세히 보니 종이에는 자신들의 이름이 적혀 있었습니다. 할머니는 그들의 이름을 적어놓고 그들을 위해 기도하고 있었던 것입니다. 장모님은 스스로를 불쌍히 여기는 대신, 다른 사람들을 위해 기도하고 그들과 함께하심으로 삶의 마지막 몇 년을 그들을 위해 바치셨습니다.

나는 만약 우리가 하나님께서 우리 삶을 통해 일하시게 한다면, 성령님을 통해 우리 마음에 부어주신 하나님의 사랑 때문에 우리가 말할 수 없이 복된 존재가 될 수 있음을 믿습니다. 자기 연민은 하나님의 본성과 선하심, 지혜에 도전하는 것인데, 우리는 그런 잘못을 저지르지 않고 살아갈 수 있습니다. 당신은 하나님이 어떤 방식으로든 당신이 다른 사람들에게 복이 되게 하시도록 자신을 내어 드리고 있습니까?

5월 3일, 겉치레에서의 자유

고린도후서 5:12-20

"사랑은 오래 참고 사랑은 온유하며 시기하지 아니하며
사랑은 자랑하지 아니하며 교만하지 아니하며"(고전 13:4).

나는 그리스도께서 우리를 항상 우리 자신의 눈에 좋게만 보일 필요가 없는 곳으로 이끌어주실 수 있다는 것이 기쁩니다. 언제나 가면을 쓰고 살아야 하는 사람들과 같이 지내본 적이 있습니까? 무슨 일이 일어나든 그들은 자신의 모습이 주위의 다른 어떤 사람보다 나아 보여야 합니다. 이처럼 당신이 계속 자신에게 초점을 맞춘다면 겸손하게 될 방법은 없습니다.

우리 중 많은 사람이 외적으로 보이는 것에 집착합니다. 옷차림이나 겉모습도 물론 집착의 대상에 포함될 수 있지만, 여기서는 언제나 타인에게 좋게만 보이길 원하고, 사람들 앞에서 지는 것을 참을 수 없어 하며, 어느 정도 괜찮아 보이는 것으로는 결코 만족하지 않는 성향을 말하는 것입니다. 우리는 종종 우리를 초라해 보이게 만드는 가족이나 친척에 대해 억울해하면서, 그들과 같은 취급을 받지 않으려고 일부러 그들을 피하기도 합니다. 우리가 어떤 사회적인 관계와 상황에서도 늘 좋아 보이려고만 한다면, 그것이 우리 자신이나 우리를 사랑하는 사람들에게 얼마나 참기 힘든 속박이 되겠습니까?

사랑은 자랑하지 않아도, 교만하지 않아도 된다는 바울의 말은 사랑은 겉치레가 아님을 설명해줍니다. 스스로에게 초점을 맞추지 말아야 할 때조차 외적인 것에 신경을 쓰다 우리는 얼마나 자주 소중한 관계들을 망치곤 합니까.

5월 4일, 스스로를 변호하지 않을 자유 (1)

이사야 53:7-12

"그가 곤욕을 당하여 괴로울 때에도
그의 입을 열지 아니하였음이여
마치 도수장으로 끌려 가는 어린 양과
털 깎는 자 앞에서 잠잠한 양 같이
그의 입을 열지 아니하였도다"(사 53:7).

자신의 평판과 미래, 삶을 그리스도께 맡길 만큼 담대한 소수의 영혼에게는 영광스러운 자유가 존재합니다. 당신은 누군가가 당신을 공격하거나 비난하는 상황에 놓인 적이 있습니까? 아마도 그가 당신을 오해했거나, 아니면 당신이 정말 어떤 잘못을 저질러 그것을 물고 늘어지는 상황이었을 것입니다. 그런 때면 우리 입은 얼마나 재빠르게 이유를 만들어내거나, 그럴듯한 변명을 늘어놓는지 모릅니다. 우리가 자신 스스로를 변호하지 않아도 된다면 그것은 굉장한 일입니다.

한번 생각해 보십시오. 자신을 변호하려는 억제할 수 없는 충동을 지닌 사람과, 비록 자신을 변호하려는 충동을 동일하게 느끼면서도 잠잠히 침묵할 수 있을 만큼 자유로운 사람, 둘 중 누가 더 자유롭습니까? 자신의 입장 말하기를 절제하려면, 단순히 자기 변호의 충동으로 행동하는 것에 비해 더 큰 자유와 능력이 필요합니다.

우리에게 그런 자유가 있다면, 결혼 생활이 얼마나 더 풍요롭겠습니까? 부모와 자녀 관계나 직장에서의 관계 역시 지금보다 얼마나 더 풍요롭겠습니까? 당신은 하나님께서 당신에게 바라시는 정도로 자기 변호에서 자유롭습니까?

5월 5일, 스스로를 변호하지 않을 자유 (2)

이사야 53:7-12

"그가 곤욕을 당하여 괴로울 때에도
그의 입을 열지 아니하였음이여
마치 도수장으로 끌려 가는 어린 양과
털 깎는 자 앞에서 잠잠한 양 같이
그의 입을 열지 아니하였도다"(사 53:7).

내 삶에 큰 영향을 끼친 프린스턴 신학대학원의 철학 교수님이 계십니다. 명민한 사상가일 뿐 아니라 독실하고 경건한 분이셨던 에밀 카이에(Emile Cailliet) 박사님입니다. 박사님은 『내면의 삶』(The Life of the Mind)이라는 제목의 평신도를 위한 작은 책을 출판하셨습니다. 어느 날 그는, 그리스도인의 생활을 주제로 하는 한 수업 시간에 어떤 학생이 그 책을 언급하며 자신에게 이렇게 항의한 일을 들려주었습니다. "카이에 박사님, 박사님은 세계 최고의 신학교인 프린스턴 신학대학원의 교수이십니다. 또 두 개의 박사학위를 가지고 계시고, 세계적으로도 잘 알려진 학자이십니다. 박사님같이 그렇게 유명하고 중요하신 분이 어떻게 자기 이름을 걸고 내면의 삶을 그처럼 지나치게 단순화해버리는 책을 출판하실 수가 있습니까? 그것은 박사님의 격을 떨어뜨리는 일입니다."

학생은 계속 말했습니다. "무엇보다 그 책은 심리학적으로 건실하지 않습니다. 저는 어떻게 박사님이 같은 나라 사람 푸코(Foucault)가 최근에 출판한 심리학 연구서는 다루지 않고, 그런 걸 출판할 수 있는지 이해할 수 없습니다."

칼리에 박사님은 우리에게 "교수가 학생에게 조롱을 당하는 것은 참 흥미로운 일입니다"라고 말하고는 이야기를 이어갔습니다. "처음에는 약간 흥분된 마음과 나를 변호하려는 충동이 있었습니다. 그러나 성령께서 진정시켜 주셔서 나는 간단하게 '고마워요'라고 대답했습니다. 그리고 수업을 잘 마쳤습니다. 수업이 끝난 후에는 스스로를 진정시키기 위해 거리를 걸었습니다. 걷고 있는데 내가 3년간 푸코와 같이 작업하면서 그의 연구와 실험에 직접 참여했던 일이 기억났습니다. 사실 나는 푸코만큼이나 그의 연구에 대해 잘 알고 있었습니다. 그런데 그 학생이 그것을 몰랐을 뿐이었습니다."

칼리에 박사님이 걷고 있을 때 차 한 대가 길가에 멈춰 서더니, 한 사람이 뛰어내려 달려와 "칼리에 박사님이시죠?"라고 물었습니다.

그는 "네, 그렇습니다"라고 대답했습니다.

젊은이는 이렇게 말했습니다. "박사님을 꼭 만나고 싶었습니다. 만나지 않고 이곳을 떠나서는 안 되겠다고 생각했습니다. 박사님이 출판한 『내면의 삶』이라는 작은 책에 대해 말하고 싶은 것이 있어서입니다. 그 책은 제게 마치 어둠 속의 빛과도 같았습니다. 그 책은 제가 다른 어디서도 찾을 수 없었던 저 자신과 인생에 대한 통찰력을 주었습니다. 그리고 그 작은 책을 읽은 후로 제 삶은 더 풍요롭고 자유로워졌습니다. 감사합니다. 칼리에 박사님."

칼리에 박사님이 이렇게 말했습니다. "나는 길을 걸으면서, 나 자신을 변호하지 않은 것에 대해 하나님께 감사 드렸습니다. 나는 스스로를 변호하려는 마음에서 충분히 자유로워졌기 때문에 그렇게 할 필요가 없었습니다. 하나님께서 나를 변호해주신 것입니다."

5월 6일, 다르게 주장할 자유

다니엘 3장

"왕이여 우리가 섬기는 하나님이 계시다면 우리를 맹렬히 타는 풀무불 가운데에서 능히 건져내시겠고 왕의 손에서도 건져내시리이다 그렇게 하지 아니하실지라도 왕이여 우리가 왕의 신들을 섬기지도 아니하고 왕이 세우신 금 신상에게 절하지도 아니할 줄을 아옵소서"(단 3:17-18).

우리 중에는 어떤 그룹에 속해 있기 때문에 다른 많은 사람을 불편하게 하지 않기 위해 내키지 않는 일을 해본 사람이 매우 많을 것입니다. 그렇다면 우리 역시 한 여자아이가 "당신도 그들 중 한 사람 아닌가요?"라고 물을 때 불을 쬐고 있던 베드로와 별반 다르지 않습니다. 베드로는 그리스도를 옹호할 자유가 없었고 주위 사람들의 분위기에 눌려 사랑하는 분을 배신하고 말았습니다.

이 얼마나 슬픈 이야기입니까! 그에 비해 세상을 정면으로 마주해 결과에 연연하지 않고 옳은 일을 한 다니엘이나, 사드락과 메삭과 아벳느고의 이야기는 얼마나 대단합니까! 그들에게는 다르게 주장할 자유가 있었습니다. 이처럼 주위 사람들과 다르게 주장할 수 있기까지는 우리는 결코 자유로울 수 없습니다.

나는 어떤 훌륭한 그리스도인의 집에 앉아 있었는데, 그는 나에게 자신이 '이방 땅에서 주님을 찬양하는 것'에 대해 어떻게 설교했는지를 들려주었습니다. 그는 이렇게 말했습니다. "당신이 주님의 노래를 부르려 한다면, 이방 땅에 있을 때 불러야 할 것입니다. 이방 땅에서 그분을 노래한 사람들만이 그분의 나라에서 그분을 노래할 것이기 때문입니다." 우리는 그리스도의 복음에 무관심하거나 심지어 적대적인 세상에서 예수님을 자랑하는 사람이 되기 전까지는 결코 하나님이 바라시는 신앙의 모습으로 바로 설 수 없습니다.

오늘 우리는 기꺼이 세상을 직면해, "여러분의 양해를 구합니다. 잘 아시다시피 나는 그리스도인이기 때문입니다"라고 말할 수 있어야 합니다.

5월 7일, 모욕을 당해도 사랑하라

마태복음 27:35-44

"내 계명은 곧 내가 너희를 사랑한 것같이
너희도 서로 사랑하라 하는 이것이니라"(요 15:12).

예수님은 우리를 우리 자신과 모든 욕망의 속박에서 자유롭게 하실 뿐 아니라, 비난과 오해와 거절을 당해도 사랑할 수 있는 그런 풍성한 사랑으로 우리 마음을 채워주실 수 있습니다.

나는 한 독실한 부인에게서 그녀의 아버지에 대한 이야기를 들었습니다. 그녀의 아버지 월터는 회심하여 그리스도인이 된 후, 온전한 사랑에 대한 설교를 듣고 그 사랑을 추구했습니다. 그러던 어느 날 하나님께서 찾아와 그의 마음에 온전한 사랑을 부어주셨습니다. 마침 월터의 교회에는 새 목사님이 부임했는데, 그가 첫 예배를 인도하기 전 월터는 외양간으로 가서 새 목사님께 사랑의 선물로 드릴 가장 좋은 햄을 꺼냈습니다. 예배 중간에 간증 시간이 있었는데, 월터는 일어서서 자신이 회심한 과정과 그 후 성령께서 오셔서 자신을 이기심에서 깨끗하게 씻어 주신 일에 대해 말했습니다. 그런데 그가 간증을 하는 도중 목사님이 갑자기 일어서더니 "월터 씨, 자리에 앉으세요. 그것은 광신주의입니다. 내가 이 교회에 목사로 있는 한, 그런 말 하는 것을 허용하지 않을 겁니다"라고 말했습니다.

예배가 끝난 후 월터의 가족들은 그가 자동차로 가서 햄을 가져오는 모습을 보고 놀랐습니다. 그는 목사님께 그것을 드린 후 이렇게 말했습니다. "목사님, 우리는 목사님이 이곳에 오셔서 정말 기쁩니다. 목사님 없는 교회가 많지만, 우리 교회는 우리를 이끌고 먹여주실 목자가 필요했습니다. 우리는 목사님을 사랑합니다. 혹시 도움이 필요하시면 우리에게 알려주세요."

다음 날 아침 월터의 집 앞 길에 낯선 자동차가 들어왔습니다. 차를 타고 온 사람은 목사님이었습니다. 그는 이렇게 말했습니다. "월터 씨, 사과드리러 왔습니다. 앞으로 기도 모임에서 간증할 말씀이 있으면 꼭 해주십시오. 당신은 분명 내가 알지 못하는 무엇인가를 발견하신 것 같습니다. 당신을 축복합니다."

우리가 우리 자신에게서 벗어나 사랑에 자유로워지면 그 사랑에는 사람을 변화시키는 힘이 있습니다.

5월 8일, 검정색 수첩

마태복음 18:21-35

"사랑은 … 잘못을 기억하지 않으며"(고전 13:4-5-역자 번역).

고린도전서 13장에 기록되어 있는 사랑의 특성 중 한 가지는 잘못을 기억하지 않는 것입니다. 이 얼마나 훌륭한 삶의 방식입니까. 만약 하나님께서 우리의 관계들을 매일 새롭게 갱신해주시지 않는다면 그 관계들이 지금과 얼마나 많이 다를지 상상이 됩니까? 전날 있었던 나쁜 일이 오늘까지 이어지지 않고 매일을 백지처럼 깨끗이 시작한다면 우리가 얼마나 자유롭겠습니까? 어떤 훌륭한 목사님이 내게 이혼 과정에 있던 한 남자와 그 아내의 이야기를 들려주었습니다. 그 목사님은 오랜 설득 끝에 드디어 남편과 계속 같이 살겠다는 아내의 동의를 받아냈고, 다음으로 남편에게 말했습니다. "이제 그녀는 다시 한번 노력해볼 마음이 있다고 합니다. 당신도 그렇습니까?"

남편은 목사님을 바라보며 이렇게 말했습니다. "저는 그녀의 검정색 수첩과 함께라면 단 하루도 같은 집에서 살 수 없습니다."

목사님은 놀란 마음을 가까스로 추스른 후 아내에게 물었습니다. "그 검정색 수첩이라는 게 무엇인가요?"

그녀는 머뭇거리더니 마지못해 남편이 저지른 모든 실수를 빠짐없이 적어놓은 수첩이라고 대답했습니다.

그리스도의 십자가에는 우리가 지난 상처들을 잊어버리고 잘못도 없었던 것처럼 우리의 관계들을 지속할 수 있게 할 만큼의 충분한 사랑과 능력이 있습니다. 가장 선한 의도를 가지고 있더라도 이것은 인간의 힘으로는 이루지 못할 것입니다. 예수님의 영만이 우리로 하여금 우리의 아픔과 상처를 잊어버리게 할 수 있습니다. 당신이 다른 사람들이 당신에게 남긴 상처들에 대한 기억을 쌓아 올리기로 선택한다면, 당신은 당신의 모든 관계를 오염시키고, 부패하게 하며, 파괴하게 될 것입니다. 원한은 파괴적인 능력을 가지고 있지만, 그리스도의 은혜는 인간관계들을 봄과 같이 깨끗하고 새롭게 유지하게 할 수 있는 더 강한 능력이 있습니다.

이것은 하나님의 사랑이 필요한 일이며, 그분은 우리가 사랑으로 잊도록 하실 수 있습니다.

5월 9일, 독이 되는 소원

빌립보서 4:10-13

"네 이웃의 아내를 탐내지 말지니라
네 이웃의 집이나 그의 밭이나
그의 남종이나 그의 여종이나 그의 소나 그의 나귀나
네 이웃의 모든 소유를 탐내지 말지니라"(신 5:21).

불만은 우정을 파괴하고 사람을 망가뜨리는 독입니다. 예수님만이 우리에게 친구나 이웃의 소유와 관계없이 하나님께서 공급하시는 것에 만족하면서 살아갈 능력을 주실 수 있습니다. 옆집 사람이 좀 더 좋은 것을 가지고 있다는 것을 각 사람이 알아차리는 것으로도 이 세상에 얼마나 많은 불만이 있는지 생각해본 적이 있습니까? 얼마나 많은 탐욕과 욕심이 사람의 마음에 있는지요! 나는 가장 많이 갖기보다 가장 적은 것으로 살 수 있는 사람이 자유로운 사람이라고 생각합니다. 불만은 영원하지 않은 것이나 궁극적인 의미가 없는 것에 우리를 묶어두는 수갑과 같습니다. 하나님은 내 안에 충분한 사랑을 불어넣어, 당신이 나보다 더 많이 가진 것을 보고도 당신을 위해 기뻐하게 하실 수 있을까요? 그것이 참된 사랑일 것입니다. 그런 사랑이 하나님의 사랑입니다.

나는 하나님께서 나를 위해 계획하신 것이 이런 사랑이라고 믿습니다. 다른 사람이 무엇을 가졌는지와 관계없이 그를 사랑하는 것이 내게는 자유일 것입니다. 존 웨슬리는 '탐내지 말라'는 십계명의 열 번째 계명은 사실상 하나님께서 우리를 탐심에서 구원해주실 수 있다는 약속이라고 설명합니다. 우리는 다른 사람이 가진 것을 욕심 내지 않고 살 수 있을 때까지는 하나님께 순종할 수 없기 때문입니다.

5월 10일, 타인이 이기게 할 자유

사무엘상 24장

"너는 그리스도 예수 안에 있는 믿음과 사랑으로써
내게 들은 바 바른 말을 본받아 지키고
우리 안에 거하시는 성령으로 말미암아
네게 부탁한 아름다운 것을 지키라"(딤후 1:13-14)

예수님은 당신이 꼭 마지막 말을 하지 않아도 되도록 당신을 자유롭게 하실 수 있습니다! 우리 모두는 멋지고도 따끔한 논리로 상대방에게 한방 먹인 후 자리를 박차고 나가고 싶은 강한 충동을 받곤 합니다. 이는 남편과 아내들이 빠지기 쉬운 전형적인 함정입니다. 우리는 왜 꼭 그 마지막 한방을 먹여야 직성이 풀릴까요? 사실 그것은 자신의 강함을 드러내는 것이 아니라, 오히려 매우 깊이 불안해하고 있음을 나타내는 것입니다. 우리가 최상이 아닌 것처럼 보일 때 자존감이 곤두박질치기 때문에, 그렇게 보이지 않으려는 것일 뿐입니다. 우리가 모든 상황에서 이기려 하지 않을 정도로 자유로울 수 있다면 그것은 놀라운 일입니다. 지고도 자신을 존중하는 마음을 잃지 않을 때 우리는 진정으로 자유로울 수 있습니다.

모든 인간관계에는 경쟁의식이 존재합니다. 하나님께서는, 승자가 정당하게 이겼든 부정한 방법으로 이겼든, 우리로 지는 법을 배우게 하시기 위해 그 경쟁의식을 내버려두십니다. 그분은 내가 항상 일등이어야 하거나 항상 마지막 한방을 날리는 사람이 아니어도 된다고 생각하기를 바라십니다. 우리는 무너지지 않고도 패배를 직면할 수 있습니다.

5월 11일, 실패할 자유

사도행전 17장

"평안을 너희에게 끼치노니 곧 나의 평안을 너희에게 주노라 내가 너희에게 주는 것은 세상이 주는 것과 같지 아니하니라 너희는 마음에 근심하지도 말고 두려워하지도 말라"(요 14:27).

나는 성공을 통해서는 결코 배울 수 없고 실패를 통해서만 배울 수 있는 것이 있다고 확신합니다. 우리가 목양하는 사람들 대부분은 실패가 무엇인지 알고 있기 때문에, 만약 우리에게 실패의 경험이 없다면 적절한 증인이 될 수 없습니다. 인생의 쓴맛을 본 적이 없는 사람은 적절한 영혼의 목자(교회학교 선생님, 부모, 이웃, 목사 등)가 되기 힘듭니다. 우리 자신의 삶에서 기꺼이 십자가를 마주할 수 없다면, 우리는 예수님께 영광을 돌리는 데 한계가 생깁니다.

나는 에이브러햄 링컨이 위대한 대통령이 될 수 있었던 것은, 그가 너무나 많이 실패를 경험했기 때문이라고 생각합니다. 그는 대통령이 되기 전까지 시도했던 거의 모든 것에서 실패했습니다. 그는 더는 이기는 것에 관심 없고 단지 옳은 일을 하고 싶을 정도로 실패를 많이 했습니다. 그리스도인에게는 다른 그리스도인들을 의식하는 데서 오는 영적 압박이 있습니다. 그것은 자신의 신앙이 좋은 것처럼 보이게 하려는 잘못된 동기로 영적인 일을 하려는 압박입니다. 그러나 그런 일은 도덕적 가치가 전혀 없을 뿐 아니라, 사실상 해롭기까지 합니다. 우리는 세상이 우리를 성공한 사람으로 보든, 실패한 사람으로 보든 옳은 일을 하는 데로 나아가야 합니다. 단지 실패나 거절을 피하기 위한 동기로만 옳은 행동을 해서는 안 됩니다. 우리는 단지 그것이 옳다는 이유만으로, 결과에 연연하지 않고 옳은 일을 할 수 있어야 합니다.

5월 12일, 참된 자유

요한복음 21:15-23

"그러므로 아들이 너희를 자유롭게 하면
너희가 참으로 자유로우리라"(요 8:36).

나는 그리스도인이 된 지 육 년 정도 되었을 때 내 야망의 많은 부분이 교만에 물들어 있음을 발견했습니다. 나는 성공적인 사역이 어떤 모습이어야 하는지에 대해 나름대로의 생각이 있었고, 주님은 그것을 다루고자 하셨습니다. 그분은 이렇게 물으셨습니다. "내가 너의 인생을 소유해 내가 원하는 대로 사용해도 괜찮겠니?"

나는 주님께 "내 인생으로 무엇을 하시려고요?"라고 물었습니다.

그분은 조용히 대답하셨습니다. "나를 신뢰하지 않는구나?"

"음, 주님을 신뢰하지 않는 것은 아닙니다. 그렇지만 내 인생에 대해 무엇을 계획하시는지 알려주시면 도움이 될 거예요."

"나는 너에게 내 계획을 알려주지 않을 거야. 내 얼굴을 똑바로 보면서 '하나님, 나를 사용해 어떤 일을 하셔도 좋습니다'라고 말하게 되기까지 너는 진정한 자유를 결코 알 수 없을 거야."

그래서 나는 그분만 바라보면서 나 자신을 온전히 드리려고 노력했습니다. 그런데 그분은 "저기 너의 인생 한 모퉁이에 남아 있는 것이 무엇이니?"라고 물어보셨습니다.

"내 엄지손가락입니다. 내가 내 인생에서 손가락 하나 정도도 붙들 수 없나요?"

"물론이지. 네 인생을 놓아주려면 모든 손가락을 떼야 해."

나는 마지막 한 손가락마저 내 인생에서 떼어내려 했지만, 그럴 수 없었습니다. 오직 그분의 은혜로만 우리가 자유를 얻을 수 있기 때문입니다. 결국 나는 고개를 들어 이렇게 말했습니다. "하나님, 저 손가락을 떼어내주실 수 있으시죠?"

"충분한 강도와 시간을 가지고 그것을 부술 수 있게 해준다면, 그럴 수 있지."

나는 겁을 먹은 채로 "그럼, 부수어주세요"라고 답했습니다. 그때쯤 되자 나는 무릎 꿇는 일도 그만두고, 그저 하나님 앞에 널브러져 있었습니다. 그리고 그분은 점차 나를 자유롭게 해주시기 시작했습니다.

십자가에는 우리 삶을 지배하고 더럽히는 이기심의 압제에서 우리를 자유롭게 할 능력이 있습니다. 예수님께서 자유롭게 해주시면, 우리는 그분 안에서 안식하고 평안을 얻을 수 있습니다. 더는 자신의 욕망을 만족시키기 위해 분투하지 않아도 되기 때문입니다. 우리는 그분이 바라시는 것이 우리의 소원이 되는 것을 발견할 것입니다. 그런 하나 됨이 참된 자유입니다.

5월 13일, 은사의 위험성

고린도전서 12장

"각 사람에게 성령을 나타내심은 유익하게 하려 하심이라"(고전 12:7).

하나님이 우리와 함께 일하실 때의 특징 중 하나는 그분이 우리를 공동체로 다루신다는 것입니다. 그분은 당신에게는 내가 필요로 하는 것을 주시고, 놀랍게도 내게는 당신이 필요로 하는 것을 주십니다. 우리에게 은사를 주시는 성령님은 그 은사의 사용 과정 역시 다스리기를 원하십니다. 그렇기 때문에 성령의 은사를 가진 사람은 반드시 성령으로 충만해야 합니다. 영적인 은사는 공동체적 성격을 지녔기에, 우리가 그것을 우리 자신을 위해서나 성령님의 뜻과 관계없이 사용하면 아무런 유익이 없을뿐더러 위험하기까지 합니다. 성령의 은사가 성령님의 다스림 아래 있지 않을 때, 우리는 쉽게 자신과 다른 사람에게 해를 끼칠 수 있습니다. 은사는 받았어도 그것을 주신 성령을 받지 않은 경우는 충분히 있을 수 있습니다. 그렇게 되면 우리는 영적인 능력의 겉모습은 갖출 수 있을지 모르지만, 그 능력은 이기심이나 격정, 비판적인 마음, 육욕적인 태도로 더러워진 것입니다.

    나의 영적인 은사가 진정으로 유익한 것이 되기 위해서는 나 자신이 아닌 성령님의 통제 아래 있어야 합니다. 성령님이 내 삶을 온전히 다스리셔야 합니다. 그분이 나를 온전히 다스리실 때, 그분이 내게 주신 모든 것은 온전히 그분의 것이 되어 그분이 사용하실 수 있게 됩니다. 내가 성령님께 나 자신을 온전히 드릴 때, 그분은 나와 나의 은사 모두를 거룩하게 하시며, 그럴 때 은사는 그분의 영광을 나타내는 도구가 됩니다.

5월 14일, 공동체를 위한 은사

에베소서 4:1-16

"그가 어떤 사람은 사도로, 어떤 사람은 선지자로,
어떤 사람은 복음 전하는 자로, 어떤 사람은 목사와 교사로 삼으셨으니
이는 성도를 온전하게 하여 봉사의 일을 하게 하며
그리스도의 몸을 세우려 하심이라"(엡 4:11-12).

성령의 은사는 우리의 개인적인 거룩함을 이루기 위한 것이 아닙니다. 하나님께서 은사를 우리에게 주시는 이유는 다른 사람의 유익을 위해서입니다. 우리에게 주시는 은사는, 하나님 자신을 우리에게 주시는 것 외에는 모두 타인 지향적입니다. 은사는 그리스도인들이 공동체로 함께 살아가는 방법 및 비기독교적인 세상에서 감당해야 하는 그들의 역할과 관계된 것입니다. 에베소서 4장은 그리스도께서 은사를 주시는 목적은, 성도를 온전하게 하여 다른 사람을 섬기게 하기 위한 것이라고 말씀합니다. 우리의 은사는 다른 사람들이 주 예수님을 더 친밀하게 알 수 있도록 돕기 위한 것입니다.

우리가 홀로 살아가면 자신의 결점과 부족함을 알 수 있는 방법이 없습니다. 우리가 자신의 참 모습을 발견하는 것은, 다른 사람들과 접촉하면서 생기는 갈등을 통해서입니다. 성령의 온전하게 하시는 능력은 내가 다른 사람들과 가까이 교제할 때 가장 활발하게 역사합니다. 다른 사람들에게 주신 하나님의 은사와 다른 사람들을 향한 하나님의 은사들로 인해 나는 통찰력과 균형과 은혜를 발견합니다. 내가 온전해지기 원한다면, 나는 그리스도의 몸 안에서 기능하는 몸의 일부여야 하기 때문입니다.

그래서 하나님께서는 성령의 은사를 우리의 유익을 위해 다른 사람들에게 주시고, 다른 사람의 유익을 위해 우리에게 주십니다. 은사는 개인적 특권이나 즐거움이 아니라 다른 사람들을 위해 주시는 것입니다. 하나님께서 주신 은사를 그리스도 안에서의 형제자매들과 세상을 위해 사용하고 있습니까?

5월 15일, 사람의 중요성

창세기 41:37-57, 예레미야 5:1

"데라가 그 아들 아브람과 하란의 아들인 그의 손자 롯과
그의 며느리 아브람의 아내 사래를 데리고
갈대아인의 우르를 떠나 가나안 땅으로 가고자 하더니
하란에 이르러 거기 거류하였으며"(창 11:31).

창세기를 읽다 보면 당시의 국제 정세에 대한 내용이 거의 없다는 것을 알게 됩니다. 그보다 창세기는 어느 외진 땅에서 시작된 한 가정의 역사를 기록하고 있습니다. 어떤 족장이 아들 한 명과 증손자 열두 명을 얻었는데, 그들은 <수메르 타임스>나 <바벨론 일보>의 헤드라인에 등장한 그 누구보다도 인간 역사의 방향에 큰 영향을 끼칩니다. 당시의 어떤 제도나 국제적인 운동이 아닌 그 몇 명의 사람들에 의해 미래가 결정된 것입니다. 우리 시대에는 많은 사람이 특정한 제도를 사회를 결정짓는 요소로 여깁니다. 그들은 제도를 바꾸면 사회를 바꿀 수 있다고 말합니다. 이는 정치인들이 호소하는 내용입니다. 그러나 성경은 제도보다 개인에게 훨씬 많은 지면을 할애함으로 우리의 흥미를 자극합니다. 하나님이 변화를 일으키기 위해 사용하시는 도구는 사람인 것으로 보입니다.

그 뜻은 분명합니다. 궁극적으로, 제도를 결정하는 것은 사람이며, 제도가 사람을 변화시키는 것이 아니라는 것입니다. 사람이 하나님과 홀로 대면하는 가운데 마음 깊은 곳에서 내리는 결정은, 역사적으로 매우 중요해 미래를 좌우하게 될 것입니다. 이런 결정은 그 결정을 내린 사람조차 그 결정의 중요성과 그것이 가져올 엄청난 결과를 알지 못할 수 있습니다. 인생의 가장 중요한 결정은, 사람이 하나님 앞에서 자신의 책임 및 그리스도 안에서 각 사람에게 주시는 은혜의 기회와 특권을 마주할 때 일어납니다. 중보 기도와 복음 전도, 제자도가 너무나 중요한 이유가 여기에 있습니다. 그리스도께서 당신을 위해 자신의 생명을 바칠 만큼 당신을 소중히 여기시는 것도 그 때문입니다.

5월 16일, 실수하지 않으시는 주님

마가복음 11:15-19

"누구든지 나를 따라오려거든
자기를 부인하고 자기십자가를 지고 나를 따를 것이니라
누구든지 자기 목숨을 구원하고자 하면 잃을 것이요
누구든지 나와 복음을 위하여 자기 목숨을 잃으면 구원하리라"(막 8:34-35).

제2차 세계대전이 벌어지고 있던 어느 날 밤, 나는 한 전도 집회에서 군인들에게 말씀을 전했습니다. 한 군인이 나와 이야기를 나누기 위해 집회가 끝나기를 기다렸습니다. 우리 둘만 남자 그는 "저도 그리스도인이 되고 싶습니다"라고 말했습니다.

나는 "그 이유가 무엇입니까?" 하고 물었습니다.

그는 "지옥에 가고 싶지 않기 때문입니다"라고 답했습니다.

나는 이렇게 말했습니다. "그것은 좋은 이유가 될 수 있습니다. 가장 훌륭한 이유인지는 모르겠지만, 충분히 합당한 이유입니다. 좋습니다. 그렇다면 이제 당신은 그리스도께 인생을 드리시겠습니까?"

군인은 굳어진 자세로 이렇게 말했습니다. "아, 그럴 순 없을 것 같습니다. 그리스도인이 되기 위해서는 반드시 그렇게 해야만 한다는 것이 확실합니까?"

나는 신약성경을 펼쳐 예수님의 말씀을 읽어주었습니다. "누구든지 나를 따라오려거든 자기를 부인하고 자기 십자가를 지고 나를 따를 것이니라 누구든지 자기 목숨을 구원하고자 하면 잃을 것이요 누구든지 나와 복음을 위하여 자기 목숨을 잃으면 구원하리라"(막 8:34-35).

잠시 침묵이 흐른 후, 그가 다시 물었습니다. "그리스도인이 되려면 그리스도께 인생을 드려야 합니까?"

"그렇습니다, 그래야 합니다. 왜 그렇게 하기를 망설이십니까?"

"저는 제 인생을 위한 계획이 있습니다! 이미 세워놓은 인생의 계획이 있는데, 어떻게 제 삶을 그리스도께 드릴 수 있겠습니까?" 그가 외치듯 말했습니다.

나는 그 군인의 너무나 분명한 정직함을 보고 그의 손을 꼭 잡아주었습니다. 목사인 나는 목회 생애 대부분을 "내 인생을 그리스도께 드립니다"라는 말과 "내 인생에서 무엇을 해야 할지는 내가 압니다"라는 말 사이에 아무런 모순을 느끼지 못하는 사람들을 대하며 살아왔습니다. 그런데 그 군인은 그 둘 사이에 모순이 있음을 알았던 것입니다.

예루살렘의 제사장들은 "이것은 주님의 집입니다"라고 말하는 것과 주님께 합당하지 않은 방식으로 그곳을 운영하는 것 사이에 모순이 없다고 생각했습니다. 그래서 예수님은 성전에 들어가 이렇게 선포하실 수밖에 없었습니다. "너희는 엄청난 잘못을 저지르고 있다. 이 성전은 내 아버지의 집이다. 오직 그분의 방식으로만 관리해야 한다." 제사장들은 크게 당황할 수밖에 없었습니다.

그리스도께서 동일한 방식으로 우리 인생에 들어오시면, 우리 대부분은 크게 당황합니다. 가장 큰 이유는, 우리가 삶의 지배권을 그분께 드릴 때 그분이 우리 인생을 어떻게 이끌어가실지 몰라 지나치게 두려워하기 때문입니다. 하지만 예수님께서 우리의 인생을 가지고 실수하실 것이라고 생각할 만한 정당한 근거가 있습니까?

5월 17일, 당신 없이는 살 수 없습니다

에베소서 4:25-32

"그런즉 거짓을 버리고 각각 그 이웃과 더불어 참된 것을 말하라 … 분을 내어도 죄를 짓지 말며"(엡 4:25-26).

성령을 근심하게 하는 것은 무엇일까요? 에베소서 4장은 성령을 근심하게 하는 죄 두 가지를 구체적으로 말씀합니다. 그 첫 번째는 거짓입니다. 나는 바울이 명백한 거짓말뿐 아니라 자신을 보호하기 위한 사소한 거짓에 대해서도 말하고 있다고 생각합니다. 우리 자신이 나쁘게 보이지 않을 정도로 진실이 가려졌지만 우리는 그것이 우리의 참 모습이 아닌 것을 알고 있다면, 그것도 거짓입니다. 신중하게 보이기 위해 진실을 가장하는 것도 거짓 증거입니다.

성령을 근심하게 하는 두 번째 죄는 분 내는 것입니다. 내게 그리스도인의 삶의 모범이 되어준 한 사람은 그리스 출신의 애즈베리 대학 졸업생입니다. 그는 우리에게 자신이 성령을 근심하게 한 경험을 들려주었습니다. 그가 이제 막 미국으로 건너와 그리스도인이 되었을 때였습니다. 그는 석탄을 채굴하는 작업 팀에 들어갔습니다. 그런데 함께 일하던 한 동료가 계속 하나님에 대해 불경스러운 말을 하는 것이었습니다. 그는 동료에게 욕하는 것을 멈춰달라고 말했습니다. 그런데도 동료가 계속 욕을 하자 이 그리스 그리스도인은 그를 주먹으로 때려눕히고 말았습니다. 그 후에 있었던 일을 그는 이렇게 말합니다. "남은 하루 동안 나는 완전히 혼자였습니다. 하나님의 평안이 떠나가버렸기 때문입니다. 나는 그날 밤 방에 돌아가 엎드려 말했습니다. '하나님, 저는 당신 없이는 살 수 없습니다. 제가 무엇을 잘못했나요?'"

하나님께서 말씀하셨습니다. "네가 무엇을 잘못했는지 너도 알잖아." 다음 날 그는 계속된 욕으로 이 모든 일을 야기한 동료에게 돌아가 용서를 구했습니다. 그는 마음의 평안을 잃었고, 잘못을 인정하며 관계를 회복시키기 전까지는 평안을 되찾지 못했습니다.

마음속에 바로잡아야 할 것이 있습니까? 한 위대한 설교자는 이렇게 말했습니다. "성령을 근심하게 하면, 그분은 떠나십니다."

5월 18일, 어두운 눈

마가복음 8:1-26

"예수께서 대답하여 이르시되 너희가 가서 듣고 보는 것을 요한에게 알리되
맹인이 보며 못 걷는 사람이 걸으며 나병환자가 깨끗함을 받으며
못 듣는 자가 들으며 죽은 자가 살아나며
가난한 자에게 복음이 전파된다 하라"(마 11:4-5).

우리의 본성이 죄로 가득한 것을 깨닫는 것은 그리스도인이 되기 위한 첫걸음입니다. 나는 '당신'이 타락했다고 믿는 것은 어렵지 않습니다. 어려운 것은 바로 '나 자신'이 타락했음을 믿는 일입니다. 가장 훌륭한 사람들조차도 그들이 얼마나 훌륭한 마음을 가지고 있는지와 관계없이 자신 속에서 타락의 영향력을 발견합니다. 인류가 타락했다는 성경의 가르침은 우리가 살아가는 세상의 실제 모습과 딱 들어맞습니다. 그 점은 특히 우리가 모든 일을 정확히 볼 수 있는지의 여부에 큰 영향을 끼칩니다.

신생의 표징은 우리의 눈이 열려 명확하게 보게 되는 것입니다. 문제는 우리 눈이 얼마나 완전하고도 충분히 열려 있는가입니다. 우리의 눈은 한때 열려 있었으나, 지금은 우리가 잠들어 주위의 필요에 닫혀 있을지도 모릅니다. 이는 영원한 것을 바라보는 우리 시야가 왜곡되는 것을 방치했기 때문일 수 있습니다. 눈이 어두워졌는데도 밝다고 생각하는 것만큼 위험한 것은 없습니다.

만약 우리가 우리 자신의 기준으로 시각을 측정한다면, 비현실적으로 매우 긍정적인 결론을 내리기가 얼마나 쉽습니까? 우리는 우리와 세상을 향한 성부 하나님의 계획, 우리와 세상을 구원하시려는 그리스도의 목적에 따라 우리의 시각을 점검해야 합니다. 그러면 우리가 어떤 맹점을 지닌 채 살아왔는지 분명히 알게 될 것입니다. 우리 주변 세상이 무엇을 필요로 하는지 보게 되고, 지금까지 우리의 시각이 예리하다고 생각하게 만든 것이 자기중심적인 안일함이었음을 깨닫게 될 것입니다.

5월 19일, 신랑 되신 그리스도

요한계시록 21장

"이리 오라 내가 신부 곧 어린 양의 아내를 네게 보이리라"(계 21:9).

교회사 초기 수세기 동안 기독교 신학자들이 성육신의 신비를 이해하고자 노력하면서 한 가지 흥미로운 질문이 떠올랐습니다. 만약 인간이 타락하지 않았더라도 하나님께서 그리스도를 보내셨을까 하는 것입니다. 어떤 이들은 긍정적으로 대답하며, 아담과 하와가 죄를 짓지 않았더라도 영원하신 성자께서는 이 세상에 오셔서 사람의 몸을 입으셨을 것이라고 생각했습니다. 그들의 논리는, 하나님이 우리를 사랑하시고, 우리와 가까이 있기를 원하시며, 우리와 하나 되기를 바라시기 때문이라는 것이었습니다.

이러한 생각의 핵심은, 그리스도께서 신부를 얻기 위해 세상에 오셨다는 성경의 주장이었습니다. 세례 요한이 그리스도의 사역을 그런 방식으로 이해했습니다(요 3:22-30). 예수님도 같은 방식으로 자신의 사명을 이해했습니다(막 2:18-20). 세례 요한과 예수님 모두 인간사의 진정한 개념을 결혼으로 이해한 것입니다. 요한계시록에 기록된 마지막 장면들(18-22장)도 이 견해를 확증합니다. 그리스도를 믿는 사람들은 하나님의 보좌가 있는 곳으로 인도함 받아 그리스도의 신부로서 그분과 함께 그곳에 앉게 될 것입니다. 이 얼마나 놀라운 일입니까!

이 진리를 진정으로 이해한다면, 거기서 우리 삶 전체를 거룩하게 할 신성한 영향력이 넘쳐남을 경험하게 될 것입니다. 그로 인해 육신적 결혼을 영원한 결혼을 이해하는 비유로 보게 될 것입니다. 결혼은 영원한 운명을 지상에서 훈련하는 것이 되고, 구원은 무언가를 얻는 것이 아니라 자신을 주는 개념으로 이해하게 될 것입니다. 우리는 사물이 아닌 인격적이신 분을 추구하게 될 것입니다. 나는 우리가 죄를 짓지 않았더라도 그리스도께서 세상에 오셨을 것이라는 생각을 좋아하지만, 성경은 이 문제에 답하지 않습니다. 그러나 그리스도께서 우리가 타락했음에도 우리와 친밀한 관계를 갖기 원하신다는 사실에 대해서는 분명히 말씀합니다.

지금의 약혼 기간을 즐기고 있습니까?

5월 20일, 우리의 본이 되시는 예수님

마가복음 8:27-38

"누구든지 자기 목숨을 구원하고자 하면 잃을 것이요 누구든지 나와 복음을 위하여 자기 목숨을 잃으면 구원하리라"(막 8:35).

십자가에 달리신 예수 그리스도는 모든 그리스도인의 모범이십니다. 신약성경은 이를 두 가지 방법으로 설명합니다. 그 첫 번째로 예수님께서 원수들의 조롱과 비웃음을 직면하셨을 때를 다룹니다. 그들은 "저가 남을 구원하였으니 만일 하나님이 택하신 자 그리스도이면 자신도 구원할지어다"(눅 23:35)라고 말했습니다. 이때 예수님은 자신을 구원하거나 말로 자신을 변호하지 않기로 선택하심으로 우리의 본이 되어주셨습니다. 바울은 이 모범을 따랐고, 교회를 향해서도 "내가 그리스도를 본받는 자가 된 것같이 너희는 나를 본받는 자가 되라"(고전 11:1)라고 권면했습니다. 그는 에베소서 5장 1-2절에서도 그리스도께서 보이신 본을 이렇게 묘사합니다. "그러므로 사랑을 받는 자녀 같이 너희는 하나님을 본받는 자가 되고 그리스도께서 너희를 사랑하신 것같이 너희도 사랑 가운데서 행하라 그는 우리를 위하여 자신을 버리사 향기로운 제물과 희생제물로 하나님께 드리셨느니라." 그리스도는 자신을 구원하시지 않고 인류를 위해 자신을 포기하셨으며, 이제는 바울이 다른 사람들을 위해 자신을 포기합니다. 말씀의 의미는 분명합니다. 즉, 예수님을 본받으라는 것입니다. 사랑으로 살면서 다른 사람들을 위해 자신을 내어주십시오. 우리 자신을 구원하는 것이 아니라, 예수님을 위해 세상을 구원하며 살아가는 것이 예수님을 따르는 모든 사람이 해야 할 일입니다.

예수님이 우리의 본이 되어주신 두 번째 방법은, 그분이 인간이 되신 것입니다. 모든 사람은 그분을 닮아야 합니다. 그분이 우리의 모범입니다. 아담의 타락 이후 이기심에서 자유로운 사람은 아무도 없었고, 따라서 모든 사람이 온전함에 미치지 못했습니다. 그러나 예수님이 오셨고, 그분은 이기심에서 자유로우셨으며, 그렇기에 온전하셨습니다. 우리가 구원받는 것은 오직 이 죄 없으신 예수 그리스도와의 교제를 통해서입니다. 그분은 우리 안에 들어오셔서 그분의 생명을 두심으로 우리를 변화시키십니다. 그리고 우리로 우리 자신을 내주어 다른 사람들을 위해 목숨까지 내려놓을 수 있게 하십니다.

5월 21일, 디모데를 보내었으니

고린도전서 4:9-17

"이는 뜻을 같이하여
너희 사정을 진실히 생각할 자가 이밖에 내게 없음이라
그들이 다 자기 일을 구하고
그리스도 예수의 일을 구하지 아니하되"(빌 2:20-21).

자기중심주의는 우리의 본성이 타락한 결과입니다. 심지어 신생 이후에도 우리는 이기심으로 가득할 수 있습니다. 은혜 없이는 이 이기심의 횡포는 멈추지 않으며, 심지어 은혜를 받고 있을 때조차도 다른 사람보다 자기 자신을 더 중요하게 여기는 일은 가능합니다.

나는 빌립보서 2장 20-21절에서 이 애처로운 짧은 문구를 처음 발견했을 때가 기억납니다. 바울은 이렇게 말합니다. "너희 사정을 진실히 생각할 자가 이밖에 내게 없음이라 그들이 다 자기 일을 구하고 그리스도 예수의 일을 구하지 아니하되." 바울은 빌립보 교회를 더 확고히 세우고 그들의 상태를 확인하기 위해 보낼 격려자를 찾으려 했지만 매우 안타까운 상황을 경험합니다. 주위를 아무리 둘러보아도 믿고 보낼 수 있는 사람이 딱 한 명뿐이었기 때문입니다. 일행 중 자신보다 다른 사람의 잘됨을 더 중요하게 여기는 유일한 사람이 디모데였습니다.

이기심을 극복하기 위해 분투하고 있습니까? 예수님은 당신이 다른 사람들을 사랑하고, 자신보다 다른 사람의 잘됨을 더 중요하게 여길 수 있도록 당신을 자유롭게 하실 수 있습니다. 하나님께서 그 지점에 이르기까지 은혜를 주시면, 당신은 그것이 속박이 아닌 자유임을 알게 될 것입니다.

당신이 바울의 일행 중 한 사람이었더라면, 그가 당신을 빌립보인들에게 보낼 수 있었겠습니까?

5월 22일, 하나님의 부르심

마태복음 4:18-22

"여호와께서 그가 보려고 돌이켜 오는 것을 보신지라
하나님이 떨기나무 가운데서 그를 불러
이르시되 모세야 모세야 하시매"(출 3:4).

어느 날 모세는 양을 치다 문득 눈앞에서 일어나는 불가해한 광경을 보았습니다. 사막의 덤불에 불이 붙었음에도 타 없어지지 않는 것이었습니다. 불길이 타오르는데도 나무가 검게 변해 재가 되지 않았습니다. 이 광경은 마치 대부분의 그리스도인의 삶이 어떤 방식으로 시작되었는지를 보여주는 것 같습니다. 하나님은 어떤 방식으로든 먼저 주도적으로 신자의 의식적인 경험에 찾아오십니다. 모든 그리스도인은 그리스도의 임재의 경험이 있습니다. 그때는 주 예수님이 실제로 계신 것을 느끼고, 자신이 혼자가 아니라는 것을 깨달으며, 우리와 동행하시는 분이 인간이 아님을 인식하게 됩니다. 우리와 다른 그분이 우리를 부르고 계심을 깨닫는 것이 바로 그 순간입니다.

나는 십대 초반 이런 부르심이 내게 임했던 때를 잘 기억합니다. 나는 평생 교회에 다녔고 주일에는 교회에서 네 번이나 예배를 드렸으며, 가끔은 아버지에게 이끌려 수요일 밤 기도회에도 참석하곤 했습니다. 그러나 나는 삶에서 하나님의 임재를 느끼지 못했습니다. 어느 날 갑자기 예수님은 피할 수 없는 방식으로 나를 찾아오셨습니다. 그분은 내게 이렇게 말씀하셨습니다. "나는 너를 원한다. 네가 나를 따르기를 원한다." 그 부르심은 피할 수 없으며, 그 부르심을 받으면 당신은 평범하지 않은 일이 일어나고 있음을 즉시 알게 됩니다. 예수님의 사진을 찍지는 못하고, 그분의 손을 잡지는 못해도, 당신보다 크신 분이 임재해 계신 것과 그분이 당신의 인생을 요구하고 계신 것을 알게 됩니다. 그 요구에 어떻게 반응하는지가 당신의 영원한 운명이 됩니다.

그분이 당신을 부르고 계십니까?

5월 23일, 삼위일체의 친밀함

요한복음 14-17장

"하늘로부터 소리가 있어 말씀하시되
이는 내 사랑하는 아들이요 내 기뻐하는 자라 하시니라"(마 3:17).

성부 하나님은 나와 어떤 관계를 맺기 원하실까요? 그분이 성자 예수님을 매우 친밀하게 아시는 것같이 나와도 그런 친밀한 관계를 원하실까요? 사랑과 신뢰의 종교인 기독교의 가장 근본적인 교리는 삼위일체의 교리입니다. 즉, 한 분 하나님 안에 계신 성부, 성자, 성령께서 서로를 사랑하고 서로에게 자신을 내어 주신다는 것입니다. 하나님 외에는 누구도 존재하지 않았던 절대적이고 궁극적인 태초에도, 사실 하나님은 홀로 계시지 않고 성부, 성자, 성령의 사랑의 관계로 계셨습니다. 성부, 성자, 성령께서 서로 간에 지니신 관계가 얼마나 친밀한 것인지 주목해 보시기 바랍니다.

예수님은 성부 하나님에 대해 이렇게 말씀하셨습니다. "내가 진실로 진실로 너희에게 이르노니 아들이 아버지께서 하시는 일을 보지 않고는 아무것도 스스로 할 수 없나니 아버지께서 행하시는 그것을 아들도 그와 같이 행하느니라"(요 5:19).

또 성부 하나님께서 성자에 대해 하시는 말씀을 보십시오. "이는 내 사랑하는 아들이요 내 기뻐하는 자니 너희는 그의 말을 들으라"(마 17:5).

성자께서 성령님에 대해 하신 말씀 역시 들어 보십시오. "진리의 성령이 오시면 … 그가 스스로 말하지 않고 오직 들은 것을 말하며 … 그가 내 것을 가지고 너희에게 알리시리라"(요 16:13, 15).

삼위일체 하나님의 세 위격 사이에는 절대적인 친밀함과 상호 의존의 관계가 있습니다. 각 위격은 삼위일체의 다른 위격을 영화롭게 하며 살아가십니다. 바로 이것이 하나님께서 당신과 내게 바라시는 것입니다. 그분은 우리가 삼위일체 하나님의 모습을 본받아, 하나님께 영광 돌리기를 바라십니다. 우리는 그분의 사랑하는 자녀가 되어야 하고, 그분과의 교제에서 배운 것을 세상에도 전해야 합니다. 우리가 그분과 정말 그렇게 친밀할 수 있을까요? 성경은 친밀함이 가능할 뿐 아니라 바로 그 목적을 위해 우리가 지음 받았음을 분명하게 알려줍니다.

5월 24일, 사랑의 헌신

요한복음 15:9-17

"자기 땅에 오매 자기 백성이 영접하지 아니하였으나
영접하는 자 곧 그 이름을 믿는 자들에게는
하나님의 자녀가 되는 권세를 주셨으니"(요 1:11-12).

하나님께서 우리에게서 단지 복종만을 원하신다면, 그것은 매우 쉬울 것입니다. 그분은 두 가지 방법으로 우리가 복종하게 하실 수 있습니다. 첫 번째는, 복종을 강제하는 것입니다. 나는 과거에 하나님께서는 복종을 바라시지만, 만약 나로 복종하게 하신다면 그것이 기적이라고 생각하곤 했습니다. 언젠가 예수님은 자신이 아버지께 구하면, 아버지께서 자신을 보호하기 위해 천사의 군단을 보내실 것이라고 말씀하셨습니다(마 26:53). 그분께는 복종을 강제할 힘이 있으시다는 것입니다. 그러나 그 힘을 사용하지 않기를 의도적으로 택하셨습니다. 그분은 노예와 같은 굴종을 원하지 않으셨습니다. 지옥은 주 예수님께 대한 사랑이 없이 복종해야 하는 곳일지도 모릅니다. 예수님은 천국과 지옥 모두를 다스리실 것입니다. 그분은 왕의 왕, 주의 주이십니다. 최종적으로는 모든 사람의 복종을 요구하시겠지만, 그분은 그 이상을 원하십니다. 그분은 강제로는 되지 않는 것을 바라십니다.

하나님께서 바라시는 것은 강제할 수도 없고, 돈으로 살 수도 없는 것입니다. 하나님은 원하시면 당신과 나를 돈으로 사실 수 있습니다. 그럴 만한 자원을 가지고 계시기 때문입니다. 그러나 만약 그렇게 하신다면 그분은 우리를 하인과 노예로 소유하시게 될 것입니다. 그분은 그 이상을 원하십니다. 곧 성부께서는 아들과 딸, 성자께서는 신부가 될 사람을 원하십니다. 사랑의 관계는 복종의 관계 그 이상의 것입니다.

하나님은 어떻게 이 사랑의 관계를 가능하게 하실까요? 놀랍게도 창조주 하나님은 피조물 앞에 겸손과 온유함으로 서 계십니다. 그분은 우리가 그분을 사모해 그분을 택하고, 세상을 구원하시려는 그분의 사역에 동참하기를 바라십니다. 강제로나 돈으로 팔려서가 아니라 사랑으로 헌신하기를 바라십니다. 하나님은 우리에게 자기 편이 될 것을 결코 강요하시지는 않지만, 우리가 기꺼이 순종하기를 바라시며, 우리를 그분과의 사랑의 관계로 초대하십니다.

5월 25, 친구의 사랑

출애굽기 25:1-9

"너희는 내가 명하는 대로 행하면 곧 나의 친구라 이제부터는 너희를 종이라 하지 아니하리니 종은 주인이 하는 것을 알지 못함이라 너희를 친구라 하였노니 내가 내 아버지께 들은 것을 다 너희에게 알게 하였음이라 너희가 나를 택한 것이 아니요 내가 너희를 택하여 세웠나니 이는 너희로 가서 열매를 맺게 하고 또 너희 열매가 항상 있게 하여 내 이름으로 아버지께 무엇을 구하든지 다 받게 하려 함이라"(요 15:14-16).

하나님은 세상과 그분의 백성을 사랑하시고 우리 가운데 있기 원하십니다. 그분은 우리 중 한 사람이 되기 원하십니다. 그리고 우리를 좋아하십니다. 나는 그분이 나를 사랑하신다는 것보다 나를 좋아하신다고 생각할 때 더 감동이 됩니다. 우리는 사랑이라는 단어를 마치 하나님의 의무 같은 것으로 생각하곤 합니다. 그분이 사랑이시기에 모두를 사랑하는 것이 마땅하다는 것입니다. 그러나 그분이 당신을 좋아하신다는 것을 알고 있습니까? 당신의 행동은 좋아하시지 않을지 모르지만 당신은 좋아합니다. 당신이 사랑해야 하는 사람들과 맺는 관계와 당신이 좋아하는 사람들과 맺는 관계는 큰 차이가 있습니다. 내가 좋아하는 사람들이란 더 가까워지고 싶고, 같이 시간을 보내고 싶은 사람들입니다. 나는 그들을 일부러 찾아가 친교와 교제를 나누곤 합니다. 나는 그들의 삶에 있는 풍요로움을 내 삶에도 가져오고 싶어 그들을 찾고 그 교제를 즐깁니다.

우리가 성경에서 읽는 하나님도 그런 분이십니다. 그분은 우리와 가까운 것을 좋아하시고, 가까워지고 싶어하십니다. 여호수아서에서 땅을 소유하시려는 하나님의 목적은 바로 그 때문이었습니다. 하나님은 특정한 땅을 자신의 소유로 삼고자 하셨습니다. 온 세상이 그분의 것임에도, 세상은 그분을 부인했습니다. 하나님은 그분의 백성들이 그분의 땅에서 이렇게 말하기를 바라십니다. "우리는 그분의 것입니다. 우리는 그분을 좋아합니다. 그분이 우리를 돌보십니다. 우리는 그분의 것이고, 그분은 우리의 것입니다. 우리는 이런 관계인 것이 좋습니다."

당신이 누군가를 좋아하면, 그가 당신의 공간을 침범하는 것을 허락할 것입니다. 당신은 하나님을 좋아하십니까? 당신의 집이나 직장은 그분의 것입니까? 그분이 당신의 일정과 계획을 바꾸셔도 됩니까? 또 당신의 집에 있는 것이면 무엇이든 사용하실 수 있습니까? 그분은 우리가 그분을 바라보면서 이렇게 말하기를 바라십니다. "우리는 당신을 좋아합니다! 우리는 당신의 것이고, 당신의 것이라서 좋습니다. 우리가 사는 이 세상이 당신의 것이고, 그래서 우리는 기쁩니다."

5월 26일, 하나님의 성소

시편 24편

"내가 그들 중에 거할 성소를 그들이 나를 위하여 짓되"(출 25:8).

출애굽기의 마지막 열여섯 장은 하나님께서 거하실 성소인 성막 짓는 일을 다룹니다. 하나님께서는 유대인을 그분의 백성으로 삼아 그들 한가운데 거하고자 하셨습니다. 그들을 사랑하셨기 때문입니다. 하나님은 우리의 일상적 사회 생활, 사실은 우리 삶 전체의 중심에 위치하길 원하셨습니다. 참된 그리스도인의 삶의 핵심 요소는, 우리 삶의 중심이신 하나님을 날마다 예배하고 경배하는 것이기 때문입니다.

나는 능력 있는 그리스도인 중에 규칙적이고 일관되게 개인 경건의 시간을 갖지 않는 사람을 본 적이 없습니다. 나는 대단한 간증들을 많이 들어왔습니다. 그러나 그렇게 간증한 사람도 날마다 말씀을 묵상하며 하나님의 임재 안에서 보내는 시간을 확보하지 못하면 은혜를 지속하지 못했습니다.

내가 대학생일 때 하나님은 내게 본이 되는 기숙사 방 친구를 주셨습니다. 매일 아침 나는 방에 불이 켜져 있는 것을 느끼며 일어났습니다. 고개를 돌려보면 친구는 의자 위에 성경을 펼쳐놓고 그 옆에서 무릎을 꿇고 있었습니다. 나는 날마다 그가 그렇게 하는 것을 보았고, 그가 가진 신앙을 나도 갖고 싶다고 생각했습니다. 나는 경건을 중요하게 생각했기에, 그가 무릎 꿇고 기도하는 시간에 잠을 잔다는 것에 가책을 느꼈습니다. 그래서 부끄러운 마음으로 친구가 하는 것처럼 규칙적으로 나만의 경건 시간을 갖기 시작했습니다. 나는 나로 부끄럽게 해 규칙적으로 하나님과 함께하는 시간을 갖게 해준 그 친구에게 영원히 감사할 것입니다. 동기가 무엇이든 괜찮습니다. 하나님과의 만남을 시작하고 나면, 그분이 당신을 다스리셔서 당신의 동기를 변화시켜, 그분 자신을 원하게 하실 수 있습니다. 당신을 그리스도의 임재와 그분의 말씀에 대해 열린 마음으로 이끄는 것이 무엇이든, 그것은 당신의 신앙 생활에 극적인 변화를 가져올 것입니다. 그분이 우리의 삶 정중앙에 자리하셔서 우리는 날마다 그분을 바라보고 그분과 대화할 수 있을 것입니다. 그분은 우리의 내면을 그분의 성소로 삼기 원하십니다.

5월 27일, 그리스도, 나의 기쁨

아가 2:3-4

"여호와를 기뻐하라"(시 37:4).

나는 삼십 대 때 몸에 문제가 생겨 어느 순간 목소리를 잃을까 봐 염려한 적이 있습니다. 두려움이 엄습했습니다. 그때 나는 오직 설교와 교육으로만 재정을 충당했고, 또 부양해야 할 가족도 있었습니다. 나는 열여섯 살 때부터 목소리를 꼭 필요로 하는 사역에 전념해왔습니다. 그래서 "주님, 내게 이러시면 안 됩니다"라고 말했습니다.

그러자 그분은 "그래? 네가 사랑하는 것은 나의 사역이니, 나니?"라고 물으셨습니다.

나는 기쁘게도 "주님, 당신이 나의 사랑입니다. 나의 목소리든, 원하는 그 무엇이든 다 가져가셔도 좋습니다. 당신이 내 기쁨의 원천입니다"라고 대답할 수 있었습니다. 나는 그리스도의 일 하는 것을 즐거워하지만, 그분은 그의 일보다 훨씬 더 풍성한 즐거움의 원천이시며, 삶에서 가장 중요한 것은 그분과의 인격적인 관계이기 때문입니다.

성령님이 너무나 소중한 것은 그 때문입니다. 성령님은 우리에게 그리스도를 증언하심으로 그리스도를 영화롭게 하십니다. 그분은 우리 삶에서 예수님을 불쾌하게 하는 것이 무엇인지 깨닫게 하시고, 우리의 마음이 그리스도를 닮을 수 있게 하십니다. 우리는 주님을 근심하시지 않게 하고, 또 우리가 예수 그리스도 안에서 온전히 기뻐하듯 그분도 우리로 인해 즐거워하시도록, 성령으로 충만해야 합니다. 하나님은 그리스도께서 중심이 되는 삶으로 우리를 부르시고, 성령께서는 그것을 가능하게 하십니다. 당신은 그분을 기뻐합니까?

5월 28일, 우상숭배

로마서 1:18-32

"이는 그들이 하나님의 진리를 거짓 것으로 바꾸어 피조물을 조물주보다 더 경배하고 섬김이라 주는 곧 영원히 찬송할 이시로다"(롬 1:25).

우리는 종종 수단을 목적으로 오용하는데, 그것이 우상숭배의 본질입니다. 창조 세계는 하나님께 영광을 돌려드리기 위해 존재합니다. 그러나 우리가 창조 세계나 그 안에 있는 것을 목적으로 삼으면 우상숭배의 죄를 짓는 것입니다. 우리가 속한 단체, 일, 사역, 인간관계는 하나님의 영광을 위한 것이 되어야 합니다. 우리가 그런 것을 우리의 안전의 비결과 성공으로 여기면, 우리는 하나님만의 자리를 그것에게 내어주는 것입니다. 나는 세상에 잘 알려지지 않은 사람으로서, 자신의 개인적인 영광을 위해 공적으로 제국을 건설하는 사람을 쉽게 비판합니다. 그러면서도 내가 있는 곳에서 더 작은 왕국을 세우려는 유혹에 쉽게 빠져듭니다. 우리는 하나님의 창조 세계를 자신의 영광을 위해 사용하고 있지 않습니까?

이 일은 정확히 예수님 당시 유대인들이 행한 일입니다. 예수님께서 성전을 허물면 삼 일 만에 다시 일으키겠다고 하신 말씀을 기억합니까? 유대인들은 큰 충격을 받아, 그 말을 삼 년 뒤 예수님의 사형선고를 확정하기 위해 사용했습니다. 십자가를 구경하던 사람들은 그분을 조롱하기 위해 그 말을 반복했습니다. 사도행전에서 스데반을 고발한 사람들은 예수님의 그 말씀을 기억해 스데반을 죽이기 위해 사용했습니다. 성전은 유대인들에게 신성불가침의 것이 되었고, 성전 없는 삶은 생각조차 할 수 없었습니다. 그러나 그것은 우상숭배였습니다. 하나님의 임재를 상징하는 건물이 하나님의 자리를 차지한 것이었습니다.

육백 년 전 에스겔은 하나님의 영광이 성전을 떠났으나, 하나님의 제사장들이 하나님께서 떠나신 사실조차 알지 못했다고 기록했습니다. 그랬던 그들이 하나님이 사람의 몸을 입고 오셨을 때 알아보지 못한 것은 전혀 놀랄 일이 아닙니다. 그들은 성소와 거기서 행하는 종교적 의식을 거룩하신 하나님보다 더 실제적인 것으로 여겼습니다. 하나님의 영은 눈에 보이지 않기 때문입니다. 당신은 그분을 잃고서도 그분이 떠나신 사실을 절대로 인정하지 않을 수도 있습니다. 그분께 대한 민감함을 잃지 마십시오.

5월 29일, 하나님의 임재의 상실

여호수아 7장

"일어나라 어찌하여 이렇게 엎드렸느냐 이스라엘이 범죄하여 내가 그들에게 명령한 나의 언약을 어겼으며 … 그러므로 이스라엘 자손들이 그들의 원수 앞에 능히 맞서지 못하고"(수 7:10-12).

아간의 이야기는 많은 사람을 두렵게 합니다. 아간은 주님께 범죄함으로 이스라엘 백성이 전투에서 패배하게 한 사람입니다. 아간의 죄가 밝혀지자, 그와 가족 전체는 죽임을 당했습니다. 오늘날 한 번 그리스도를 영접하고 나면 우리가 어떤 삶을 살든 그리스도께서 우리와 함께하신다고 믿는 사람들이 있습니다. 그러나 그것은 사실이 아닙니다. 그리스도는 우리가 그리스도와 함께하면 우리와 함께하시지만, 우리가 그분의 길과 반대된 길을 가면 예수님의 임재는 우리 삶에서 떠나갈 것입니다. 우리가 계속 하나님을 등진다면, 하나님은 우리를 구원하실 수 없습니다.

이러한 가르침은 단지 구약 성경의 원리만이 아닌 영원한 진리입니다. 사랑의 사도 요한은 이렇게 말했습니다. "만일 우리가 하나님과 사귐이 있다 하고 어둠에 행하면 거짓말을 하고 진리를 행하지 아니함이거니와"(요일 1:6).

마지막 날은 구원의 날뿐 아니라 배제의 날이 될 것입니다. 천국문이 열리고, 그곳으로 들어가지 못하는 사람들은 영원히 구원에서 제외될 것입니다.

어떤 사람은 그렇다면 과연 하나님이 자비로우신지 의문을 제기할 것입니다. 인간의 삶에 대한 최종적 평가의 기준은 자비가 아닌 의와 거룩함이 될 것입니다. 하나님의 자비는 우리를 의롭게 하십니다. 이 자비는 이 땅의 삶을 사는 동안 우리에게 주어져 하나님의 거룩하심과 선하심을 알게 합니다. 그러나 우리가 그분의 자비를 거절하면, 우리는 그분의 거룩함을 마주하게 됩니다. 불결하고 부정하며 거짓된 것은 그 어떤 것도 하나님의 영원한 나라에 들어갈 수 없을 것입니다. 성경을 마무리를 도와주는 비극적인 선언에 주목해보십시오. "개들과 점술가들과 음행하는 자들과 살인자들과 우상 숭배자들과 및 거짓말을 좋아하며 지어내는 자는 다 성 밖에 있으리라"(계 22:15).

사실 하나님은 아무도 지옥에 보내시지 않습니다. 하나님께로 향하거나 그분에게서 돌아서기로 결정하는 것은 우리 자신입니다. 당신은 어느 곳을 향하고 있습니까?

5월 30일, 가깝지만 먼 주님

누가복음 23:32-43

"달린 행악자 중 하나는 비방하여 이르되
네가 그리스도가 아니냐 너와 우리를 구원하라 하되"(눅 23:39).

십자가 사건은 기독교 신앙의 가장 중심이 되는 역사적 사실입니다. 우리가 계속 과거로 돌아가 골고다 언덕을 생각하게 되는 것은 우연이 아닙니다. 그러나 그리스도의 십자가는 비록 중심에 있었으나 홀로 서 있지 않았습니다. 그날에 언덕 위에는 두 개의 십자가가 더 있었습니다. 모든 시간과 역사가 이 장면을 가리키도록 하신 섭리의 하나님이 결코 이 일이 우연히 일어나게 하셨을 리가 없습니다. 그 두 강도의 십자가는 우리에게 전하는 메시지가 있습니다.

두 십자가 중 하나에는 예수님을 저주함으로 조금이나마 위안을 얻으려는 불쌍한 영혼이 달려 있었습니다. 그는 주님을 비웃고 조롱하는 사람들의 목소리에 자신의 목소리를 더했습니다. 예수님은 그를 구원하기 위해 죽어가심에도, 그는 죽기까지 자신을 사랑하신 그분께 쓰라린 저주를 쏟아부었습니다.

여기서 우리가 배울 수 있는 놀라운 교훈은, 사람이 예수님과 매우 가까이 있어도 그분이 누구신지 알아보지 못할 수 있다는 것입니다. 이 강도는 예수님과 불과 몇 미터 밖에 떨어져 있지 않았습니다. 그는 분명 예수님의 입에서 나오는 모든 말씀을 들었습니다. 하나님은 강도가 예수님과 화해할 수 있도록 그분을 그렇게 가까이 있게 하셨지만, 강도는 그분을 저주했습니다.

그리스도와 매우 가깝게 있는 사람도 그분을 알아보지 못할 수 있습니다. 그분의 제자 중 한 사람도 그랬습니다. 교회 안에 있어도 그분을 알아보지 못할 수 있습니다. 존 웨슬리는 삼십오 세가 되기 전까지 그랬습니다. 목회사역을 하면서도 그분을 알아보지 못할 수 있습니다. 그분을 십자가에 못 박도록 계획한 것이 대제사장이었음을 기억하십시오. 인간 역사의 최고의 비극은 그리스도께 가장 가까이 있는 많은 사람이 그분을 알아보지 못해 구원을 상실했다는 것입니다.

그분은 우리가 생각하는 것보다 더 우리 가까이에 계십니다. 우리는 그분을 놓쳐서는 안 됩니다!

5월 31일, 기다림의 한계

누가복음 23:32-43

"오늘 네가 나와 함께 낙원에 있으리라"(눅 23:43).

그날 골고다 언덕 예수님의 십자가 곁에는 두 개의 십자가가 있었습니다. 그 각각은 독특한 이야기가 있었습니다. 그중 하나는 심판 속에서의 구원, 미움에 도전한 사랑, 죽어가는 중에 얻은 생명의 이야기입니다. 그것은 변화를 일으키는 소망에 관한 이야기입니다.

   십자가에 달린 그 강도는 예수님의 십자가 저편의 동료 범죄자와 동일하게 하루를 시작했습니다. 그는 군중과 반대편 십자가 강도의 목소리에 자신의 목소리를 더해 예수님을 저주했습니다. 그의 신랄한 저주는 다른 이들의 저주 못지않았습니다. 그러나 시간이 지나면서 그는 예수님과 다른 사람들의 차이를 느꼈습니다. 그는 예수님이 아버지께 자신을 죽이는 사람들을 용서해주실 것을 구하는 기도를 들었습니다. 그것은 강도에게 상상할 수도 없었던 여러 생각을 불러 일으켰습니다. 용서? 그같은 사람에게 용서가 있을 수 있을까요? 그리스도의 말씀을 듣고서 성령께서 자신의 마음을 감동시키는 것을 느끼자, 그는 결정을 내립니다. 만약 용서가 가능하다면 자신은 그것을 원하고, 만약 누군가 용서를 해줄 수 있다면 바로 이 이상한 분이 하실 수 있을 것이라 생각한 것입니다. 그래서 그는 "예수여 당신의 나라에 임하실 때에 나를 기억하소서"(눅 23:42)라고 기도했습니다.

   우리는 여기서 배워야 할 교훈이 많습니다. 큰 죄를 지은 사람도 여전히 용서받을 수 있을까요? 교회와 그 사역에서 멀어졌어도 은혜 받는 자가 될 수 있을까요? 그리스도의 용서에 대한 희망이 사라지기 전 얼마나 기회가 주어질까요? 이 이야기는 어떤 죄인도, 그가 얼마나 하나님과 멀었는지와 관계없이, 그에게 생명이 있는 동안에는 그리스도의 사랑이 미치지 않는 곳에 있지 않음을 분명히 보여줍니다. 우리는 예수님의 십자가뿐 아니라 그 강도의 십자가로 인해서도 하나님께 감사하게 됩니다.

6월 1일, 내면적 역사

요한복음 3장

"사람이 물과 성령으로 나지 아니하면
하나님의 나라에 들어갈 수 없느니라"(요 6:5).

니고데모는 타고난 지도자였습니다. 그는 그의 지식, 지위, 진실성, 신앙심으로 인해 널리 존경받는 사람이었습니다. 그는 바리새인이었고, 그중에서도 더 나은 사람이었던 것이 분명합니다. 니고데모는 매우 정직하면서도 하나님의 뜻을 행하려는 진실한 열망을 가진 사람이었습니다. 그는 호기심과 의문을 품고 예수님께 나아왔고, 예수님이 하나님께로부터 오신 것을 기꺼이 인정했습니다. 그분의 선한 행실을 보았기 때문입니다. 그는 예수님과 그분이 전하시는 말씀에 대해 더 알기 원했습니다.

예수님은 니고데모를 단호하게 다루셨습니다. 그분은 곧바로 문제의 핵심으로 들어가, 정말 하나님 나라를 보고 싶다면 내면에서 변화가 일어나야 함을 니고데모에게 말씀하셨습니다. 그때까지 니고데모의 신앙은 대부분 외적인 것이었습니다. 그는 율법을 지키고 선을 행함으로 행실을 통해 하나님을 기쁘시게 해드리려고 열심히 노력해 왔습니다. 그러나 예수님은 니고데모에게 그 자신의 행함이 아닌, 그의 안에서 일하시는 성령님의 행하심이 중요함을 알려주셨습니다.

이것은 행함이 아닌 오직 믿음으로 구원받는다는 교리에 대한 성경의 가장 중요한 가르침 중 하나입니다. 우리가 그리스도인인지 아닌지는 하나님을 위해 무엇을 행하는지에 달려 있지 않고, 우리가 스스로 할 수 없는 일을 하나님께서 우리를 위해 행해 주시는지에 달려 있습니다. 우리는 그분 없이는 죽어 있는 상태이기에, 그분이 우리에게 생명을 주셔야 합니다. 우리는 니고데모와 같이 눈이 멀어 보지 못합니다. 오직 그분이 우리의 눈을 밝혀주셔야만 합니다. 우리가 하나님과 맺는 관계의 모든 측면은 은혜의 선물입니다. 우리 자신의 힘든 수고와 선한 의도로 그분을 기쁘시게 하고자 노력하고 있다면, 우리는 실패할 수밖에 없습니다. 오직 하나님께서 우리 내면에서 그분의 일을 행하시도록 할 때만, 하나님은 기뻐하시고 우리는 구원을 얻습니다.

6월 2일, 가까이하기 원하시는 하나님

요한계시록 3:14-22

"볼지어다 내가 문 밖에 서서 두드리노니 누구든지 내 음성을 듣고 문을 열면 내가 그에게로 들어가 그와 더불어 먹고 그는 나와 더불어 먹으리라 이기는 그에게는 내가 내 보좌에 함께 앉게 하여주기를 내가 이기고 아버지 보좌에 함께 앉은 것과 같이 하리라"(계 3:20-21).

하나님은 우리를 사랑하시고 우리와 가까이 있고 싶으셔서, 우리 중 한 명이 되어 우리와 함께 사셨고, 최종적으로 다시 오셔서 우리와 영원히 함께하실 것입니다. 요한계시록은 앞으로 우리가 맞이할 미래를 이해할 수 있는 토대를 제공해줍니다. 그중 한 장면은 특히 부활하신 주님의 다음과 같은 초대를 전해줍니다. "볼지어다 내가 문 밖에 서서 두드리노니 누구든지 내 음성을 듣고 문을 열면 내가 그에게로 들어가 그와 더불어 먹고 그는 나와 더불어 먹으리라"(계 3:20). 즉, 주님이 내 안에 사시고, 내가 주님 안에 사는 것이 가능합니다. 승천하신 그리스도는 두 번째 장면에서 또 이렇게 말씀하십니다. "이기는 그에게는 내가 내 보좌에 함께 앉게 하여주기를 내가 이기고 아버지 보좌에 함께 앉은 것과 같이 하리라"(계 3:21). 그리스도와 동행하는 모든 신자는 장차 그리스도와 함께 살며 그분의 보좌에 함께 앉는 놀라운 친밀함을 누리게 될 것입니다.

하나님께서 인간에게 부여하신 가치는 측량할 수 없습니다. 하나님께서 우리에게 오셔서 함께 먹고 함께 살며, 그분과 함께 영원히 그분의 보좌에 앉을 수 있을 정도로 우리는 너무나 가치 있는 존재입니다. 각 사람은 영원의 가능성과 막대한 가치를 지닌 하나님의 피조물입니다. 하나님은 자신과 영원히 교제하며 친교를 나누는 삶을 위해 우리를 미리 준비시키고 계십니다. 그분이 우리와 가까이하기를 원하시는 반면, 우리는 그분의 바람에 응하지 않을 때가 많습니다. 우리는 그분을 두려워하기 때문에, 우리에 대한 그분의 바람을 오해해 그분에게서 우리 자신을 보호하려 합니다. 그 결과, 할 수 있는 한 그분과 가까워지기 위해 다리를 놓아야 할 때에 오히려 방벽을 쌓습니다.

하나님을 두려워하며 살고 있습니까? 그분에게서 스스로를 보호할 벽을 쌓고 있습니까? 만약 그렇다면, 그것은 다음 두 가지 이유 중 하나 때문일 것입니다. 즉, 당신이 그분의 사랑은 물론 당신과 함께하기 원하시는 그분의 바람의 깊이를 이해하지 못하거나, 당신에게 포기하고 싶지 않은 죄가 있을 것입니다. 당신이 그분과 거리를 두고 있다면, 그 책임은 당신에게 있습니다. 그 거리를 좁혀보지 않겠습니까?

6월 3일, 하나님 백성의 표징

여호수아 3-4장

"요단 물이 여호와의 언약궤 앞에서 끊어졌나니 … 이 돌들이 이스라엘 자손에게 영원히 기념이 되리라"(수 4:7).

구약 시대에 하나님은 자기 백성에게서 바라시는 특성을 분명히 밝히셨습니다. 무엇보다 그분은 자기 백성이 언약궤를 삶의 중심에 두고 살아가기를 바라셨습니다. 그것이 모든 이스라엘 백성의 삶의 초점이 되어야 했습니다. 언약궤가 중요한 이유는 두 가지로, 언약궤 위에는 하나님이 거하시며, 언약궤 안에는 하나님의 말씀인 율법의 돌판이 있었기 때문입니다. 하나님의 임재와 말씀, 이 두 가지가 이스라엘의 삶의 중심이 되어야 했던 것입니다. 우리는 그 둘을 결코 분리하면 안 됩니다. 하나님의 말씀은 하나님의 임재로 나아가는 길이기 때문입니다. 우리는 하나님을 볼 수 없기에, 하나님은 그 백성을 상상과 망상에서 지켜주시기 위해 눈에 보이는 언약의 표징을 주신 것입니다. 하나님이 임재하시는 공동체가 되려면 그분께 나아가는 길인 말씀의 공동체가 되어야 합니다.

하나님은 이 외에도 이스라엘 백성에게 또 다른 상징을 주셨는데, 그것은 돌 무더기였습니다. 이스라엘 백성이 요단 강에 이르자, 하나님께서는 그들이 강을 건널 때 각 지파를 위해 열두 개의 돌을 택하라고 지시하셨습니다. 그들은 이 돌들을 쌓아 무더기를 만들어야 했는데, 이는 그들 자신과 모든 후손이 하나님께서 그들에게 하신 약속을 이루시기 위해 행하신 놀라운 기적을 기억하게 하기 위한 것이었습니다. 그들은 눈에 보이는 하나님의 구원의 징표를 보면서 언제나 그 일을 기억해야 했습니다.

우리 삶에도 이와 같은 표징이 있어야 합니다. 우리 삶의 중심 역시 말씀을 통해 우리를 찾아오시는 하나님의 임재가 되어야 하며, 우리 삶 어딘가에는 하나님께서 우리를 구원하기 위해 행하신 기적을 상기시키는 눈에 보이는 표징이 있어야 합니다.

삶에 그런 표징이 있습니까?

6월 4일, 성령님과의 동행

갈라디아서 5:22-26

"너희는 성령을 따라 행하라
그리하면 육체의 욕심을 이루지 아니하리라"(갈 5:16)

나는 신학대학원에 다닐 때 20세기의 가장 위대한 메소디스트 설교자 중 한 분인 존 브라셔(John Brasher) 박사님을 접대하는 특권을 누리게 되었습니다. 그분은 또 다른 메소디스트 거장이신 헨리 클레이 모리슨(Henry Clay Morrison)이 세운 애즈베리 신학대학원에서 강의를 하고 계셨습니다. 대화를 나누는 중에 브라셔 박사님이 이렇게 말씀했습니다. "젊은이, 헨리 클레이 모리슨은 위대한 사람이었다네." 나는 동의하면서 고개를 끄덕였습니다. 브라셔 박사님이 다시 말했습니다. "아니야, 젊은이, 자네는 충분히 이해하지 못하고 있어. 모리슨은 정말 위대한 사람이었네." 그리고서 그분은 한 이야기를 들려주셨습니다.

모리슨과 브라셔는 어느 캠프 집회에서 설교를 하고 있었습니다. 브라셔는 특별한 기름 부음을 받아 주일 아침에 수많은 군중 앞에서 설교했습니다. 그는 그것이 많은 사람이 하나님을 구하는 영광스러운 예배였다고 말했습니다.

그날 저녁에는 모리슨이 설교했습니다. 성경 본문은 하나님께서 시내산에서 율법을 주신 것에 대한 말씀이었습니다. 브라셔는 기억하기를, 모리슨은 극적으로 말하는 솜씨가 있어서 "번개가 번쩍이고 천둥이 치고 우리 발 아래 땅이 흔들렸다"고 말했습니다. 모리슨이 설교하는 동안 브라셔는 마음이 불편해져, 모리슨이 아침 설교를 능가하기 위해 노력하고 있다고 의심하기 시작했습니다. 그는 스스로 생각했습니다. '모리슨은 자신이 나보다 더 훌륭한 설교자인 것을 알고 있어. 우리가 아침에 굉장한 예배를 드렸기 때문에, 오늘 밤 예배는 더 훌륭해야 한다고 생각하는 거야.'

집회가 끝난 후 브라셔는 자신의 텐트로 돌아가 잠자리에 들었습니다. 사람들이 주일을 마무리하면서 캠프장의 불빛이 하나둘 꺼져갔습니다. 어둠 속에서 브라셔는 자신의 텐트 밖에서 나는 소리를 들었습니다. 누군가가 그의 텐트의 입구를 찾아 더듬거리고 있었습니다. 그 사람은 곧 입구를 찾았고, 텐트에 들어와 브라셔의 간이침대를 발견하기까지 비틀대며 걸었습니다. 곧 그는 침대 끝에 무릎을 꿇고 브라셔의 발쪽 이불에 얼굴을 파묻고는 가슴이 찢어질 듯이 흐느꼈습니다. 그 사람은 모리슨이었습니다.

브라셔는 아무 말도 하지 않았습니다. 모리슨도 마찬가지였습니다. 그저 마음과 마음이 닿는 시간이었습니다. 브라셔는 내게 이렇게 말해주었습니다. "젊은이, 성령 안에서 행하는 것과 끊임없이 그분 안에 거하는 것은 서로 다른 문제일세. 육신(flesh)에 빠져들었을 때 할 수 있는 최선은 다시 성령 안에서 행하기로 선택하는 거야." 그리고는 신중하게 단언하듯 말했습니다. "젊은이, 헨리 클레이 모리슨은 위대한 사람이었어."

육신에 빠지는 것이 무엇일까요? 그것은 하나님의 뜻대로 하지 않고 자기 뜻을 끼워 넣는 것입니다. 모리슨은 자신이 죄 지은 것을 알았고 그것을 바로잡아야 한다고 생각했습니다. 그런 민감함이 위대함의 열쇠입니다.

6월 5일, 누가 더 부유한가

마가복음 10:17-23

"이는 내게 사는 것이 그리스도니 죽는 것도 유익함이라"(빌 1:21).

찰스 웨슬리의 찬송 <비바람이 칠 때와>(Jesus, Lover of My Soul)의 4절은 놀라운 고백으로 시작합니다(국내 찬송가에는 4절이 생략되어 있음-역주).

"오 그리스도여, 당신은 내가 원하는 모든 것입니다.
당신 안에서 나는 온 세상보다 귀한 것을 찾았습니다."

웨슬리는 계속해서 그리스도께서 어떻게 넘어진 자를 일으키시고, 연약한 자에게 힘을 주시며, 병든 자를 고치시고, 눈 먼 자를 이끄시는지에 대해 말합니다. 그는 인간의 그 어떤 필요에도 응답하시는 분이 그리스도시라고 말하는 듯합니다. 내가 나를 위해, 또는 나에게 해야 하는 것이 무엇이든 그분은 하실 수 있습니다.

그러나 첫 부분의 가사는 그와 다른 것을 말하는 것처럼 보입니다. 하나님의 선물이나 그분의 행함이 아닌 그리스도 자신에 대해 말하면서, 그분이 우리를 위해 행하거나 주실 수 있는 그 무엇보다 그분이 더욱 귀하다고 고백하기 때문입니다. 웨슬리는 그리스도 한 분으로 족하다고 말하는 듯합니다. 그분을 가진 것으로 충분합니다. 그 이외의 것은 필요하지 않습니다.

우리는 모든 것 위에 하나님까지 가진 사람이 하나님만 가진 사람보다 정말 더 부유한지 물어볼 필요가 있습니다. 오직 하나님만 가진 사람도 결코 가난하지 않고, 모든 것 위에 하나님까지 가진 사람만큼이나 부유합니다. 하나님은 부족함이 없는 분이시기 때문입니다.

바울이 감옥에서 빌립보 성도들에게 편지하면서, 자신에게 사는 것이 그리스도이시기에 모든 상황에서 만족하는 것을 배웠다고 말한 것도 같은 이유에서입니다(빌 1:21; 4:11). 또 예수님이 부자 청년에게 가진 모든 것을 팔아 나누어준 후 자신을 따르라고 하신 이유도 분명 동일합니다. 예수님은 부자 청년을 그가 가진 재물보다 더 못한 것으로 부르신 것이 아니라, 그보다 훨씬 큰 것, 곧 예수님 자신에게로 부르신 것이며, 그분이면 충분합니다. 예수님이 그런 분이심을 알고 있습니까?

6월 6일, 새 노래

역대하 29:20-28

"히스기야가 명령하여 번제를 제단에 드릴새 번제 드리기를 시작하는 동시에 여호와의 시로 노래하고 나팔을 불며 이스라엘 왕 다윗의 악기를 울리고"(대하 29:27).

노래는 그리스도인의 삶에서 매우 중요한 요소입니다. 전통적 유대교와 기독교는 인류 역사의 다른 어떤 종교보다 음악을 중시해왔습니다.

한 국가로서 이스라엘이 시작될 때 백성들은 노래로 그것을 축하했습니다. 모세와 미리암은 애굽의 대재앙에서 구원받은 사건을 돌아보며 노래를 불렀습니다(출 15장). 드보라와 바락 역시 하나님께서 히브리인들을 가나안 사람들의 억압에서 해방시키셨을 때 노래를 불렀습니다(삿 5장). 예루살렘 성전으로 언약궤를 옮길 때는 악기와 함께 찬양대의 노래가 울려 퍼졌습니다(대상 15:16-28).

노래는 구약 시대에 하나님 앞에서 신실하게 살아간 하나님 백성의 삶을 특징지었습니다. 그들은 일할 때, 놀이할 때, 사랑할 때, 그리고 무엇보다 예배할 때 노래를 불렀습니다. 하나님께 대한 그들의 경배는 노래 없이는 생각할 수 없었습니다. 그분의 임재는 기쁨으로 노래할 수밖에 없도록 재촉했습니다.

이는 초기 교회에서도 그대로 이어졌습니다. 바울과 실라는 매 맞고 옥에 갇혀 차꼬에 채워진 후 노래를 불렀습니다. 노래가 없는 그리스도인은 생각조차 할 수 없습니다. 바흐의 성가곡이나 헨델의 <메시아>, 기독교 교회의 일반적인 찬송가들만큼 기독교와 세상의 다른 종교들 사이의 차이를 더 뚜렷이 나타내는 것은 없습니다.

신자가 그리스도와 친밀한 관계를 유지하면 기쁨은 필연적 결과이기에, 그것은 자연히 노래로 표현됩니다. 다윗은 이 사실을 알았고, 그래서 그도 노래를 불렀습니다. "내가 여호와를 찬송하리니 이는 주께서 내게 은덕을 베푸심이로다"(시 13:6). 우리가 그리스도와의 관계가 소원해지도록 내버려두면, 우리는 노래를 멈추고 침묵하게 됩니다.

오늘이 당신에게는 노래하는 날입니까?

6월 7일, 믿음에 의한 성화

시편 24편

"마음이 청결한 자는 복이 있나니
그들이 하나님을 볼 것임이요"(마 5:8).

우리는 거듭나면 우리 삶에 함께하시는 그리스도를 의식하게 됩니다. 그리고 그때부터 그리스도와 동행하기 시작합니다. 그 교제가 깊어지면, 우리는 죄성이 얼마나 깊이 우리 인격에 스며들었는지 인식하게 됩니다. 우리는 우리가 지은 죄를 용서받는 것과 우리 내면의 마음이 깨끗해지는 것이 서로 다름을 깨닫습니다. 그리스도의 보혈의 능력이 성령의 사역을 통해 신자의 내면 깊은 곳을 정결하고 거룩하게 하신다는 사실에 대해 교회가 늘 명확했던 것은 아닙니다. 그럼에도 하나님의 은혜가 얼마나 깊은지를 깨닫고, "마음이 청결한 자는 복이 있나니 그들이 하나님을 볼 것임이요"(마 5:8)라는 그리스도의 말씀이 단지 권고만이 아니라 약속이라는 사실을 발견한 사람들은 늘 있었습니다.

하지만 어떻게 그것이 가능할까요? 우리가 우리 자신의 마음을 씻을 수 없다는 것은 분명합니다. 깨끗하기를 바라는 그 의지 자체가 깨끗하지 않기 때문입니다. 모든 구원은 하나님의 역사, 곧 믿음을 통해 이루시는 하나님 은혜의 역사입니다. 성화가 칭의만큼이나 믿음의 결과인 것은, 오직 하나님만이 그것을 가능하게 하시기 때문입니다. 이것이 바울이 골로새 교회 성도들에게 다음과 같이 말한 의미입니다. "전에 악한 행실로 멀리 떠나 마음으로 원수가 되었던 너희를 이제는 그의 육체의 죽음으로 말미암아 화목하게 하사 너희를 거룩하고 흠 없고 책망할 것이 없는 자로 그 앞에 세우고자 하셨으니"(골 1:21-22).

바울이 데살로니가 교회 성도들의 성화를 위해 기도한 것은, 그들이 스스로를 깨끗하게 할 수 없음을 알았기 때문입니다. 그래서 그는 그들에게 보내는 편지를 이렇게 마무리합니다. "너희를 부르시는 이는 미쁘시니 그가 또한 이루시리라"(살전 5:24). 하나님의 부르심은 성화를 이루어주신다는 약속이기도 합니다. 당신을 위해 흘리신 그리스도의 보혈을 신뢰하십시오.

6월 8일, 심판을 통한 구원

예레미야 29장

"하나님이 그 아들을 세상에 보내신 것은 세상을 심판하려 하심이 아니요 그로 말미암아 세상이 구원을 받게 하려 하심이라 그를 믿는 자는 심판을 받지 아니하는 것이요 믿지 아니하는 자는 하나님의 독생자의 이름을 믿지 아니하므로 벌써 심판을 받은 것이니라"(요 3:17-18).

성경의 하나님은 의로우시면서도 자비로우십니다. 그렇기 때문에 그분은 심판하시면서도 구원하십니다. 많은 사람이 심판과 구원은 아주 별개의 경험이라고 생각합니다. 그러나 사실상 그 둘은 동전의 양면과도 같고, 성경은 언제나 그 둘을 함께 말씀합니다. 심판하시는 분은 구원자이시고, 구원자는 또한 영원한 심판자이십니다.

이 사실은 예레미야가 사역할 당시 유다 백성의 삶에서 확인해볼 수 있습니다. 예루살렘 백성들은 하나님의 성전에서 하늘의 여왕을 섬기고 있었습니다. 그들의 우상숭배는 다산의 신들에게 복을 구하면서 난잡한 성관계를 맺는 것으로 나타났습니다. 그들은 심지어 이방 신들의 호의를 얻기 위해 자녀를 제물로 바쳤습니다. 하나님의 심판은 두려운 것으로, 하나님은 바벨론 사람들이 예루살렘과 성전을 점령하고 파괴하도록 허락하셨습니다. 그리고 그의 백성들이 멀리 바벨론으로 끌려가 포로로 살게 하셨습니다. 그들은 칠십 년 동안 우상을 숭배하는 문화 한가운데서 살아야만 했습니다. 그 포로생활의 결과는 유다 백성이 영원히 우상숭배에서 고침 받은 것이었습니다. 하나님은 심판을 통해 구원의 얼굴빛을 비추십니다.

출애굽 이야기에서도 같은 진리를 볼 수 있습니다. 하나님께서 애굽의 속박에서 이스라엘을 구원하신 일이 바로 왕과 애굽에게는 파멸을 가져왔습니다. 고린도인들에게 다음과 같이 말할 때 바울은 이 점을 생각하고 있었습니다.

"항상 우리를 그리스도 안에서 이기게 하시고 우리로 말미암아 각처에서 그리스도를 아는 냄새를 나타내시는 하나님께 감사하노라 우리는 구원받는 자들에게나 망하는 자들에게나 하나님 앞에서 그리스도의 향기니 이 사람에게는 사망으로부터 사망에 이르는 냄새요 저 사람에게는 생명으로부터 생명에 이르는 냄새라 누가 이 일을 감당하리요 우리는 수많은 사람들처럼 하나님의 말씀을 혼잡하게 하지 아니하고 곧 순전함으로 하나님께 받은 것같이 하나님 앞에서와 그리스도 안에서 말하노라"(고후 2:14-17).

바울은 어떤 이에게는 생명의 향기인 것이 다른 사람에게는 사망에 이르는 냄새가 될 수 있다고 말합니다. 하나님은 모세에게 이렇게 말씀하셨습니다. "보라 내가 오늘 생명과 복과 사망과 화를 네 앞에 두었나니 … 내가 오늘 하늘과 땅을 불러 너희에게 증거를 삼노라 내가 생명과 사망과 복과 저주를 네 앞에 두었은즉 너와 네 자손이 살기 위하여 생명을 택하고 네 하나님 여호와를 사랑하고 그의 말씀을 청종하며 또 그를 의지하라 그는 네 생명이시요 네 장수이시니 여호와께서 네 조상 아브라함과 이삭과 야곱에게 주리라고 맹세하신 땅에 네가 거주하리라"(신 30:15, 19-20).

하나님께서는 모든 사람을 위해 일하십니다. 하나님의 일하심이 구원이 될지, 심판이 될지는 우리가 어떻게 반응하는지에 달려 있습니다. 하나님은 우리의 삶 속에서 일하신 결과가 구원이 되기를 바라십니다. 심지어 그분의 심판조차도 우리의 구원을 위한 것일 수 있습니다.

6월 9일, 영접하고 따르라

요한복음 1:35-51

"이튿날 예수께서 갈릴리로 나가려 하시다가
빌립을 만나 이르시되 나를 따르라 하시니"(요 1:43).

우리는 종종 사람들에게 그리스도를 영접할 것을 권하곤 합니다. 그러나 우리는 "나를 따르라"라는 예수님의 말씀도 기억해야 합니다. 이 두 호소에는 매우 다른 뜻이 내포되어 있기 때문입니다. 그리스도를 영접하라는 첫 번째 호소는 우리의 필요, 즉 공허함이나 죄책, 잃어버린 상태를 해결해야 한다는 것을 의미합니다. 여기서 관심의 초점은 인간 자신과 그리스도께서 각 사람의 필요를 채우실 수 있음에 있습니다.

"나를 따르라"라는 호소는 함축된 의미가 많이 다릅니다. 관심의 초점이 우리가 아닌 그리스도이십니다. 이 호소는 우리 자신이나 우리의 필요가 아니라 그리스도와 그분의 부르심으로 우리 삶의 초점을 바꾸는 것을 의미합니다. 즉, 자기 인생에 대한 지배권을 내려놓고 그리스도를 따르라는 것입니다. 그러면 갑자기 시야가 바뀌고 십자가를 바라보게 됩니다. 예수님께서 빌립에게 "나를 따르라"라고 하신 말씀은 그 뜻이었습니다.

우리가 사람들에게 예수님을 영접하라고 권하는 것은 잘못이 아닙니다. 그분이 없다면 우리는 채워져야 할 때도 비어 있고, 원하지도 않는 짐을 져야 하기 때문입니다. 하지만 우리는 사람들이 예수님을 영접하게 하는 데서 그쳐서는 안 됩니다. 그들이 그리스도 안에서 발견한 것을 계속 지켜내기 위해서는 "나를 따르라"라고 하신 주님의 말씀 역시 귀를 기울여야 한다는 것을 알려주어야 합니다.

예수님을 영접하는 것에서 멈춰 그분을 따르는 것에 대해서는 말하지 않는 식으로 복음을 제시하는 것을 주의하십시오. 구원은 영접하는 것이 전부가 아닙니다. 구원은 그리스도 안에 있기에, 우리가 구원의 능력을 경험하고자 한다면 반드시 그분과 동행해야 합니다. 구원은 그분의 임재를 통해 얻는 것입니다.

요한은 이 사실을 잘 알았기에 이렇게 말합니다. "그가 빛 가운데 계신 것같이 우리도 빛 가운데 행하면 우리가 서로 사귐이 있고 그 아들 예수의 피가 우리를 모든 죄에서 깨끗하게 하실 것이요"(요일 1:7).

당신은 주님을 따르고 있습니까?

6월 10일, 좋은 책이라고 읽지는 말라

디모데후서 3:14-17

"또 그가 내게 이르시되 인자야 너는 발견한 것을 먹으라 너는 이 두루마리를 먹고 가서 이스라엘 족속에게 말하라 하시기로 내가 입을 벌리니 그가 그 두루마리를 내게 먹이시며 내게 이르시되 인자야 내가 네게 주는 이 두루마리를 네 배에 넣으며 네 창자에 채우라 하시기에 내가 먹으니 그것이 내 입에서 달기가 꿀 같더라"(겔 3:1-3).

훌륭한 사람과 얼마간의 시간을 함께 보내는 것이 사람의 생각을 어떻게 바꾸어 놓을 수 있는지는 참으로 놀랍습니다. 어느 날 나는 토저(A. W. Tozer)의 운전기사가 되는 특권을 얻어 그와 몇 시간을 함께할 수 있었습니다. 그는 이미 많은 저서와 글로 내게 깊이 영향을 끼친 분이었습니다. 나는 기독교 고전에 대한 그의 방대한 지식에 깊은 인상을 받아왔기 때문에, 기회가 왔을 때 그의 책 읽는 습관과 가장 큰 영향을 받은 책에 대해 질문했습니다.

"좋은 책이라고 읽지는 마세요." 놀랍게도 그는 이렇게 말했습니다. "그럴 시간이 없습니다. 좋은 책이라고 다 읽을 수는 없습니다. 좋은 책 읽는 데 시간을 낭비하지 마세요!" 그는 강력한 확신을 가지고 말했습니다. "많이 읽는 것과 제대로 읽는 것은 다릅니다. 나는 많이 읽기보다는 제대로 읽으려 노력합니다. 그래서 새로운 책을 찾기보다 종종 전에 읽었던 것을 다시 읽곤 합니다. 훌륭한 책은 여러 번 읽어야 할 정도로 가치가 있습니다."

그와 대화를 나눈 지 수십 년이 지났지만, 그 가냘픈 작은 남자의 지혜가 내게 남긴 인상은 아직도 강렬합니다. 이 세상에 있는 좋은 책들을 다 읽는 것은 불가능하고, 우리가 충분히 안다고 말할 수 있는 책은 슬프게도 매우 적습니다. 그래서 우리는 책을 언제나 신중하게 선택해야 합니다. 그러면 인기 있는 책들에 붙잡히는 일이 줄어들고, 고전 같은 것을 거듭 읽게 될 것입니다. 중요한 것은 읽은 글의 양이 아니라, 그것을 이해함으로 얻는 진리입니다.

6월 11일, 귀, 손, 발

레위기 8장

"평강의 하나님이 친히 너희를 온전히 거룩하게 하시고 또 너희의 온 영과 혼과 몸이 우리 주 예수 그리스도께서 강림 하실 때에 흠 없게 보전되기를 원하노라 너희를 부르시는 이는 미쁘시니 그가 또한 이루시리라"(살전 5:23-24).

제사장은 이스라엘의 삶에서 특별한 위치를 지녔습니다. 그는 이스라엘과 하나님 사이를 이어주었습니다. 그 역할을 감당하려면 그는 깨끗해야 했습니다. 그래서 목욕을 하고 제사장 의복을 입었습니다. 수소를 속죄 제물로 드리고 숫양을 번제로 바친 후, 숫양의 피는 제사장의 오른쪽 귓부리, 오른손 엄지, 오른발 엄지에 발랐습니다. 이사야는 나중에 제사장들을 향해 이렇게 말합니다.

> "너희는 떠날지어다 떠날지어다
> 거기서 나오고 부정한 것을 만지지 말지어다
> 그 가운데에서 나올지어다
> 여호와의 기구를 메는 자들이여
> 스스로 정결하게 할지어다"(사 52:11).

피를 왜 귀에 발라야 했을까요? 하나님은 제사장의 귀가 하나님의 것으로 구별되기를 원하셨습니다. 히브리어는 순종을 '하나님의 말씀에 귀를 기울이다'라는 관용구로 설명합니다. 우리가 하나님을 섬기기 위해서는 삶의 잡다한 소음들 가운데서 그분의 목소리를 구별해 순종할 수 있어야 합니다.

피를 왜 엄지에 발라야 했을까요? 무엇인가를 잡을 수 있게 하는 것이 바로 엄지입니다. 주님은 우리가 주님을 붙잡고 놓지 않기를 원하십니다. 이스라엘의 제사장들은 땅이 분배될 때 몫이 없었습니다. 하나님 자신이 그들의 기업이 되시기 때문이었습니다. 그들의 손은 거룩하고 깨끗한 것만 붙잡도록 구별되어야 했습니다.

피를 오른발 엄지에 바른 이유는 무엇일까요? 성경은 그리스도인의 삶을 '동행'(walk, '행함'으로 번역하기도 함-역주)으로 표현합니다. 구약 성경에서 에녹과 모세는 하나님과 동행했습니다. 하나님께서 아브라함에게 주신 특별한 말씀은 "너는 내 앞에서 행하여 완전하라"(창 17:1)였습니다. 신약 성경도 이렇게 말씀합니다. "그가 빛 가운데 계신 것 같이 우리도 빛 가운데 행하면 우리가 서로 사귐이 있고 그 아들 예수의 피가 우리를 모든 죄에서 깨끗하게 하실 것이요"(요일 1:7).

이스라엘의 제사장들은 특별한 요구를 받은 영적 엘리트 집단이었을까요? 하나님은 모세에게 이스라엘 민족 전체가 "제사장 나라"와 "거룩한 백성"(출 19:6)이 될 것이라고 말씀하셨습니다. 즉, 제사장의 삶이 상징하는 것들은 하나님을 믿는 모든 히브리인의 삶에서 동일하게 이루어져야 했습니다. 베드로전서 2장 5절에서 베드로는 성도들에게 그들이 "거룩한 제사장"이며, "하나님이 기쁘게 받으실 신령한 제사"를 드려야 한다고 말합니다. 하나님께서 기쁘게 받으실 제사가 무엇일까요? 하나님의 목소리에 귀 기울여 순종하고, 하나님과 그분의 뜻만 붙잡으며, 그분의 길대로만 행하는 삶입니다. 참으로 멋진 일은, 하나님께서 우리의 모든 죄를 씻으시는 그리스도의 보혈과 우리의 귀, 손, 발을 거룩하게 만드시는 성령님을 주신 것입니다.

6월 12일, 당신을 위한 계획

예레미야 17:5-8

"너희를 향한 나의 생각을 내가 아나니 평안이요 재앙이 아니니라 너희에게 미래와 희망을 주는 것이니라"(렘 29:11).

우리를 위한 하나님의 계획은 우리가 꿈꾸는 계획과는 비교할 수 없을 만큼 큽니다. 우리는 시야가 제한되어 있고, 그 제한된 시야로 우리가 가진 제한된 자원만을 보면서 그것에 따라 인생을 계획합니다. 우리는 하나님을 향해 눈을 들어 우리 삶을 위한 그분의 계획을 물어야 합니다. 우리의 계획은 항상 하나님의 것보다 작습니다. 하나님은 우리와 함께하심으로 우리가 할 수 있는 최선의 것을 하게 하시며, 우리가 활용할 수 있는 모든 자원을 동원해 우리를 세상을 복되게 하는 존재로 만들어주고자 하십니다. 하나님께서 우리에게 얼마나 선대하시는지 상상이라도 할 수 있다면 우리 중 많은 사람이 더 신실할 것이고, 더 하나님께 인생을 걸었을 것입니다. 당신 눈에 보이는 것으로 당신의 삶에 대한 하나님의 계획을 단정하지 마십시오. 그분이 당신의 삶을 결정하게 하십시오.

F. B. 마이어는 우리가 하나님의 계획에 순종했다면 하나님께서 우리를 어떤 위대한 삶으로 이끄셨을지를 하나님께서 직접 알려주실 때, (만약 천국에서도 실망이라는 것을 할 수 있다면) 우리가 가장 크게 실망하게 될 것이라고 말합니다. 삶을 하나님께 드리면 그분이 내게 해로운 일을 하거나, 좋은 것을 누리지 못하게 할지도 모른다고 생각하며 두려워하는 것은 불신앙입니다. 사실 하나님은 누구에게도 나쁜 것을 바라지 않으십니다. 그분은 오직 좋은 것만 바라십니다. 그분이 내 삶에 대한 온전한 통치권을 원하시는 이유는, 내가 주님의 뜻에 온전히 굴복하지 않을 경우 그분이 나를 위해 세우신 선한 계획이 왜곡되고 실패할 것이기 때문입니다. 당신을 위한 하나님의 계획은 당신이 생각하는 것과는 비교할 수 없이 크며, 당신 자신보다 큽니다. 미래를 하나님께 맡기지 않는다면, 당신은 그런 계획을 알 수도, 이룰 수도 없게 됩니다.

하나님과 동행하기 위한 계획이나 다른 사람에게 도움을 주기 위한 계획을 가지고 있습니까? 그 계획을 이루기 위해 당신의 제한된 자원만을 계산하고 있습니까, 아니면 하나님께서 당신을 위해 동원해주실 자원을 기대하고 있습니까?

6월 13일, 우선순위

시편 16편

"내가 여호와를 항상 내 앞에 모심이여
그가 나의 오른쪽에 계시므로 내가 흔들리지 아니하리로다
이러므로 나의 마음이 기쁘고 나의 영도 즐거워하며
내 육체도 안전히 거하리니"(시 16:8-9).

그리스도인은 하나님께서 그분의 자녀를 인도하신다는 사실을 압니다. 하나님의 자녀라면 누구나 하나님께서 자신을 이끌어주실 것을 기대하는 것이 옳습니다. 그러나 하나님께서는 그분이 미리 세우신 계획의 세부사항까지 세세히 알려주시는 방식으로 우리의 방향을 지시하시지는 않습니다. 때때로 우리가 하나님께서 계획을 더 명확하게 알려주시기를 바랄 때도, 하나님께서 그것을 비밀로 남겨두시는 데는 이유가 있습니다. 만약 하나님께서 사람들에게 계획의 모든 세부사항을 알려주신다면, 우리는 잘 모르는 가운데 계속 예수님께 집중하는 대신, 그 계획에만 집중할 것입니다. 우리는 하나님 자신을 중심으로 인생을 살아가지 않고 그분의 계획을 더 중시하며 살게 될 것입니다. 그리스도께서는 그분의 길이 아니라 그분 자신을 따르게 하기 위해 우리를 부르셨습니다. 그리스도를 따르는 것과 그분의 길을 따르는 것의 차이는, 많은 사람이 분간하지 못할 정도로 미세할 수 있습니다. 그러나 어떤 길을 따라가는 것과, 그 길을 통해 우리를 인도하는 어떤 사람을 따라가는 것 사이에는 큰 차이가 있습니다.

우리의 우선순위는 그리스도 자신이어야 합니다. 우리가 우선적으로 힘써야 할 일은 그리스도를 아는 것입니다. 예수님께 대한 인격적이고 친밀한 지식에서 비롯된 삶이 아니라면, 얼마나 선하게 살았는지와 관계없이 좌절감을 느끼고, 공허하며, 보람이 없을 것입니다. 그러나 날마다 매시간 끊임없이 그분과 동행하는 삶은 보람과 기쁨이 가득할 것입니다.

6월 14일, 하나님의 초상화

시편 119:9-16

"본래 하나님을 본 사람이 없으되
아버지 품 속에 있는 독생하신 하나님이 나타내셨느니라"(요 1:18).

많은 사람이 하나님에 대해 잘못된 생각을 가지고 있습니다. 아마도 부모님에게서 전해 들었거나, 교회나 학교에서 배웠을 것입니다. 또는 어떤 상황에 반응하는 과정에서 형성되었거나, 혹 무지에서 비롯되었을 수도 있습니다. 그 이유가 무엇이든 대부분의 사람은 하나님이 어떤 분이어야 한다는 개인적 선입관에 끼워 맞추거나, 자신이 속해 있는 집단의 믿음을 받아들여 하나님을 각각의 방식으로 상상합니다.

그러나 우리가 하나님을 바르게 알기 위해 할 수 있는 유일하고도 안전한 방법은 성경을 평생 연구하는 것입니다. 우리는 자신의 선입관을 가지고 성경을 읽는 것이 아니라, 성경이 정말 무엇을 말씀하는지 알기 위해 성경을 연구해야 합니다. 성경은 참되기 때문에, 우리는 하나님이 정말 어떤 분이신지 어렴풋하게나마 알게 될 것입니다. 그 방법 외에는 그저 상상으로 하나님을 추측할 수밖에 없습니다. 우리는 선지자들과 사도들, 주 예수님 자신의 가르침과 묘사를 통해 하나님의 본성을 알게 됩니다.

성경은 피조물과 창조주 사이에 벌어진 간격을 우리가 가진 무엇으로도 이을 수 없다고 가르쳐줍니다. 우리에게는 하늘로 올라갈 사다리가 없습니다. 하늘에 닿는 탑을 쌓으려 했던 바벨 사람들은 그럴 수 없다는 것을 깨달았습니다. 하나님께서 계시하시지 않았다면 우리는 하나님의 참 모습을 결코 알지 못했을 것이지만, 그분은 하나님의 아들이자 말씀인 예수 그리스도의 인격을 통해 자신의 참 모습을 계시하셨습니다.

하나님에 대해 누군가가 가르쳐준 것으로 만족하지 마십시오. 성경을 살펴 하나님의 참된 초상화를 찾으십시오. 그분의 진정한 본성이 어떤 것인지 이해할 때, 당신이 상상해온 것보다 더 좋으신 분임을 발견할 것입니다.

6월 15일, 나다나엘과 빌립

요한복음 1:43-51
"나다나엘이 이르되 나사렛에서 무슨 선한 것이 날 수 있느냐
빌립이 이르되 와서 보라 하니라"(요 1:46).

성경은 예수님과 만나는 특권을 누린 사람들의 삶이 어떠했는지를 보여주는 흥미로운 장면으로 가득합니다. 그중 하나가 예수님의 두 제자 빌립과 나다나엘 이야기입니다. 빌립의 친구였던 나다나엘은 예수님이 나사렛에서 오셨다는 이야기를 듣고 실망했습니다. 당시 유대인들은 갈릴리가 이방인들로 인해 더러워졌다고 믿었기 때문입니다. 기대감으로 들떠 있는 빌립의 모습과 나다나엘이 보여준 회의적인 모습이 매우 대조적입니다.

　나다나엘은 메시아가 그처럼 보잘것없고 순결하지 못한 곳에 오실 수 있는지 강한 의문을 제기했습니다. 그러자 빌립은 지혜롭게도 예수님께서 스스로를 증명하실 수 있게 했습니다. 그는 "와서 보라"라는 말로 친구를 초대했습니다. 회의론자를 이끄는 데 이보다 더 좋은 방법이 있겠습니까? 빌립은 예수님에게서 자신이 지금까지 기다려온 메시아의 모습을 발견했음을 밝히면서, 나다나엘에게도 그 자신이 직접 예수님의 신뢰성과 진실성을 확인해 보라고 도전한 것입니다. 빌립이 애정을 담아 나다나엘에게 한 그 말에는, 주 예수님의 신실하심과 진실하심에 대한 그의 믿음이 나타나 있었습니다.

　나다나엘은 예수님을 보고 놀랐지만, 예수님은 그를 기다리고 계셨습니다. 그분은 나다나엘이 나무 아래 앉아 있는 것을 보셨다고 하면서 이렇게 말씀하셨습니다. "진실로 진실로 너희에게 이르노니 하늘이 열리고 하나님의 사자들이 인자 위에 오르락내리락하는 것을 보리라"(요 1:51). 예수님은 자신을 하나님과 직접적으로 동일시하셨고, 나다나엘이 믿음을 갖는 데 필요한 것을 보여주셨습니다. 그분은 모든 사람이 빌립처럼 어린아이 같은 신뢰를 가지고 자신에게 올 것을 요구하지 않으십니다. 그분께는 나다나엘과 같은 회의론자에게 베푸실 은혜와, 그들을 이끄실 충분한 지혜가 있습니다. 예수님은 빌립과 나다나엘 모두를 제자 삼기 원하셨습니다. 회의론자들이 예수님께 대해 소문을 듣는 것이 아니라 그분을 직접 마주하면, 그들 역시 예수님의 선하심과 진실하심을 알게 될 것입니다.

　당신은 빌립이 그랬던 것만큼 예수님께 확신을 가지고 있습니까? 당신의 증언은 빌립의 증언만큼 효과적입니까? 우리는 예수님이 정말 어떤 분이신지 와서 확인해보라고 사람들을 초대해야 합니다. 예수님을 본 사람들은 그분이 인간의 마음이 갈망하는 모든 것을 이루어주신다는 사실을 알게 될 것입니다.

6월 16일, 하나님과의 만남

사도행전 9:1-9

"사울이 길을 가다가 다메섹에 가까이 이르더니
홀연히 하늘로부터 빛이 그를 둘러 비추는지라
땅에 엎드러져 들으매 소리가 있어 이르시되
사울아 사울아 네가 어찌하여 나를 박해하느냐 하시거늘"(행 9:3-4).

우리는 살아 계신 하나님을 만난 사람들을 중심으로 세계 역사를 기술할 수 있습니다. 그중 많은 사람이 힘들고 고단하게 살았지만, 어려움과 낙심과 좌절에도 자신이 만난 하나님 앞에 끝까지 신실했습니다. 어떻게 그것이 가능했을까요? 역사는 하나님을 만나 그분이 살아 계심을 알고, 그분을 아는 지식에는 도저히 부정할 수 없는 능력이 있음을 발견한 사람들의 이야기를 들려줍니다. 그 신실한 사람들은 오직 하나님만이 참 생명이 되심을 알았기에, 다른 것으로 하나님을 대신하게 하려는 모든 유혹을 거부했습니다.

아브라함은 하나님께서 친구라고 말해주셨을 정도로 하나님을 잘 알았습니다. 그들은 함께 동행했고 대화했습니다. 모세는 불타는 가시덤불 속에서 하나님을 만난 이후 평생 그 만남을 지속했습니다. 그는 하나님을 직접 대면하여 만났고, 주 예수님을 제외하면 그 어떤 인물보다 깊이 인류 역사에 영향을 끼쳤습니다. 다윗 왕은 하나님을 만난 후 이스라엘을 승리로 이끌었습니다. 예레미야는 하나님을 만난 후 쓰라린 죽음을 맞이하기까지 한결같이 그분께 신실했습니다. 제자들이 하나님을 만났습니다. 사도 바울이 하나님을 만났습니다. 이 만남이 4세기의 성 어거스틴에게도 일어났고, 그의 영향력은 지금도 남아 있습니다. 마르틴 루터, 존 칼빈, 존 웨슬리 모두 하나님을 만났고, 그 만남으로 세상을 바꾸었습니다.

하나님은 인류 역사에서 일하시되, 하나님과의 만남에 믿음과 신뢰로 응답하는 사람의 삶을 통해 일하십니다. 당신은 그런 사람입니까?

6월 17일, 진리 되신 예수님

요한복음 7:14-19

"예수께서 이르시되 내가 곧 길이요 진리요 생명이니 나로 말미암지 않고는 아버지께로 올 자가 없느니라"(요 14:6).

예수님은 진리에 대해 많이 말씀하셨습니다. 그 단어가 요한복음에서 얼마나 자주 나오는지 한번 보십시오. 예수님은 진리에 대해 말씀하실 때, 인격적인 용어를 사용하셨습니다. 그분은 많은 사람, 특히 철학자들이 당황할 정도로, 마치 진리가 사람 외부에 따로 존재하는 것처럼 추상화하기를 거부하셨습니다. 그리고 진리를 자신 및 성부 하나님과 실존적으로 연결 지으셨습니다. 심지어 더 나아가, 진리를 자신 및 성부 하나님과 전적으로 동일시하셨습니다.

성전의 당국자들은 예수님의 가르침에 당혹해하며 그분을 신뢰할 수 있는지 시험하려 했습니다. 그때 예수님은 이렇게 말씀하셨습니다. "사람이 하나님의 뜻을 행하려 하면 이 교훈이 하나님께로부터 왔는지 내가 스스로 말함인지 알리라"(요 7:17).

이처럼 예수님은 아버지와의 관계를 통해 자신의 가르침이 참됨을 확언하셨습니다. 사람들은 종종 예수님의 말씀을 "진리를 행하는 사람은 누구든 진리를 알 것이다"라는 의미로 해석하곤 합니다. 그러나 예수님이 말씀하거나 생각하신 것은 그것이 아닙니다. 우리는 속지 말아야 합니다. 예수님께는 성부 하나님 이외의 다른 진리란 없었습니다. 진리는 오직 성부 하나님의 뜻이었습니다. 즉, 진리에 대한 궁극적 판단의 기준은 그것이 누구에게 속한 진리인가 하는 것이므로, 진리를 말할 때는 인격적 범주로 구분하는 것이 마땅합니다. 궁극적으로 진리는 예수님이십니다.

진리를 사랑하고 온전히 추구하면, 진리를 발견할 것입니다. 진리를 발견하는 것은, 곧 예수님을 발견하는 것이고, 그분은 우리가 필요로 하는 단 한 분이십니다. 이 모든 발견의 지름길은 "나에게로 오라"는 예수님의 말씀에 들어 있습니다. 당신은 예수님을 찾았습니까?

6월 18일, 절망과 소망

예레미야 31장

"그러나 그날 후에 내가 이스라엘 집과 맺을 언약은 이러하니 곧 내가 나의 법을 그들의 속에 두며 그들의 마음에 기록하여 나는 그들의 하나님이 되고 그들은 내 백성이 될 것이라 여호와의 말씀이니라"(렘 31:33).

예레미야가 이스라엘 백성에게 제시한 그림은 매우 현실적입니다. 그는 사람의 마음이 얼마나 타락했는지 알았기에, 이스라엘 백성에게 사람을 의지하는 것이 얼마나 잘못된 일인지 말해주었습니다. 예레미야는 신약 성경이 은혜에 대해 가르치는 내용의 많은 부분에 기초를 제공했습니다. 그는 미래를 내다보았습니다. 장차 모세의 옛 언약이 실패하고, 하나님의 백성을 속박했던 과거의 율법적 관계가 깨어지겠지만, 그것이 끝이 아님을 알았습니다. 새 언약이 올 것이고, 그 언약은 돌판이 아닌 인간의 마음에 새겨질 것입니다. 그럴 때 인류는 외적인 강압에 의해서가 아니라, 하나님을 아는 지식과 그분의 뜻을 이루고자 열망하는 마음으로 하나님의 뜻을 행하게 될 것입니다.

예레미야는 절망이 뒤섞인 희망, 곧 인간의 절망적인 죄의 현실과 하나님의 새 언약의 소망에 대한 메시지를 기록했습니다. 우리가 하나님을 만나 그분과 함께 살아가면, 우리는 하나님이 누구신가 하는 이해의 빛 안에서 우리 자신이 누구인지 알게 됩니다. 하나님은 우리가 인간 삶의 현실을 직시할 수 있게 해주십니다. 그분이 인간 삶의 현실을 우리에게 알려주시고 우리가 그것을 받아들이면, 우리의 삶과 증언은 확고부동한 현실에 기초하게 됩니다.

그러나 이러한 인간 삶의 현실과 함께 성도에게 주어지는 또 하나의 확신은, 시편 기자가 선언한 것처럼, 하나님께서는 율법을 단지 '지켜야 한다'는 의무감으로 행하는 무거운 짐이 아닌 기쁨의 대상이 되게 하실 수 있다는 사실입니다(시 1:2, "오직 여호와의 율법을 즐거워하여 그의 율법을 주야로 묵상하는도다"; 119:14-15, 47, 92, "내가 모든 재물을 즐거워함같이 주의 증거들의 도를 즐거워하였나이다 내가 주의 법도들을 작은 소리로 읊조리며 주의 길들에 주의하며 … 내가 사랑하는 주의 계명들을 스스로 즐거워하며 … 주의 법이 나의 즐거움이 되지 아니하였더면 내가 내 고난 중에 멸망하였으리이다"). 예레미야는 하나님께서 승리하실 것이고, 자신도 하나님의 은혜로 승리할 것을 알았기 때문에, 포기하고 싶을 때도 그렇게 하지 않았습니다. 이 메시지는 우리에게도 동일하게 적용됩니다. 하나님께서 역사하시면, 하나님의 뜻은 우리의 즐거움이 될 것입니다.

6월 19일, 통제할 수 없어도

다니엘 1장

"다니엘은 뜻을 정하여
왕의 음식과 그가 마시는 포도주로 자기를 더럽히지 아니하리라 하고
자기를 더럽히지 아니하도록 환관장에게 구하니"(단 1:8).

요셉과 다니엘에게는 놀라운 면이 있습니다. 두 사람은 모두 타국의 낯선 환경에서 살았습니다. 요셉은 애굽, 다니엘은 바벨론에서 살았는데, 그곳은 모두 당시 세상 권력의 중심지였습니다. 하나님의 백성에게서 분리된 그들은 우상숭배와 이교 신앙이 만연한 세상의 한복판에서도 승리하며 살았습니다. 이처럼 승리할 수 있었던 이유 중 한 가지는, 그들이 많은 사람이 받아들이기 힘들어하는 진리를 붙들었기 때문입니다. 그것은 인생이 우리의 직접적인 통제 아래 있지 않은 많은 요소를 포함하고 있다는 진리입니다. 우리가 통제하거나 바꿀 수 없는 일이 우리에게 일어날 수 있다는 사실은 매우 받아들이기 어렵습니다. 우리를 둘러싼 일들이 엉망이 된 책임이 우리에게 있을 때도 있지만, 때로는 우리의 행동과 무관하게 세상이 우리를 덮칩니다. 그러면 우리는 인생에서 시험에 빠지게 됩니다. 이 시험에서 요셉과 다니엘은 뛰어났던 것입니다.

요셉은 형들에게 팔려 쇠사슬에 묶인 채 애굽으로 끌려가 노예로 팔렸습니다. 그 후 그는 순결함과 진실함 때문에 부당하게 감옥에 갇혀 잊히고 말았습니다. 선한 일에 대해 악으로 보상받고 세상에서 잊히는 일은 참으로 믿음을 철저히 시험합니다.

다니엘은 이방 땅에 포로로 끌려가 자신이 의지하는 하나님을 믿지 않는 왕의 다스림 아래에 놓이게 되었습니다. 다니엘의 주변 사람들은 그가 하나님을 믿는 것을 싫어하고 왕궁에서 이룬 성공을 시기해 그를 핍박했습니다. 요셉과 다니엘 모두 자신이 통제할 수 없는 상황에서 사는 것이 어떤 것인지 알았습니다. 그들이 스스로 통제할 수 없는 삶에서 승리할 수 있었던 것은, 하나님은 여전히 모든 것을 다스리신다는 사실을 믿었기 때문입니다. 당신은 당신에게 무언가 강요되는 상황에서도 살아갈 수 있는 평안과 신뢰가 있습니까? 그것은 하나님께서 모든 것을 다스리시며, 모든 것을 통해 궁극적인 선을 이루실 것을 믿을 때 가능합니다. 요셉은 형제들에게 이 점을 다음과 같이 설명해주었습니다. "당신들은 나를 해하려 하였으나 하나님은 그것을 선으로 바꾸사 오늘과 같이 많은 백성의 생명을 구원하게 하시려 하셨나니 당신들은 두려워하지 마소서"(창 50:20-21).

6월 20일, 인도자와 공급자

시편 3편

"내가 사망의 음침한 골짜기로 다닐지라도 해를 두려워하지 않을 것은
주께서 나와 함께 하심이라
주의 지팡이와 막대기가 나를 안위하시나이다"(시 23:4).

구원에서 일어나는 가장 기쁜 변화는 갑자기 우리 자신이 외톨이가 아님을 깨닫는 것입니다. 주 예수 그리스도는 우리의 삶에 찾아오셔서, 마치 풍랑이 일 때 제자들과 함께 배에 계셨던 것과 동일한 방식으로 우리와 함께 계십니다. 그분은 제자들을 두려움과 폭풍의 위험에서 구하셨습니다. 회심한 이후 우리는 그분이 나와 함께 계실 뿐 아니라, 우리 안에서와 우리가 직면한 상황에서도 역사하시는 것을 알게 됩니다.

그리스도께서 함께 거하실 때는 우리 삶에 그 사실을 입증하는 증거가 따를 수밖에 없습니다. 다른 사람들까지 부활하신 그리스도께서 우리와 함께하심을 느낄 수 있어야 한다는 것입니다. 이스라엘이 여호와 하나님을 따랐을 때는, 하나님께서 그들을 이끄심을 보여주는 많은 증거가 있었습니다. 마찬가지로, 예수님께서 제자들에게 자신을 따르라고 하시자, 그들의 삶은 그분과의 우선적인 관계로 인해 세상의 다른 사람들과 구별되었습니다. 이것이 그리스도인의 삶의 본질입니다. 우리가 그리스도께로 초점을 맞추면, 이전에 가졌던 자신의 욕망, 계획, 목적을 버리게 됩니다. 그리고 그리스도의 부르심을 듣고 따릅니다. 그때부터 그리스도의 목적이 우리의 목적이 됩니다.

우리가 그분의 임재 안에 거하기 위해 그 밖의 모든 것에서 스스로를 분리하면, 하나님은 이스라엘 백성의 필요를 공급하신 것같이 우리의 모든 필요를 공급하실 수 있게 됩니다. 이스라엘 백성이 굶주리면 하나님은 먹을 것을 주셨습니다. 그들이 목말라하면 마실 것을 주셨습니다. 보호가 필요하면 위험에서 구해 주셨습니다. 인도하심이 필요하면 낮에는 구름기둥, 밤에는 불기둥을 보내주셨습니다. 하나님과 바른 관계를 맺으면, 그분이 우리의 인도자, 지도자, 공급자, 보호자가 되어주십니다.

6월 21일, 심지 잘라내기

고린도전서 3장

"무릇 징계가 당시에는 즐거워 보이지 않고 슬퍼 보이나
후에 그로 말미암아 연단 받은 자들은
의와 평강의 열매를 맺느니라"(히 12:11).

나는 젊은 시절 설교를 위해 여행을 다니면서 등유 램프로 책을 읽어야 했던 일을 기억합니다. 이미 전기에 익숙해졌기 때문에 등유를 사용하는 일에 다시 적응하기는 늘 쉽지 않았습니다. 한번은 램프를 점검하다 빛을 더 밝게 하기 위해 심지를 더 길게 뽑아 올린 적이 있었습니다. 심지가 너무 긴 상태에서 램프를 너무 오래 켜 놓았더니 천장 전체가 검게 변하고 검댕이가 떨어져 내렸던 것이 기억납니다.

심지가 너무 길다는 것은 그만큼 그을음이 많이 생긴다는 뜻입니다. 이는 인생에 대한 비유이기도 합니다. 누군가 당신을 너무 강하게 밀어붙이면, 자아에서 더럽고 끈적거리는 그을음이 일어나 당신의 삶을 비추던 빛을 어둡게 만들지 않습니까? 다른 사람들은 당신의 영혼이 어두워지는 것을 느낄 것입니다. 나는 어릴 때 할머니께서 가위로 심지를 잘라내 그을음을 만들어내는 불필요한 부분을 제거하시는 것을 지켜보곤 했습니다. 하나님이 우리에게서는 어떤 것을 잘라내셔야 할까요?

하나님께서 우리 삶에 그을음을 만들어내는 자기중심적 자아를 잘라내실 때 그것을 거부하면 우리는 더러워집니다. 하나님의 가위가 그 일을 하지 못한 결과는 더러움입니다. 그러나 십자가는 우리를 변화시켜 우리가 그리스도의 영광을 위해 사용될 수 있게 합니다. 하나님은 우리가 순결해지기까지 가위 대신 우리의 자아를 못 박는 십자가를 사용하십니다. 그분이 우리 안의 심지를 잘라내시면, 우리는 깨끗하고 행복하며 자유롭게 됩니다.

6월 22일, 서로의 필요성

로마서 15:1-7

"어찌하여 형제의 눈 속에 있는 티는 보고
네 눈 속에 있는 들보는 깨닫지 못하느냐 …
외식하는 자여 먼저 네 눈 속에서 들보를 빼어라
그 후에야 밝히 보고 형제의 눈 속에서 티를 빼리라"(마 7:3, 5).

인간은 정확히 보는 것이 쉽지 않습니다. 우리 모두는 자신이 타락한 존재이기에 실수를 저지르기 쉽다는 사실을 받아들이기 힘들어합니다. 타락으로 인해 우리는 내게 무슨 잘못이 있는지 아는 것보다 상대에게 무슨 잘못이 있는지 아는 것이 더 쉽습니다. 자신의 잘못보다 타인의 잘못을 보는 것이 얼마나 더 쉬운지 느껴본 적이 있습니까? 아마 우리는 어디서 도움을 받아야 할지 모르기 때문에 우리가 타락했음을 인정하고 싶지 않을 것입니다. 그러나 이미 상당한 도움을 받고도 계속 보지 못하는 상태에 남아 있다면, 그것은 우리의 잘못입니다.

무엇보다 우리는 우리 안에 거하셔서 우리를 내면에서부터 변화시키기 원하시는 성령님을 받았습니다. 그분은 당신과 내 안에 있는 비뚤어지고 어그러진 것을 바르게 하기 원하십니다. 또 우리는 인간의 모습이 어떠해야 하는지에 대해 주 예수님의 모범을 보여 주는 성경을 받았습니다. 우리는 예수님이 행하신 것처럼 행하면 됩니다. 세 번째 도움은 우리가 자주 놓치는 것으로, 서로의 도움입니다. 우리가 서로를 찾아가 "나 자신에게서 나를 구해줘!"라고 말하지 못할 이유가 무엇입니까? 우리는 우리를 서로에게 주신 하나님께 감사해야 합니다. 나는 당신이 필요합니다. 즉, 나 자신에게서 나를 구해 내기 위해 당신의 도움이 필요합니다.

스스로를 그리스도인이라 부르는 우리가, 주님을 기쁘시게 해드리고 그분의 뜻을 행하기 위해 서로에게 마음을 열어 가족, 경제, 훈련, 온전함 등 많은 것에 대해 "내가 어떻게 하면 더 잘할 수 있을까요?"라고 도움을 구한다면 멋지지 않겠습니까? 만약 내가 그렇게 한다면, 당신이 나를 기꺼이 도울 친구임을 알고 놀랄 것입니다. 그것은 내가 더 나은 그리스도인이 되는 데 도움이 될 것이고, 당신과의 관계는 우리 중 어떤 사람이 혼자 할 수 있는 것보다 훨씬 효과적인 간증이 될 것입니다.

6월 23일, 고난으로 빚어내시는 구원

욥기 42장

"주께서는 못 하실 일이 없사오며
무슨 계획이든지 못 이루실 것이 없는 줄 아오니"(욥 42:2).

하나님께서 모든 것을 다스리신다는 사실을 정말로 믿으면, 당신의 삶에는 거대한 변화가 있을 것입니다. 구세군 사령관이었던 사무엘 로건 브렝글(Samuel Logan Brengle)보다 내게 깊은 영향을 끼친 사람은 없습니다. 나는 청소년기에 그가 쓴 소책자들을 읽었는데, 그중에서도 『거룩함에 대한 마음의 대화』(Heart Talks on Holiness), 『거룩함의 길』(The Way of Holiness), 『성령이 임하시면』(When the Holy Ghost Is Come) 등에 큰 감명을 받았습니다.

나는 이 책들을 읽은 뒤 몇 년이 지나서야, 그 책들에 관한 흥미로운 이야기를 듣게 되었습니다. 브렝글은 하나님께서 구세군으로 이끄신 훌륭한 젊은 목회자였습니다. 그는 신자가 거룩해야 함을 강조하는 구세군의 위대한 설교자가 되었습니다. 하루는 어떤 술 취한 사람이 브렝글이 인도하는 예배를 계속 방해했습니다. 결국 브렝글은 그를 예배당 밖으로 내쫓았습니다. 예배가 끝난 후 브렝글은 마지막으로 교회 불을 끄고 거리로 나갔습니다. 그런데 술 취해 쫓겨난 그 사람이 그를 기다리고 있었습니다. 그 사람은 도로포장용 벽돌로 브렝글의 한쪽 머리를 내리친 후, 다른 한쪽은 건물에 처박았습니다. 사무엘 브렝글은 오랜 시간 병원에서 삶과 죽음 사이를 오갔습니다. 마침내 회복하기 시작했지만, 그가 활동을 재개하려면 오랜 시간이 걸릴 것을 알았던 구세군 신문의 편집장이 그에게 병원에서 회복하는 동안 글을 몇 개 써달라고 부탁했습니다. 많은 사람이 기독교 지도자가 되는 데 깊은 영향을 끼친 그의 소책자들은 불의의 사고의 열매인 셈입니다.

우리는 하나님께서 우리 삶을 경영하고 계신 것을 믿어야 합니다. 마귀가 혹 작은 어려움을 만들어낼 수는 있으나, 하나님께서는 당신이 브렝글같이 병원의 침대에 누워있든, 바울같이 감옥에 갇혀 있든, 그 외의 어디에 있든 모든 것을 다스리십니다. 하나님께서는 당신의 상황을 활용해 그분의 목적을 이루실 수 있고, 또 이루실 것입니다. 그분은 분명히 재앙으로 보이는 것에서도 열매를 맺게 하실 수 있는 유일한 분이십니다.

6월 24일, 잘못된 기대

요한복음 6장

"예수의 친족들이 듣고 그를 붙들러 나오니
이는 그가 미쳤다 함일러라"(막 3:21).

예수님은 처음부터 자신이 구원하시려는 사람들에게 배척당할 것을 아셨습니다. 그럼에도 성부 하나님께서 그분 앞에 두신 길을 결코 벗어나지 않았습니다. 그 일이 그분에게 쉬웠다는 뜻이 아닙니다. 그분은 우리와 똑같은 사람이었기에, 당신과 내가 거절당하면 아픈 만큼 그분도 아프셨을 것입니다.

특히 고향에서와 가족에게서 배척당한 일은 무척 고통스러우셨을 것입니다. 그분은 바로 그들 중에서 거룩함과 섬김의 본이 되는 삶을 사셨음에도 그들은 그분을 믿으려 하지 않았습니다. 자신들이 가지고 있던 메시아상에 들어맞지 않았기 때문에, 그들은 그분을 배척했습니다.

예수님을 거부한 사람들은 자기희생적인 사랑의 삶보다는 더 많은 표적과 기적에 목말라했습니다. 그들은 겸손이 아닌 쇼를 원했고, 거룩함이 아닌 육적인 과시를 원했습니다. 그들은 그분이 로마 사람들과의 경쟁에서 이기길 바랐지만, 예수님은 다른 일을 하고자 하셨습니다. 그들은 그분이 자신들을 변화시키는 것이 아니라 자신들의 상황만 바꾸어주길 바랐습니다. 예수님은 먼저 그들을 변화시킨 후 그들을 통해 다른 사람들의 상황을 바꾸어나가기 위해 오셨습니다. 그러나 그들은 그 반대 순서를 원했습니다.

당신은 하나님이 일하시는 방식이 마음에 듭니까? 그분은 당신이 이렇게 하셔야 한다고 생각하는 방식대로 행하고 계십니까? 만약 그렇지 않다면, 그것은 그분이 잘못하시기 때문일까요, 아니면 당신의 관점이 잘못되어 있기 때문일까요? 우리 대부분은 주님이 우리의 성품과 다른 사람들의 상황을 바꾸시는 대신, 우리의 상황과 다른 사람들의 성품을 바꾸시기를 바랍니다. 그러나 그분이 우리를 통해 다른 사람들의 상황을 바꾸실 수 있는 유일한 방법은 먼저 우리를 변화시키는 것입니다. 그 일은 전혀 다른 방법으로 이루어집니다. 그것이 예수님께는 십자가를 지셔야 함을 의미했고, 만약 우리가 그분을 따르고자 한다면 우리도 자기 십자가를 져야함을 의미합니다.

6월 25일, 끝까지 신뢰하는 믿음

고린도후서 12:7-10

"가서 너희를 위하여 거처를 예비하면
내가 다시 와서 너희를 내게로 영접하여
나 있는 곳에 너희도 있게 하리라"(요 14:3).

나는 때때로 인생이 생각한 대로 풀리지 않을 때 하나님께서 실수하고 계시다고 생각하려는 유혹을 받곤 합니다. 나는 그리스도인의 삶을 충분히 오랫동안 살아낸 사람들은 전장의 고지를 점령한 후 하늘로 간다고 생각했습니다. 그리고 가장 힘겨운 전투는 그리스도인의 삶의 초기에나 있을 뿐이라고 확신했습니다. 그것을 통과하고 나면, 나는 가나안 땅을 누릴 수 있을 것이고, 더는 원수나 시험이 없을 것이라고 생각한 것입니다. 그러나 나는 우리가 주님과 동행하면서 이 전투는 점점 더 격해진다는 것을 알게 되었습니다. 싸움은 더 격해지는데, 우리의 육체적인 자원은 점점 고갈되어갑니다.

이렇게 약해진 우리는 나이가 들어감에 따라 반드시 싸워야 하는 전투에서 이기기 위해 우리가 가진 자원 그 이상의 도움을 받아야 합니다. 이제 나는 우리가 싸우고 있는 괴물이 죽음이며, 우리가 이 세상을 떠나는 순간까지도 여전히 싸워야 한다는 사실에 감사합니다. 우리가 믿음으로 내려야 할 가장 어려운 결단은, 우리가 예수님을 믿어온 믿음의 최종적 결과를 마주하기 직전, 바로 그 최후의 순간에 이루어질 것입니다. 그리스도는 정말 가장 높은 분이실까요? 그분은 정말 당신과 나를 책임져주실까요? 신앙의 가장 큰 모험은 바로 그 인생의 끝, 곧 우리가 우리 자신의 자원을 모두 사용한 후 그리스도의 자비와 은혜에 우리 자신을 내맡길 때 찾아올 것입니다.

나는 예수님의 돌보심을 끝까지 믿기로 선택한 한 여인을 알고 있습니다. 그녀는 죽기 전 직원들을 모두 불렀습니다. 그들이 몇 번이나 성경을 읽고 찬송을 부르고 기도했는데도 그녀는 아직 살아 있었습니다. 그녀는 이렇게 말했습니다. "이런, 또 해야겠어요." 그들은 다시 성경을 읽고 찬송을 불렀는데, 이번에는 그녀가 직접 기도했습니다. "주님, 이건 좋은 방법이 아니에요. 이 사람들은 해야 할 일이 있어요. 오셔서 저를 얼른 데려가셔서 이들이 할 일을 할 수 있게 해주세요." 그러자 예수님이 오셨습니다. 그녀는 끝까지 주님을 신뢰했고, 예수님과 함께하는 새로운 삶으로 담대하게 나아갔습니다.

6월 26일, 주님의 헌신

요한복음 18:1-11

"주의 약속은 어떤 이들이 더디다고 생각하는 것같이 더딘 것이 아니라
오직 주께서는 너희를 대하여 오래 참으사
아무도 멸망하지 아니하고
다 회개하기에 이르기를 원하시느니라"(벧후 3:9).

그리스도의 생애에서 가장 가슴 아픈 순간 중 하나는 군인들과 성전지기들이 겟세마네 동산에 계신 예수님을 붙잡으러 왔을 때입니다. 그분은 이것으로 고난이 시작되어 모욕당하고 채찍에 맞으며 십자가에 못 박힐 것을 아셨습니다. 이 일은 예수님께서 성부 하나님께 이 잔을 옮겨 주시기를 구하는 기도를 끝낸 후에 이루어졌기에, 그분이 바라지 않은 운명이었음이 분명합니다. 군인들이 즉시 들이닥쳤고, 그분은 피할 수 없음을 아셨습니다. 다시는 돌이킬 수 없게 된 그 순간에 그분은 자신에 대해 염려하지 않고, 어떻게 제자들을 보호할 수 있는지를 생각하셨습니다.

예수님은 군인들에게 "너희가 누구를 찾느냐?"라고 물어보셨습니다. 그들이 "나사렛 예수"라고 대답하자, 그분은 "내가 그니라 … 나를 찾거든 이 사람들이 가는 것은 용납하라"라고 말씀하셨습니다.

우리가 그리스도께 헌신하는 것은 멋진 일입니다. 그러나 더 놀라운 일은 예수님께서 우리에게 헌신하시는 것입니다. 우리의 삶에서 그분을 몰아내기는 쉽지 않습니다. 예루살렘을 향한 그분의 탄식을 기억합니까? "예루살렘아 예루살렘아 선지자들을 죽이고 네게 파송된 자들을 돌로 치는 자여 암탉이 제 새끼를 날개 아래에 모음같이 내가 너희의 자녀를 모으려 한 일이 몇 번이냐 그러나 너희가 원하지 아니하였도다"(눅 13:34-35).

그분이 자기 백성과 예루살렘 성을 포기하신 것이 아닙니다. 그분을 차단한 것은 바로 그들입니다. 그분은 모으시는 분이지, 내쫓으시는 분이 아닙니다. 무관심과 반역으로 관계를 깨뜨린 사람은 우리입니다.

예수님은 조금 있으면 제자들이 스스로를 보호하기 위해 다 도망칠 것이며, 베드로는 자신을 모른다고 부인하리라는 것을 아셨습니다. 그러나 예수님은 흔들리는 그들을 보호하려 하셨습니다. 이후 베드로가 "주께서는 … 아무도 멸망하지 아니하고 다 회개하기에 이르기를 원하시느니라"(벧후 3:9)라고 기록했을 때, 그는 그렇게 하셨던 예수님을 떠올렸을 것입니다.

겟세마네 동산의 이 장면은 우리에게 하나님의 마음을 보여줍니다. 자기 자신보다 자신의 피조물을 더 아끼시는 분이 하나님이심을 보여줍니다. 우리는 그분을 거부할 수 있어도, 그분은 우리를 마음에서 지우실 수 없습니다. 조지 마테슨(George Matheson)은 이것을 이해했기에, 이렇게 적었습니다.

> 주 사랑으로 나를 붙드시니
> 내 지친 영혼이 당신 안에서 안식합니다
> 주 내게 주신 생명을 나 다시 주께 드리니
> 내 생명 당신의 바다 같은 깊음 속에서
> 더 부요하고 온전하길 원합니다*

하나님은 우리를 사랑하십니다. 우리는 이를 기뻐해야 하지만, 우리가 계속 반역해도 그 사랑이 우리를 구할 것이라고 생각해서는 안 됩니다.

* George Matheson, "O Love That Wilt Not Let Me Go," *The United Methodist Hymnal*, no. 480.

6월 27일, 주님은 기억하신다

예레미야 2장

"여호와의 말씀이 내게 임하니라 이르시되 가서 예루살렘의 귀에 외칠지니라 여호와께서 이와 같이 말씀하시기를 내가 너를 위하여 네 청년 때의 인애와 네 신혼 때의 사랑을 기억하노니 곧 씨 뿌리지 못하는 땅, 그 광야에서 나를 따랐음이니라"(렘 2:1-2).

한때 이스라엘은 하나님을 알고 그분과 동행했지만, 이후 마음의 완고함으로 하나님을 배반하고 자신들의 길로 갔습니다. 그들은 율법을 어기고, 가장 쉽고 즐거운 방식으로 자신의 욕망을 채웠습니다. 최선의 것이 아닌 쉬운 것, 하나님이 아닌 자신 스스로를 선택하는 사람은 누구나 잘못될 수밖에 없습니다. 그래서 이스라엘 백성은 하나님의 임재를 상실하고 바벨론의 포로가 되고 말았습니다.

포로생활로 인해 그들은 거룩한 땅과 하나님에게서 멀어졌습니다. 이는 그들이 다른 나라들을 따르려 했기에, 하나님께서 그 잘못에 합당한 벌을 내리신 것입니다. 그들은 그들이 따르려 했던 나라에 끌려가 그곳에서 살게 되었습니다. 비록 타락한 상태였지만, 이스라엘 백성은 하나님께서 자신들을 징계하고 계심을 알아차릴 만큼은 하나님을 알고 있었습니다. 포로기 동안 그들은 자신들이 죄를 지었음을 인정하고 하나님의 선지자들의 말에 귀 기울이기 시작했고, 그 결과 자신들이 순종할 기회를 놓쳤음을 깨닫고 공포와 절망에 빠졌습니다.

하나님께서 놀라운 분이신 것은, 그분은 사람이 회개하면 두 번째 기회, 심지어 세 번째에 네 번째 기회까지 주시기 때문입니다. 하나님은 이스라엘 백성에게 그들이 무엇을 해야 하는지 지시할 선지자를 보내주셨습니다. 하나님의 백성이 "우리에게는 아무런 희망이 없어. 하나님은 우리를 잊으셨어"라고 말할 때, 하나님은 '주님이 기억하신다'라는 뜻의 이름을 가진 스가랴를 보내주셨습니다.

만약 당신이 하나님을 배반했거나 곤란에 빠지면, 또 하나님이 당신을 잊으셨다는 생각이 들면, 스가랴의 말에 귀를 기울이십시오. "주님은 기억하신다." 하나님은 당신을 잊지 않으셨습니다. 그분은 당신이 누구인지와 당신의 상황이 어떤지 정확히 아시고, 당신을 돕고 계십니다.

6월 28일, 미래의 가능성의 척도

스가랴 4장

"만군의 여호와께서 말씀하시되
이는 힘으로 되지 아니하며 능력으로 되지 아니하고
오직 나의 영으로 되느니라"(슥 4:6).

주 예수님은 모든 신자의 영향력을 확장하기 원하십니다. 우리 각 사람에 대한 그분의 계획은 우리가 꿈꾸는 것보다 큽니다. 우리는 세상을 비추는 그분의 빛이 되어야 합니다. 그분이 참으로 누군가의 삶을 다스리실 때, 그가 얼마나 널리 영향력을 행사할 수 있는지를 보면 놀랍습니다.

우리의 자의식에는 하나님께서 정말 우리 같은 사람을 사용하실 수 있는지 의심하는 경향이 흔히 있습니다. 우리는 우리의 실패와 한계를 생각합니다. 그러나 우리 미래의 가능성의 척도는 그런 것이 아닙니다. 그분은 우리의 실패를 용서하시고, 그리스도께서 위대한 삶을 살 수 있었던 비결인 동일한 성령님을 우리에게 주실 수 있습니다. 그러므로 우리는 패배 속에 갇혀 살 이유가 없습니다.

하나님은 우리의 한계에 따라 우리의 가치를 평가하시지 않습니다. 스가랴 4장은 우리의 가치가 재능과 능력으로 결정되지 않음을 가르쳐줍니다. 선지자는 "이는 힘으로 되지 아니하며 능력으로 되지 아니하고"라고 하면서, 구약 성경에서 인간의 모든 자원을 의미하는 두 개의 히브리어 단어를 사용합니다. 하나는 사람의 힘과 능력, 개인의 권세를 의미한다면, 다른 하나는 힘과 용기, 유능함, 부, 군대의 힘을 의미합니다. 하나님께서 우리 삶에 이루어주시려는 일의 가능성은, 우리가 얼마나 능력이 많은지가 아니라, 그분의 능력이 얼마나 크신지에 달려 있습니다. 그래서 선지자는 성령님에 대해 말한 것입니다. 성령님은 하나님 자신의 온전함으로 우리의 삶을 채워주시기 때문입니다.

스가랴 선지자는 그것을 보았습니다. 성령님은 우리를 통해 복음의 광채로 세상의 어둠을 밝히시는 분입니다. 부디 마음을 열고 그분의 빛을 받아, 당신을 통해 그분이 일하시게 해 드리기 바랍니다!

6월 29일, 주님이 함께하십니다

창세기 39-41장

"여호와께서 요셉과 함께 하시고 그에게 인자를 더하사
간수장에게 은혜를 받게 하시매"(창 39:21).

성경은 에녹, 노아, 아브라함이 하나님과 동행했고(창 5:21-24; 6:9; 17:1-2), 이삭에게 가뭄이 닥쳤을 때, 야곱이 형 에서에게서 도망할 때, 여호수아가 가나안 정복을 시작할 때, 주님이 그들 각 사람과 함께하셨다고 말씀합니다(창 22:3; 28:15-16; 수 1:5). 또 모세와도 함께하셔서 그와 대면하여 말씀하신 사실도 전해줍니다(출 33:12-14). 그 뜻은 분명합니다. 하나님이 함께하시면, 당신은 어떤 어려운 상황도 능히 극복할 수 있다는 것입니다.

가장 큰 비극은 우리가 삶 속에 죄나 냉담함을 허용해 하나님의 임재를 상실할 때 일어납니다. 우리는 종종 마리아와 요셉처럼 그분을 잃어버리고도 알아차리지 못합니다(눅 2:41-52). 그런 관계는 절대 당연시하지 마십시오. 항상 밀접한 관계를 유지하십시오. 주님 없이는 살 수 없다며 그분께 호소하십시오. 그리고 그분의 함께하심을 기뻐하십시오.

하나님은 요셉의 삶에 변화를 주셨습니다. 그 변화는 너무나 실제적이어서 간수장과 이교를 섬기던 왕조차도 그의 삶에 함께하시는 하나님을 알아볼 정도였습니다(창 39:3-4; 41:38). 당신 주위의 사람들은 당신의 삶에 함께하시는 하나님을 알아봅니까?

주님이 누군가의 삶에 찾아오실 때는 기쁨과 자신감, 믿음, 소망, 사랑 등 많은 것을 함께 주십니다! 주님의 함께하심은 고착된 상황을 깨뜨립니다. 그것이 우리를 자유롭게 합니다. 마담 기용(Madame Guyon)은 이 사실을 알고 있었습니다. 그래서 감옥에 있을 때도 기쁨과 자유를 누렸습니다.

> 나는 하늘을 날 수 없도록 갇힌 작은 새,
> 새장 속에 앉아 나를 여기 두신 분께 노래 부릅니다.
> 내 하나님이 기뻐하시기에 나는 기쁘게 갇혀 있습니다.
>
> 나는 다른 어떤 일도 없이 종일토록 노래합니다.
> 내가 가장 기쁘게 해드리고 싶은 분이 내 노래를 들으십니다.
> 그는 내 날개를 붙잡아 묶으셨으나 내 노래를 들으려 몸을 굽히십니다.

나는 새장에 갇혀 밖으로 날지 못합니다.
그러나 날개는 묶였어도 내 마음은 자유합니다.
이 감옥의 벽이 내 영혼의 비행과 자유를 막을 수 없습니다.
하나님의 임재는 닿는 모든 곳을 거룩하게 합니다.*

* Jeanne Marie Guyon, "A Little Bird I Am," Lettie M. Cowman, *Streams in the Desert*, vol. 1 (Grand Rapids: Zondervan, 1925), 315에서 인용함.

6월 30일, 성령의 기름 부으심

누가복음 11:9-13

"그러나 진리의 성령이 오시면
그가 너희를 모든 진리 가운데로 인도하시리니
그가 스스로 말하지 않고 오직 들은 것을 말하며
장래 일을 너희에게 알리시리라"(요 16:13).

역사의 위대한 전도자들은 성령님과 인격적으로 연합되어 온전히 순종하고 그분에 대해 내면적 민감성을 가지고 있었습니다. 신자의 삶에서 성령님은 예수님과 경쟁 관계가 아닙니다. 예수님께서 성령님에 대하여 가르쳐 주신 대로, 그분은 신자의 삶과 영혼에서 그리스도의 영광에 부합하지 않는 모든 것을 제거해주실 분입니다. 성령님은 자신에 대해 말씀하시지 않습니다. 그분은 그리스도께서 보내신 선물로, 우리를 그리스도와 연합시키기 위해 우리에게 오십니다. 그분이 우리를 모든 진리로 이끄시고, 또 진리이신 그리스도께로 이끄십니다. 그래서 요한은 이렇게 말합니다.

"너희는 거룩하신 자에게서 기름 부음을 받고 모든 것을 아느니라 … 너희는 주께 받은 바 기름 부음이 너희 안에 거하나니 아무도 너희를 가르칠 필요가 없고 오직 그의 기름 부음이 모든 것을 너희에게 가르치며 또 참되고 거짓이 없으니 너희를 가르치신 그대로 주 안에 거하라"(요일 2:20, 27).

이 기름 부음이 곧 인격이신 성령입니다. 그분은 단지 신학적 진리만이 아니라, 진리 그 자체이신 그리스도의 영광을 수호하고 보호하시는 분입니다. 우리의 영과 뜻이 그리스도의 영과 하나가 되면, 우리의 모든 잠재력이 온전히 발휘됩니다. 하나님께서 우리를 온전히 다스리시면, 성령님을 통해 하늘과 땅의 모든 권세를 가지셨음을 선언하신 예수님의 권세가 우리 안에 임하고 역사합니다.

7월 1일, 증언의 핵심

골로새서 1:15-20

"그런즉 이스라엘 온 집은 확실히 알지니
너희가 십자가에 못 박은 이 예수를
하나님이 주와 그리스도가 되게 하셨느니라 하니라"(행 2:36).

사도행전의 사도들의 메시지는 그들이 받은 것입니다. 스스로 만들었거나 사람에게서 기원한 것이 아닙니다. 그 메시지는 하나님께 받은 것으로, 하나님의 성품을 계시하기 위해 주어진 거룩한 것이었습니다.

사도행전의 모든 증인은 예수님의 성육신, 삶, 죽음, 부활, 승천에 대해 증언했습니다. 예수님은 교회가 전하는 이야기의 중심입니다. 그분 안에서, 그분에 의해, 그분을 통해 구원과 희망이 이 세상에 찾아왔습니다.

예수님은 자기 뜻대로 오신 것이 아닙니다. 모든 것의 근원이 되시고, 모든 것을 지탱하시며, 모두의 피할 수 없는 종착역이 되시는 한 분 하나님, 이스라엘에게 자신을 계시하시고 구약 성경에서 말씀하신 그 하나님께서 예수님을 보내셨습니다. 이 하나님께서 예수 그리스도 안에서 자신을 계시하셨습니다.

모든 것의 배후와 너머와 위와 뒤에는 피치못할 운명, 냉혹한 힘, 비인격적 법칙, 기계적인 제1원인 같은 것이 아닌 인격적인 분이 계십니다. 그분은 고유한 이름을 가지고 계시며, 예수님 안에서 자신을 우리에게 보여주신 분입니다. 마지막 심판 날에 우리는 어떤 힘이 아닌 인격을 마주하게 될 것입니다. 심판자는 자비와 능력, 선하심, 자기희생적 죽음을 통해 자신의 사랑을 나타내, 자신이 우리의 구원을 위해 얼마나 깊이 헌신하셨는지를 우리로 깨닫게 하신 바로 그분이실 것입니다.

당신의 증언의 핵심은 주 예수님입니까? 그분이셔야 합니다.

7월 2일, 지하 감옥

이사야 26:1-4

"다 같은 신령한 음료를 마셨으니
이는 그들을 따르는 신령한 반석으로부터 마셨으매
그 반석은 곧 그리스도시라"(고전 10:4).

스코틀랜드의 해안가에 있는 한 오래된 성에는 특별한 지하 감옥이 있습니다. 그것은 단단한 바위를 깎아 만든 것으로 병 감옥(bottle dungeon)으로 불립니다. 병의 목 부분은 180센티미터 길이의 수직 통로로, 사람을 빠뜨릴 수 있을 만큼 넓습니다. 수직 통로 아래에는 역삼각 모양의 지하 감옥이 있습니다. 지하 감옥은 천장의 직경이 3미터 정도 되고, 원뿔을 뒤집어놓은 듯한 비스듬한 둥근 벽은 맨 아래의 한 점으로 모입니다. 감옥은 깊이가 매우 깊어 사람은 병의 목 부분에 결코 닿을 수 없습니다. 그래서 그곳에 빠진 뒤 탈출한 사람은 아무도 없습니다.

그곳 성주들은 지하 감옥에 갇힌 모든 죄수가 매우 빨리 미쳐버린다는 사실을 발견했습니다. 딱 한 사람만 예외였습니다. 그 죄수는 거기에 몇 주 동안 감금되어 있었음에도 정신이 온전했습니다. 사람들은 그를 끌어내 비밀을 캐물었고, 그 비밀이 그가 주머니에 간직한 돌멩이 여섯 개였음을 알고 매우 놀랐습니다.

그 죄수는 원형 지하 감옥의 완전한 어둠 속에서 자신에게 변하지 않는 기준점이 없는 것이 문제였다고 설명했습니다. 그래서 정신이 이상해질 만하면, 돌멩이를 하나씩 한쪽 주머니에서 다른 쪽 주머니로 옮기면서 그 수를 세었습니다. 돌멩이는 언제나 여섯 개였습니다. 그는 자신 외부의 변하지 않는 기준점을 가지고 있었기에, 정신을 놓지 않을 수 있었던 것입니다. 자신이 살아 있는 것이 끝없이 계속되는 악몽과도 같았을 때, 그에게는 자신 외부의 질서의 기준점이 있었고, 그것을 의존했기에 미치지 않을 수 있었습니다.

많은 현대인이 생각하는 것과 달리, 우리가 스스로를 이해할 수 있는 열쇠는 우리 자신에게 있지 않습니다. 움직이지 않는 외부의 기준점이 없다면 우리는 방황하면서 무엇이 현실인지 알 수 없게 됩니다. 이는 우리가 다른 어떤 존재와의 관계 속에 있도록 지음 받았음을 보여주는 또 하나의 증거입니다. 그분은 바로 우리를 만드신 하나님이십니다. 그래서 이스라엘은 하나님을 반석이라 부르기 좋아했는지도 모릅니다. 이사야는 이 반석에 대해, 오직 그분께 마음을 고정하는 사람은 온전한 평안을 누리게 된다고 말했습니다. 우리 모두는 움직이지 않는 중심점을 필요로 합니다. 그리스도께서 그런 분이심을 인정하는 사람은, 그분을 움직이지 않는 중심점으로 갖게 됩니다.

7월 3일, 생명수

에스겔 47:1-12, 요한계시록 22:1-5

"그가 나를 데리고 성전 문에 이르시니 성전의 앞면이 동쪽을 향하였는데 그 문지방 밑에서 물이 나와 동쪽으로 흐르다가 성전 오른쪽 제단 남쪽으로 흘러내리더라"(겔 47:1).

하나님께서 함께하시는 일이라면 아무리 작은 일이더라도 경시하지 말아야 합니다. 에스겔 47장이 이를 잘 보여줍니다. 선지자는 예루살렘에 있는 여호와의 성전 앞에 서서 문지방 아래에서 작은 물줄기가 흘러나오는 것을 보았습니다. 그 작은 물줄기는 동쪽으로 흘렀습니다.

선지자가 하나님의 인도하심을 따라 천 척을 나아갔더니, 물줄기가 발목까지 차올랐습니다. 다시 천 척을 나아가자, 물이 무릎까지 오르고, 천 척을 더 나아가자 허리에 이르렀습니다. 다시 천 척을 나아갔더니 이제 물은 헤엄칠 만한 강, 사람이 능히 건너지 못할 강이 되었습니다.

선지자는 그 강이 사해로 흘러가고 있는 것을 알게 되었습니다. 그는 기쁘게도 사해의 물이 생물이 살아 움직이는 물로 변화되는 것을 지켜보았습니다. 염수가 담수로 바뀐 것입니다. 동물들이 물을 마시러 찾아오고, 물고기들은 물 위로 뛰놀았습니다. 물가에는 각종 열매 맺는 나무들이 자라났고, 그 잎사귀들은 치료하는 능력이 있었습니다. 생명이 없이 황량했던 죽음의 장소가 이제 건강하고 생산적인 생명의 현장이 되었습니다.

성경의 마지막 장인 요한계시록 22장은 새 예루살렘의 모습을 묘사하면서 이러한 장면을 이어갑니다. 거기서는 하나님과 어린 양의 보좌에서 생명수 강이 흘러나옵니다. 강 좌우에는 생명나무가 있어 달마다 서로 다른 열매를 맺고, 그 잎사귀들은 만국을 치료하기 위한 것입니다. 어둠은 지나가고, 애통하는 것이나 아픈 것이나 사망이 다시는 없습니다. 모든 것이 새로워집니다. 목마른 자들은 와서 생명의 샘물을 마시라는 초대를 받습니다. 어린 양과 그의 신부는 성령을 통해 성부 하나님과 함께 다스립니다. 한 작은 물줄기로 보이던 것에서 이 모든 일이 시작된 것입니다.

어떤 사람은 "하나님이 어디에서 역사하시는지를 찾아 거기에 동참하라"라고 말합니다. 그 역사가 시간의 한계에 매여 있는 인간의 눈에는 하찮아 보일 수 있습니다. 그러나 그 안에 하나님이 계신다면, 그 일의 미래는 하나님의 약속대로 대단할 것입니다.

7월 4일, 내적 인격

시편 119:9-16

"대저 그 마음의 생각이 어떠하면 그 위인도 그러한즉
그가 네게 먹고 마시라 할지라도
그의 마음은 너와 함께하지 아니함이라"(잠 23:7)

철학자 블레즈 파스칼은 생각을 내적인 대화로 정의했습니다. 생각하는 것은 자신과 내적인 대화를 나누는 것과 같다는 것입니다. 사람에게는 자신 외부의 입장에서 자신의 생각과 행동을 비판할 수 있는 특별한 능력이 있습니다. 이 내면적 대화는 우리가 우리 자신이나 타인, 우리가 처한 상황을 분석하는 과정에서 이루어집니다. 놀라운 점은, 우리 안에서 우리와 대화하는 또 다른 인격은 이상하게도, 우리가 말한 내용을 똑같이 들려주는 메아리와 달리, 우리와 다른 것을 말한다는 것입니다. 그러므로 우리가 내적 인격을 잘 돌보고 충분히 영양을 공급하는 일은 너무나 중요합니다.

내가 할 수 있는 한 배우려는 것도 그 때문입니다. 나는 내 안에 있는 그 인격이 가장 지혜로웠으면 합니다. 그 목소리에 귀 기울일 때 들을 만한 가치가 있는 것을 말해주길 바랍니다. 그렇기 때문에 나는 그리스도의 보혈과 성령께서 주시는 순결한 마음을 필요로 합니다. 내면에 더러운 강이 흐르지 않아도 세상에는 나를 더럽히고 타락하게 할 것이 차고 넘칩니다.

바울이 빌립보 교회 성도들에게 다음과 같이 권면한 것도 같은 이유입니다. "끝으로 형제들아 무엇에든지 참되며 무엇에든지 경건하며 무엇에든지 옳으며 무엇에든지 정결하며 무엇에든지 사랑받을 만하며 무엇에든지 칭찬받을 만하며 무슨 덕이 있든지 무슨 기림이 있든지 이것들을 생각하라"(빌 4:8).

당신의 내적 대화가 그런 것이 되게 하려면, 정결하게 하시는 성령의 능력에 당신의 내적 인격을 내어드리고, 그 후에도 계속 좋은 것을 공급해야 합니다. 그 훌륭한 양식 중 하나는 시편 119편입니다.

7월 5일, 몰리고 떠밀려

요한복음 2:1-11

"사흘째 되던 날 갈릴리 가나에 혼례가 있어 예수의 어머니도 거기 계시고 예수와 그 제자들도 혼례에 청함을 받았더니 포도주가 떨어진지라 예수의 어머니가 예수에게 이르되 저들에게 포도주가 없다 하니"(요 2:1-3).

하나님께 부르짖을 수 있는 사람은, 하나님께서 먼저 찾아와 그 안에 그분을 갈망하는 마음을 불어넣어주신 사람입니다. 누군가가 그리스도인이 된 것은, 그가 고결해서가 아니라 성령님께 몰리고 떠밀렸기 때문입니다. 하나님께서 사람의 영을 찾아가 움직이실 때는, 그에게 간절한 갈망을 일으키십니다. 이전과 달라지고, 더 나은 사람이 되고 싶은 소원이 생기게 하십니다. 우리 영혼은 거룩함과 의로움을 바라게 되고, 하나님이 내게 바라시는 모습이 어떤 것인지 생각하게 됩니다. 내적으로 무관심했던 삶 대신 궁극적 실재에 대한 한 가닥 관심과 새로운 삶에 대한 꿈을 갖게 됩니다.

하나님은 주기적으로 당신과 나의 삶에 문제를 일으키십니다. 가나의 혼인 잔치를 기억합니까? 포도주가 바닥나 문제가 생기기 전까지는 아무도 예수님을 알아보지 못했습니다. 가나에서는 지난 수년 동안 많은 결혼식이 있었지만 지금까지 아무런 기적도 일어나지 않았습니다. 기적이 일어난 유일한 혼인 잔치는 그리스도께서 함께하시고, 사람들이 그분이 필요함을 알아차리고 그분이 자신들을 위해 일하실 수 있게 해드린 곳이었습니다.

삶에 몰리고 떠밀린다고 느끼고 있습니까? 그렇다면 예수님께서 오셔서 당신을 위해 무언가를 행하실 최적의 지점에 있는 것입니다. 우리가 막다른 골목에 이르렀을 때, 그분은 찾아오셔서 우리를 만나기 원하십니다.

7월 6일, 기독교의 본질

고린도후서 5:14-21

"그가 모든 사람을 대신하여 죽으심은 살아 있는 자들로 하여금 다시는 그들 자신을 위하여 살지 않고 오직 그들을 대신하여 죽었다가 다시 살아나신 이를 위하여 살게 하려 함이라"(고후 5:15).

사랑 그 자체이신 성부 성자 성령 하나님께서는 자신과 교제하도록 하기 위해 우리를 창조하셨습니다. 그러나 우리는 자기 자신에게만 집중하면서 하나님의 사랑을 저버렸고, 각기 제 길로 가고 말았습니다. 그 결과 우리는 빛과 진리, 거룩함, 사랑, 생명이 되시는 분에게서 분리되었습니다. 파국과 부패와 죽음이 우리의 피할 수 없는 운명이 되었습니다. 우리가 하나님을 버린 것은, 생명의 근원과 모든 선한 것의 원천을 버린 것이기 때문입니다. 우리는 구원의 손길을 필요로 하게 되었고, 무엇보다 구원받아야 할 것은 문제의 근원이 되는 우리의 내면이었습니다.

자신을 내어주는 사랑이신 성부 하나님은 자신의 성자를 보내어 우리와 같은 사람이 되게 하심으로, 이 파멸의 과정을 뒤집으셨습니다. 우리는 죄로 인해 잃어버린 우리의 근원 되시는 분과의 관계를 다시 회복해야 했습니다. 하나님은 성육신 곧 영원하신 하나님의 성자께서 나사렛 예수라는 유대인의 몸을 입으심과, 십자가를 통해 그 일을 이루셨습니다. 예수님은 우리의 죄와 형벌을 담당하셨습니다. 성령께서 그분으로 사망을 이기고 승리하게 하셨을 때, 그분의 생명은 우리의 생명과 거룩함의 원천이 되었습니다.

그렇게 예수님은 우리의 심판을 담당하시고, 우리에게는 새 생명을 주셨습니다. 생명이 죽음을 이겼고, 사랑이 분리를, 의가 죄를, 진리가 오류를, 그분의 얼굴 빛이 어둠을 물리쳤습니다. 이 속죄를 통해 성령께서는, 성부 하나님과 우리는 아버지와 자녀의 관계, 성자 예수님과 우리는 신랑과 신부의 관계가 되게 하셨습니다. 그리스도의 생명이 우리의 것이 되어, 하나님의 백성인 우리는 우리를 향한 그분의 뜻을 이룰 수 있게 되었습니다. 그분의 뜻은 먼저, 우리가 제사장 나라가 되어 우리 자신이 아닌 다른 사람들, 특히 아직 예수 그리스도를 알지 못하는 사람들을 위해 사는 것입니다. 다음으로는, 우리가 하나님께서 거하시면서 영원한 교제를 나누시는 거룩한 백성이 되는 것입니다. 오늘 그분이 우리 모두에게 주시는 생명의 온전한 풍요로움을 누리고 있습니까?

7월 7일, 하나님과의 친밀함

출애굽기 3장

"여호와여 주의 이름을 아는 자는 주를 의지하오리니
이는 주를 찾는 자들을 버리지 아니하심이니이다"(시 9:10).

예배의 본질은 무엇일까요? 추상적인 분으로 알던 하나님께서 인격적인 친밀함의 대상이 되어, 우리가 얼굴과 얼굴을 마주 대하듯 하나님을 알게 되는 것입니다. 예배는 그분이 우리에게 자신의 이름을 알려주시고 우리를 자녀로 불러주실 만큼 우리를 아끼신다는 사실을 깨달을 때 일어납니다. 이 일은 한 사람을 찬양으로 가득 채우므로, 우리가 하나님이 뜻하시는 모습으로 변화되면 우리의 찬양은 결코 멈추지 않을 것입니다.

다른 사람에게 이름을 알려준다는 것은, 그 사람이 당신과 이전과는 다른 관계, 더 깊은 관계로 들어오도록 허락하는 것입니다. 당신의 이름을 알려주는 행위는 사실상 상대방이 당신에게 어느 정도 영향을 끼칠 수 있게 만듭니다. 이는 그에게 이제 당신의 주의를 끌 힘이 있음을 의미합니다. 당신이 그를 당신과의 더 가까운 관계로 초대한 것입니다. 구약 성경이 여호와의 이름을 매우 강조하고, 신약 성경이 예수님이라는 이름을 통해 하나님의 선하심을 분명하게 말씀하는 가장 중요한 이유는, 이 같은 친밀함에 대한 바람 때문입니다.

이는 시편 기자들이 여호와의 이름을 그리도 자주 사용하는 이유이기도 합니다. 시편 기자들은 하나님이 자신을 매우 인격적으로 대해주셨음을 알려줍니다. 그들은 자신이 하나님의 이름을 알고 하나님과 친밀한 관계에 있음을 매우 기뻐했습니다. 예배의 정수는, 온 세상의 주인이신 하나님께서 우리가 그분의 이름을 알기 원하시고, 우리와 친밀해지기 원하시며, 우리와의 더 깊은 관계를 바라심을 아는 것입니다. 이는 우리가 계속적으로 예배할 충분한 이유가 됩니다.

7월 8일, 유일한 소망

시편 121편

"내가 산을 향하여 눈을 들리라 나의 도움이 어디서 올까
나의 도움은 천지를 지으신 여호와에게서로다"(시 121:1-2).

시편 121편의 가장 큰 가치는 자연을 노래한 것이 아니라 자연과 은혜를 대조한 데 있습니다. 시편 기자는 자연을 비하하지 않습니다. 단지 자연의 한계를 알았기에, 자연 세계에는 구원이 없음을 선포했습니다. 구원은 위에서, 창조 세계 너머에서만 올 수 있기 때문입니다. 산은 자연의 최상의 모습을 대표하지만, 이 땅의 최상의 것도 우리를 구원할 만큼 능력이 있거나 선하지는 않습니다.

우리의 필요에 대한 해답은 우리 자신이나 이 세상이 아니라 한정된 우주 너머에 계신 초월적인 분께 있습니다. 그분이 우리를 찾아오시면, 우리의 자연적 필요를 채워줄 초자연적인 자원을 가지고 오십니다. 이 시편에서 기자는 영원하신 분께서 시공간을 뚫고 인간이 되셔서 세상에 구원을 주신 베들레헴 말구유 사건의 배경을 설명합니다.

볼 수 있는 사람에게는, 인간 삶의 모든 분야에서 이 진리가 얼마나 필요한지가 분명하게 드러납니다. 현대인들은 인간의 문제를 해결하기 위해 정치학, 교육학, 경제학, 사회 과학, 심리학, 정신분석학 등 세상의 모든 방법을 시도해봅니다. 우리는 자신 안에서나 세상 어딘가에서 그 실마리, 바라던 해답을 찾기를 기대합니다. 그러나 오래전 우리의 헛된 노력이 아무런 결실을 거둘 수 없음을 깨달은, 우리보다 지혜로운 한 사람이 있었습니다. 그는 사람들을 도우실 수 있는 분은 오직 우리가 소망을 두는 모든 요소와 과정을 창조하고 다스리시는 여호와 하나님뿐이라고 결론을 내렸습니다. 우리의 유일한 참된 소망, 유일한 확실한 도움은 천지를 만드신 하나님 안에 있습니다.

7월 9일, 두려움과 보호

이사야 44:6-8

"그는 나의 피난처요 나의 요새요
내가 의뢰하는 하나님이라"(시 91:2).

구약 시대에는 여호와 하나님만이 홀로 경외할 분이셨습니다. 그분께는 경쟁자나 도전자가 없었습니다. 그분만이 인류의 궁극적 관심의 대상이었고, 인류의 궁극적인 운명이 그분께 달려 있었습니다. 구약 시대 사람들은 일상의 두려움과 문제들을 해결하기 위해 마술, 우상숭배, 주술과 타협하지 않았습니다. 현재나 미래에 대해 염려가 생길 때는 오직 여호와께 도움을 구했습니다. 성전에서든 집에서든 밭에 나가 있든, 여호와 하나님만이 이스라엘 백성이 직면하는 모든 문제의 해답이 되셨습니다. 그분은 그들의 두려움의 대상이자 안전이 되시기에 마땅한 분이셨습니다. 그분을 경외하는 것이 지혜의 시작이었습니다.

여호와만이 하나님이셨고, 그분 외에는 구원자가 없었습니다. 따라서 그분께 생각을 고정하는 것이 온전한 평안을 누리는 비결이었습니다. 이는 쉬운 종교가 아니었고, 마술이나 운명, 변덕스러운 잡신을 믿는 다른 고대 종교들과는 극적으로 달랐습니다. 구약 신앙은 사회가 제공하는 일반적 의지의 대상들을 버리고, 사람이 어떤 상황에서도 여호와 한 분만을 의지하는 신앙으로 살아가야 함을 주장했습니다.

가치관이 흔들리고 상대적인 '진리들'이 수용되는 오늘날 세상은 모든 그리스도인을 압박하면서 하나님 이외의 도움을 받아들이기를 강요하지만, 우리는 구약의 하나님이 지금도 우리의 하나님이신 것을 기억해야 합니다. 예수 그리스도는 성부 하나님의 본성을 반영하실 뿐 아니라, 성부 하나님께서 이스라엘 백성에게 요구하신 것과 동일한 것을 우리에게 요구하십니다. 즉, 우리에게 본받기를 강요하는 주위의 문화와 현저히 달라야 한다고 말씀하십니다. 사회는 우리가 의지할 만한 수없이 많은 것을 제공하겠지만, 우리가 하나님보다 그것을 의지한다면, 그 모두는 우리를 도울 수 없을 뿐 아니라 결국 우리를 파멸에 이르게 할 것입니다.

7월 10일, 하나님의 일하심

에베소서 2:8-10

"보라 아버지께서 어떠한 사랑을 우리에게 베푸사
하나님의 자녀라 일컬음을 받게 하셨는가, 우리가 그러하도다
그러므로 세상이 우리를 알지 못함은 그를 알지 못함이라"(요일 3:1).

우리가 할 수 있는 것과 하나님이 하실 수 있는 것 사이에는 큰 차이가 있습니다. 우리가 하는 일은 유한한 특징을 갖지만, 그분이 하시는 일은 영원합니다. 그래서 하나님께서 한순간 일하신 결과는, 사람이 평생 노력하고 이룬 것보다 더 큰 가치가 있습니다. 그분이 하시는 일과 우리의 일은, 은혜와 종교만큼이나 큰 차이가 있습니다. 은혜가 없는 종교는 아무 소용이 없고 결국에는 파멸에 이릅니다.

    은혜가 없는 종교는 필연적으로 교만과 오만을 낳습니다. 그 모든 것에는 망상이 있습니다. 종교는 그것을 갖지 않은 사람에 비해 우월감을 느끼게 합니다. 그러나 하나님의 역사는 반드시 겸손을 낳습니다. 하나님께서 겸손한 분이시기 때문입니다. 예수님을 보십시오. 하나님이 임하시면, 우리의 교만과 오만은 언제나 깨어집니다. 우리는 우월함을 느끼지 않습니다. 그리고 우리가 감사해야 함을 압니다. 온유함이 자만함을 대신합니다. 더는 우리가 했거나 하고 있는 일에 확신과 신뢰를 두지 않기 때문입니다. 은혜 안에 살면, 우리는 하나님께서 이제까지 우리를 위해 해주신 일과 지금도 하고 계신 일에서 확신의 근거를 발견합니다. 우리가 주는 자가 아닌 받는 자임을 알게 됩니다.

    은혜의 결과는 그저 종교적인 사람들은 결코 알 수 없는 자유입니다. 우리는 어린아이와 같은 자유를 누립니다. 종교인은 하인이나 노예처럼 속박되어 있습니다. 그들은 무엇을 하든 영적인 자녀가 될 수 없습니다. 어떤 사람도 행함을 통해서는 하나님의 자녀가 될 수 없습니다. 행함이 아닌 은혜로 하나님의 자녀가 된 우리는, 그 관계에서 비롯된 자유를 누립니다.

    하나님은 우리 모두가 그분의 아들과 딸, 자녀가 되기를 바라십니다. 우리 자신의 능력으로는 그렇게 될 수 없습니다. 그분이 우리를 자녀 삼으실 수 있고, 우리가 허락하기만 한다면 그분은 한순간에 그렇게 하실 수 있습니다.

7월 11일, 한 거룩한 열정

아가 3:1-4

"내 사랑하는 자는 내게 속하였고 나는 그에게 속하였도다
그가 백합화 가운데에서 양 떼를 먹이는구나"(아 2:16).

조지 크롤리(George Croly)는 영국 국교회의 목회자였습니다. 놀라운 은사를 받은 그는 소설가, 역사가, 신학자, 극작가, 시인, 풍자 작가이기도 했습니다. 그는 자신의 모든 재능과 업적을 버리고 하나님을 향했을 때, 주님을 온 마음 다해 사랑하는 거룩함을 갈망했습니다. 그의 기도를 주의 깊게 들어보십시오.

> 성령이여 내 마음에 내려오소서
> 이 땅에서 떼내어 그 모든 박동 속에 살아 움직이소서
> 전능하시오니 내 연약함을 굽어 살피시고
> 마땅한 사랑으로 당신을 사랑하도록 도와주소서
> 천사들처럼 당신을 사랑하도록 가르쳐
> 하나의 거룩한 열정으로 온몸을 채우소서
> 하늘에서 내리는 비둘기 같은 성령의 세례로
> 내 마음은 제단이 되고, 당신의 사랑은 불길이 되게 하소서*

"그 모든 박동 속에"와 "온몸을 채우소서" 등의 표현에서 나타나듯 온전함을 구하는 부르짖음을 보십시오. 크롤리는 전체를 온전히 드리지 않는다면 하나님을 기쁘시게 하는 제사가 될 수 없음을 알았습니다. 그는 그보다 못한 것으로 만족하겠다는 생각을 결코 할 수 없었습니다. 그가 드린 제사는 구약 성경이 가르치는 것처럼 흠 없는 제물이어야 했습니다.

교회는 너무나 자주 이보다 못한 것을 교인들에게 요구하는 복음을 가르쳐 왔습니다. 교회가 그렇게 한다고 해서 교인들을 배려하는 것이 아닙니다. 사실 영적 궁핍함 속에 있는 그들을 속이는 일입니다. 그리스도께 부분적으로만 순종한다면 그것은 그분의 은혜를 부분적으로만 경험하고 있음을 의미하며, 확실히 그것은 아무 유익이 없습니다. 성령께서 인생보다 더 뛰어나신 것만큼이나 확실하게, 성령께서 모든 박동 속에 살아 움직이시고, 불타오르는 열정적인 사랑으로 온몸을 채워주시는 인생은, 두 주인을 섬기는 인생보다 낫습니다. 분명 갈보리 언덕의 그리스도께서는 크롤리의 말에 고개를 끄덕이실 것입니다.

* George Croly, "Spirit of God, Descend," *Hymns for Praise and Worship*, no. 239.

7월 12일, 참된 영광

에스겔 10장

"여호와 삼마라 하리라"(겔 48:35).

교회가 받는 유혹은 항상 세상의 방식을 따라 생각하려는 것입니다. 이것은 사람의 마음의 경향이기도 합니다. 예루살렘 성전이 파괴되자, 유대인들은 또 다른 성전을 꿈꾸기 시작했습니다. 그들은 금으로 뒤덮인 건축적으로 탁월했던 솔로몬의 성전을 기억했고, 그 영광의 회복을 꿈꾸었습니다. 하지만 하나님의 계획은 달랐습니다.

이전 성전의 참된 영광은 이스라엘이 생각하는 그것이 아니었습니다. 참된 영광은 사람의 육안으로는 볼 수 없는 것이었습니다. 그 영광은 실재하지만 보이지 않는 여호와의 임재였으나, 지금은 예루살렘을 떠났습니다. 이스라엘은 오직 외적인 영광만을 볼 뿐 참된 영광을 보지 못했습니다.

언젠가 남아프리카의 원주민들 가운데서 홀로 살아가는 젊은 선교사와 대화한 적이 있습니다. 그는 한 부유한 중서부 은행가의 아들이었습니다. 대학교 2학년을 마치고 그 주에 있는 주요 대학을 중퇴한 그는 홀로 어떤 지원도 받지 않고 선교지로 나갔습니다. 나는 그에게 왜 훈련을 마치고 성숙하기를 기다리지 못했는지 물어보았습니다. 그의 대답은 그 후 몇 년간 내 머리에서 떠나지 않았습니다. "그때 가지 않으면 예수님과 갖게 된 그 친밀감을 잃을까 두려웠습니다."

이 젊은 선교사에게 편안함이나 안전, 사실상 그 무엇보다 중요했던 것은, 그의 가족과 친구들은 보지도 느끼지도 못한 그 영광이었습니다. 그가 간 것은 옳은 결정이었을까요? 그가 한 행동은 다른 사람에게는 적합하지 않은 것일 수 있지만, 그의 결정이 옳았다는 것은 20세기에 그리스도를 위해 가장 풍성한 열매를 맺었던 삶을 통해 확증되었습니다. 당신은 참된 영광이 어디에 있는지 아십니까? 당신은 그 영광 속에서 행하고 있습니까?

에스겔은 그것을 보는 눈이 있었습니다. 그는 하나님의 영광이 성전과 성읍을 떠나는 것을 보았습니다. 그리고 그 영광이 다시 돌아올 날을 꿈꾸었습니다. 에스겔서는 매우 밝은 분위기로 끝납니다. 이 책은 히브리어로는 단순한 두 단어로 끝맺는데, 하나는 여호와의 이름이고, 다른 하나는 부사로 더 자주 쓰이지만 여기서는 명사로 사용된 "거기"입니다. 두 단어 "여호와 삼마"는 "여호와께서 거기에 계시다"로 번역됩니다. 참된 영광이신 하나님 자신을 볼 수 있는 눈을 가진 사람은 복됩니다.

7월 13일, 하나님의 말씀

열왕기상 22:1-38

"여호와께서 살아 계심을 두고 맹세하노니 여호와께서 내게 말씀하시는 것 곧 그것을 내가 말하리라"(왕상 22:14).

세상은 하나님 말씀의 현실성과 진실함에 목숨을 거는 사람을 필요로 합니다. 사마리아의 아합 왕은 여호사밧 왕에게 함께 전쟁에 나서자고 청했습니다. 출정하기 전, 여호사밧은 "청하건대 먼저 여호와의 말씀이 어떠하신지 물어보소서"(왕상 22:5)라고 말했습니다. 아합은 하나님의 뜻을 알기 위해 사백 명의 선지자를 불렀고, 처음부터 마지막까지 모든 선지자는 하나님께서 아합의 전쟁을 축복하실 것이라고 말했습니다.

하지만 여호사밧은 여전히 마음이 불안했습니다. 이 선지자들의 말은 자기 나라의 선지자에 비해 신뢰가 가지 않았습니다. 유다에서는 왕이 선지자들을 다스리지 않았고, 오직 하나님만 그들을 다스리셨습니다. 왕은 선지자들이 진리를 말할 것을 믿었습니다. 여호사밧은 좋은 소식이든 나쁜 소식이든 하나님의 뜻과 진리를 선포할 용기를 가진 사람과, 그분이 지시하는 방향을 알려줄 뼈가 앙상한 손가락을 의지했습니다. 여호사밧은 신뢰할 만한 선지자를 의지하고 싶었기에, 아합에게 다른 여호와의 선지자를 불러오기를 요청했습니다.

아합은 마지못해 자신이 싫어하는 미가야를 불렀습니다. 미가야는 아합의 죄 때문에 항상 아합에 대해 불길한 예언을 해왔습니다. 그는 여느 때와 마찬가지로 이번에도 아합에 대해 좋지 않은 예언을 했습니다. "왕이 참으로 평안히 돌아오시게 될진대 여호와께서 나를 통하여 말씀하지 아니하셨으리이다"(왕상 22:28).

사백 명의 목소리가 아합 왕의 계획을 긍정했고, 반대하는 사람은 오직 한 명이었지만, 아합의 미래는 다수의 의견이나 자신의 손에 달려 있지 않았습니다. 미래는 하나님의 다스림을 받는 한 신실한 선지자의 말대로 이루어졌습니다. 미가야는 아합이 돌아올 때까지 감옥에 갇혔습니다. 아합은 돌아오기는 했지만, 마차에서 죽은 상태였습니다!

오늘날은 사람들이 하나님의 목소리에 귀를 기울여야 할 때입니다. 화려해 보이는 것이 오늘날의 유행일지는 모르지만, 그 안에는 내일의 죽음을 초래하는 씨앗이 들어있습니다. 우리에게 필요한 것은 하나님의 말씀입니다.

7월 14일, 진리의 메시지

요한복음 4장

"시몬 베드로가 대답하되
주여 영생의 말씀이 주께 있사오니
우리가 누구에게로 가오리이까"(요 6:68).

초기 기독교 교회는 지중해의 종교 세계에 도전할 정도로 매우 힘 있는 세력이었습니다. 교회는 로마의 정치적 세력과 헬라 문화를 넘어섰습니다. 그 성공의 비결이 무엇이었을까요? 그중 일부는 진리에 내재된 힘과 생명력이었습니다. 바울은 자신이 전한 말씀이 스스로 확증한다는 것을 알았습니다. 그는 자신이 전한 말씀이 "교묘히 만든 이야기"(벧후 1:16)도 아니고, 사람의 지혜로 난 것도 아님을 알았습니다. 그것은 인류를 창조하신 하나님의 지혜이며, 인간의 영혼에 적합함을 알았습니다. 그는 복음을 들은 사람의 외적인 반응이 어떠하든, 모든 사람 속에는 "너는 이것을 위해 지음 받았어!"라고 말하는 내면적 목소리가 있음을 알았습니다.

하나님의 말씀은 인간 존재에 관한 한 전혀 낯선 것이 아닙니다. 피조물과 창조주의 말씀 사이에는 내재적 조화가 있습니다. 하나님은 자신을 위해 우리를 지으셨고, 우리는 그분을 발견하기 전까지는 불완전합니다. 그 점은 우리가 다른 사람에게 복음을 전할 때 용기와 자신감을 줍니다. 우리는 상대방이 필요로 하지 않는 것을 판매하는 것이 아닙니다. 우리가 발견한 무엇인가를 다른 사람의 삶에 강요하는 것도 아닙니다. 우리는 단지 그들이 기다려온 것을 어디서 찾을 수 있는지 알려줄 뿐입니다. 당신에게 그리스도를 알지 못하는 친구와 사랑하는 사람들이 있습니까? 복음 전하는 일을 그만두기 전에 다시 생각해보십시오. 스스로 인식하든 그렇지 않든, 그들은 당신의 전도를 기다리고 있습니다.

7월 15일, 예수님의 시험

누가복음 4:1-13

"그 때에 예수께서 성령에게 이끌리어
마귀에게 시험을 받으러 광야로 가사"(마 4:1).

예수님을 속이기 위해 사탄이 사용한 시험이 얼마나 정당한 것인지에 유의하십시오. 분명 배고픈 사람이 음식을 먹는 것은 잘못이 아닙니다. 그러나 사탄은 단지 예수님을 음식으로 유혹한 것이 아닙니다. 그는 예수님께서 그분을 향한 하나님의 뜻에서 벗어나기를 바랐고, 그래서 하나님이 주신 능력을 사용해 스스로 자신의 필요를 채우라고 유혹한 것입니다. 우리 중 많은 사람이 하나님께서 다른 사람들을 섬기도록 주신 은사로 자신의 개인적 필요나 심지어 자아의 만족을 위해 사용하려는 유혹을 받습니다.

두 번째 시험에서 예수님은 하나님의 능력을 단번에 나타내 자신이 누구인지 빠르고 강력하게 밝히라는 유혹을 받았습니다. 그것은 그분의 신성을 입증하는 효과적인 방법으로 보였습니다. 그러나 예수님은 하나님이 원하시는 방법과 시기를 벗어나 하나님의 목적 이루기를 거부하셨습니다.

세상 모든 나라를 주겠다는 제안은 십자가로 값을 치르지 않고도 모든 나라를 얻는다는 것이기에 마음이 끌릴 수밖에 없었습니다. 예수님은 세상 모든 나라가 최종적으로는 자신에게 주어질 것을 아셨습니다. 그 나라들은 본래 그분의 것이었고 지금도 그분의 것이지만, 그분은 하나님의 방법을 따라야 했고, 그 방법에는 자신의 생명을 희생하는 일이 포함되어 있었습니다. 우리가 하나님의 뜻에 순종하려면, 예수님이 그러셨던 것처럼 우리 각자에게도 짊어져야 할 십자가가 있습니다. 그 희생을 건너뛴 채 편안하고 안전한 일만 하겠다는 유혹은 그 어떤 것이든 악한 자에게서 비롯된 것입니다. 심지어 하나님조차도 십자가 없이 최종적 승리를 얻으실 수는 없었습니다.

예수님의 시험은 사역 초기에 있었습니다. 이 점에 우리는 주의를 기울여야 합니다. 순종의 발걸음을 떼기 전 우리에게는 언제나 극복해야 할 저항과 싸워 이겨야 할 유혹이 있을 것입니다. 우리는 자신의 유익을 위해 하나님을 이용해서는 안 됩니다. 우리가 원하는 방법과 때에 하나님의 뜻을 이루고자 해서도 안 됩니다. 또 십자가를 건너뛰려 해서도 안 됩니다. 우리의 방법을 포기할 때 비로소 바른 방법을 찾을 수 있습니다.

7월 16일, 두 번째 증인

신명기 17:6-7, 요한복음 5:31-38

"그가 와서 죄에 대하여, 의에 대하여, 심판에 대하여
세상을 책망하시리라"(요 16:8).

성령의 기름 부으심을 체험한 사람의 개인적 간증이나 설교에는 힘이 있습니다. 그 힘의 일부는 말하는 사람의 진실함과 온전함에서 비롯된 것일 수 있습니다. 설교자들의 경우에는 그 힘이 부분적으로는 충분한 준비와 말씀의 충실함에서 나옵니다. 그러나 가장 중요한 다른 원인이 있는데, 바로 성경이 두 번째 증인으로 묘사하는 그분입니다.

구약 성경은 정의에 깊은 관심을 나타냅니다. 그래서 누구도 한 사람의 증언에 근거해 유죄 판결을 받아서는 안 된다고 말합니다. 거짓 증언의 위험이 너무나 크기 때문이었습니다. 따라서 누군가에게 유죄 판결을 내리기 위해서는 두 번째 증인이 반드시 필요했습니다.

신약은 성령의 증언을 통해 이 구약의 원리를 존중합니다. 성령님은 결코 우리만 홀로 보내기를 원하지 않으십니다. 유죄 판결은 내적인 목소리 곧 성령의 증언이, 우리의 외적인 목소리를 통해 사람이 들을 수 있도록 전한 메시지를 확증할 때 이루어집니다. 이중 증언에 의해 메시지에 힘이 실리는 것입니다.

이 점은 우리에게 위안이 되지만, 동시에 경고이기도 합니다. 우리가 결코 혼자서 증언하거나 설교하지 않아도 된다는 사실을 알 때 그것은 우리에게 격려가 됩니다. 우리와 함께 가셔서 우리의 말을 확증해주시는 분이 계십니다. 그분의 임재는 눈에 보이지 않지만, 선포한 메시지에 인을 쳐 보증하는 것은 그분의 내면적 목소리입니다. 그러므로 우리는 우리를 향한 그분의 목소리와 기름 부으심에 매우 민감해야 합니다.

내가 목회를 시작할 무렵 한 지혜로운 여인이 내게 다른 설교자에 관해 이렇게 말했습니다. "그의 설교는 양철 지붕 위에 마른 콩들을 쏟아붓는 소리 같아요." 공허한 소음 같다는 것입니다! 그 말은 이후에도 계속 떠올랐습니다. 그럼에도 우리의 증언이 "양철 지붕 위에 마른 콩 쏟아지는" 소리 같지 않을 수 있다는 것이 기쁩니다. 우리의 메시지는 하나님의 말씀 그 자체와 같이 될 수 있는데, 그렇게 만드시는 분이 두 번째 증인이시기 때문입니다.

7월 17일, 마음에 품은 사람

신명기 1:29-31

"내가 너희를 생각할 때마다 나의 하나님께 감사하며
간구할 때마다 너희 무리를 위하여 기쁨으로 간구함은"(빌 1:3-4).

빌립보 교회 성도들에게 보낸 바울의 편지는, 그리스도인이 그 사역 대상에게 어떤 태도를 가져야 하는지에 대한 훌륭한 사례를 보여줍니다. 빌립보서의 첫 장을 읽어보면, 그들을 향한 바울의 열정적인 사랑을 느낄 수 있습니다. 그들을 향한 그의 사랑에는 다정함이 있습니다. 그 사랑은 아버지의 사랑, 형제의 사랑, 친구의 사랑과도 같습니다. 그는 골로새 교회 성도들에게도 이렇게 말했습니다. "우리가 너희를 위하여 기도할 때마다 하나님 곧 우리 주 예수 그리스도의 아버지께 감사하노라"(골 1:3).

어떤 사람은 생각만 해도 기쁨과 감사가 절로 나옵니다. 그리스도인 동료들을 향한 바울의 태도에는 사랑이 넘치며 마치 이렇게 말하는 듯합니다. "나는 너를 생각할 때면 기분이 좋아져. 기도 시간에 너를 위해 기도할 때마다 기쁨으로 하게 돼. 복음 안에서 갖게 된 너와의 교제, 우정, 동료의식으로 인해 너를 위해 기도하는 것은 항상 기쁨이야. 너는 내 삶의 일부이고, 내게 기쁨을 줘."

바울은 또 이렇게 말합니다. "내가 너희 무리를 위하여 이와 같이 생각하는 것이 마땅하니 이는 너희가 내 마음에 있음이며 나의 매임과 복음을 변명함과 확정함에 너희가 다 나와 함께 은혜에 참여한 자가 됨이라"(빌 1:7). 잉태한 어머니가 가득한 기대를 가지고 뱃속 아기를 품는 것처럼, 바울은 그들을 마음에 품었습니다. 이것이 바로 그리스도인과 그들이 돌보는 사람들의 관계가 어떠해야 하는지를 보여주는 참으로 아름다운 본이 아니겠습니까? 바울처럼 그렇게 사랑하고 있습니까? 하나님께서 당신에게 주신 사람들을 마음에 품고 있습니까?

7월 18일, 담대히 나아갈 이유

히브리서 10:19-25

"이에 성소 휘장이 위로부터 아래까지 찢어져 둘이 되고
땅이 진동하며 바위가 터지고"(마 27:51).

신약 성경이 육체 가운데 사는 사람을 말할 때는, 자기 자신을 중심으로 살고 자신의 자원만이 전부라고 생각하는 사람을 말하는 것입니다. 그런 삶은 하나님으로부터의 분리와 현격한 거리를 특징으로 합니다. 그들에게 하나님과의 친밀함을 말하는 것은 부적절할 뿐 아니라 비위에 거슬리는 일이 됩니다.

성경공부반의 한 여성이 내게 이런 말을 한 적이 있습니다. "당신이 예수님의 사랑에 대해 말할 때, 나는 메스꺼움을 느낍니다." 어느 주일 점심을 먹고 있는데 전화가 왔습니다. 그 성경공부반 친구였습니다. 그녀는 다급한 목소리로 당장 자신의 집으로 와줄 수 있는지 물었습니다. 내가 그녀의 멋진 집으로 들어갔을 때, 그녀는 복도에서 울고 있었습니다. 무슨 문제인지 묻자, 그녀는 말했습니다. "오, 목사님, 이제 알겠어요. 이제 알겠어요. 내 인생 처음으로 깨달았어요."

무엇을 깨달았는지 물었더니 그녀는 이렇게 말했습니다. "나는 오늘 아침 교회 성가대에 앉아 있었고, 오늘은 성찬식이 있는 주일이었어요. 목사님이 빵을 떼면서 '이것은 너희를 위하는 내 몸이니'라고 말씀할 때 깨달았어요. 그분은 나를 위해 그렇게 하셨던 거예요! 나를 위해!" 그 뒤로 그녀는 예수님과의 친밀함에 대해 들을 때 다시는 메스껍다는 말을 하지 않았습니다.

구약 시대에는 하나님이 거하시는 지성소와 이스라엘 백성 사이를 분리하는 휘장이 있었습니다. 그리스도께서 십자가에서 죽으실 때, 그 휘장은 둘로 찢어졌습니다. 하나님께로 나아갈 수 있는 길이 열린 것입니다. 히브리서 기자는 이제 우리는 그리스도로 인해 하나님의 보좌에 담대히 나아가야 한다고 말씀합니다(4:16). 그리스도의 십자가는 우리가 하나님께 나아갈 수 있음과, 거리감이 아닌 친밀함, 분리가 아닌 사랑을 의미합니다. 우리는 하나님께 나아갈 수 있는 우리의 특권을 사용해야 합니다.

7월 19일, 하나님의 본성

출애굽기 20:1-21

"여호와의 증거들을 지키고
전심으로 여호와를 구하는 자는 복이 있도다"(시 119:2).

십계명은 하나님의 본성을 들여다볼 수 있는 창문과도 같습니다. 그분은 율법을 통해 자신의 본성을 우리에게 계시하셨습니다. 그분은 자신에 대해 아시고, 우리도 그분이 어떤 분이신지 알기를 원하십니다. 그분은 유일한 하나님이시고, 그분 외에 다른 신은 없습니다. 그분은 자신을 제외한 모든 것을 창조하셨습니다. 창조 세계는 선하지만, 그 안의 어떤 것도 그분을 대신할 만큼 선한 것은 없습니다. 그분은 우리가 부를 수 있도록 자신의 이름을 알려 주셨습니다. 그 이름은 가벼이 또는 헛되게 사용해서는 안 됩니다. 매시간과 매일은 그분께서 주시는 선물이고, 그분은 우리의 달력이 감사로 채워지기를 바라십니다.

　하나님의 세상에서 살아가는 모든 사람은 아버지가 있으며, 그를 닮아야 합니다. 우리가 부모를 공경해야 하는 이유는, 단지 우리에게 생명을 주셨기 때문만이 아니라, 유아기와 어린 시절 우리의 삶에서 하나님의 자리를 대신하셨기 때문입니다. 인간의 성(性)은, 하나님께서 우리에게 원하시는 완전하고, 무조건적이며, 신실하고, 깨뜨릴 수 없는 사랑의 관계의 예시와도 같은 것입니다.

　재산권은 신성하며 잘못 사용하거나 침해해서는 안 됩니다. 언어는 이 세상에서 사람들만 누리는 하나님의 선물입니다. 상징은 현실을 나타내는 것이어야 합니다. 따라서 언어는 개인적 이익이나 타인을 해하기 위한 목적으로 거짓되게 사용해서는 안 됩니다. 마지막으로, 하나님께서는 우리가 우리를 위한 그분의 뜻에 만족해, 다른 사람의 지위나 공간, 소유를 탐내지 않기를 바라십니다.

　달리 말해, 하나님은 거룩하시며, 우리와 우리의 모든 관계가 거룩하기를 바라십니다. 그분은 선하시고 예배 받기에 합당하십니다. 그분의 길은 바르며 마땅히 순종해야 합니다.

7월 20일, 교제 없이는 구원도 없다 (1)

요한복음 17장

"영생은 곧 유일하신 참 하나님과
그가 보내신 자 예수 그리스도를 아는 것이니이다"(요 17:3).

하나님의 율법을 피해가려고 할 때 일반적으로 사용하는 변명이 두 가지 있습니다. 우리는 행함이 아닌 믿음으로 구원을 받는다는 것과, 하나님의 율법을 지키는 것은 우리의 행함이라는 것을 압니다. 그렇기에 우리는 십계명을 지키는 것은 구원과 아무런 상관이 없다고 단정해버립니다. 그리스도와의 교제를 유지하기 위한 규칙이 있을 수는 있지만, 그것을 지키는 것은 우리의 구원과 상관이 없다는 것입니다. 또 구원은 하나님께서 우리에게 주시는 것이기에, 누구도 우리에게서 빼앗을 수 없다는 것입니다.

이런 주장에 대해 염려하는 것은, 구원이 마치 그리스도의 적극적인 임재와 관계없이 따로 존재할 수 있는 것처럼 여긴다는 것입니다. 그러나 성경 전체를 자세히 살펴보면, 구원자와 관계없이 이루어지는 구원에 대해서는 전혀 말씀하지 않습니다. 그분을 영접하는 것이 구원입니다. 그분에게서 돌아서는 것은 구원에서 돌아서는 것입니다. 그분을 떠나서는 구원이 없기 때문입니다. 구원은 누군가의 삶 속에서 역사하시는 하나님의 적극적인 임재의 결과입니다. 아담과 하와는 하나님과의 관계가 깨어진 후에야 이 사실을 알게 되었습니다. 홍해에서의 이스라엘 백성의 구원은 여호와께서 그들 가운데 임재하심의 결과였습니다. 이스라엘과 애굽의 운명을 가른 것은 단지 그분의 임재하심의 여부였습니다.

수세기에 걸쳐 이스라엘은 자신들이 하나님의 임재를 당연시해서는 안 된다는 것을 배웠습니다. 그들이 하나님을 근심하시게 하면 그분은 물러가 그들과 함께하지 않으셨습니다. 이로 인해 모세는 금송아지 사건이 있은 후 하나님께 간청했습니다. 그는 하나님이 백성들과 함께하시지 않는다면 자신도 갈 수 없다고 호소했습니다. 예수님은 제자들이 이 점을 이해하기를 바라셨습니다. 십자가를 지시기 전날 밤, 그분은 이렇게 말씀하셨습니다. "사람이 나를 사랑하면 내 말을 지키리니 내 아버지께서 그를 사랑하실 것이요 우리가 그에게 가서 거처를 그와 함께 하리라"(요 14:23). 제자들의 안전과 성공은 그들 안에 계시는 성부, 성자, 성령의 임재에 달려 있었습니다. 하나님의 율법은 지속적인 임재의 조건을 상세히 가르쳐줍니다. 우리의 안전은 참으로 하나님 안에 있습니다.

7월 21일, 교제 없이는 구원도 없다 (2)

로마서 4:1-8

"만일 아브라함이 행위로써 의롭다 하심을 받았으면 자랑할 것이 있으려니와 하나님 앞에서는 없느니라 성경이 무엇을 말하느냐 아브라함이 하나님을 믿으매 그것이 그에게 의로 여겨진 바 되었느니라"(롬 4:2-3).

하나님의 율법이 하나님과의 교제를 지속하기 위한 조건을 알려준다고 말하면, 즉시 누군가는 우리가 구원은 믿음으로 받지만, 구원을 유지하는 것은 행함 곧 율법에 순종함으로써 가능하다는 의견을 제시합니다. 하지만 그것은 잘못된 주장입니다.

확실한 사실은, 우리가 그리스도를 발견하기 전까지는 하나님의 율법을 지킬 능력이 없다는 것입니다. 그래서 우리는 그분을 찾아야 합니다. 그리고 이 점은 우리가 그리스도인이 되기 전이나 후나 동일합니다. 우리에게는 회심 전이든 후든 거룩할 능력이 없습니다. 회심 전과 후의 차이는 단지 그리스도의 임재하심의 여부입니다. 신생으로 인한 새로운 삶은 우리의 것이 아닙니다. 우리 안에 살아 계셔서 근본적인 차이를 만드는 것은 그리스도의 거룩한 생명입니다. 바울이 골로새 교회 성도들에게 우리 안에 계신 그리스도가 "영광의 소망"(골 1:27)이라고 쓴 것이 바로 그런 의미입니다. 소망은 결코 우리 안에 있지 않습니다.

이는 우리가 무엇을 할 수 있는지가 중요한 것이 아니라는 의미입니다. 그리스도께서 무엇을 하실 수 있는지가 중요합니다. 놀라운 일은, 그리스도께서 누군가의 삶에 찾아오실 때 성령님을 함께 주신다는 사실입니다. 성령님은 성결의 영이셔서, 우리 안에 들어오셔서 그분의 거룩한 능력으로 우리를 변화시키시고 우리로 그리스도의 길로 행할 수 있게 하십니다. 그래서 바울은 이렇게 말할 수 있었습니다. "그런즉 누구든지 그리스도 안에 있으면 새로운 피조물이라 이전 것은 지나갔으니 보라 새것이 되었도다"(고후 5:17). 이 새로움은 우리 자신이 아닌, 우리 안에 거하시는 거룩하신 분에게서 비롯됩니다.

예수님께서 그 마지막 날 밤에 그분 안에 거해야 함을 그렇게 많이 말씀하신 것은 놀라운 일이 아닙니다. 요한복음 14-17장을 보십시오 그리스도 안에 거함에 우리의 구원이 달려 있습니다. 어떤 사람은 이것을 두렵게 느껴서 그분과의 철회할 수 없는 관계를 바라기도 합니다. 그들은 자신이 얼마나 믿을 수 없는 존재인지를 알고 불안해합니다. 그러나 우리는 예수님을 바라보아야 합니다. 믿음은 단순히 그분께 시선을 고정하는 것입니다. 그분을 바라보면 무엇이 보입니까? 화가 나 우리를 버리고 떠날 이유를 찾기 위해 눈을 부릅뜨고 지켜보는 그런 분은 보이지 않습니다. 그와는 반대로, 우리의 마음을 돌이켜 그분께로 향하기까지 우리를 끊임없이 찾아오시는 분을 발견하게 됩니다. 우리를 구원하기 위해 죽으시고 결코 우리를 내버려두거나 저버리지 않으실 분이 보입니다. 우리는 그분을 저버려서는 안 됩니다. 우리가 그렇게 하더라도, 그분은 찾아오는 것을 멈추지 않으시지만, 놀랍게도 우리가 그분을 버린다면, 다시 그분을 신뢰하기는 더 힘들어집니다.

7월 22일, 교재 없이는 구원도 없다 (3)

마가복음 10:17-22

"네게 아직도 한 가지 부족한 것이 있으니
가서 네게 있는 것을 다 팔아 가난한 자들에게 주라
그리하면 하늘에서 보화가 네게 있으리라
그리고 와서 나를 따르라"(막 10:21).

십계명의 하나님의 율법을 피하기 위해 우리 중 많은 사람이 사용하는 두 번째 변명이 있습니다. 십계명은 기준이 너무 높아 실제로는 지킬 수 없는 이상과도 같다는 것입니다. 다시 말해, 우리가 겨냥해야 할 목표일 뿐, 실제로 맞출 것을 기대할 수는 없다는 것입니다. 게다가 율법은 이제 지나간 옛 언약의 일부일 뿐이라고 말합니다.

그러나 예수님은 분명 그렇게 가르치지 않으셨습니다. 부자 청년이 어떻게 영생을 얻을 수 있는지 알고 싶어 했을 때, 예수님은 십계명을 가리키셨습니다. 산상수훈에서 예수님은 십계명을 가져와 우리에게 적용하셨습니다. 그분은 율법을 느슨하게 바꾸어놓지 않으셨습니다.

우리는 율법을 지키는 것이 마치 무거운 짐인 양 말하곤 합니다. 그러나 어떻게 율법을 지키는 것이 무거운 짐이 될 수 있습니까? 정말 둘로 나누어진 마음으로 사는 것이 한 마음으로 사는 것보다 더 쉬울 것이라고 믿습니까? 우리가 창조주만이 주실 수 있는 것을 창조 세계에서 찾고 있으면 우리의 삶이 더 풍성해지나요? 우리가 여호와의 이름과 그분의 안식일과 같은 거룩한 것들을 욕되게 해서 되겠습니까? 우리가 우리에게 생명을 주신 부모를 공경하지 않는 것이 잘하는 일입니까? 우리는 동료 인간들을 심하게 미워하며 살아야 합니까? 더러운 것과 정욕의 파괴력으로부터의 구원이란 없습니까? 우리 자신이 상처를 받더라도 진실하게 언어를 사용할 수는 없을까요? 하나님께서는 우리가 가진 것에 만족해 끊임없이 남의 것을 탐낼 필요가 없도록 만들어주실 수는 없겠습니까?

이런 질문들을 해보기만 해도 우리는 십계명이 부담스러운 짐이거나 우리를 속박하기 위한 것이 아니라는 결론에 도달할 수밖에 없습니다. 오히려 십계명은 우리의 자유의 헌장입니다. 계명들은 우리를 속박하는 요구들의 집합이 아니라, 그리스도의 영이 우리를 죄에서 해방함으로 이루어주시려는 자유에 대한 열 개의 약속입니다. 하나님께서 그분의 성령과 사랑으로 채워주시면, 내가 오늘 어길 수밖에 없는 계명은 하나도 없습니다. 이 얼마나 기쁜 소식입니까!

7월 23일, 교제 없이는 구원도 없다 (4)

시편 119편

"여호와는 나의 분깃이시니 …
내가 전심으로 주께 간구하였사오니"(시 119:57-58).

하나님은 그분의 백성에게 율법을 주셨습니다. 율법은 우리 앞에 그분의 성품과 방식을 펼쳐놓습니다. 우리에게 그분과 그분을 기쁘시게 하는 생활 방식을 말해줍니다. 어떤 사람에게는 율법이 짐처럼 느껴질 수 있습니다. 하지만 꼭 그래야 할까요? 요한은 분명 그런 방식으로 율법을 바라보지 않았습니다. 요한서 5장 3절에서 그는 하나님의 계명을 그분의 사랑과 연결해, 그 둘은 동행하며 "계명들은 무거운 것이 아니다"라고 말합니다. 예수님은 자신의 "멍에는 쉽고" 자신의 "짐은 가볍다"고 하시면서, 자신은 우리를 지치게 하는 것이 아니라 쉬게 하려고 오셨다고 말씀하십니다(마 11:28-30).

시편 기자는 예수님과 요한의 설명에 동의하는 것으로 보입니다. 시편 중에서 가장 긴 119편은 율법에 대한 찬가입니다. 22개의 연과 175절 내내 시편 기자는 자신이 율법에서 얻는 기쁨을 노래합니다. 그는 자신의 감정을 표현하기 위해 특별히 두 개의 히브리어 어원을 사용합니다. 그 둘은 영어로는 모두 '기쁨'으로 번역됩니다. 먼저 둘 중 더 흔히 쓰이는 단어는 예레미야 31장 20절에서 아버지가 아들에게서 느끼는 기쁨을 말하기 위해 사용됩니다. 이 단어는 또한 세상을 창조할 때 하나님의 일꾼인 자신의 역할을 떠올리면서 지혜가 하는 말에도 등장하고(잠 8:30-31), 이사야 5장 7절에서 하나님께서 "그의 기뻐하시는 나무"라 칭하신 그분의 백성에게 가지시는 기쁨을 말할 때도 사용됩니다.

또 하나의 단어는 큰 환희, 매우 특별한 기쁨이라는 의미를 지니고 있습니다. 이사야 35장 10절에 이 단어가 나옵니다. 선지자는 포로가 되었다 속량함을 받은 백성이 시온으로 돌아올 것을 묘사하고 있습니다. 그들은 노래를 부르며 영원한 기쁨을 갖고 돌아오고, "기쁨과 즐거움을 얻어 슬픔과 탄식이 사라질 것입니다."

시편 기자는 그리스도보다 먼저 태어났지만, 분명 "내 멍에는 쉽고 내 짐은 가볍다"(마 11:30)라고 하신 그리스도의 말씀의 진리를 이해했습니다. 안식하는 길은 그분의 멍에를 거부하거나 불편해하는 것이 아니라, 받아들이는 것입니다. 이 모든 것을 가능하게 하는 실마리는 시편 119편의 다음 두 구절에서 찾을 수 있습니다. "여호와는 나의 분깃이시니 … 내가 전심으로 주께 간구하였나이다"(57-58절). 우리가 전심으로 그분을 구함으로 그분을 발견하고 그분의 길을 기꺼이 받아들이면, 그분의 임재는 모든 것을 거룩하게 하실 것입니다.

7월 24일, 성경의 조화로움

누가복음 24:13-35

"이에 모세와 모든 선지자의 글로 시작하여 모든 성경에 쓴 바 자기에 관한 것을 자세히 설명하시니라"(눅 24:27).

대학원에 다닐 때 교수님 한 분이 "나는 좋아하는 성경 구절에 밑줄을 긋는 것이 걱정스럽습니다"라고 말해 많은 학생이 놀랐습니다. 나는 살그머니 성경을 덮었습니다. 그는 계속해서 "나는 여러분이 밑줄 그은 구절들이 무엇인지 알 것 같습니다." 그리고는 내가 표시해놓은 부분들을 놀라울 정도로 정확히 묘사했습니다. 그는 밑줄 긋지 않은 부분도 밑줄 그은 구절만큼이나 하나님의 말씀임을 알려줌으로 자신의 요점을 설명했습니다. 또 성경에서 좋아하는 부분만 공부해서는 안 된다며 주의를 주었습니다. 성경 전체를 온전히 이해해야 하기 때문입니다.

그는 이어서 말했습니다. "여러분은 어떤 구절을 읽고 그것이 자신에게 의미가 있다고 느껴 형광펜으로 줄을 긋습니다. 그러나 한 구절에서 한 문단으로 옮겨가 여러분의 마음에 드는 그 구절이 어떤 더 큰 단락에 속해 있는지 보시기 바랍니다. 이 단락들을 연결하면서 성경의 진리 전체의 세부사항을 보아야 합니다. 그렇게 하면 성경의 주제들과 그것이 성경의 다양한 곳에서 어떻게 발전되는지 알 것입니다." 그는 우리가 그렇게 하면 하나님의 말씀의 통일성과 아름다움을 보게 될 것이라고 강조했습니다.

내가 오랜 세월에 걸쳐 작성된 육십육 권으로 나뉜 성경을 하나로 보기 시작한 것은 그때부터였습니다. 성경은 마치 서로 다른 다양한 주제를 가지고 있으면서 그 각각이 전체의 아름다움과 힘에 기여하는 베토벤 교향곡과도 같습니다.

나는 그날 들은 말 때문에 특별한 구절에 밑줄 긋는 일을 그만두지는 않았습니다. 그러나 그 구절이 들어 있는 더 큰 단락에 훨씬 더 관심을 기울이기 시작했습니다. 진정한 즐거움은 내가 창세기부터 요한계시록까지 모든 것을 하나로 묶어주는 성경의 진리들을 희미하게 볼 수 있게 되었을 때 시작되었습니다. 그 과정에서 더 깊이 나아가기 위해 나는 주기적으로 새 성경책을 사서 형광펜으로 새롭게 줄을 그었습니다.

성경은 하늘의 지혜의 엄청난 보고입니다. 누구도 이 생에서 그 모든 진리를 통달할 수는 없습니다. 그러나 기쁨은 그 진리를 발견하는 데 있고, 경험 많은 성도만큼이나 초신자도 새로운 진리를 발견하는 특권을 누릴 수 있습니다. 나는 하나님이 주시는 것들 중 말씀에 대한 갈급함보다 더 좋은 선물을 알지 못합니다. 그 갈급함이 우리로 그 모든 풍부함을 누리게 하는 비결이기 때문입니다.

7월 25일, 그분을 닮은 마음

고린도후서 5:12-21

"그러므로 우리가 그리스도를 대신하여 사신이 되어 하나님이 우리를 통하여 너희를 권면하시는 것 같이 그리스도를 대신하여 간청하노니 너희는 하나님과 화목하라 하나님이 죄를 알지도 못하신 이를 우리를 대신하여 죄로 삼으신 것은 우리로 하여금 그 안에서 하나님의 의가 되게 하려 하심이라"(고후 5:20-21).

하나님의 임재 안에 있게 되면, 우리는 즉시 우리를 덮을 것이 필요함을 깨닫게 됩니다. 우리는 자신이 실패하고 더러운 존재임을 깨닫습니다. 어떻게 우리가 하나님 앞에 설 수 있겠습니까? 우리는 우리를 꿰뚫는 그분의 거룩한 빛에서 우리를 가려줄 무언가를 필요로 합니다. 우리를 덮어줄 수 있는 것은 바로 그리스도의 의입니다. 그러나 우리가 그리스도의 의를 덮고 그분 앞에 설 수 있게 되면, 우리는 곧이어 또 다른 깨달음을 얻습니다. 단지 덮는 것만으로는 만족할 수 없다는 사실입니다. 하나님은 원수가 아닌 우리의 친구이십니다. 우리가 피해 달아나야 할 분이 아닌, 닮기 원하는 분이십니다. 이러한 깨달음을 얻고 나면, 우리는 그분이 우리를 내면에서부터 변화시켜주시기를 갈망합니다. 이렇게 기도하게 됩니다. "하나님, 당신이 단지 덮기만 하는 것이 아니라 변화시켜주세요. 내 마음을 아름다운 상태로 변화시켜주세요."

하나님은 이 기도에 응답하시기 위해 기다리고 계시고 우리를 위해 그 일을 해주고자 하십니다. 우리가 그분과 화해하고 나면, 그분은 우리 삶에 자신의 형상을 이루어주시기 시작합니다. 하나님은 우리가 그분이 사랑하는 것을 사랑하도록 변화시키기 원하십니다. 우리는 부정한 것으로 가득하고 그분은 거룩 그 자체이시기에, 그분은 자신의 본성을 우리에게 나누어주심으로 우리 마음이 갈망해온 하나님과의 깊고 만족스러운 연합이 이루어지게 하십니다.

> 오, 내 마음 하나님을 찬양하네
> 이 마음 죄에서 자유를 얻고
> 나를 위해 값없이 흘리신
> 당신의 보혈을 항상 느끼네
>
> 내 마음 겸손하게 낮아져 뉘우치며
> 믿음으로 참되고 정결하게 되어
> 내 안에 거하시는 그리스도에게서
> 생명도 죽음도 나를 가를 수 없네

7월 26일, 갈급한 마음

누가복음 1:46-55

"주리는 자를 좋은 것으로 배불리셨으며
부자는 빈 손으로 보내셨도다"(눅 1:53).

에드윈 해치(Edwin Hatch)는 영국 국교회 목회자로서 당대에 세계에서 가장 뛰어난 교회사가였습니다. 그의 강좌들은 그의 이름을 영원히 세계적 학자의 반열에 올려놓았습니다. 그러나 강의실을 떠나 기도실에 들어가면, 그는 학문적인 진리나 국제적인 명성보다 더 귀한 것을 간절히 구했습니다. 그는 이렇게 기도했습니다.

>성령의 은혜를 나에게 채우사
>정결한 마음 가지고
>당신과 한 뜻이 되어
>행하고 살게 하소서
>
>성령의 은혜를 나에게 채우사
>온전히 당신의 것이 되어
>이 세상 사는 동안 이 몸이
>거룩한 불로 드려지게 하소서*

 우리 중 많은 사람이 하나님께서 우리에게 역사하신 것과 같은 방식으로 다른 민족들 속에서 역사하실 것이라 기대합니다. 그러나 사실 하나님은 우리의 종교적 전통이나 언어에 제한받지 않으십니다. 그분은 그 어떤 주린 마음에도 성령을 불어넣으셔서 그 거룩한 불로 마음이 불붙게 하실 수 있습니다. 에드윈 해치는 성령 세례라는 용어는 들어보지 못했을지 모르지만, 그의 마음은 하나님께서 더 깊은 은혜의 사역을 행해주시기를 간절히 구했습니다.
 당신의 마음은 더 깊은 은혜를 갈망하고 있습니까? 하나님은 우리의 언어나 소속된 단체를 뛰어넘어 역사하십니다.

* Edwin Hatch, "Breathe on Me, Breath of God," *Hymns for Praise and Worship*, no. 470.

7월 27일, 그분이 바라시는 친밀함

시편 91편

"예루살렘아 예루살렘아 … 암탉이 그 새끼를 날개 아래에 모음같이
내가 네 자녀를 모으려 한 일이 몇 번이더냐
그러나 너희가 원하지 아니하였도다"(마 23:37).

유대인들이 예수님을 거부한 이유 중 하나는, 그분이 얼마나 그들과 가까이 계시기 원하셨는지를 믿을 수 없었기 때문입니다. 그들은 그분과의 관계가 불러올 변화를 수용할 준비가 되어 있지 않았습니다. 사람이 거듭나 그리스도를 참되게 인격적으로 알게 되면, 언어가 바뀌기 시작하고, 가족 관계가 바뀌기 시작하며, 가장 깊고 개인적인 꿈이 바뀌기 시작합니다.

세상은 예수님이 자신들의 삶에 끼치는 영향을 자신들이 조절할 수 있을 정도의 거리에 그분을 두고 싶어 합니다. 하지만 예수님께서 자신의 생명을 인류를 위해 주셨다면, 그분을 대하는 마땅한 태도는 오직 한 가지, 신부가 신랑에게 자신을 주듯 그분께 당신을 드리는 것입니다. 그러면 주 예수님은 당신의 생명의 근원과 가장 귀한 보배가 되시고, 그 이후의 변화는 두려운 것이 아닌 만족을 주는 것이 됩니다. 사람은 그분과 이러한 정도의 친밀함을 나눌 수 있도록 지음 받았습니다.

당신은 오늘 주 예수님과 친밀합니까, 멀리 떨어져 있습니까? 그분과 어느 정도의 거리를 두고 있습니까? 그분은 사랑스러운 배우자가 당신의 매일의 활동과 선택에 영향을 끼치는 것과 같은 방식으로 당신의 삶의 모든 영역에 참여하기 원하십니다. 놀랍게도, 예수님과의 사랑의 관계를 위해 치르는 희생은 희생처럼 느껴지지 않습니다. 그것은 기쁨이 되고, 당신이 전에 알지 못했던 깊이의 자유를 가져다줍니다. 그분은 당신의 헌신과 사랑을 간절히 바라고 계십니다. 당신은 주 예수님이 바라시는 정도만큼 그분과 친밀합니까?

7월 28일, 존재의 중심

이사야 43장

"나 여호와가 말하노라 너희는 나의 증인, 나의 종으로 택함을 입었나니
이는 너희가 나를 알고 믿으며 내가 그인 줄 깨닫게 하려 함이라
나의 전에 지음을 받은 신이 없었느니라
나의 후에도 없으리라 나 곧 나는 여호와라
나 외에 구원자가 없느니라"(사 43:10-11).

모든 사람에게는 그 존재의 중심이 있고, 그 중심이 무엇인지가 그들의 개인적 정체성을 결정짓습니다. 모든 영혼이 추구하고 알아야 할 참된 중심은 주 예수님입니다. 그분이 우리 인생의 바퀴의 주축이심을 알지 못하면, 우리는 자신이 누구인지, 세상이 어떻게 작동하는지, 모든 것이 어떻게 서로 연결되어 있는지 이해하지 못할 것입니다. 그 중심이 우리의 삶의 모든 다른 요소와의 관계를 결정짓습니다. 예수님이 우리 존재의 중심이심을 알 때 우리는 삶을 구성하는 다양한 요소들 속에 있는 목적과 의미를 깨달을 수 있게 됩니다.

이러한 중심을 갖지 못한 사람은 인간의 영혼에 밀려드는 의문과 고통을 이해할 수 있는 열쇠가 없습니다. 열쇠가 되시는 주 예수님 없이는 그 누구도 인생의 목적을 성취하고 그 궁극적 의미를 이해할 수 있는 문을 열 수 없습니다.

예수 그리스도께서 존재의 중심임을 고백하는 사람은 반드시 그리스도께서 어떤 분이신지를 정확하게 보여주는 삶을 살아야 합니다. 설령 우리가 한마디도 하지 않더라도, 예수님이 우리의 문을 여는 열쇠이시며 우리 존재의 중심이심을 다른 사람들도 분명히 알 수 있어야 합니다. 삶이 당신의 주장을 입증하지 못한다면, 예수님께서 당신 존재의 중심이라고 주장하지 마십시오.

7월 29일, 죄 용서

마가복음 2:1-12

"그러나 인자가 땅에서 죄를 사하는 권세가 있는 줄을
너희로 알게 하려 하노라 하시고
중풍병자에게 말씀하시되 내가 네게 이르노니
일어나 네 상을 가지고 집으로 가라 하시니"(막 2:10-11).

하나님께서 우리를 위해 가장 먼저 해주고자 하시는 일은, 그분의 은혜와 용서의 선물을 주시는 것입니다. 나는 하나님의 백성 가운데서도 굉장한 죄책감에 시달리며 살아가는 사람을 많이 보았습니다. 하나님께 용서받았다는 것이 어떤 것인지 깨닫지 못하면, 하나님께서 우리에게 바라시는 모습으로 성숙할 수 없습니다. 용서는 우리의 노력으로 얻을 수 있는 것이 아닌 은혜의 선물입니다. 회개하는 믿음으로 용서받는 것 외에는 우리가 용서받기 위해 할 수 있는 것이 아무것도 없습니다. 그분의 선물을 받아들이면, 우리는 은혜와 성장의 길에 들어선 것입니다.

지붕을 통해 예수님 앞에 오게 된 중풍병자의 이야기는 이 사실을 잘 보여줍니다. 그 사람의 친구들은 육체의 병을 고치기 위해 그를 예수님께로 데려갔지만, 예수님은 그에게 참으로 필요한 것이 무엇인지 아시고 그를 향해 "네 죄사함을 받았느니라"라고 말씀하셨습니다. 모두들 예수님께서 육체의 치유라는 실제적 문제를 빗겨가셨다고 생각했지만, 사실은 예수님만이 그의 문제를 제대로 보신 것입니다.

죄 사함은 주 예수님과의 관계를 여는 문과도 같습니다. 안타깝게도 나는 이 선물을 받아들이지 못하는 사람을 많이 보았습니다. 그러나 누구든 자신의 죄가 그분의 십자가에 못 박혔고 자신이 죄 용서를 받아 죄에서 해방되었음을 말할 수 있어야 그 이후의 은혜와 성장도 경험할 수 있습니다.

7월 30일, 하나님의 일

민수기 11장

"백성의 장로와 지도자가 될 만한 자 칠십 명을 모아 내게 데리고 오라 …
네게 임한 영을 그들에게도 임하게 하리니
그들이 너와 함께 백성의 짐을 담당하고
너 혼자 담당하지 아니하리라"(민 11:16-17).

민수기 11장에는 하나님이 맡기신 짐으로 고민하는 위대한 지도자의 모습이 등장합니다. 모세는 하나님의 백성을 품어야 하는 그 막중한 책임으로 인해 하나님께 불평했습니다(12절).

모세의 입장을 상상할 수 있나요? 그는 자신에게서 영적인 지도뿐 아니라 물질적인 공급과 안전까지 보장받기를 바라는 많은 사람을 책임지고 있었습니다. 그는 지도자, 제사장, 재판관, 중재자가 되어 그들을 섬겼습니다. 하나님의 백성으로 부르심을 받고도 그분을 신뢰하지 않는 이 백성은 홀로 감당하기에는 너무나 힘겨운 짐이었기에 모세는 여호와께 부르짖었습니다.

아마 당신은 마음에 하나님의 사역이라는 짐을 지고 있을 것입니다. 그것은 작은 일일 수도 있지만, 감당하기 힘든 일일 수도 있습니다. 그럴 때 우리는 실제로 그 짐을 짊어지고 계신 분이 하나님이심을 잊어버리기 쉽습니다. 우리는 단지 그분의 도구일 뿐입니다. 모세가 하나님께 불평했을 때, 하나님의 대답은 간단했습니다. "백성의 장로와 지도자가 될 만한 자 칠십 명을 모아 내게 데리고 오라 … 네게 임한 영을 그들에게도 임하게 하리니." 하나님은 우리가 하나님의 일에 없어서는 안 될 존재가 아님을 알려주셨습니다. 우리의 마음에 주신 그 짐을 정말로 지고 가시는 분은 하나님의 성령이십니다.

7월 31일, 사죄하시는 하나님

시편 86편

"주는 선하사 사죄하기를 즐거워하시며"(시 86:5).

시편 86편은 다윗 왕이 큰 위험에 처해 있을 때 쓴 것입니다. 그는 하나님이 자신을 포악한 자들에게서 구해주시기를 간구했습니다. 목숨이 위태로운 상황이었지만, 그럼에도 그는 하나님께 "주는 선하사 사죄하기를 즐거워하시며"라고 고백합니다.

우리가 인간이라는 것은 그만큼 죄와 밀접하게 관련되어 있다는 것을 의미합니다. 당신과 내가 매우 곤궁해 기도하려 하면, 우리가 전적으로 무가치하다는 두려운 자각이 마음에 스며듭니다. 왜 그분이 내 기도를 들으셔야 하겠습니까? 실질적으로 다윗이 간구한 것은 육신적 보호와 정치적 구원입니다. 그럼에도 나는 여호와께서 사죄하기를 즐거워하시는 분이시라는 것이 매우 기쁩니다. 다윗이 실패했더라도, 여호와 하나님은 변치 않는 사랑으로 가득하시기에 그 일을 덮어주시고 용서하시기 때문입니다.

하나님은 우리를 너무나 사랑하시기에, 우리가 그분의 관심을 받을 자격조차 없음에도 우리에게 귀 기울이십니다. 그분은 선하시고, 언제나 용서할 준비가 되어 있으십니다. 많은 경우, 그분은 우리를 위해 어떤 일을 행하시기 전에 우리가 그분의 선하심과 우리의 죄 많음을 시인하기를 원하십니다. 그분이 당신에게 귀 기울이지 않으신다고 느낄 때, 당신의 마음을 돌아보십시오. 그 속에 죄가 있습니까? 만약 그렇다면, 당신의 죄를 고백하고 그분의 용서를 구함으로, 다시 그분과의 올바른 관계로 들어가십시오. 그분은 우리가 그분의 보호 아래 살아가기를 바라시지만, 그보다 먼저 우리 마음을 깨끗이 씻어 주시기를 바라십니다.

8월 1일, 바른 관점

시편 86편

"주여 신들 중에 주와 같은 자 없사오며
주의 행하심과 같은 일도 없나이다"(시 86:8).

우리 대부분은 문제가 생기면 기도합니다. 우리에게 닥친 문제는 우리에게 기도할 동기를 부여합니다. 우리가 올바른 상태라면 문제가 있든 없든 기도했을 것입니다. 하나님께서 인간 삶을 돌보시는 아름다운 방법 중 하나는 우리를 문젯거리 없이 오래 놔두시지 않는다는 것입니다. 그분은 우리에게 어려움이 생기게 하시고, 우리가 문제에서 완전히 자유롭지 않도록 상황을 이끌어가십니다. 이는 우리가 그분과의 관계를 지속하는 데 도움이 됩니다.

시편 86편에서 다윗은 생명이 위험에 처하자 큰 고통 속에서 하나님께 기도합니다. 우리는 1-7절에서 다윗의 두려움과 절망을 느낍니다. 그 후 8절부터 심리적인 변화가 생깁니다. 다윗의 시선은 갑자기 자신의 문제를 떠나 하나님께 고정됩니다. 하나님의 임재 속으로 들어가자, 그는 자신을 뒤쫓는 사람들을 잊어버립니다.

사람이 하나님의 임재 안에서 충분한 시간을 보내면, 그가 처한 문제들은 점차 뒤로 사라지고 하나님의 위대하심이 점점 크게 다가오기 시작합니다. 이 시편은 가장 심각하고 어려운 문제들이 전능하신 하나님 앞에서는 녹아 없어져버린다는 사실을 전형적으로 보여줍니다. 하나님 앞에서는 모든 문제가 하찮은 것이 되고 맙니다. 다윗은 하나님을 대면했기에, 현실에 대한 바른 관점을 가질 수 있었습니다. 문제들은 축소되었고, 하나님의 영광은 더욱 크게 드러났습니다.

8월 2일, 반항심의 제거

시편 86편

"여호와여 주의 도를 내게 가르치소서
내가 주의 진리에 행하오리니 일심으로 주의 이름을 경외하게 하소서
주 나의 하나님이여 내가 전심으로 주를 찬송하고
영원토록 주의 이름에 영광을 돌리오리니"(시 86:11-12).

시편 86편은 하나님께 자신을 괴롭히는 반역자들을 제거해주시기를 간구하는 다윗의 호소입니다. 그러나 그가 하나님의 임재 속으로 들어가면서부터 이 시편은 초점이 바뀝니다. 그는 자신의 마음과 존재가 나뉜 것을 인정합니다. 그리고 하나님께 한 마음이 되게 해주셔서 나뉘지 않은 온전한 마음으로 감사드릴 수 있게 해주시기를 간구합니다.

나는 이것이 하나님의 말씀에서 가장 의미심장한 기도 중 하나라고 생각합니다. 하나님을 알게 되면 누구나 이런 변화를 갈망하게 됩니다. 1-7절에서 시편 기자는 하나님께 자기 궁정의 반역자들을 부끄럽게 하실 것을 간구합니다. 하지만 하나님의 임재에 들어가자, 그는 자신의 마음속에 있는 반역을 제거해주시기를 간구합니다. 자신의 반항심이 이 시편의 절박한 관심사가 된 것입니다. 자신의 마음의 배반이 궁정의 반역보다 더 위험한 것이었기 때문입니다.

하나님은 그리스도를 따르는 모든 사람이, 상황을 바꾸어주시기를 기도하던 것에서 온전한 마음을 주시기를 구하는 것으로 기도의 초점을 옮기기를 바라십니다. 나는 사람이 열망하고 꿈꾸는 모든 것 중 사람의 영혼의 가장 깊이 갈망하는 것은, 하나님께 대한 헌신 속에서 하나의 온전한 마음을 갖는 것이 아닐까 생각합니다. 그분이 우리에게 헌신하시는 것처럼 우리도 그분께 헌신하기를 바라는 것입니다. 하나님은 우리가 전심으로 그분을 찬양할 때, 그것을 방해하는 어떤 작은 반항심도 우리에게 남아 있지 않기를 바라십니다.

8월 3일, 흠이 없고 순전하여

시편 86편

"모든 일을 원망과 시비가 없이 하라 이는 너희가 흠이 없고 순전하여 어그러지고 거스르는 세대 가운데서 하나님의 흠 없는 자녀로 세상에서 그들 가운데 빛들로 나타내며"(빌 2:14-15).

그리스도인은 매일 생각과 말과 행동으로 죄를 지을 수밖에 없을까요, 아니면 그리스도의 보혈이 우리를 죄의 필연성에서 자유롭게 할 수 있을까요? 시편 기자는 다음과 같이 부르짖음으로 하나 된 온전한 마음을 간구하는 듯합니다.

"여호와여 주의 도를 내게 가르치소서 내가 주의 진리에 행하오리니 일심으로 주의 이름을 경외하게 하소서 주 나의 하나님이여 내가 전심으로 주를 찬송하고 영원토록 주의 이름에 영광을 돌리오리니"(시 86:11-12).

시편 기자는 여호와의 길로 행하고 싶지만, 나누인 마음으로는 그렇게 할 수 없다는 것을 알았습니다. 그는 하나님께서 그의 마음이 하나가 되게 하셔서 두 의지가 섞여 있는 상태가 되지 않게 해주시기를 간구합니다. 마음이 온전해지면, 그는 마땅히 그래야 하듯 하나님을 온 마음으로 찬양할 수 있을 것이기 때문입니다. 이는 "나와 함께 아니하는 자는 나를 반대하는 자요 나와 함께 모으지 아니하는 자는 헤치는 자니라"(마 12:30)라고 하신 예수님의 말씀의 의미이기도 합니다.

그리스도인들은 하나님께서 그분을 찬양함에서 하나 된 마음을 바라시며 또 그분은 그렇게 하시기에 합당한 분이심을 압니다. 그럼에도 이러한 일이 천국의 이쪽 편에서 우리에게 가능한지에 대해서는 서로 의견이 다릅니다. 세상은 너무나 타락했고 우리의 죄성은 뿌리 깊어, 우리가 부활의 몸을 입기 전에 내적으로 온전해지는 것은 불가능하게 느껴지곤 합니다. 어떤 성도는 이것이 독실한 마음의 간절한 바람임을 인정하면서도, 우리가 어떤 유혹도 없이 마땅한 태도로 하나님을 사랑하게 될 천국에 들어가기 전에는 그 바람이 정말 이루어지기를 바랄 수는 없다고 생각합니다. 그러나 바울의 가르침은 달랐습니다.

"그러므로 나의 사랑하는 자들아 너희가 나 있을 때뿐 아니라 더욱 지금 나 없을 때에도 항상 복종하여 두렵고 떨림으로 너희 구원을 이루라 너희 안에서 행하시는 이는 하나님이시니 자기의 기쁘신 뜻을 위하여 너희에게 소원을 두고 행하게 하시나니 모든 일을 원망과 시비가 없이 하라 이는 너희가 흠이 없고 순전하여 어그러지고 거스르는 세대 가운데서 하나님의 흠 없는 자녀로 세상에서 그들 가운데 빛들로 나타내며"(빌 2:12-15).

8월 4일, 시대의 변화

마가복음 13장

"다만 너희에게 있는 것을 내가 올 때까지 굳게 잡으라
이기는 자와 끝까지 내 일을 지키는 그에게
만국을 다스리는 권세를 주리니"(계 2:25-26).

시대가 변한다는 것을 모두가 분명하게 자각하지는 못하지만, 21세기를 살아가는 그리스도인들은 그 사실을 확실히 알아야 합니다. 지난 세기에 있었던 막강한 제국의 붕괴가 그것을 보여줍니다. 어떤 때는 개혁이 화산 폭발과도 같이 갑작스럽게 찾아오지만, 그렇지 않을 때는 변화의 속도가 너무나 느려 거의 알아차리지 못할 뿐입니다.

현재 신학계에는 대대적인 변화가 일어나고 있습니다. 이러한 때에 정통 기독교를 믿는 사람들은 그 주장을 명확히 하고 고수해야 합니다. 나는 젊었을 때 내가 속한 교단과 연회의 대학교에 지원했습니다. 한번은 다른 대학원에서 플라톤에 관한 수업을 듣고 싶었는데, 대학원장은 그것에 대해 불안해했습니다. 그는 내가 학교를 졸업한 후 그 대학원으로 진학할까 봐 염려했기에, 그 대학원은 복음적 그리스도인에게 학위를 주고 싶어 하지 않는다고 공개적으로 확언했습니다.

그러나 시대는 달라졌고, 비록 정통 교리에 반대하는 사람들이 과거 어느 때보다 날카로운 주장을 펴고 있지만, 그 주장은 일종의 메아리 같은 것이 되어 오히려 그들의 오만함을 보여줄 뿐입니다. 예수님 이외의 다른 모든 것이 공허하다는 것이 드러나자, 그들의 지배력은 끝나고 말았습니다. 이제는 우리가 성경적 신앙의 신비를 살피고, 그것이 오늘 우리에게 주는 메시지를 발견해, 최대한의 명료성과 하나님께서 주시는 능력으로 그것을 선포해야 할 때입니다.

한 가지 우리에게 격려가 되는 것이 있습니다. 인류 역사의 묘지에는 한동안 사람들의 정신을 미혹하고 지나간 다양한 이념을 표시해놓은 많은 묘비가 있습니다. 그러나 묘비를 찾을 수 없는 것이 하나 있습니다. 그것은 역사적이고 성경적인 신앙입니다. 그것은 현재도 살아 있고, 앞으로도 그럴 것입니다. 하나님의 말씀은 영원하기 때문입니다.

8월 5일, 사역의 우선순위

마태복음 28:19-20

"만군의 여호와가 이르노라 …
내 이름이 크게 될 것이라"(말 1:11).

교회는 우선순위를 뒤집었습니다. 예수님은 "너희는 온 천하에 다니며 만민에게 복음을 전파하라"(막 16:15)라고 말씀하셨습니다. 기독교 선교에서 우리는 가서 우선 사람들의 육체적 필요를 채우고, 다음으로 거기에 그리스도의 복음을 한마디라도 끼워 넣을 수 있다면 다행이라고 생각합니다. 그리스도는 우리가 그분의 선하심과 영광과 사랑을 세상에 알리려는 뜨거운 열정으로 나아가기를 바라셨습니다. 복음전도가 모든 그리스도인의 섬김의 첫 번째 동기가 되어야 한다는 것입니다. 그 순서를 바꾸어 육체적 필요를 먼저 채운 후 영적 필요를 돌본다면, 영적인 돌봄은 충분히 이루어지지 못합니다. 육체적인 필요를 모두 채워줄 방법이 없기 때문입니다. 우리가 가장 우선시해야 할 것은 그리스도의 사랑을 전하는 것입니다.

만일 사람의 영혼을 돌보고 있지 않다면, 도덕적 우월의식을 가지고 그의 육신을 돌보는 것을 자랑하지 마십시오. 먼저 영혼을 보살피는 것이 그 사람 전체를 아끼고 있음을 나타내는 것입니다. 우리에게 계속 찾아오는 유혹은, "당신은 그리스도인입니까? 당신은 하나님과 화목합니까? 예수 그리스도를 알고 있습니까?" 등의 질문으로 스스로를 공격당하기 쉽게 만들 필요가 없기에, 그것을 피하기 위해 다른 문제에 집중하려는 것입니다. 그러나 오직 그리스도께서 최우선 순위가 되실 때, 우리는 사람의 영적 필요와 육적 필요 모두를 돌볼 수 있습니다.

8월 6일, 천 개의 목숨이 있다면

이사야 42:6-9

"그러므로 너희는 가서 모든 민족을 제자로 삼아"(마 28:19).

예수님께서 그리스도인들에게 주신 세상을 구원하는 사명을 이루는 데 필수적인 것은 정결한 마음입니다. 우리는 모든 사람을 위해 자신을 내어주신 분께 남김없이 온전히 순응해야 하는데, 우리가 그렇게 할 때 그분은 우리를 사용해 모든 사람이 자신을 알게 하려는 그분의 뜻을 이루십니다.

나는 대부분의 사람이 이기심 때문에 구원받는다는 것을 알게 되었습니다. 우리는 지옥에 가지 않기 위해 영원한 심판을 면하게 해줄 신생(new birth)을 기꺼이 받아들입니다. 그러나 신생이 주 예수님께서 우리를 통해 세상을 구원하시는 데 필요한 모든 것을 우리 안에 이루어주지는 않습니다. 나는 회심한 후 하나님께서 나를 구원하셨다는 사실은 의심하지 않았지만, 그분이 내 삶에 요구하시는 소명으로서 십자가를 지는 것에 대해서는 많은 의문이 있었습니다. 미국의 그리스도인들이 더 깊은 은혜를 필요로 한다는 사실을 보여주는 한 가지 지표는, 잃어버린 영혼을 위한 열정이나, 세상의 구원을 위해 살고 또 쓰임 받고자 하는 뜨거운 바람 없이 미온적으로 사는 사람이 매우 많다는 것입니다.

나는 언젠가 한 선교사님이 이렇게 설교하시는 것을 들었습니다. "나에게 천 개의 목숨이 있다면 나는 그 모두를 선교 사역으로 예수님께 드릴 것입니다." 얼마나 놀라운 말입니까! 그는 세상의 가치에 관심이 없었습니다. 부나 권력, 명예나 성공을 바라지 않았습니다. 그는 자신이 가진 것과 이룬 모든 것을 예수 그리스도의 놀라운 소식을 세상에 전하는 데 사용하기 원했습니다. 다른 사람을 위한 이 정도 깊이의 열정과 헌신은, 마음과 삶을 온전히 주님께 드렸을 때 생겨납니다. 세상이 그리스도에 대해 알 수 있는 유일한 길이 이것입니다.

8월 7일, 관계의 선물

사무엘상 20장

"여호와께서 영원히 나와 너 사이에 계시고
내 자손과 네 자손 사이에 계시리라"(삼상 20:42).

하나님께서는 피조물들을 사랑하셔서 그들 사이의 우정을 선물로 주십니다. 우리가 누리고 있는 관계들은 우리가 창조해낸 것이 아닙니다. 모두 하나님의 선물로, 하나님의 본성인 삼위 하나님 내부의 사랑의 관계를 반영합니다. 세상에 존재하는 모든 사랑은 하나님에게서 비롯됩니다. 따라서 당신이 하나님을 잃어버리면, 당신이 누리는 관계들도 머지않아 사라지게 될 것입니다. 사람들과의 관계에서 선의가 고갈되어도 다시 보충할 방법이 없기 때문입니다.

우리가 누군가와의 관계를 유지하고 싶다는 이유로 오래된 죄의 길을 택하면 비극이 일어납니다. 오염된 관계는 곧 끊어질 수밖에 없습니다. 모든 죄인은 하나님에게서 분리되기 때문입니다. 성경은 이 무서운 일을 영혼을 잃는 것이라고 말합니다. 잃어버린 영혼은 다른 모든 사람에게서 분리되어 혼자이기에, 그에게는 우정이나 사랑, 교제로 인한 위안이 없습니다. 모든 관계의 근원은 하나님이십니다. 우리의 관계가 순결하고 건강하고 지속적인 것이 되기 위해서는 바로 이 사실을 알아야 합니다.

누가 우정이라는 하나님의 선물이 없는 세상에서 살겠습니까? 우리가 만약 그분에게서 분리된 채 그것만 붙잡으려 한다면, 소중한 선물인 우정 어린 관계는 점점 축소되다 결국 깨어지고 말 것입니다.

8월 8일, 여호와를 송축함이여

시편 34편

"내가 여호와를 항상 송축함이여
내 입술로 항상 주를 찬양하리이다"(시 34:1).

하나의 특정한 시편을 읽고 그 기자의 삶에서 어떤 일이 발생해 그것을 쓰게 되었는지 알아맞히는 것은 참 재미있습니다. 먼저 그 시편을 자세히 읽어서 그것이 무엇을 말하는지 살펴보고, 그다음 그 속뜻을 이해하려고 노력한 후, 그 시편의 다양한 요소를 삶에 적용해보십시오. 우리는 이런 과정에서 '어떤 상황에 처했길래 이런 시편을 쓰게 되었을까?'라는 질문을 하게 됩니다.

나는 우리가 충분한 시간을 들여 시편을 연구한다면, 사람의 모든 상황에 적합한 시편을 찾게 될 것이라고 생각합니다. 어려움, 환희, 비극, 감사의 순간 등 사람이 겪게 되는 모든 개인적인 이야기에 어울리는 시편이 있습니다.

내가 시편에 대해 알게 된 다른 한 가지는, 많은 경우 시편 기자들이 첫 부분에서 미리 말하고자 하는 결론을 제시한다는 점입니다. 이는 작가가 점점 이야기를 클라이맥스까지 끌어간 후 결론을 제시하는 더 익숙한 방식과 대조됩니다.

시편 기자가 해결책을 제시하면, 독자는 시편을 자세히 읽으면서 시편 기자가 그런 해결책에 이르게 된 상황이 어떤 것이었는지 알아보아야 합니다. 시편 34편은 이처럼 결론이 먼저 나오는 시편 중 하나인데, 그 결론이 얼마나 놀랍습니까! "내가 여호와를 항상 송축함이여 내 입술로 항상 주를 찬양하리이다." 하루가 끝날 때 우리의 입술로 드리는 노래가 이것이라면 얼마나 좋겠습니까? 오늘 우리가 해결해야 할 문제의 결론이 이러한 찬양이 되게 합시다.

8월 9일, 끊이지 않는 찬송

시편 34편

"내가 여호와를 항상 송축함이여
내 입술로 항상 주를 찬양하리이다
내 영혼이 여호와를 자랑하리니
곤고한 자들이 이를 듣고 기뻐하리로다"(시 34:1-2).

시편 34편의 기자는 사람이 하나님을 향해 변함없이 견지해야 할 태도를 보여줍니다. 시편 기자는 항상 찬양하고 송축하며 그분을 예배합니다. 어떤 때는 여호와를 찬양하는 일에 온 마음을 빼기기도 합니다. 우리가 하나님을 항상 쉬지 않고 송축하는 것이 가능할까요? 당신은 즉시 삶의 복잡한 상황을 떠올리면서 속으로 "하나님이 내 상황을 아신다면 그런 요구를 하지는 않으실 거야. 언제나 하나님을 찬양하기에는 삶이 너무 힘들어"라고 생각할지도 모르겠습니다.

그러나 시편 기자는 분명 여호와를 송축하는 것이 가능하다고 생각했을 뿐 아니라, 그것을 기쁨으로 여겼습니다. '항상'은 한순간도 찬양이 그치지 않는 것을 말합니다. 그것은 우리가 우리 자신을 생각하지 않는다는 것입니다. '항상'은 우리의 경배에 중단이 없음을 말합니다. 하나님께 드리는 찬송이 항상 우리의 입술에 있는 것입니다. 주님을 자랑한다는 것은 그분에 대해 말할 때 기쁨을 느낀다는 것입니다.

하나님을 찬양한다고 할 때 떠오르는 모든 전형적인 이미지를 버리십시오. 내가 나 자신의 연약함이 아닌 하나님의 온전하심에 집중하기 때문에 찬양은 기쁨을 줍니다. 끊임없이 찬양한다는 것은, 일상이나 활동 중에 잠시라도 틈이 생기면 내 생각이 즉시 하나님께로 향해 그분께 대한 찬송으로 채워진다는 것입니다. 마치 연인의 머릿속에 항상 사랑하는 사람이 가득하듯, 하나님이 언제나 내 생각 어딘가에 계셔서 그 아름다움이 느껴지는 것입니다. 나는 어떤 일을 하든 그리스도께서 나와 함께 계심을 느낍니다. 잠시 한숨 돌릴 시간이라도 생기면 그분을 생각하고, 누군가와 같이 있을 때는 내가 사랑하는 그분에 대해 말합니다.

8월 10일, 주님이 해결책입니다

시편 34편

"내가 여호와께 간구하매 내게 응답하시고
내 모든 두려움에서 나를 건지셨도다 …
이 곤고한 자가 부르짖으매 여호와께서 들으시고
그의 모든 환난에서 구원하셨도다"(시 34:4, 6).

당신은 당신의 모든 두려움을 없앨 수 있기를 바란 적이 있습니까? 나는 한때 참된 그리스도인이라면 두려움이 없어야 한다고 생각했습니다. 또 나이가 들어갈수록 두려움이 점점 줄어들 것이라고 생각했습니다. 그러나 둘 다 사실이 아닌 것을 알게 되었습니다. 그렇다면 두려움을 어떻게 해야 할까요?

시편 기자는 주님을 구했고, 주님께서 그를 모든 환난에서 구해내셨습니다. '환난'에 해당하는 히브리어 'megurah'는 그 자체에 두려움과 공포라는 의미를 내포하고 있습니다. 이는 숨을 쉬기 어렵게 만들 정도의 압박감입니다. 두려움이 우리를 그렇게 만듭니다.

시편 기자는 도움을 구했습니다. 그가 스스로 두려움을 없애려 하지 않았다는 것이 중요합니다. 그는 주님을 구했습니다. 그가 주님께 초점을 맞추자, 주님께 자신을 질식시킬 정도로 붙들었던 두려움을 깨뜨리실 능력이 있음을 깨달았습니다. 나는 성경의 가르침이 매우 사실적이어서 좋습니다. 성경은 어리든 나이가 많든 신자가 전혀 두려워하지 않는 상태에 도달할 것이라고 말하지 않습니다. 그 대신 우리가 어디서 위안을 찾을 수 있는지 알려줍니다. 우리가 주님께로 향하면, 그분은 우리를 옥죄던 두려움을 부수고 우리를 자유롭게 하셔서 그것을 받아들일 수 있게 해주십니다. 그분은 삶의 풍랑을 제거해 우리를 구하시는 것이 아니라, 폭풍 가운데서도 우리를 지키심으로 우리를 구하십니다. 폭풍이 몰아치는 인생 속에서만 우리는 그분 없이는 살 수 없음을 알게 되기 때문입니다. 인생의 폭풍은 우리를 주님의 품으로 몰아갑니다. 주님 품 안에서 우리는 폭풍에 대해서도 감사하게 됩니다. 폭풍 속에서 주님을 발견했기 때문입니다.

8월 11일, 그리스도인의 자원

열왕기하 6:8-23

"여호와의 천사가 주를 경외하는 자를 둘러 진 치고
그들을 건지시는도다 …
여호와의 눈은 의인을 향하시고
그의 귀는 그들의 부르짖음에 기울이시는도다"(시 34:7, 15).

그리스도인과 비그리스도인의 결정적인 차이점 중 하나는, 우리 그리스도인은 그리스도 안에서 활용할 수 있는 자원이 무궁무진하다는 데 있습니다. 시편 34편은 하나님을 경외하는 사람들을 둘러 진 치고 그들을 건지는 천사에 대해 말합니다. 다니엘과 엘리사의 이야기를 기억합니까? 다니엘이 사자 굴에 던져졌을 때와 아람 군대가 엘리사의 성읍을 에워쌌을 때, 주의 천사가 그들과 함께해 다니엘과 엘리사 모두를 아무런 해를 입지 않은 채로 구해냈습니다. 우리는 우리 편에 계신 분이 우리의 어떤 적보다 훨씬 크고 강하심을 볼 수 있는 믿음의 눈이 필요합니다.

그리스도인들이 가진 또 다른 자원은 하나님께서 그 얼굴빛으로 우리에게 베푸시는 호의입니다. 하나님께서 호의를 가지고 그 자녀들을 바라보고 계시다는 것을 알고 있습니까? 그분은 그 자녀들의 간구를 듣고 계시기에, 그들을 구원하시며 필요를 공급해주심으로 그들을 도우실 수 있습니다.

"여호와의 눈은 의인을 향하시고 그의 귀는 그들의 부르짖음에 기울이시는도다"(시 34:15). 마지막으로, 우리의 마음이 주님 앞에서 올바를 때, 우리는 하나님의 마음과 직접적으로 연결됩니다. 하나님께서 우리를 구원하시는 것은 우리가 하나님과 이러한 올바른 관계에 있을 때입니다. 하나님의 천사, 하나님의 호의, 하나님의 귀는 모두 그리스도인이면 누구나 누릴 수 있는 자원입니다. 이러한 자원을 활용하고 있습니까?

8월 12일, 고난 그 이후

시편 34편

"의인은 고난이 많으나
여호와께서 그의 모든 고난에서 건지시는도다"(시 34:19).

시편 34편은 그리스도께로 나아와 그분을 위해 사는 사람은 누구나 두려움도 없고, 고난도 없고, 어떤 궁핍함도 없다고 말씀하지 않습니다. 그 대신 하나님을 신뢰하는 사람에게는 그 두려움이 결코 끝이 아니라고 말합니다. 고난은 끝이 아닙니다. 궁핍함도 결코 최종 결론이 아닙니다. 이야기가 끝에 도달했을 때, 그 두려움은 이미 정복되었을 것입니다. 하나님이 그를 구원하셨을 것이기 때문입니다. 고난은 해결되었을 것입니다. 하나님께서 신자를 자유롭게 하셨을 것이기 때문입니다. 삶의 궁핍함은 채워졌을 것입니다. 하나님께서 필요한 모든 것을 공급하셨을 것이기 때문입니다.

만약 시편 기자가 아무런 두려움과 고난과 궁핍함을 겪지 않았다면 이 시편을 쓸 이유가 없었을 것입니다. 죽을 만큼 극심한 두려움에 빠졌는데 하나님께서 그 고난에서 당신을 건져내시면 당신은 하나님을 찬양할 것입니다. 힘든 상황에 처해 있어 유일한 희망이 되시는 여호와 하나님께 부르짖는다면, 당신은 기적을 경험하기에 가장 적합한 상황에 있을 것입니다. 생활비를 메울 방법이 없는데 하나님께서 공급해주신다면, 당신은 그분을 찬양하며 살아갈 것입니다.

고난은 우리의 생각을 그리스도께 향하게 합니다. 그 고난을 통해 그리스도께서는 우리에게 그 선하심과 크신 능력을 보여주실 것입니다.

8월 13일, 맛보아 알지어다

시편 34편

"나와 함께 여호와를 광대하시다 하며
함께 그의 이름을 높이세 …
너희는 여호와의 선하심을 맛보아 알지어다"(시 34:3, 8).

시편 34편에서 시편 기자는 여호와 하나님을 끊임없이 찬송할 뿐 아니라 독자도 함께 그분을 높이기를 바랍니다. 다른 사람들이 날마다 하나님을 찬송하는 것을 지켜보는 것도 버거운데, 그들이 나에게도 참여하길 바라면 나는 신경이 날카로워지고 마음이 불편해집니다. 시편 기자는 "나와 함께 여호와를 광대하시다 하며 함께 그의 이름을 높이세"라고 말합니다. 그는 자신이 혼자 부르던 노래를 함께 듀엣으로 부르자고 말합니다. 그의 찬송은 너무나 열정적이어서 시편 34편 8절에서는 하나님의 선하심을 맛보는 것에 대해 말하기 시작합니다. 또 독자들에게도 직접 하나님이 얼마나 선하신지, 또는 히브리어 단어를 달리 해석하면 얼마나 '달콤한지' 맛보라고 권합니다. "그분의 선하심을 당신도 맛보지 않겠습니까?"

하나님이 얼마나 달콤한 분이신지 알게 되면, 우리는 그분을 찬송하기를 멈추려 하지 않을 것입니다. 우리는 그분 외에 다른 것을 생각하고 싶지 않을 것이고, 그 마음이 흘러넘쳐 다른 사람에게도 그분의 선하심을 자랑하게 될 것입니다.

하나님이 얼마나 선하신지 정말 맛보았습니까? 그분께 그분을 아는 것이 얼마나 달콤한지 말씀드립니까? 다른 사람들이 우리의 삶에서 그분의 달콤함을 볼 수 있습니까? 시편 기자의 마음에는 흘러넘치는 기쁨이 있습니다. 오늘 당신의 마음에도 흘러넘치는 무엇인가가 있습니까?

8월 14일, "내 뒤로 물러가라!"

마가복음 8:27-38

"예수께서 돌이키사 제자들을 보시며
베드로를 꾸짖어 이르시되 사탄아 내 뒤로 물러가라
네가 하나님의 일을 생각하지 아니하고
도리어 사람의 일을 생각하는도다 하시고"(막 8:33).

예수님께서 제자들에게 처음 자신이 반드시 십자가를 지셔야 하는 이유를 알려 주신 때는, 베드로가 예수님이 그리스도이심을 믿는다고 선언한 직후입니다. 베드로가 그 선언을 하고 난 뒤, 예수님은 그리스도께서 하실 일이 무엇인지 설명하셨지만, 베드로는 그 말씀을 들으려 하지 않았습니다. 그는 메시아에 대해 자기 나름대로 바라는 것이 있었고, 거기에는 십자가가 끼어들 자리가 없었습니다. 죽음을 피할 수 없는 인간이, 하나님이 하셔야 할 올바르고 적절한 역할을 가르치다니, 매우 흥미로운 광경입니다. 베드로가 이후 그 사건을 떠올릴 때마다 얼마나 많이 얼굴을 붉혔을 지 상상이 되시나요?

예수님은 베드로에게 과거 어느 때보다 가장 강한 어조로 답하셨습니다. "사탄아 내 뒤로 물러가라!" 베드로가 십자가가 불필요하다고 말할 때, 예수님은 자신에게 무릎 꿇음으로 십자가를 건너뛰라고 유혹했던 다른 누군가를 기억하셨을 것입니다. 바로 십자가는 불필요하며, 자신에게 절하기만 하면 세상 모든 나라를 주겠다고 말했던 사탄입니다. 예수님은 사랑하시는 제자에게 이렇게 말씀하신 것입니다. "네가 지금만큼은 내게 마귀로구나. 내 뒤로 물러가라!"

때때로 하나님께서 일하시는 방식은, 우리가 바르다고 생각하는 방식과 정반대인 것처럼 보입니다. 그러나 우리가 우리 뜻대로 일하시도록 하나님을 조종하려고 하면, 우리는 모든 악한 세력과 같은 편에 서는 것입니다. 하나님의 뜻은 반드시 하나님의 방식대로 이루어져야 하며, 하나님의 방식은 언제나 십자가를 포함합니다.

8월 15일, 눈 먼 영혼

마가복음 8:13-26, 10:46-52

"이에 그 눈에 다시 안수하시매 그가 주목하여 보더니
나아서 모든 것을 밝히 보는지라"(막 8:25).

마가복음 8장에서 베드로는 예수님이 그리스도이심을 고백한 후, 선을 넘어 예수님께 메시아란 어떤 존재인지를 가르치려 들었습니다. 오만했던 베드로는 예수님께서 십자가를 지셔야 함을 말씀하실 때 보인 반응 때문에 성경에서 가장 엄중한 꾸중을 들었습니다. 이 일이 있은 후에도 제자들이 십자가에 대한 예수님의 말씀을 이해하지 못하는 일은 여러 차례 있었습니다. 베드로가 그리스도께서 십자가를 지시는 것에 반대한 사건 전후로 눈먼 사람들에 대한 두 가지 이야기가 나옵니다. 가이사랴 빌립보에서의 베드로의 고백 이전에는 벳새다의 맹인 이야기가 있습니다. 사람들은 그를 그리스도께 데려왔고, 그리스도는 그를 고치십니다. 그리고 베드로의 고백 이후에는 10장에 바디매오 이야기가 있습니다.

    나는 마가가 이 사건들을 배열하는 방식을 통해 어떤 메시지를 전하고 있다고 생각합니다. 예수님이 벳새다의 맹인과 바디매오를 고치실 때는 아무런 어려움이 없었습니다. 그러나 제자들의 눈먼 영혼을 고치시는 데는 어려움이 있었습니다.

    예수님은 육체적으로 눈먼 것은 그 능력으로 단번에 고치실 수 있습니다. 그분이 말씀만 하시면 이루어지기 때문입니다. 그러나 당신과 내가 영적으로 눈먼 것을 고치기 위해 필요한 것은 무엇일까요? 능력이 아닙니다. 하나님의 자기희생입니다. 그리스도의 고난 없이는 우리가 속량 받고 구원받는 것이 불가능하기 때문입니다. 하나님은 말씀으로 세상을 창조하실 때는 아무런 고통도 당하시지 않았지만, 당신이나 나 같은 한 명의 죄인을 용서하시기 위해서는 자신의 보좌를 버리고, 자신의 속성들을 포기하며, 자신의 피조물 중 하나가 되기까지 자신을 낮추셔야 했습니다. 그리고 고통받고 죽으셔야 했습니다. 하나님조차도 자기희생 없이는 죄를 용서하실 수 없습니다.

8월 16일, 율법의 목적

시편 19편

"여호와의 율법은 완전하여 영혼을 소성시키며
여호와의 증거는 확실하여 우둔한 자를 지혜롭게 하며"(시 19:7).

시편 19편은 여호와의 율법, 여호와의 증거, 교훈, 계명, 법도에 대해 말합니다. 시편 기자는 여호와께서 계시하신 그 백성의 삶의 양식을 강조합니다. 흥미롭게도 그는 여기서 여호와의 인격적인 이름을 사용합니다. 율법은 결코 추상적인 것이 아니라, 하나님의 인격적인 임재에 기반을 둔 것이기 때문입니다. 이 율법은 인간이 어떻게 살아야 하는지에 대한 하나님의 가르침입니다. 하나님은 우리 삶이 그분이 바라시는 모습과 일치하게 하기 위해 율법을 주셨습니다. 시내산에서 하나님은 이스라엘을 자기 백성으로 삼으신 후 어떻게 하면 그들이 거룩하신 하나님과 함께 살아갈 수 있는지를 알려주신 것입니다. 그분은 자기 백성에게 마치 자기 얼굴을 보여주고 자기 마음을 드러내시는 것처럼 율법을 선포하셔서, 그들의 삶이 어떻게 그분의 삶을 반영해야 하는지 알게 하셨습니다.

시편 19편에서 시편 기자는 여호와께서 자기 백성에게 주신 이 자세한 설명은 금 곧 가장 순결한 금보다 귀하다고 말합니다. 그는 하나님의 말씀과 하나님의 길로 행하는 것이 얼마나 복된지 경험했기에, 하나님의 말씀을 자신이 맛본 가장 달콤한 꿀에 비유합니다. 하나님의 길로 행하는 것이 금보다 귀하고, 그의 말씀이 꿀보다 더 단 것은, 사람들에게 하나님이 어떤 분이신지를 깨닫게 하기 때문입니다. 하나님의 말씀과 그분의 길은 우리 중에 하나님이 계심을 상징합니다. 하나님의 가르침을 지킬 때 따르는 보상 역시 하나님이 어떤 분이신지 알 수 있는 기회가 됩니다.

8월 17일, 가장 큰 선물

다니엘 6:10

"의에 주리고 목마른 자는 복이 있나니
그들이 배부를 것임이요"(마 5:6).

하나님께서 사람에게 주시는 최고의 선물은 그분을 목말라하는 마음입니다. 우리는 스스로 하나님을 목말라하지 못합니다. 모든 구원은 하나님에게서 비롯되기 때문입니다. 그러나 우리가 하나님께 기회를 드릴 때, 하나님은 우리 안에 목마름을 일으켜주실 것입니다. 우리의 목마름이 채워지면, 그분은 그것이 우리 삶의 뜨거운 열정이 되게 하실 것입니다. 만약 내 마음에 그분을 향한 목마름이 없었다면, 나는 그리스도를 발견하지 못했을 것입니다. 인생 전체를 통틀어 내가 가장 일정하게 유지해온 것은 하나님을 향한 목마름이었습니다. 하나님은 내게서 그분을 향한 목마름을 가져가신 적이 없습니다. 나이가 들수록 그분을 향한 목마름은 더 강렬해집니다. 그래서 나는 그분께 감사하고, 또 그분을 바라는 목마름을 지금까지보다 더 크게 해주시기를 간구합니다. 우리가 목말라하면 그분은 우리의 필요를 채우시고, 우리의 목마름이 강할수록 그분 자신을 더 많이 우리에게 주실 것입니다. 목마름은 그분의 임재에 대한 보증입니다.

그분이 당신 가까이에 계시다면, 그분께 외치십시오. 당신이 그분의 임재를 느낀다면, 그분께 부르짖으십시오. 그분이 당신 곁에 계심을 느낀다면, 손을 뻗으십시오. 그 순간 그분을 만날 수 있으며, 당신은 그분께 몸을 던져야 하기 때문입니다. 하나님은 당신의 모든 문제를 제거하지는 않으시겠지만, 그 문제들 가운데서 당신을 보호하실 것입니다. 풍랑이 찾아올 때, 그분이 당신의 피난처가 되시고, 당신으로 그 모든 것을 이기게 하실 것입니다. 풍랑은 당신 주위에서 휘몰아치겠지만, 당신은 그분 안에 머물 것입니다. 그리고 그분 안에서 안전할 것입니다. 그분은 당신이 폭풍 가운데서도 노래할 수 있게 하실 것입니다. 그분에 대한 목마름은 사람이 받을 수 있는 가장 큰 선물입니다.

> 할렐루야, 나는 그분을 찾았네
> 내 영혼 그토록 오랫동안 갈망했던 그분을
> 예수님 내 목마름을 채우셨네
> 그분의 보혈로 나 이제 구원받았네*

* Clara Teare [Williams], "Satisfied," *Glorious Gospel Hymns* (Kansas City, Mo.: Nazarene Publishing House, 1931), no. 61.

8월 18일, 나를 붙드소서

로마서 6:15-23

"이제는 너희 지체를 의에게 종으로 내주어
거룩함에 이르라"(롬 6:19).

인간이 마음으로 하나님을 갈망한다는 사실은 인류 역사 전체에서 볼 수 있는 가장 놀라운 사실입니다. 인간은 기도하는 존재입니다. 사람들은 종종 인간의 삶에서 이 요소의 유효성을 부인하려는 운동을 벌이곤 합니다. 그러나 그런 운동이 얼마 지나지 않아 결국 소멸되고 마는 것은, 인간이 종교적 존재임을 입증하는 증거가 됩니다.

그러나 우리는 단지 하나님을 추구하는 것이나 그분을 지식적으로 아는 것만으로는 궁극적 만족을 얻지 못합니다. 우리의 마음은 더 나은 상태에 있을 때 그분께 붙들리기를 갈망합니다. 완전히 그분께 사로잡히기를 바라는 것입니다. 그렇기 때문에 성결에 대한 성경의 가르침은 완전히 사라져 없어질 수 없는 것입니다. 아마도 성결에 대한 증언의 진정성을 입증하는 가장 큰 증거는, 거룩해야 함을 부르짖는 신자의 마음의 외침일 것입니다. 어떤 교단 소속인지와 어떤 신학을 따르는지와 관계없이 모든 신자의 공동체에는 거룩함에 대한 목마름이 있습니다.

조지 마테슨은 스코틀랜드 장로교인으로, 글라스고 대학교에서 잘 훈련받은 목회자였습니다. 그는 탁월한 학자이자 뛰어난 설교자였고, 자신의 마음이 온전히 주님의 것이 되기를 갈망했습니다. 그는 자신의 마음이 하나님의 뜻에 온전히 순응하지 못하고 저항하는 것에 지쳐 다음과 같이 적었습니다.

> 주님 나를 포로로 삼으시면 나는 자유를 얻을 것입니다
> 억지로 내 칼을 내려놓게 하시면 나는 정복자가 될 것입니다
> 내가 홀로 일어서려 할 때 내 삶은 위기에 빠져듭니다
> 당신의 팔 안에 나를 가두소서 그리하면 나는 강건할 것입니다

8월 19일, 바라는 것과 필요한 것

창세기 3장

"이같이 하나님이 그 사람을 쫓아내시고
에덴 동산 동쪽에 그룹들과 두루 도는 불 칼을 두어
생명 나무의 길을 지키게 하시니라"(창 3:24).

히브리 문화는 죄라는 주제에 집착하는 듯합니다. 그들이 죄를 강조한 것은, 죄에 대해 병적인 흥미를 가졌기 때문이 아니라, 우리보다 죄를 더 정확히 이해했기 때문입니다. 그들은 죄인을 하나님에게서 갈라놓는 것이 죄라고 생각했습니다. 모세오경은 죄가 하나님과의 관계를 파괴한다고 가르칩니다. 그들에게 죄는 그렇게 단순하고도 극단적인 것이었습니다.

구약 성경은 사람이 죄를 지으면 그로 인해 하나님에게서 잘려 나간다는 사실을 매우 분명히 말씀합니다. 에덴 동산에서 아담과 하와는 원하는 모든 것을 먹어도 된다는 하나님의 말씀을 들었습니다. 에덴은 그들이 즐기고 누리도록 만들어진 곳이지만, 그들에게 금지된 것이 단 하나 있었는데 바로 선악을 알게 하는 나무의 실과입니다. 사탄은 그것을 인류가 죄로 타락한 세상에 빠지게 만드는 덫으로 사용했습니다. 그 이후의 이야기는 우리가 잘 알고 있습니다. 하나님은 동산과 자신의 임재에서 아담과 하와를 내쫓으셨습니다. 그들은 바라던 것을 얻었지만, 필요로 하는 것을 상실했습니다. 그것이 죄의 이야기입니다.

당신과 나는 하나님을 절실히 필요로 합니다. 그분에게서 모든 선하고, 진실되고, 올바른 것이 흘러나옵니다. 모든 선한 것은 하나님에게서 비롯되기에, 그분 안에서 유지되지 않으면 더러워지고 부패하는 일을 피할 수 없습니다. 우리는 선한 것을 붙들면서도, 그것이 하나님의 임재와 분리된 상태에 있게 할 수는 없습니다. 그분을 떠나서는 선한 것이 없기 때문입니다.

8월 20일, 거룩함으로 보호하심

히브리서 12:12-29

"우리 하나님은 소멸하는 불이심이라"(히 12:29).

죄는 초월적인 성격을 지녔습니다. 그것은 자연법을 초월해 거룩하신 분을 인격적으로 모욕합니다. 하나님은 거룩하시고, 전능하시며, 옳고 그른 것의 기준이 되십니다. 당신이 삼위일체 하나님을 알지 못한다면 진리와 거짓을 구분할 수 없기에 모든 것은 혼돈의 회색 덩어리가 되어버립니다. 우리는 성부, 성자, 성령 하나님의 거룩하심을 무서워하지만, 사실상 그분의 거룩한 본성은 세상을 안전하게 합니다. 아이가 다쳤을 때나 누군가가 차별을 받을 때 우리는 하나님이 그 일로 분노해주시기를 바랍니다. 악이 이기는 것을 원하지 않기 때문입니다. 우리는 부자가 가난한 사람들을 이용하는 악행에 하나님께서 분노하신다는 것을 기뻐합니다. 하나님은 거룩하시고 항상 옳은 일을 행하시기에 죄를 역겹게 여기십니다.

삼위일체 하나님께서 우리 중에 오셔서 우리가 그분을 닮게 해주시면, 우리는 크게 기뻐할 수밖에 없습니다. 그분의 거룩하심은 우리의 삐뚤어진 세상을 다시 바로잡을 유일한 기회를 제공하기 때문입니다. 하나님의 거룩하심은, 그들이 인정하든 하지 않든 유토피아를 바라는 모든 철학자가 간절히 꿈꾸어온 것입니다. 하나님만이 거짓과 잘못과 더러움이 없는 분이십니다. 그분은 온전히 진실하고, 완벽하게 선하며, 항상 옳은 단 한 분이십니다.

8월 21일, 죄에 대한 책임

야고보서 1:12-15

"여자가 그 열매를 따먹고"(창 3:6).

성경적 기독교와 세상의 다른 모든 종교 사이의 한 가지 결정적 차이는 악을 어떻게 이해하는지에 있습니다. 성경에서 악은 선과 함께 영원히 공존하는 원리가 아닙니다. 궁극적으로는 오직 하나님만이 선하시고, 악은 단지 하나님에게서 돌아선 것입니다. 성경에서 악은 영원하고 형이상학적인 원리가 아니라, 인간과 천사와 같은 지적 존재들의 도덕적 선택의 결과입니다. 우리 각 개인이 어떤 도덕적 선택을 하는지가 중요한 것은, 우리가 스스로 저지른 악에 대해 책임을 져야 하기 때문입니다.

인간의 악에 대한 책임을 사탄 또는 마귀에게 돌릴 필요가 없습니다. 사실 에덴 동산에서 뱀의 유혹이 있었더라도 하와가 죄를 짓는 것은 필연적 결과가 아니었습니다(창 3장). 하와와 아담은 자신들의 도덕적 선택으로 죄를 지었고, 하나님은 뱀을 탓하는 하와의 태도를 받아들이지 않으셨습니다. 뱀이 가진 능력은 오직 유혹하는 능력이 전부입니다. 그는 자신이 자유를 잘못 사용한 것과 똑같이 하와도 자유를 잘못 사용하도록 유혹했습니다.

우리는 우리의 악에 대해 변명해서는 안 되고, 우리 죄에 대해 다른 사람에게 원인을 돌려서는 안 됩니다. 죄를 지을 수밖에 없게 만드는 악의 원리란 존재하지 않습니다. 단지 우리가 자유를 악용해 죄를 지은 것입니다. 사탄은 우리를 죄로 유혹할 수는 있지만, 그도 우리와 같이 유한한 피조물입니다. 결국에는 그도 우리를 판단하실 동일한 의로우신 재판관에게 심판 받게 될 것입니다. 우리는 스스로 자유를 악용해 사탄에게 굴복할 수도 있지만, 우리 스스로 그렇게 하지 않는다면 사탄은 우리를 제어할 능력이 없습니다. 우리는 스스로의 죄에 책임을 져야 하지, 결코 피해자인 척해서는 안 됩니다.

8월 22일, 사라지지 않는 죄

요한계시록 20:11-15

"너희가 만일 그같이 아니하면 여호와께 범죄함이니 너희 죄가 반드시 너희를 찾아낼 줄 알라"(민 32:23).

그리스도인은 흔히 의도적으로 죄를 지은 후라도 용서를 구하면 하나님께서 용서하시기 때문에 큰 문제가 안 된다고 생각하곤 합니다. 또 하나님의 전지하심과 편재하심에 대해 자주 잊어버립니다. 그러나 하나님은 우리 마음의 모든 생각, 우리 머릿속에 돌아다니는 모든 상상, 비밀스럽게 행한 모든 행동을 아십니다.

특히 하나님의 편재하심을 깊이 생각하면 경각심을 갖게 됩니다. 죄를 짓는 모든 순간에 하나님은 실제로 그곳에 계십니다. 그분은 간음을 행하는 두 사람 사이에 계십니다. 그분은 도둑질을 할 때 그곳에 계십니다. 빼앗는 것이 물질이든, 명예든, 관계든, 또 그 죄를 짓는 사람이 일반인이든, 설교자이든, 정치가이든 상관없습니다. 그 어떤 일도 그분이 모르는 가운데, 또 그분이 계시지 않은 중에 일어나지 않습니다.

우리가 중시해야 할 거룩하신 분의 중요한 속성이 하나 더 있습니다. 곧 하나님은 영원하시다는 것입니다. 그분은 우리의 삶의 시작과 끝이십니다. 그분은 모든 사람에게 시작을 주시는 분이시고, 그분이 모든 생명을 다시 거두실 것입니다. 누구도 그분 앞에 서게 될 일을 피할 수 없습니다.

그러므로 우리는 죄가 하찮은 것이라는 망상을 깨뜨려야 합니다. 죄가 하나님께 문제가 되고 또 하나님은 영원하시다면, 비밀스럽게 행한 작은 죄조차도 단지 그 행함으로 끝나지 않기 때문입니다. 당신은 새로운 하루를 시작하려 하겠지만, 어제의 죄는 마치 지금이 죄를 짓고 있는 순간인 것처럼 당신에게 그대로 남아 있을 것입니다. 사랑으로 자신을 희생하신 주님만이 죄를 없애실 수 있습니다.

8월 23일, 시간이 흘러도 남는 죄

시편 51편

"나의 죄악을 말갛게 씻으시며 나의 죄를 깨끗이 제하소서
무릇 나는 내 죄과를 아오니 내 죄가 항상 내 앞에 있나이다
내가 주께만 범죄하여 주의 목전에 악을 행하였사오니
주께서 말씀하실 때에 의로우시다 하고
주께서 심판하실 때에 순전하시다 하리이다"(시 51:2-4).

시간은 우리의 도덕적인 죄를 지우지 않습니다. 죄는 하나님이 싫어하시는 것이고, 시간이 그것을 없애지는 않습니다. 죄는 영원하고도 무한하신 분과 관계된 것이기에 시간을 초월합니다. 국가에 지은 죄에 대해서는 범칙금을 낼 수 있고, 범칙금을 내면 죄는 과거의 일이 되고 맙니다. 이미 범칙금을 낸 죄에 대해서는 다시 기소 받지 않습니다. 그러나 이것이 하나님과의 관계에서 지은 죄에는 해당되지 않습니다. 시간은 그것을 제거하거나, 감추거나, 희미하게 하지 않습니다.

어느 날 아침 우리 교회 교인인 한 여성이 내게 전화를 걸었습니다. 통화를 하는데 그녀의 말투가 너무 무례해 나는 기분이 상한 채 전화를 마무리하려 했습니다. 그런데 나는 그것이 그녀의 내적인 두려움 때문인 것을 깨닫게 되었습니다. 오 분 후 나는 그녀의 집에 도착해 무엇이 문제인지 물었습니다. 그녀는 거실에 앉아 이렇게 말했습니다. "십팔 년 전 일이어서 난 모든 것이 지나갔고 이미 잊혔다고 생각했어요. 사실 아무도 다치지 않았고, 단지 나 혼자 저지른 잘못이어서 속으로만 간직하고 살았어요. 나는 그것을 잊어버릴 수 있을 것이라고 생각했지만, 목사님의 형편없는 성경공부 모임에 참여한 뒤로는 계속 그것이 생각났습니다. 마치 내가 어젯밤에 한 일인 듯 생생합니다. 내게도 희망이 있을까요? 나는 이 세상에서 내가 가장 더러운 사람처럼 느껴집니다."

우리가 자신이 죄인임을 깨달을 수 있는 유일한 곳은 하나님의 임재 안입니다. 우리는 그분의 임재 속으로 들어가 우리가 의도적으로 잊으려 했던 그 잘못된 일들을 기억나게 해주시는 은혜를 받아야 합니다.

8월 24일, 개선 행진

이사야 50:4-9

"항상 우리를 그리스도 안에서 이기게 하시고
우리로 말미암아 각처에서 그리스도를 아는 냄새를
나타내시는 하나님께 감사하노라"(고후 2:14).

그리스도를 아는 향기는 우리를 통해 온 세상에 퍼져갑니다. 어떤 사람에게는 이것이 구원으로 이끄는 향기라면, 그리스도를 거절하는 사람에게는 멸망으로 이끄는 향기가 될 것입니다. 누가 그리스도를 아는 지식을 전파하는 일에 적합합니까? 바울은 어떻게 이 사명을 감당할 수 있는지 다음과 같이 알려줍니다. "항상 우리를 그리스도 안에서 이기게 하시고 우리로 말미암아 각처에서 그리스도를 아는 냄새를 나타내시는 하나님께 감사하노라"(우리말 개역개정에서는 '이기게 하시고'로 번역된 것이 여러 영어성경 번역본에서는 "개선 행진을 하게 하시고"로 번역됨-역주). 많은 학자가 바울이 여기서 두 가지 비유를 실수로 뒤섞었다고 주장합니다. 이 구절의 앞부분에서는 부활(개선 행진)을 다루고, 뒷부분은 십자가(냄새는 무엇인가가 부수어질 때 나옴)를 다루는 것으로 보인다는 이유 때문입니다.

어느 날 나는 이 성경 본문에 관한 책을 발견했습니다. 그 책은 박사학위 논문이었고, 저자는 이 구절에 나오는 '개선 행진을 하다'라는 의미의 헬라어 'thriambeuo'를 연구했습니다. 그는 이 단어가 옛 에트루리아의 용어였고, 에트루리아인의 개선 행진은 황제가 이끄는 로마의 개선 행진과 매우 다르다는 사실을 발견했습니다. 에트루리아에서 개선 행진을 이끌고 성으로 들어가는 왕은 전쟁에서 패배해 포로가 된 왕이었습니다. 사람들은 그에게 침을 뱉고 구타했고, 마지막에는 승리를 준 에트루리아 신들에게 그를 제물로 바쳤습니다. 그를 정복한 왕은 개선 행진을 뒤에서 따라갔습니다. 따라서 바울이 실수로 비유를 뒤섞은 것이 아닙니다. 그는 그리스도를 정복한 왕이 아닌 정복된 왕, 즉 제물이 될 왕으로 묘사한 것입니다.

그리스도께서 행진을 하시면, 그분은 우리를 십자가라는 자기희생의 제단으로 이끌고 가십니다. 바로 그 자기희생에서 복음의 향기가 뿜어져 나오기에, 그것은 승리의 행진이 됩니다.

8월 25일, 죄의 결과

마태복음 18:6-14

"만일 네 손이나 네 발이 너를 범죄하게 하거든 찍어 내버리라 장애인이나 다리 저는 자로 영생에 들어가는 것이 두 손과 두 발을 가지고 영원한 불에 던져지는 것보다 나으니라"(마 18:8).

죄에는 두 가지 심각한 결과가 따릅니다. 첫째, 죄는 하나님의 자녀를 생명의 원천이신 하나님에게서 분리합니다. 죄는 마치 바이러스와 같이 사람을 감염시킵니다. 전날에는 아무 문제 없이 건강했더라도, 다음 날 우리는 병에 걸리고서도 그 사실조차 모를 수 있습니다. 그러다 갑자기 더 힘들고 괴롭다가, 바이러스로 인해 죽음을 맞이하기도 합니다. 죄는 우리를 단지 죽음으로만 향하게 하는 것이 아니라, 그보다 무한히 나쁜 결과, 곧 생명과 빛과 사랑이신 하나님과의 영원한 분리를 초래합니다. 우리는 죄의 치명성을 축소하거나 죄를 합리화하려는 어떤 유혹에도 저항해야 합니다.

둘째, 우리가 죄를 지으면, 우리 힘으로는 그 죄를 없앨 수 없습니다. 죄는 그것을 덮거나 제거하려는 모든 노력에 도전적으로 저항하면서 남아 있습니다. 우리가 마음먹는다고 지금까지의 내가 아닌 다른 사람으로 탈바꿈하는 방식으로 우리가 과거에 지은 죄를 깨끗이 지워버릴 수는 없습니다. 죄는 하나님을 배반한 것이고, 우리가 깨뜨린 관계를 바로잡을 방법이 우리에게는 없습니다. 유일한 소망은 하나님께서 오직 그분만이 하실 수 있는 일을 우리를 위해 해주시는 것입니다. 그분만이 사람의 마음을 깨끗하게 씻어주십니다. 그분만이 깨어진 관계를 회복시키실 수 있습니다. 그분만이 우리의 죄를 해결하실 수 있습니다.

그분에게서 분리되어 있다면, 당신은 죽어가고 있는 것입니다. 죄를 계속 붙들고 있다면, 당신은 절망의 바다에 빠져 죽고 있는 것입니다. 빛과 생명, 그리고 아버지 되시는 그분께로 돌이키십시오.

8월 26일, 죄의 다른 용어

시편 32편

"허물의 사함을 받고
자신의 죄가 가려진 자는 복이 있도다
마음에 간사함이 없고
여호와께 정죄를 당하지 아니하는 자는
복이 있도다"(시 32:1-2).

히브리어는 도덕적인 실재를 묘사하는 단어가 풍부하고, 특히 죄를 묘사하는 데 탁월합니다. 흥미롭게도, 영어나 헬라어는 죄의 현실을 표현하는 단어가 그렇게 많지 않습니다. 히브리어에는 율법을 알고 그것을 어기면 안 된다는 것을 알고도 어기는 의도적인 죄를 의미하는 용어가 있습니다. 또 무엇을 해야 하는지 알고도 그것을 하지 않거나 미흡하게 행하는 것과 같은 죄를 의미하는 용어도 있습니다. 세 번째로 사람의 마음이 비뚤어졌음을 의미하는 용어가 있습니다. 그것은 무엇이 옳은지 알면서도 그것과 반대로 행하려는 마음 상태를 나타냅니다. 마지막으로, 누군가가 자신의 실제와 다른 가면을 쓸 때의 기만, 교활함, 이중성을 의미하는 단어가 있습니다.

시편 기자는 이 모든 것에서 깨끗한 자는 복이 있다고 말합니다. 만일 어떤 사람에게서 죄가 제거되고, 미흡한 것이 가려지며, 비뚤어지고 부정한 마음이 씻기고, 이중성이 사라진다면, 그 사람은 다른 사람에게 본이 됩니다. 이 모든 죄에서 깨끗한 사람은 모두가 본받아야 할 기준이 되어 마땅합니다.

당신의 죄에 대한 이해는 성경이 말씀하는 이 모든 요소를 포함합니까? 당신의 마음에는 어느 정도 반역하는 성향이 있습니까? 미흡한 것이 있습니까? 비뚤어진 것이 있습니까? 기만이 있습니까? 그렇다면 그리스도께 당신의 마음을 깨끗이 씻음 받아야 합니다.

8월 27일, 하나님께 정직하라

시편 32편

"내가 이르기를 내 허물을 여호와께 자복하리라 하고
주께 내 죄를 아뢰고 내 죄악을 숨기지 아니하였더니
곧 주께서 내 죄악을 사하셨나이다"(시 32:5).

오직 하나님만이 우리를 죄에서 자유롭게 하실 수 있습니다. 그분이 모든 사람의 마음에 있는 문제의 유일한 해답입니다. 그것이 사실이기에, 사람들은 우리가 그분께 달려갈 것이라 생각합니다. 그분이 우리의 문제를 해결하실 수 있는 유일한 분이시라면서 왜 우리는 장벽을 부수고 그분께 나아가 우리를 깨끗하게 하고 용서하며 구원하시는 은혜 받는 일을 주저할까요?

시편 32편의 기자는 자신이 하나님께 죄를 지었음을 알고도 조용히 있기로 작정했습니다. 그 침묵의 결과, 그의 삶은 악화됩니다. 뼈가 쇠하고 고통스러우며, 영혼은 혼란스러움으로 가득했습니다. 사람의 영혼을 혼란스럽게 하는 것은 그 생명을 좀먹는 무거운 죄책입니다. 죄는 죄책을 낳고, 죄책은 우리의 마음과 생각을 멈추게 합니다. 그것은 우리를 혼란스럽게 만들어 괴롭히고 파괴합니다. 죄는 또한 우리가 최악의 상태일 때조차도 그다지 나쁘지 않다며 거짓말로 속삭이면서 우리의 진정한 영적 상태를 보지 못하게 합니다. 죄는 우리가 스스로에 대한 지배권을 주장하도록 부추깁니다. 사실 우리는 자신이 생각하는 것보다 수백 배는 나쁘고, 스스로 자신의 삶을 지배하려 하면서 우리 자신과 우리의 소중한 사람들을 파괴합니다.

시편 기자는 결국 자신이 하나님께 죄를 지었음을 고백했다고 말합니다. 그의 고백은 다음과 같습니다. "당신은 나의 죄와 미흡함과 마음의 비뚤어짐과 이중성을 아십니다. 이제 내가 주님께 나아왔습니다." 놀라운 것은 그가 정직하게 고백하자 하나님은 그를 용서하셨다는 사실입니다.

당신의 영혼은 하나님의 부르심을 듣지 못하고, 회개로 이끄심을 느끼지 못할 만큼 죄의 소음으로 가득하지는 않습니까? 만약 그렇다면 당신의 죄를 그분께 고백하십시오.

8월 28일, 그분의 자기 증언

요한복음 18:1-14

"예수께서 일러 이르시되 이것까지 참으라 하시고
그 귀를 만져 낫게 하시더라"(눅 22:51).

대제사장 가야바의 종 말고는 가야바를 향한 하나님의 마지막 사랑의 메시지였습니다. 말고는 예수님께서 잡히실 때 베드로가 칼로 귀를 베었던 종입니다. 은혜의 예수님은 자비를 베풀어 말고의 귀를 회복시켜주셨고, 말고가 그 사건에 대해 가야바에게 한 증언은, 대제사장이 회개할 수 있는 마지막 기회였습니다. 그것은 하나님께서 그에게 주신 마지막 증언으로, 하나님께서는 예수님께서 사랑의 손으로 만지셨던 바로 그 사람을 가야바의 법정에 두신 것입니다. 이 얼마나 끝없는 자비입니까! 만약 누군가가 잘못을 저지른다면, 그것은 자신을 부정하고 또 하나님께서 그의 삶에 쌓이도록 주신 많은 증거도 부정하는 것입니다. 나는 그 치유의 사건이 있은 후 가야바가 말고를 한동안 종으로 부리지 않았을 것이라 확신합니다. 가야바는 말고의 귀를 볼 때마다 불편하고 불안했을 것입니다.

우리가 불순종해서 하나님이 주신 증언을 따르지 않기로 결정하면, 우리는 머지않아 그 증언을 우리의 삶에서 몰아내게 될 것입니다. 그것이 일깨우는 진리를 참을 수 없기 때문입니다. 사랑의 하나님이 삶의 모든 영역에서, 심지어 가장 완고한 불신자의 삶 속에서도 계속 그리스도를 증언하셔도, 그것을 보거나 듣기를 거부하는 사람이 있습니다.

나는 한 유대인 대학교를 다닌 적이 있습니다. 어느 날 도서관에 앉아 있는데, 어떤 사람들이 부르는 노랫소리가 들렸습니다. 어떤 음악인지 궁금해 자세히 들어보았는데, "왕의 왕 또 주의 주, 또 그가 길이 다스리시리"라는 가사가 들렸습니다. 나는 '그럴 리가 없어. 유대인 대학교에서 헨델의 <메시아>를 듣게 될 리가 없어'라고 생각했습니다. 하지만 그것은 사실이었습니다. 그리스도에 대한 가장 위대한 음악적 증언인 <할렐루야>가 그곳에서도 울려퍼지고 있었던 것입니다.

당신은 지금까지 살아오면서 그리스도께서 특별히 당신에게 들려주신 그분에 대한 증언을 놓치고 있지는 않습니까? 그분은 자신이 정말 누구신지를 증언할 뿐 아니라, 그분의 사랑과 아름다움, 진리, 선하심, 의로우심, 위대하심을 증언하십니다. 그 증언에 귀 기울이며 주목하고 있습니까?

8월 29일, 붙잡히신 하나님

요한복음 18:1-14

"이에 군대와 천부장과 유대인의 아랫사람들이 예수를 잡아 결박하여 먼저 안나스에게로 끌고 가니 안나스는 그 해의 대제사장인 가야바의 장인이라"(요 18:12-13).

예수님이 붙잡히시던 날 밤, 무엇이 주님을 로마 군병들에게 사로잡히게 했을까요? 밧줄과 끈이 온 우주의 창조주를 묶을 만큼 강할 리 없었습니다. 삼손이 블레셋 사람의 밧줄을 끊을 수 있었으면, 하나님의 아들도 그 일을 하실 수 있었다는 것은 당연합니다. 그리스도를 결박한 것은 군병들이 아니었습니다. 그분은 우리를 측은히 여기시는 거룩한 사랑으로 스스로를 묶어 그들에게 내어주신 것입니다. 그리스도께서 자신을 십자가에 못 박을 군병들을 따라가시게 한 것은 당신과 나를 향한 그분의 사랑이었습니다.

사람이 하나님을 붙잡을 수 있습니까? 그럴 수 없습니다! 하나님은 그날 밤 스스로를 내주셨습니다. 예수님은 체포되어 재판 받고 십자가에서 형벌 받으시는 동안 그 모든 상황을 철저히 다스리고 계셨습니다.

하나님은 결코 당신을 그분이 완전히 통제하고 있지 않은 상황에 내버려두지 않으실 것입니다. 혼란과 당혹스러움으로 가득한 상황에 있을 때, 그리스도를 바라보십시오. 당신이 그분께 속했다면, 그분이 당신의 상황을 온전히 다스리고 계심을 알게 될 것입니다.

로마 군인들이 하나님의 아들을 거칠게 다루며 십자가에 매달았을 때, 그들의 생명을 지속하게 하신 분도 모든 존재의 근원이신 예수님이셨습니다. 그들의 손에 못 박을 힘을 주신 분도 예수님이셨습니다.

8월 30일, 이스마엘과 이삭

창세기 17:15-22

"그런즉 형제들아 우리는 여종의 자녀가 아니요
자유 있는 여자의 자녀니라"(갈 4:31).

아브라함을 향한 하나님의 모든 약속이 성취된 것이 그의 아들 이스마엘을 통해서였다는 것을 생각해본 적이 있습니까? 자손과 민족과 땅에 대한 약속은 이스마엘의 후손을 통해 이루어졌습니다. 이스마엘에게는 열두 아들이 있었는데, 그들 각각은 모두 자신의 나라를 이루었습니다. 이스마엘이 아닌 이삭이 세상에 준 것은 단 하나, 바로 그리스도입니다. 세상에 구원을 주시는 예수님은 이삭의 후손이었습니다.

아브라함의 두 아들 사이의 차이는 무엇일까요? 이스마엘은 자신의 능력으로 살아가는 사람을 상징합니다. 비록 많은 것을 이룬 것처럼 보이지만, 그들에게는 구원이 없고, 그들이 만들어내는 것은 결국 폭력과 파괴입니다. 이삭은 우리 삶에서 하나님께서 일하심을 나타냅니다. 하나님께서 우리의 삶을 통해 일하시면, 세상의 소망은 성취됩니다. 그러나 자신의 능력으로만 살아가려 한다면 우리는 영영 불임 상태에 머물 것입니다.

그리스도께서 우리 안에 그분의 형상을 이루어주시던 높은 은혜의 상태에서 미끄러져, 스스로의 성품으로 살아가려는 늪에 빠진 적이 있습니까? 그리스도께서 내 삶 속에서 일하시면, 내 초점은 그분께 있고 내 마음은 그분께 열려 있을 것입니다. 그러나 인생에서 나 홀로 일하고 관심이 나 자신에게만 있다면, 그 결과는 언제나 파괴적일 것입니다.

당신의 삶은 당신의 것입니까, 아니면 그분의 것입니까? 이 질문에 어떻게 대답하는지에 따라 당신의 인생에는 빛과 어둠, 생명과 죽음, 하나님과 당신의 차이와도 같은 큰 차이가 생겨날 것입니다.

8월 31일, 죽을 자유

사도행전 6:8-7:60

"그들이 돌로 스데반을 치니 스데반이 부르짖어 이르되
주 예수여 내 영혼을 받으시옵소서 하고
무릎을 꿇고 크게 불러 이르되 주여 이 죄를 그들에게 돌리지 마옵소서
이 말을 하고 자니라"(행 7:59-60).

루마니아가 공산 치하에 있던 시절 믿음의 영웅이었던 요세프 천(Josepf Tson)은, 수사를 받기 위해 비밀경찰을 만난 이야기를 내게 들려주었습니다. 그들은 그를 위협하고 죽이려 했습니다. 유난히 힘든 시간을 보낸 후, 그는 절망 속에서 엎드려 하나님께 말했습니다. "하나님, 그들이 나를 망가뜨리고 있습니다. 더는 견딜 수가 없습니다."

요세프는 내게 말했습니다. "나는 이렇게 말씀하는 하나님의 음성을 들은 것 같았습니다. '요세프, 일어나! 온 우주의 보좌에 앉아 있는 존재 앞에서 비밀경찰이 뭐라고?'"

요세프는 일어나 조금 전과는 전혀 다른 두려움을 가지고 조사를 받았습니다. 그것은 자신을 박해하는 사람에 대한 두려움이 아닌, 하나님에 대한 경외와 거룩한 두려움이었습니다. 어느 날 수석 심문관이 그에게 말했습니다. "요세프, 어리석어서 도저히 깨닫지 못하는구나. 이제 우리가 할 수 있는 건 너를 죽이는 것뿐이야."

요세프는 말했습니다. "선생님, 다 이해합니다. 그것이 당신의 최후의 무기이고, 당신이 목적을 이루는 데 실패하면 나를 죽이겠지요. 하지만 당신이 그 최후의 무기를 사용하면, 나 역시 내 최후의 무기를 사용할 수 있습니다."

"너의 최후의 무기가 무엇이지?" 심문관이 그를 조롱하면서 물었습니다.

"당신의 최후의 무기는 나를 죽이는 것이지만, 내 최후의 무기는 죽는 것입니다. 내가 죽으면 나는 과거보다 훨씬 좋은 처지가 될 것입니다. 내가 전한 모든 설교에 내 피가 묻어 있게 될 것이기 때문입니다."

어떻게 하면 완전한 자유를 얻어, 예수님께서 당신을 통해 그분이 바라시는 모든 일을 하실 수 있게 될까요? 바로 당신을 붙들고 계신 분이 세상의 어떤 권세보다 위대하시다는 것을 깨닫는 것입니다. 그분이 당신에게 다른 어떤 것보다, 심지어 목숨보다 더 소중한 분이 되시면, 당신은 자유를 얻습니다.

9월 1일, 근심하지 말라

에스겔 36:24-29

"예수께서 대답하시되 네가 나를 위하여 네 목숨을 버리겠느냐
내가 진실로 진실로 네게 이르노니
닭 울기 전에 네가 세 번 나를 부인하리라
너희는 마음에 근심하지 말라
하나님을 믿으니 또 나를 믿으라"(요 13:38-14:1).

요한복음 13장 38절과 14장 1절은 아마도 성경 전체에서 가장 놀라운 구절일 것입니다. 이 두 구절을 함께 연결해 묵상해본 적이 있나요? 이 구절들이 서로 다른 장으로 나뉘어 있는 것은 보화와 같이 숨겨진 진리를 찾는 데 방해가 됩니다. 나는 베드로의 실패와 죄를 말씀하는 구절 뒤에, 성경에서 가장 큰 위로를 주는 구절이 즉시 뒤따른다는 것을 상상조차 하지 못했습니다. 예수님은 베드로의 마음의 소원을 아셨습니다. 그가 예수님을 부인하고 싶지 않았고, 마치 영웅처럼 메시아를 위해 죽기를 바랐다는 것도 아셨습니다. 동시에 예수님은 베드로가 옳은 일을 하고 싶은 마음과 다르게 행할 것도 알고 계셨습니다. 베드로의 실패에 대한 그분의 반응은 먼저 위로였습니다. 또 그분은 베드로가 자신이 바라는 신실한 사람이 될 수 있도록 능력을 부어주실 분을 보내실 것입니다. 성령께서는 베드로를 자신이 소망했던 사람으로 변화시켜주실 것입니다.

　세상에 있는 어떤 용맹함과 영웅심도 누군가의 삶에 함께하시는 하나님의 영과는 비교할 수 없습니다. 예수님은 당신의 마음과 당신이 얼마나 성령을 받고 싶어 하는지 아십니다. 그분은 당신의 실패를 아십니다. 그분은 당신이 그분을 목말라하는지의 여부를 아시고, 만약 그렇다면 이렇게 말씀하실 것입니다. "너는 마음에 근심하지 말라. 나를 믿으라. 나는 너를 자유롭게 해 온 마음과 온 영, 온 뜻, 온 힘으로 나를 따를 수 있게 할 것이다. 나는 너를 자유롭게 해 신실한 사람이 되게 할 것이다."

　에스겔 36장 27절의 약속은 지금도 유효합니다. "또 내 영을 너희 속에 두어 너희로 내 율례를 행하게 하리니 너희가 내 규례를 지켜 행할지라." 이 구절은 순종해야 한다는 명령이 아니라, 우리가 성령으로 충만하면 순종할 수 있게 된다는 하나님의 약속입니다.

9월 2일, 성결의 징표

이사야 53장

"그러나 그가 많은 사람의 죄를 담당하며 범죄자를 위하여 기도하였느니"(사 53:12).

나는 참된 성결의 징표는 자신의 안위보다 다른 사람의 구원을 더 중시하는 것이라고 믿습니다. 중요한 것은 당신의 말이나 행동이 아니라, 당신의 영혼이 십자가의 길을 걷고 예수님이 마음 쓰시는 것에 마음을 씀으로 사람들의 구원을 위해 모든 것을 기꺼이 포기할 수 있는가 하는 것입니다.

당신은 당신의 즐거움을 위해 무엇을 합니까? 여유로운 시간이 생기면 어떻게 보냅니까? 당신의 지속적인 관심은 세상을 복되게 하는 데 있습니까? 당신이 성공에 얽매이거나 실패의 수렁에 빠져 다른 사람들에게 마음을 쓰지 못하면, 당신은 메마르게 됩니다. 당신은 그리스도의 영과 멀어진 것입니다.

그 해결의 열쇠는 다른 사람들에게 있습니다. 당신은 다른 사람들에 대해 영적인 책임이 있고, 당신이 주 예수님께 순종할 때 다른 사람들도 순종으로 이끌 수 있습니다. 당신의 이웃이 그리스도를 알게 되기를 바란다면, 그리스도께서 당신의 삶을 통해 일하시도록 해드려서, 그분이 당신의 깨끗한 마음을 통해 이웃을 자신에게로 이끄시도록 해야 합니다. 나는 사람의 구원이 자기 자신에게서 시작된다고 생각하지 않습니다. 구원은 성부 하나님의 마음에서 시작되어, 주 예수님을 사랑하는 자들의 마음에서 계속 이어집니다. 성부 하나님은 자신보다 우리를 더 아끼셨고, 그래서 그분의 가장 좋은 것을 우리에게 주셨습니다. 성자께서는 자신보다 우리를 더 아끼셨고, 그래서 우리의 구원을 위해 죽으셨습니다. 우리가 우리 자신보다 주위의 사람들을 더 아끼면, 성령께서는 마음껏 활동해 세상을 그리스도께로 돌이키실 것입니다.

9월 3일, 너를 지키시는 이

시편 121편

"나의 도움은 천지를 지으신 여호와에게서로다 …
여호와는 너를 지키시는 이시라
여호와께서 네 오른쪽에서 네 그늘이 되시나니"(시 121:2, 5).

시편 121편에는 신자를 향한 세 가지 약속의 말씀이 있습니다. 첫째, 하나님은 우리의 상황을 초월해 다스리십니다. "여호와께서 너를 실족하지 아니하게 하시며"(3절). 우리가 통제할 수 없는 상황과 세력이 당신과 나를 둘러싸더라도, 하나님은 그 어떤 것에도 갇히지 않고 그 가운데서도 우리를 보호하실 수 있습니다. 하나님을 알고 신뢰하는 사람은, 불신자를 괴롭히는 불안과 불확실성을 두려워하지 않아도 됩니다.

둘째, 하나님은 시간의 위급함에 얽매이지 않으십니다. "너를 지키시는 이가 졸지 아니하시리로다"(3절). 그분은 영원하신 분이시기에, 어떤 것도 그분을 피곤하게 하지 않습니다. 그분은 졸지도 주무시지도 않습니다. 주무실 필요가 없습니다. 그분께는 어떤 결함도 없습니다.

마지막으로, 여호와는 그 백성을 항상 지켜보고 계십니다. "낮의 해가 너를 상하게 하지 아니하며 밤의 달도 너를 해치지 아니하리로다"(6절). 여호와는 그들을 해할 만한 것이나 악에서 보호하시기 위해 그들을 지켜보십니다. 그분은 자기 백성과 그들의 행복을 위해 헌신하십니다. 다른 사람들은 두려워할 수밖에 없는 세력과 요인들도, 여호와를 의지하는 사람을 성가시게 하지는 못합니다. 다른 사람들이 달래고자 하는 신들은 그들에게 아무런 위협이 되지 않습니다. 하나님이 모든 것을 창조하셨고 다스리시기 때문입니다. 그분이 우리를 지키시는 그늘이 되어주십니다.

당신은 여호와께서 당신의 발이 실족하지 않게 붙들어주셔야 하는 상황에 있습니까? 잠 잘 때 그분의 보호가 필요합니까? 그분이 모든 악에서 지켜 주시는 것이 필요합니까? 그분은 모든 상황과 시간과 악한 세력을 다스리시는 하나님이십니다. 그분의 임재 안에서 쉬는 것은 안전합니다.

9월 4일, 삼위일체 중 한 분

요한복음 16:7-15

"그가 내 영광을 나타내리니
내 것을 가지고 너희에게 알리시겠음이라
무릇 아버지께 있는 것은 다 내 것이라
그러므로 내가 말하기를
그가 내 것을 가지고 너희에게 알리시리라 하였노라"(요 16:14-15).

성령은 성부 하나님께서 성자를 통해 세상에 주시는 선물입니다. 과거에 성부 하나님은 잃어버린 세상을 구원하기 위한 선물로 성자를 보내셨고, 지금은 성부와 성자께서 그 구원 사역을 완성하기 위해 성령을 보내십니다. 성령은 우리에게 주시는 하나님의 선물입니다. 그리스도께서 성부에게서 오시고 성부 하나님과 동일한 본성을 가지신 것처럼, 이제는 성령께서 성부와 성자에게서 오시고 그분들과 동일한 본성을 가지고 계십니다. 예수님은 임마누엘, 곧 '우리와 함께 하시는 하나님'이 되셨고, 지금은 성령님께서 우리 안에 계시는 하나님이십니다.

예수님은 자신을 영접하는 것이 곧 성부 하나님을 영접하는 것이고, 자신을 거부하는 것은 성부 하나님을 거부하는 것이라고 말씀하셨습니다. 이제 예수님은 제자들이 성령님을 영접하면 그들이 성부, 성자, 성령 삼위일체의 세 위격 모두를 영접하는 것이라고 말씀하십니다. 하나님은 세 위격으로 계시는 한 분 하나님이시기 때문입니다. 성부, 성자, 성령께서는 사랑의 교제 속에서 공동의 목적을 갖고 계신 관계입니다.

오순절 이후를 살아가는 우리는 놀라운 특권과 기회를 가지고 있습니다. 성령님이 우리 안에 거하심으로 우리는 예수님과 함께 거했던 열두 제자보다 삼위일체 하나님과 더 친밀한 교제를 가지는 것이 가능합니다. 그리스도인인 우리는 우리의 특권에 걸맞도록 예수님의 영과 친밀하고 다정한 교제를 누리며 살아가야 합니다.

9월 5일, 성만찬의 실재

마태복음 26:26-30

"받아서 먹으라 이것은 내 몸이니라"(마 26:26).

우리가 성만찬에서 얼마나 그것이 가리키는 실재보다 상징물에 신경을 쓰는지를 생각하면 놀랍고도 안타깝습니다. 누구도 성찬의 상징물을 받는 것에 대해서는 꺼리지 않습니다. 그러나 성찬이 가리키는 실재로 초대하면 그들은 주저하고 당황합니다. 어떤 사람은 전병과 잔은 기쁘게 받지만, 그들에게 값없이 주신 그리스도의 생명을 받는 일에서는 급히 뒷걸음질 칩니다.

교회는 그리스도의 몸이고, 세상이 복음을 접하는 것은 그분의 몸을 통해서입니다. 그리스도의 몸이 찢어진 것은 당신과 나의 구원을 위한 것이며, 다른 사람에게 복음을 전하려면 우리에게도 그런 희생이 필요합니다. 우리는 다른 사람들을 위해 그리스도의 고난에 동참할 특권을 부여받았습니다. 모든 존재를 구원하는 유일한 힘은, 자신보다 크신 분의 뜻에 순종해 자신의 생명마저 희생하는 사랑이기에, 하나님도 스스로를 고난에서 제외하지 않으셨습니다. 예수님은 죽음으로 아버지의 뜻에 순종하셨습니다. 그리스도께서는 오늘날 우리에게 그분의 생명을 주기 원하십니다. 우리가 고통에서 스스로를 막고 보호하기 위해 세운 장벽을 무너뜨린다면, 우리는 주 예수님과 같은 삶을 살 수 있습니다. 우리는 그리스도의 생명에 사로잡혀, 자신의 유익을 위하지 않고 그리스도를 섬기는 성전이 되어야 합니다.

우리가 성만찬에 참여한다는 것은, 그리스도의 희생을 받아들이고, 아버지께 "당신의 뜻대로 나를 깨뜨리소서. 예수 그리스도를 사용하신 것처럼 나를 사용하소서"라고 고백하는 것과 같음을 알아야 합니다.

하나님께서 우리를 깨뜨리시고 소유하시고 사용하시면, 우리는 그리스도와의 교제 속에서 살고, 우리의 삶은 열매를 풍성히 맺게 될 것입니다.

9월 6일, 성령을 받으라

요엘 2:28-32

"이 말씀을 하시고 그들을 향하사
숨을 내쉬며 이르시되 성령을 받으라"(요 20:22).

예수님께서 부활하신 날 밤, 제자들이 다락방에 모여 있을 때 예수님은 그들 중에 갑자기 나타나셨습니다. 부활하신 그리스도와 제자들의 가장 중요한 대화는, 부활하신 이후의 이 첫 번째 만남에서 이루어집니다.

예수님은 제자들과 인사를 나누시고, 그들에게 자신의 고난의 표징이 새겨져 있는 부활하신 몸을 보여주십니다. 그리고 그분의 교회에 아버지께서 자신에게 주신 것과 동일한 책임을 맡기십니다. "아버지께서 나를 보내신 것같이 나도 너희를 보내노라"(요 20:21). 이 보내심은 전에도 예수님께서 자신의 사명을 설명하실 때 말씀하신 것이었습니다. 그분은 곧 아버지께 돌아갈 것이고, 이제는 제자들이 그 '보내심을 받은 자들'이 되어야 했습니다. 그분은 자신의 사역을 그들에게 맡기셨습니다. 마지막으로 그분은 단지 이렇게 말씀하십니다. "성령을 받으라"(요 20:22).

사도 요한은 세례 요한이 예수님께 베푼 세례를 기억하고 있었습니다. 예수님이 구원 사역을 시작하시기 위해 세례를 받고 물에서 나오실 때, 성령이 그분 위에 임하셨습니다. 성령의 임하심은 그분이 메시아이심을 드러내는 것이었습니다. 삼 년 동안 성령님은 그리스도의 사역에 역동적인 힘이 되어주셨고, 이제 예수님은 제자들을 보내 자신의 임무를 완성하고자 하셨습니다. 그들은 그분의 사역을 위해 그분의 영이 필요했습니다. 그래서 예수님은 그들도 성령을 받아야 한다고 말씀하셨습니다. 우리의 삶과 사역도 이와 동일해야 한다는 사실은 분명합니다.

9월 7일, 성령의 증언

요한복음 16:7-11

"또한 성령이 우리에게 증언하시되"(히 10:15).

나는 비행기에서 옆자리에 앉은 한 남성에게 복음을 전할 기회가 있었습니다. 비행이 끝나갈 무렵 그는 나를 바라보며 말했습니다. "이 대화가 우연이라고 생각하세요?"

나는 웃으며 말했습니다. "아니요. 우연이 아니라고 생각하는 이유는, 나는 원래 이 비행기에 타면 안 되기 때문입니다."

그도 웃으며 말했습니다. "그거 참 재밌군요. 나도 마찬가지입니다. 표를 살 때 직원이 멕시코시티로 가는 직항이라고 알려주었는데, 타고나니 한 번은 휴스턴, 한 번은 샌안토니오, 두 번을 경유하는 비행기더군요. 처음에는 몹시 화가 났지만, 나 역시 이 대화가 우연이 아니라고 생각합니다."

바로 그 때 비행기의 바퀴가 땅에 닿았고, 내게는 큰 후회가 몰려왔습니다. 나는 그를 보내고 싶지 않았습니다. 이제 막 그에게 주 예수님에 대해 가장 중요한 것을 말해줄 참이었기 때문이었습니다. 그러자 무엇인가가 또는 누군가가 나에게 말했습니다. "내가 그에게 해야 할 일을 잘 하고 있단다."

나는 감사함으로 위를 우러러보고 말했습니다. "네. 맞습니다." 나는 그 남성을 위해 마음으로 기도하며, 그가 보이지 않는 하나님의 손 안에 있음을 크게 감사하며 내 갈 길을 갔습니다.

성령님은 이미 우리가 복음을 전할 모든 사람을 예비해놓으셨습니다. 그분은 대화가 끝나고 오랜 시간이 흐른 뒤에도 우리가 전한 말씀을 사용하실 것입니다. 그리스도는 자신에 대해 모든 사람의 마음에서 증언하고 계십니다. 사람들은 당신과 나 때문이 아니라 예수님의 영이 일하시기에 그리스도를 발견하게 될 것입니다.

9월 8일, 부활 이후의 방문

요한복음 20-21장

"이와 같이 나중 된 자로서 먼저 되고
먼저 된 자로서 나중 되리라 …
청함을 받은 자는 많되
택함을 입은 자는 적으니라"(마 20:16; 22:14).

나는 가끔 부활하신 예수님께서 어디를 방문하실지 내가 정할 수 있었으면 하는 생각을 해봅니다. 비록 내가 아버지께서 계획하신 방법과 다르게 그 일을 진행했을 것이라는 두려움이 있지만 말입니다. 나는 예수님을 본디오 빌라도에게 모시고 갔을 것입니다. 빌라도가 겁에 질려 입을 다물지 못하는 모습이 상상되지 않습니까? 또 가야바와 헤롯에게 찾아가 그들의 얼굴이 분노와 충격으로 달아오르는 것을 보면 더 재미있었을 것입니다. 그러나 무슨 이유인지, 예수님은 부활하신 후 마치 그들이 중요하지 않은 것처럼 그들에게 전혀 신경 쓰지 않으셨습니다. 미래는 결코 세상의 권력 구조에 달려 있지 않기 때문입니다.

대신 예수님은 막달라 마리아와 제자들을 찾아가셨습니다. 그분은 자신을 사랑했던 사람들을 만나셨습니다. 예수님은 사회의 지도자들에게 강한 인상을 남기는 것에는 조금도 신경을 쓰지 않으셨습니다. 그분은 이후 이천 년 동안 세상에 영향을 끼칠 사람이 누구인지 아셨습니다. 그들은 막달라 마리아, 베드로, 요한, 다른 제자들과 같이 그분과 함께했던 사람들이었습니다.

그들이 영향력 있는 사람이 된 것은, 그들이 예수님께 헌신했기 때문이 아니라, 그들의 삶에 그리스도께서 함께하셨기 때문입니다. 미래는 세상이 생각하는 것에 달려 있지 않습니다. 당신의 삶이 지속적으로 의미 있는 것이 되게 할 방법은 당신의 삶에 그리스도를 초대하는 것뿐입니다. 그분이 오시면 당신을 죄에서 구원하시고, 이기심의 압제에서 건지시며, 더러움과 허무함과 교만에서 자유를 얻게 하실 것입니다. 그분은 막달라 마리아가 그랬던 것처럼 예수님을 가장 소중한 보물로 여기도록 우리를 이끄실 것입니다.

9월 9일, 어리석은 노력

사도행전 2-3장

"베드로가 이르되 은과 금은 내게 없거니와
내게 있는 이것을 네게 주노니
나사렛 예수 그리스도의 이름으로 일어나 걸으라 하고"(행 3:6).

스스로의 힘으로 그리스도를 위해 영웅적인 일을 하려고 시도해본 적이 있습니까? 예수님이 붙잡히시던 밤 예수님을 구하기 위해 종의 귀를 자른 베드로와 같이 행동한 적이 있습니까? 베드로가 그날 밤 얼마나 자신을 어리석게 느꼈을지 상상할 수 있겠습니까? 당신은 하나님을 도와드리려 하다 그것에 대해 부끄러움을 느낀 적이 있습니까?

자기 힘으로 무엇인가를 해보려다 어리석은 짓을 한 이 베드로가 사도행전의 영웅이 된 것을 생각해 보세요. 참 아름다운 일 아닌가요? 우리가 우리의 육신으로 행하면 그날 밤 베드로처럼 어리석은 행동을 할 수 있지만, 그럼에도 계속 그리스도를 따르면, 예수님의 영이 오셔서 우리를 깨끗하게 하시고 그분의 성품과 권능으로 충만하게 하시는 우리의 오순절을 주실 것입니다. 베드로가 수치심을 느껴 주님 따르기를 포기했다면 어떻게 되었을까요? 역사는 좋지 않은 방향으로 진행되고, 베드로에게 오래 참으신 예수님의 사역은 헛된 것이 되었을 것입니다.

당신은 자신이 스스로의 힘으로 하나님을 위해 일하고 있다고 느끼고 있습니까? 그렇다면 예수님께 당신의 오순절을 구하십시오. 그분의 영을 주시기를 간구하십시오. 성령께서 당신을 가득 채우시기 전에는 포기하거나 약해지지 마십시오. 그분은 언제나 간절히 구하는 자에게 임하십니다.

9월 10일, 만남에 의한 변화

시편 84편

"내 영혼이 여호와의 궁정을 사모하여 쇠약함이여
내 마음과 육체가 살아 계시는 하나님께 부르짖나이다"(시 84:2)

역사에서는 어느 순간 현재의 세상에서 다음 세상으로 문이 열리는 때가 있습니다. 사람이 하나님을 마주할 때입니다. 하나님이 은혜로 찾아오시면, 그 영광스러운 경험은 대단해서 사람의 삶을 영원히 바꾸어놓습니다. 삶이 변화되고 모든 것이 달라집니다. 아브라함, 모세, 베드로, 요한, 바울을 떠올리면 그들이 어떤 변화를 겪었는지 알 것입니다. 우리가 거룩한 역사로 기억하는 모든 사건은 그런 순간에서 비롯되었습니다. 모든 의미심장한 구원의 순간은 하나님께서 나타나 말씀하심으로 시작되고, 하나님은 모든 사람에게 그렇게 하기 원하십니다. 그분은 자신을 우리에게 계시하고 싶어 하십니다.

이런 일이 시편 84편을 기록한 시편 기자에게 일어났다는 것은 매우 분명합니다. 하나님이 그에게 찾아오셨고, 그는 그 경험을 잊거나 그것이 자신의 삶의 모든 영역에 끼친 영향에서 벗어날 수 없었습니다. 그것은 그의 모든 관계를 변화시켰고, 장소와 사람과 시대에 대한 생각을 바꾸어놓았습니다. 그는 거룩하신 하나님을 만났고, 그 결과 이후의 모든 삶의 과정도 거룩하게 변화되었습니다.

당신은 살아 계신 하나님을 만난 결과, 삶의 모든 영역이 변화되었습니까? 그렇지 않다면, 그분은 당신과의 만남을 기다리고 계십니다. 당신은 그분께서 찾아와주셔서 거룩한 만남의 순간을 주시기를 간구하겠습니까?

9월 11일, 어둠 속의 비밀

시편 139편

"내가 혹시 말하기를 흑암이 반드시 나를 덮고
나를 두른 빛은 밤이 되리라 할지라도
주에게서는 흑암이 숨기지 못하며 밤이 낮과 같이 비추이나니
주에게는 흑암과 빛이 같음이니이다"(시 139:11-12).

내 소중한 친구는 감리교 목사의 아내였습니다. 그녀는 남편과 일찍 사별한 뒤 참된 믿음을 갖게 되었습니다. 그녀는 영혼을 구원하는 사람이었고 예수님을 뜨겁게 사랑하는 사람이었습니다. 어느 날 나는 그녀가 시력을 잃어간다는 소식을 듣고 그녀를 만나러 갔습니다. 그녀의 아파트에서 잠시 이야기를 나누다 그녀가 이렇게 물어 나는 깜짝 놀랐습니다. "데니스, 나를 위로하려고 왔지요?"

그녀는 마치 내가 무엇을 잘못한 듯 물었고, 나는 내가 무엇을 잘못했는지 알았기에, "그래, 맞아요"라고 대답했습니다.

그녀는 나를 바라보고 말했습니다. "데니스, 내가 어둠 속에서 그리스도와 함께하는 특권을 빼앗으려는 건 아니지요? 나는 빛 속에서는 결코 배울 수 없는 비밀을 어둠 속에서 배우고 있어요."

그 대화가 있고 얼마 되지 않아 그녀는 잠시 시력을 되찾았다 그 후 완전히 볼 수 없게 되었습니다. 그러나 그녀는 완전한 어둠 속을 걸을 때 혼자가 아니었기에 그 어둠조차 끌어안을 수 있었습니다.

하나님은 우리가 고난을 당하는 중에도 노래하게 하시고, 우리가 맑은 날에는 결코 배울 수 없었던 것들을 폭풍 속에서 가르쳐주십니다. 당신에게 영원하신 하나님이 계시면, 당신은 모든 선의 원천이신 분을 모신 것이고, 당신이 모든 선의 원천이신 분과 함께한다면, 무엇이 부족하겠습니까?

9월 12일, 먼저 그의 나라를 구하라

야고보서 2:14-16

"그런즉 너희는 먼저 그의 나라와 그의 의를 구하라 그리하면 이 모든 것을 너희에게 더하시리라"(마 6:33).

당신이 하나님께서 창조주와 공급자와 주님이심을 믿지 않는다면, 당신의 안위나 가족이나 목숨이 위태로워질 수 있음에도 그분께 순종할 만큼 그분을 신뢰하기는 어려울 것입니다. 나는 하나님께서 우리를 위해 역사하심을 신뢰하기에 큰 위험을 감수하는 데까지 갈 수 없다면, 우리가 참으로 그분을 믿는 것이라고 생각하지 않습니다. 우리의 믿음이 어떤 위험이나 무방비 상태에도 빠지지 않은 채 그저 의자에 앉아 유지하는 믿음이라면, 그것은 성경적인 믿음이 아닙니다. 성경적인 믿음은 우리가 위험을 무릅쓰는 가운데, 하나님의 도우심 없이는 부끄러움을 당할 수밖에 없음을 깨달을 때 생겨납니다.

E. A. 시맨즈(E. A. Seamands) 박사님은 인도 선교사였습니다. 어느 날 그리스도인이 되기로 결심한 한 힌두교 상인이 찾아와 세례를 받고 싶다고 말했습니다. 시맨즈 박사님은 "좋습니다. 장이 서는 날 당신 가게 앞에서 세례를 베풀겠습니다"라고 말했습니다.

그러자 그 힌두교 상인은 이렇게 말했습니다. "그렇게 되면 이 지방 모든 사람이 내가 그리스도인이 된 것을 알게 됩니다. 그러면 내가 어떻게 장사를 하겠습니까?"

"설마 그리스도인이 된 것을 감추려는 것은 아니겠지요? 세상에서 가장 좋은 방법은 단번에 모든 사람에게 알리는 것입니다. 그 방법이 훨씬 덜 고통스럽습니다." 그래서 그 상인은 그날 두려움과 떨림으로 자기 가게 앞에서 세례를 받았습니다.

당신이 위험을 이겨낼 수 있는 유일한 방법은, 하나님이 창조주와 공급자와 주님이심을 믿는 것입니다. 당신은 진심으로 "주님이 나를 위험에서 건져주시든 그러지 않으시든, 나는 주님의 뜻을 행하겠습니다"라고 말할 수 있습니까?

9월 13일, 십자가로 보내노라

요한복음 19:17-30

"이날 곧 안식 후 첫날 저녁 때에 제자들이 유대인들을 두려워하여 모인 곳의 문들을 닫았더니 예수께서 오사 가운데 서서 이르시되 너희에게 평강이 있을지어다 이 말씀을 하시고 손과 옆구리를 보이시니 제자들이 주를 보고 기뻐하더라"(요 20:19-20).

"아버지께서 나를 보내신 것 같이 나도 너희를 보내노라"라는 예수님의 말씀을 십자가와 연결해 생각해본 적이 있습니까? 베드로와 제자들은 십자가에 대해 듣고 싶어 하지 않았고, 오늘날의 교회 역시 우리가 져야 할 십자가에 대해 듣고 싶어 하지 않습니다. 그리스도는 부활하신 후 제자들에게 찾아오셔서 그분의 상처와 흉터를 보여주셨습니다. 나는 마지막 심판 날 주님께서 우리에게 우리의 흉터를 보여달라고 하시지 않을까 하고 생각해봅니다. 그분은 우리가 받은 상과 승리가 아닌, 우리가 그분 때문에 갖게 된 상처와 흉터를 귀히 여기실 것입니다. 그것들이 우리를 그분께 묶어줄 끈이 될 것입니다.

우리는 자연스레 예수님의 제자들이 그랬던 것처럼 십자가에 대해 말하거나 이해하기를 피하고, 그 대신 지위와 권력에 대해 말하기를 좋아합니다. 마지막 날 그분이 우리가 주님을 위해 싸우다 생긴 상처를 보여달라고 하실 때, 우리는 우리가 가졌던 지위로 인해 얼굴을 붉히게 될지도 모릅니다. 예수님은 우리에게 "아버지께서 나를 보내신 것같이 나도 너희를 보내노라"라고 말씀하십니다. 그분은 우리를 어디로 보내십니까? 십자가입니다.

제자들과 우리가 이해하지 못한 것은, 세상이 구원을 받을 수 있는 유일한 방법이 자기희생을 통해서라는 것입니다. 에이미 카마이클(Amy W. Carmichael, 19세기 북아일랜드 출신의 인도 선교사-역주)의 시를 들어보십시오.

당신에게 흉터가 있나요? 발이나 옆구리, 손에 숨겨진 흉터가 있나요?
나는 온 나라가 당신을 위대하다 칭송하는 것을 듣습니다
그들은 떠오르는 밝은 별, 당신에게 환호합니다
당신에겐 흉터가 있나요?
상처도 흉터도 없는 사람이 먼 길을 갈 수 있나요?*

* Amy W. Carmichael, *"No Scar?" Mountain Breezes: The Collected Poems of Amy Carmichael* (Fort Washington, Pa.: Christian Literature Crusade, 1999), 173.

9월 14일, 너희를 보내노라

빌립보서 2:12-18

"예수께서 또 이르시되 너희에게 평강이 있을지어다
아버지께서 나를 보내신 것같이 나도 너희를 보내노라"(요 20:21)

선한 목자는 자기 양 떼에게 자신을 따르도록 지시합니다! 그리스도를 따른다는 것은 사람의 마음과 삶 모두를 포함해 헌신하는 것입니다. 예수님께서는 이것이 어떻게 해야 하는 것인지 말씀해주십니다. 그분이 삶의 지도자와 통치자가 되시는 것입니다. 그러므로 우리는 거룩한 마음을 가져야 합니다. 인간의 욕망은 자신의 삶을 스스로 관리하려 합니다. 우리는 뜻밖의 요구나 불편한 상황에 직면할지도 모른다는 두려움에 삶의 지배권을 내려놓기를 주저합니다. 그러나 예수님께서 온전히 다스리실 수 있도록 우리가 제어판에서 손을 떼고 우리의 권리를 포기하기 전까지 우리는 안전하지 않습니다.

예수님께서 그분이 기뻐하시는 방식으로 우리를 사용하시면, 우리 삶에는 기적이 일어날 것입니다. 예수님이 보리 떡 다섯 개와 물고기 두 마리로 큰 무리를 먹이신 것처럼, 우리 삶에도 그런 일이 일어날 것입니다. 우리는 양들을 위해 자기 생명을 내어주신 예수님처럼 살게 될 것입니다.

각 사람에게는 예수님께서 "나를 따르라"라고 말씀하실 때가 옵니다. 당신은 자신을 산 제물로 주님께 드릴 준비가 되어 있습니까? 그리스도께서 그분의 뜻대로 당신의 피를 쏟고 사용하고 부으시고, 당신의 몸을 다른 사람에게 나누어 주시도록 당신을 그분께 드리십시오. 당신의 삶이 당신의 것이 아닌 그분의 것이 되게 하십시오.

예수님은 우리를 세상으로 보내시고, 그 세상을 얻을 수 있는 방법을 보여주셨습니다. 성부 하나님은 예수님을 세상에 보내 그 목숨을 내려놓게 하셨습니다. 이제 예수님은 당신을 보내십니다.

9월 15일, 보냄 받은 사람들

히브리서 11:13-16

"아버지께서 나를 세상에 보내신 것같이
나도 그들을 세상에 보내었고"(요 17:18).

오늘날 많은 교회가 복음의 추진력과 선교적 열정을 잃어버렸습니다. 그러나 아직 세상에는 그리스도를 알지 못하는 사람이 수십억이고, 미국에도 그 수가 매우 많습니다. 하나님은 마치 우리가 보내심을 받지 않은 사람처럼 일상생활을 해나가는 것에 충격을 받으셨을 것입니다. 그러나 우리가 따른다고 고백하는 예수님은, 성부 하나님의 뜻대로 세상을 구원하시기 위해 자신의 모든 것을 기꺼이 드리셨고, 그 몸에 그 징표를 지닌 분이십니다.

예수 그리스도는 우리에게 "아버지께서 나를 보내신 것같이 나도 너희를 보내노라"라고 말씀하셨습니다. 그렇다면 우리는 보냄 받은 자들임에도, 그 말씀을 듣거나 이해하려 하지 않고 있는 것입니다. 우리가 우리의 사명을 바르게 알았더라면, 세상은 지금과는 많이 다를 것입니다.

당신은 자신이 그리스도인임은 분명하지만, 그리스도께서 당신을 보내 이루게 하시는 일에 열정을 갖는 것은 또 다른 일이라며 둘 사이를 구분합니까? 우리가 그리스도인이라는 사실과 우리의 사명은, 궁극적으로 그분이 우리를 보내 이루게 하신 일에 의해 평가받게 될 것입니다. 우리 앞에 놓인 사명은, 우리가 하나님께 전적으로 순복하고 성령으로 충만하지 않으면 불가능한 일이기에, 그 일을 하기가 두렵게 느껴집니다. 우리는 그리스도인이라는 신분과 좋은 평판을 가지고 있음에도, 우리의 이름이 되시는 그분께서 사용하실 수 없는 사람일 수 있습니다. 우리는 이에 합당한 심판을 받을 것입니다.

9월 16일, 순결과 부흥

마태복음 5:27-32

"너는 이스라엘 자손에게 말하여 이르라
나는 여호와 너희의 하나님이니라
너희는 너희가 거주하던 애굽 땅의 풍속을 따르지 말며
내가 너희를 인도할 가나안 땅의 풍속과 규례도 행하지 말고"(레 18:2-3).

우리가 육체적 관계에서 순결한 것은 영적인 관계에서 활력을 갖는 데 매우 중요합니다. 우리를 향한 하나님의 뜻은 우리의 성에 관한 것도 포함한다는 것은 성경에서 분명히 알 수 있습니다. 그분을 따르는 사람들이 그분의 뜻과 계획대로 자신의 성을 사용할 때, 그분은 인간의 역사와 사회와 삶에서 목적하시는 일을 이루실 수 있습니다. 나는 교회사를 통해 성령님은 자기 삶에서 성적인 면에 매우 조심하는 사람들과 특별히 친밀한 관계를 가지신다는 놀라운 사실을 발견했습니다. 성적으로 방종하는 사람에게 성령님의 기름 부으심이 있는 경우는 찾기 힘듭니다.

순결과 부흥은 불가분의 관계에 있습니다. 하나님은 이를 통해 그분의 창조물을 보호하시는 데 특별히 민감하신 듯합니다. 인간의 성이 하나님께 특별히 중요한 것은, 하나님께서 우리 각 사람과 갖기를 바라시는 깊은 친밀함의 주된 상징이기 때문일 수 있습니다. 하나님은 자신을 거룩하고 순결하게 드리는 사람을 가장 효과적으로 사용하시고, 거룩함과 순결로 헌신하는 공동체에 특별한 은혜를 주시는 듯합니다. 그런 거룩한 태도가 이상한 것이 되어버린 오늘날 우리는 우리의 방향을 세상이 아닌 그분의 기준에 맞추어야 합니다.

당신이 결혼했든 독신이든, 젊든 나이가 많든, 당신의 마음의 생각과 상상과 행동이 예수님께서 원하시는 정도로 순결합니까? 당신 안에 조금이라도 불결한 것이 있다면, 당신은 영적으로 무력할 것입니다.

9월 17일, 로마에서의 구금

사도행전 28:11-31

"우리가 로마에 들어가니
바울에게는 자기를 지키는 한 군인과 함께
따로 있게 허락하더라"(행 28:16).

나는 사도행전의 결말 부분을 좋아하는데, 거기에는 사도 바울의 마지막 이야기가 나옵니다. 바울은 그리스도의 복음을 담대하게 외쳤습니다. 그는 그 메시지에 인생을 걸었고, 인생의 끝에는 로마에서 가택연금을 당했습니다. 로마 군인의 통제 아래 살아야 했음에도, 그는 사람들에게 예수 그리스도와 하나님 나라에 대해 가르치는 일에 전념했습니다.

당신이 그 당시 로마에 살았다면, 미래가 어디에 있다고 생각했을까요? 대부분의 사람이 미래의 가장 중요한 인물은 보좌에 앉아 통치하는 황제라고 생각하면서 네로의 궁전을 바라보며 미래와 힘을 떠올렸을 것입니다. 그러나 그때로부터 이천 년이 지난 오늘날, 사람들은 개에게 네로라는 이름을 붙이고, 아들의 이름은 바울로 부르곤 합니다. 하나님의 방식은 세상의 방식과 다르고, 하나님의 사람은 세상 사람과 다릅니다. 이후 이천 년 동안 인류 역사에 큰 영향을 끼친 사람은, 보좌에 앉아 자신을 기쁘게 하라며 명령을 내렸던 네로가 아니라, 평범한 주택에서 로마 군인에게 구금되어 있었던 바울이었습니다.

삶이 낭비되고 있다고 느낍니까? 현재 어떤 속박 아래 있습니까? 그렇다면 힘을 내십시오. 나는 바울도 똑같이 느꼈을 것이라고 생각합니다. 바울은 스페인까지 가서 복음을 전하는 대신 로마에서 병사에게 묶여 자신을 찾아오는 사람에게만 영향을 미칠 수 있었습니다. 그러나 하나님의 길은 우리의 길과 다릅니다. 하나님은 바울이 구금된 장소에서도 그를 사용하셔서 인류 역사를 바꾸셨습니다.

9월 18일, 속에서 출렁거리는 죄

마태복음 15:10-20

"입에서 나오는 것들은 마음에서 나오나니
이것이야말로 사람을 더럽게 하느니라"(마 15:18).

나는 한 수련회에서 침례교 목사 피터 로드(Peter Lord)가 전하는 매우 좋은 예화를 들었습니다. 그는 한 젊은 여성에게 강단으로 올라와달라고 부탁했습니다. 그는 손에 물 한 컵을 들고서 그 여성에게 물 컵을 쥔 손을 세게 흔들어달라고 말했습니다. 잠시 망설이던 여성은 그의 팔을 흔들었고, 물이 온 사방에 흩어졌습니다. 그는 여성을 쳐다보면서 "무엇이 컵에서 물이 쏟아지게 했나요?"라고 물었습니다.

여성은 "내가 당신의 팔을 흔들었기 때문입니다"라고 답했습니다.

그러자 그는 "아니요. 컵에 물이 들어 있었기 때문입니다"라고 말했습니다.

그는 청중을 바라보면서 이렇게 설명했습니다. "직장에서 동료가 당신을 짜증 나게 합니다. 그러나 그것은 사실 그가 그렇게 만든 것이 아니라, 단지 그가 당신의 마음에 이미 있었던 짜증을 쏟아지게 한 것뿐입니다. 죄는 당신 안에서 생겨납니다. 누군가 당신보다 조금 먼저 승진하면, 당신은 질투와 씨름해야 합니다. 그 질투하는 마음은 이미 당신 속에 있었고, 다른 사람이 한 일은 당신의 마음에 이미 있던 것을 표면으로 끌어올린 것뿐입니다. 누구도 당신 안에 없던 것을 유발할 수는 없습니다."

모든 사람은 성령님께서 그 마음을 더 깊이 씻어주셔야 할 필요가 있습니다. 우리는 우리를 짜증 나게 하거나 화나게 하거나 질투 나게 하는 사람에 대해 하나님께 감사해야 합니다. 그 사람은 하나님께서 우리 자신에 대해 무엇인가를 가르쳐주시는 기회를 제공하기 때문입니다. 짜증 나게 하는 사람은 내 마음의 진정한 색을 보여줍니다. 마음속 부패한 것이 숨김없이 드러나야만 우리는 그것을 하얗고 깨끗하게 씻어낼 수 있습니다.

9월 19일, 그분의 시선으로

사도행전 9:1-30

"형제 사울아 주 곧 네가 오는 길에서 나타나셨던 예수께서 나를 보내어 너로 다시 보게 하시고 성령으로 충만하게 하신다 하니"(행 9:17).

우리가 우리 자신을 분명하게 아는 것은 그리스도께서 누구이신지를 알 때입니다. 그분의 위대함을 알 때 우리는 더 명료하게 우리 자신의 부족함을 볼 수 있습니다. 나는 하나님을 마주하기 전까지는 나 자신의 참모습을 알 수 없습니다. 내가 다른 사람만 보고 있으면 나 자신을 속일 수 있습니다. 그 많은 사람 중에 나보다 나빠 보이는 사람은 언제나 있고, 그 사람들과 비교하면 나 자신은 어느 정도 괜찮아 보입니다. 반면, 사람들 중에는 언제나 나보다 나아 보이는 사람이 있고, 그것이 나에게 갑작스러운 불안감을 줍니다. 그래서 나는 다른 사람을 깎아내림으로써 오는 자신감과 다른 사람을 부러워하는 마음에서 오는 불안감 사이에서 시소를 타곤 합니다. 다른 사람은 나 자신을 견주어 평가할 신뢰할 수 있는 기준이 아니고, 또 그들을 기준으로 나 자신을 평가한다면 나는 진실하지 않은 것입니다.

내가 하나님의 임재 안으로 들어가 그분께서 다른 모든 것을 내 시야에서 사라지게 하시면, 나는 그분의 아름다움과 나의 부패함, 그분의 순결함과 나의 더러움, 그분의 위대함과 나의 하찮음, 그분의 선하심과 나의 이기심을 보게 됩니다. 그것은 내가 하나님의 임재 안으로 들어가는 것이 불편하게 느껴지는 이유이기도 합니다. 내가 정말 어떤 사람인지를 보기 때문입니다. 그것은 우리 모두에게 불편한 일입니다. 그러나 나는 동시에 그분께 복종하는 삶을 살 때 그분이 내 삶으로 어떤 일을 하실 수 있는지를 보기 시작합니다. 그분의 아름다움이 나에게서 묻어나고, 그분의 순결하심이 나의 순결이 될 수 있습니다. 그분은 내 이기심을 가져가시고, 자기중심적 태도에서 비롯된 하찮음을 떠나 정말 중요한 일들의 중심으로 옮겨주실 수 있습니다.

당신은 하나님의 임재 안에 있습니까? 당신은 그분의 시선으로 당신이 누구인지와 어떤 사람이 될 수 있는지를 볼 수 있습니까? 만약 그렇지 않다면, 당신은 마치 바람에 날리는 나뭇잎같이 거짓된 자신감과 무참한 불안함 사이를 오가며 인생을 낭비하게 될 것입니다.

9월 20일, 문제는 나

로마서 8:1-17

"이는 그리스도 예수 안에 있는 생명의 성령의 법이
죄와 사망의 법에서 너를 해방하였음이라"(롬 8:2).

나는 하나님이 각 사람에게 깨끗한 마음, 곧 우리를 항상 붙들어 헛되고 메마르게 하는 자기 고집과 이기심에서 씻음 받은 마음을 주시기 원하신다고 믿습니다. 성경은 '살리는 것은 영이니 육은 무익하다'고 분명히 말씀합니다. 여기서 육은 무엇을 말할까요? 그것은 쉽게 말해 하나님의 방식과 대조되는 내 방식입니다. 내 자아는 나 자신을 내 존재의 중심으로 삼기 원하지만, 자기중심적 삶은 무의미함과 공허함과 상실감을 낳을 뿐입니다.

사람이 하나님의 뜻대로 살려는 단 하나의 의지를 가진다면, 성령님은 그 삶에 하나님의 임재의 징표를 남기십니다. 그분은 그의 삶을 변화시켜 하나님께서 거룩하게 임재하시는 성전이 되게 하시고, 많은 열매를 맺는 풍성하고 신실한 삶이 되게 하십니다. 또 그의 삶을 자신의 영광으로 빛나게 하시고, 그 속에 하나님을 드러내는 증거를 두어 세상이 그것을 볼 수 있게 하십니다.

삶에서 많은 열매 맺는 것을 방해하는 가장 큰 적은 나 자신의 방식입니다. 내가 온전히 그리스도의 것이 되도록 그분이 나를 씻어 정화해주시면, 성령님은 내 삶을 하나님의 계획과 일치하도록 바꾸실 수 있습니다. 온전히 하나님의 것이 된다는 것이 무엇을 의미할까요? 자신의 권리를 조금이라도 주장하면, 당신은 그분이 당신 안에서 행하시고 또 당신과 함께 행하기 원하시는 모든 것을 망칠 것입니다. 그래서 그리스도께서는 먼저 우리의 마음을 깨끗하고 신실하게 만드신 후에야 우리가 간절히 바라는 풍성함을 주실 수 있게 됩니다.

9월 21일, 그분의 선물인가, 그분인가?

에베소서 1:3-12

"백성이 모이는 것 같이 네게 나아오며
내 백성처럼 네 앞에 앉아서 네 말을 들으나
그대로 행하지 아니하니
이는 그 입으로는 사랑을 나타내어도
마음으로는 이익을 따름이라"(겔 33:31).

나는 때때로 그리스도인들이 예수님께서 주기 원하시는 선물에 관심이 없다는 생각을 합니다. 대신 우리는 하나님께서 우리에게 육신의 건강, 사업의 성공, 행복한 가정 같은 것을 주시기를 바랍니다. 유대인들에게도 같은 문제가 있었습니다. 그들은 하나님께서 자신들에게 로마의 압제에서의 정치적 자유를 주시기를 바랐습니다. 이 자유가 모든 일의 목적이 되었고, 그들이 메시아를 기대한 것도 그런 이유였습니다. 정치적 자유가 종교적 자유, 경제적 안정, 정신적 평등을 가져올 것이라 믿었기 때문입니다. 유대인들은 하나님의 임재보다 그분의 선물을 바라는 오래된 유혹에 빠져 살았습니다.

우리는 하나님보다 하나님의 선물을 바라고, 하나님이 그 선물을 거두어가시면 하나님마저 떠납니다. 확실히 이것은 21세기의 세상, 특히 미국 사람들의 특징입니다.

하나님보다 하나님의 선물에 더 관심이 있습니까? 당신 안에 하나님의 생명이 거한다는 것이 무엇인지 알고 있습니까? 또 그로 인해 당신은 그분의 어떤 선물보다 소중한 선물이 바로 그분 자신임을 깨닫고 있습니까? 그리스도의 모든 선물을 가지고도 그분 자신을 놓친다면, 당신은 생명을 놓친 것입니다.

9월 22일, 생명의 하나님

고린도후서 4:7-18

"내가 사망의 음침한 골짜기로 다닐지라도
해를 두려워하지 않을 것은 주께서 나와 함께하심이라
주의 지팡이와 막대기가 나를 안위하시나이다"(시 23:4).

생명의 근원이신 살아 계신 하나님은 우리를 그분의 임재로 초대하십니다. 그분의 임재 안에는 어떤 악한 것도, 심지어 죽음조차 거할 수 없습니다. 그렇다면 시편 기자가 하나님을 신뢰하면서 사망의 음침한 골짜기로 다닐지라도 두려워하지 않는다고 고백한 것은 놀라운 일이 아닙니다. 생명의 하나님이 그와 함께 계시기 때문입니다. 하나님이 계신 곳에는 두려워할 것이 없습니다. 이것이 우리가 그분을 절대적이고 완전하게 신뢰해야 하는 이유입니다.

신약 시대의 풍요로운 은혜를 아는 우리는, 때때로 구약 성경의 저자들이 우리가 누리는 특권을 누리지 못했다는 사실을 잊곤 합니다. 시편 23편의 기자는 주 예수님에 대해 충분히 알지 못했고, 그분이 죽음에서 부활하셨다는 글을 읽어본 적이 없었습니다. 그럼에도 그의 시편에는 죽음에 도전하는 믿음이 나타나 있습니다. 그 도전은 그가 하나님과 교제한 사실에 기초합니다. 시편 기자는 하나님을 알았고, 이 하나님이 생명의 주인이시기에 그분과의 교제에는 영원의 가능성이 있음을 알았던 것입니다. "내가 여호와의 집에 영원히 살리로다"(6절).

당신의 믿음은 죽음을 직면하고도 믿음을 잃지 않을 만큼 견고합니까? 구약 이후에 더 큰 계시를 받은 우리는 약하고 보잘것없는 믿음을 가진 것에 대해 어떤 핑계도 댈 수 없습니다.

9월 23일, 위대한 교사

시편 24:1-2

"진실로 생명의 원천이 주께 있사오니
주의 빛 안에서 우리가 빛을 보리이다"(시 36:9).

하나님은 세상에서 가장 훌륭한 선생님이십니다. 그분은 창조 세계에서 어떤 것이라도 가져다 사람들에게 자신을 가르치는 교구재로 사용하실 수 있습니다. 이 세상이 그분의 목적에 얼마나 부합하는지를 보면, 마치 세상의 모든 것이 그분과 그분이 가르치고자 하시는 목적에 맞게 맞춤 제작된 듯 보입니다. 그러나 우리는 그분이 어떤 분이신지를 기억해야 합니다. 하나님이 만드신 세상의 모든 것이 하나님 자신을 가리킬 정도로, 온 세상이 그분의 특성을 나타내는 것에 놀랄 이유가 무엇이겠습니까?

온 세상은 우리가 하나님이 누구신지를 볼 수 있도록 설계되었습니다. 우리가 그분의 임재의 상징으로 둘러싸여 있음에도, 우리 중 많은 사람이 그 사실을 놓치거나 매우 희미하게만 느끼는 이유는 무엇일까요? 찰스 웨슬리는 잘 알려진 찬송가에서 다음과 같이 고백합니다.

> 오랫동안 죄에 묶여 자연의 어둠을 헤매던 내 영혼에
> 당신의 눈이 생명의 빛을 비추셨습니다
> 나는 타오르는 불빛으로 감옥에서 잠을 깼고
> 내 사슬은 끊기고 내 마음은 자유를 얻었습니다
> 나는 일어나 전진해 당신을 따라갑니다*

"자연의 어둠", 이 얼마나 우리의 상황을 얼마나 잘 묘사하고 있습니까! 우리는 하나님께서 보기를 바라시는 우리 주위의 가르침을 너무나 깨닫지 못합니다. 이러한 문제에 대한 그분의 해결책은 우리를 소생시키는 생명의 불빛입니다. 나는 이렇게 기도하게 됩니다. '주님, 내가 이미 볼 수 있는 것에 대해 감사드립니다. 당신의 생명의 빛을 더 밝게 비추사 당신의 가르침을 더 많이 보게 하셔서 마침내 당신을 보게 하소서.'

* Charles Wesley, "And Can It Be That I Should Gain?" *Hymns for Praise and Worship*, no. 115.

9월 24일, 세상의 소망

마태복음 23:27-28

"떠날지어다 떠날지어다 …
부정한 것을 만지지 말지어다"(사 52:11).

세상의 소망은 권력이나 지위, 지혜에 있지 않고, 돈은 더더욱 그렇습니다. 세상의 소망은 깨끗한 자들에게 있습니다. 이사야 52장 11절은 이렇게 말합니다.

"너희는 떠날지어다 떠날지어다 거기서 나오고
부정한 것을 만지지 말지어다
그 가운데에서 나올지어다
여호와의 기구를 메는 자들이여
스스로 정결하게 할지어다."

당신이 그리스도께서 당신에게 부탁하시는 증인이 되려면, 또 당신이 그분과 미래를 함께하려면, 당신은 깨끗해야 합니다. 세상의 미래와 소망은 하나님이 계신 곳이면 어디에나 있고, 하나님은 자기 백성이 깨끗할 때 그들 중에 그들과 함께 거하십니다. 그분은 우리의 죄를 제거하시고 우리의 실패를 수습하셔서, 우리를 그분이 거하시는 성전으로 삼으실 수 있습니다. 우리가 우리 자신을 그분께 내어드리면, 성령님께서 우리의 삶으로 하실 수 있는 일은 끝이 없습니다.

당신은 그리스도를 믿으면서도 동시에 마음에 어느 정도의 죄를 지닌 채 그분을 얻기 위해 노력하고 있을 것입니다. 그러나 그것은 불가능합니다. 복된 미래를 위해서는 주님께 깨끗하고 순결하며 거룩하게 씻음 받아야 합니다. 그분이 우리 삶 전체를 소유하기 원하시듯, 당신이 그렇게 자신을 그분께 드리면, 당신의 미래는 복될 것입니다. 주님은 받으신 것을 깨끗하게 하시고, 깨끗하게 하신 것을 채우시고, 채우신 것을 사용하실 것입니다. 세상의 소망은 주님께 자신을 드려 깨끗하게 되고 주님의 것으로 채워진 사람에게 있습니다.

9월 25일, 십계명

신명기 5:1-22

"여호와께서 산 위 불 가운데에서 너희와 대면하여 말씀하시매 …
나는 너를 애굽 땅, 종 되었던 집에서 인도하여 낸
네 하나님 여호와라"(신 5:4, 6).

십계명이 얼마나 포괄적인 계명인지에 대해 생각해본 적이 있습니까? 첫 번째 계명, "나 외에는 다른 신들을 네게 두지 말지니라"(신 5:7)는 하나님을 하나님 되시게 하라는 것입니다. 즉, 하나님 아닌 것들은 치워버리고, 그분만이 하나님 되시게 하라는 뜻입니다. 나머지 아홉 계명은 이 첫 계명에 대한 해설이나 결과와 같습니다. 두 번째 계명 "너는 자기를 위하여 새긴 우상을 만들지 말고"는, 우리가 하나님 이외의 모든 것과 어떤 관계여야 하는지를 말씀합니다. 우리는 그 어떤 것도 하나님의 자리에 두어서는 안 됩니다. 이처럼 첫 번째 계명은 하나님과 우리의 관계를, 두 번째 계명은 다른 모든 것과 우리의 관계를 다룹니다.

세 번째 계명은 말의 거룩함에 대한 것입니다. 하나님께서 사람의 의사소통 수단인 말을 중시하시는 것은, 사람과 가장 친밀한 관계에 있기를 바라시기 때문입니다. 네 번째 계명은 시간의 거룩함에 대한 것입니다. 시간은 인간의 경험의 가장 바깥 경계선입니다. 이처럼 우리와 가장 밀접한 언어와 우리와 가장 먼 경계선인 시간이 하나님의 율법 아래 있습니다. 다섯 번째 계명은 가정의 거룩함, 여섯 번째는 생명의 거룩함, 그리고 일곱 번째는 성의 거룩함에 대한 말씀입니다. 모든 사람은 가정에서 태어나, 생명을 얻고, 성별이 나뉘기에, 하나님은 우리가 삶을 올바르게 규정함으로, 이 모든 영역이 우리에게 저주가 아닌 축복의 영역이 되게 해주기 바라십니다.

여덟 번째 계명은 우리와 소유물의 관계, 아홉 번째 계명은 우리와 진리의 관계를 다루는 말씀입니다. 소유는 우리의 가장 세상적인 실재이고, 진리는 우리의 가장 초월적인 실재입니다. 마지막으로, 열 번째 계명은 우리의 욕망을 다룹니다. 십계명을 통해 우리는 삶의 모든 영역이 그분의 통치 아래 있음을 알 수 있습니다. 하나님께서 십계명을 주신 것은, 그분이 다스리기를 좋아하시기 때문이 아니라, 그 창조하신 자녀들에게 무엇이 최선인지를 아시기 때문입니다.

9월 26일, 마음에 새겨진 율법

마태복음 5:17-7:29

"내가 나의 법을 그들의 속에 두며
그들의 마음에 기록하여
나는 그들의 하나님이 되고
그들은 내 백성이 될 것이라"(렘 31:33).

하나님의 성전 안 지성소에는 언약궤가 있었고, 그 안에는 율법을 새긴 두 돌판이 있었습니다. 나는 하나님이 임재하시는 가장 거룩한 곳에 율법이 있었다는 사실에 매료됩니다. 하나님께서 시내산에서 말씀하시고 이스라엘 백성에게 율법을 주셨을 때, 그분은 단지 그들이 따라야 할 규칙만 말씀하신 것이 아닙니다. 그분은 자신의 성품과 본성, 그 백성을 향한 뜻을 계시하신 것입니다. 이스라엘이 순종해야 했고, 오늘날 우리가 순종해야 할 이 하나님은 거룩한 분이십니다. 하나님의 율법은 그분의 거룩한 본성을 반영하고 있습니다. 따라서 우리가 그분의 임재에 들어가려면 율법을 제쳐놓아서는 안 됩니다.

나는 과거에 율법이 구약에만 있는 현상이라고 생각했으나, 예수님께서도 누군가와 대화하실 때 율법을 대화의 주제로 삼으신 것을 알게 되었습니다. 예수님은 수가성 우물가의 여인에게 그녀의 남편에 대해 물으셨고, 간음하다 현장에서 붙잡힌 여인에게는 가서 다시는 죄를 범하지 말라고 하셨으며, 삭개오는 자신이 빼앗은 모든 것을 돌려주었습니다. 신약 성경의 핵심적인 차이는, 예수님의 영이 부어져 사람들이 하나님의 율법을 지킬 수 있게 되었다는 데 있습니다. 이제 하나님의 영은 율법을 사람의 마음에 새기십니다. 성령께서는 당신의 마음에 그분의 법을 새겨주셨습니까? 당신은 마음에 새겨진 하나님의 율법에 순종하며 살아갑니까?

9월 27일, 평안의 원천

출애굽기 33:12-17

"이에 요셉의 주인이 그를 잡아 옥에 가두니
그 옥은 왕의 죄수를 가두는 곳이었더라
요셉이 옥에 갇혔으나 여호와께서 요셉과 함께하시고
그에게 인자를 더하사 간수장에게 은혜를 받게 하시매"(창 39:20-21).

전 세계 문학 중에서도 가장 뛰어난 부류에 속하는 것이 요셉 이야기입니다. 요셉은 형제들에 의해 노예로 팔린 뒤 집과 모든 친밀했던 것을 떠나 먼 곳에 홀로 있게 되었습니다. 그는 주인의 아내가 유혹했을 때 정절을 지킨 대가로 감옥에 갇혔습니다. 그는 모든 일이 잘못되는 사람의 전형적인 예입니다. 그럼에도 그는 절망이나 원한, 용서하지 못하는 마음이 자신을 다스리지 못하게 했습니다. 그 결과, 그는 이집트에서 두 번째로 높은 위치에 올라, 자신을 노예로 판 형제들을 구원합니다.

이런 삶을 어떻게 설명할 수 있을까요? 성경은 단순하게 설명해줍니다. 즉, 주님이 요셉과 함께하셨다고 말씀합니다(창 39:2, 3, 21, 23). 성경적 견지에서 그런 놀라운 삶을 충분히 설명해낼 수 있는 비결은 바로 그것입니다. 하나님의 함께하심이 모든 불행과 불의를 견딜 수 있게 합니다. 사실 명시적으로나 함축적으로 성경의 모든 믿음의 영웅의 삶에 대한 설명이 될 수 있는 것이 하나님의 함께하심입니다.

당신은 오늘 어떤 불행이나 시험을 마주하고 있습니까? 예수님의 함께하심은 속박 속에서도 자유를, 슬픔 중에도 기쁨을, 폭풍 중에서도 평안을 가져다줍니다.

9월 28일, 절기의 회복

학개 1-2장

"이 땅 모든 백성아 스스로 굳세게 하여 일할지어다 내가 너희와 함께 하노라 만군의 여호와의 말이니라 … 곡식 종자가 아직도 창고에 있느냐 포도나무, 무화과나무, 석류나무, 감람나무에 열매가 맺지 못하였느니라 그러나 오늘부터는 내가 너희에게 복을 주리라"(학 2:4, 19).

학개는 하나님께서 바벨론에서 포로생활하다 귀환한 이스라엘 백성에게 보내신 선지자였습니다. 그의 이름은 이스라엘에게 희망을 상징했는데, 이는 그 이름 자체가 절기를 의미했기 때문입니다(히브리어 'hag'은 절기를 뜻합니다). 이스라엘 백성은 일 년에 세 번 예루살렘 성전에 가서 여호와 하나님께 예배해야 했습니다. 그러나 성전이 파괴되고 포로로 끌려간 후로는 오랫동안 당연히 그렇게 하는 것이 불가능했습니다. 그래서 이스라엘 백성은 슬퍼하면서 자신들이 오래전 그랬던 것처럼 예루살렘으로 돌아가 예배하게 될 날을 꿈꾸어왔습니다. 이제 그들은 다시 예루살렘으로 돌아왔지만, 아직은 성전이 다시 세워지지 않았습니다. 하나님의 집보다 자신들의 집을 세우는 데 더 많은 노력을 기울인 것입니다.

학개서에서는 선지자의 이름과 그가 전한 메시지가 동일합니다. 그 둘은 희망을 말했습니다. 이스라엘 백성이 그것을 어떻게 느꼈을지 이해하기 위해 이런 상상을 한번 해봅시다. 이는 마치 모든 기독교 교회가 두 세대 동안(약 60년-역주)이나 성탄절, 부활절, 오순절, 추수감사절과 같은 절기를 지키는 특권을 박탈당했을 때, 하나님께서 그들을 격려하기 위해 '성탄절', '부활절', '오순절'이라는 이름을 가진 설교자를 세우신 것과도 같았습니다. 하나님은 이스라엘 백성에게 만약 그들이 하나님께 돌아와 그분을 자신들의 욕망보다 우선시한다면, 그들에게 성전과 절기들을 회복시켜주시고, 그들을 복되게 하실 하나님 자신, 곧 '열방의 소망'이 되시는 분을 보내주실 것이라고 말씀하셨습니다. 하나님께서 우리를 포기하지 않으시는 것이 정말 놀랍지 않습니까?

당신은 지금 희망과 격려의 말씀이 필요하십니까? 그렇다면 학개라는 낯선 이름을 오늘 당신의 희망의 말씀으로 삼으십시오. 하나님은 우리가 자기고집과 어리석음으로 잃어버린 모든 것을 회복시켜주실 수 있습니다. 그분은 결코 우리를 포기하려 하시지 않습니다. 그분은 과거에 우리가 그분과의 관계 속에서 누렸던 모든 좋았던 것이, 앞으로 있을 좋은 것들에 대한 약속이 되기를 원하십니다. 우리는 그분을 신뢰하고 순종해야 합니다. 우리를 향하신 그분의 뜻은 선합니다!

9월 29일, 사람이 무엇이기에

시편 8편

"사람이 무엇이기에 주께서 그를 생각하시며"(시 8:4).

'~을 생각하다(기억하다)'라는 용어는 성경에서 깊은 의미를 담고 있습니다. 이 용어는 맨 먼저 창세기 8장에 나오는데, 여기서 하나님은 노아와 그의 가족을 기억하셔서 그들의 편의와 안전을 위해 물을 마르게 할 바람을 땅 위에 불게 하십니다. 이 용어가 두 번째와 세 번째로 사용된 곳은 창세기 9장 15-16절입니다. 여기서 하나님은 구름 속에 무지개를 두시면서, 이로써 사람들과 맺으신 언약을 기억하셔서 다시는 모든 생명을 홍수로 멸하지 않겠다고 약속하십니다. 다음으로 이 용어는 창세기 19장 29절에서 발견됩니다. 하나님은 소돔과 고모라를 멸망시키실 때, 아브라함을 기억하셔서 조카 롯과 그의 가족을 구해내셨습니다. 그 외에도 하나님은 임신하지 못한 라헬(창 30:22)과 한나(삼상 1:19)를 기억하시고 그들에게 자식을 주셨습니다. 구약에서 이 용어는 하나님께서 은혜와 희망을 주시는 상황에서 사용되었습니다.

하나님의 마음과 생각은 각 사람에 관한 것으로 가득합니다. 우리는 자격이 없음에도, 그분은 애정 어린 친절과 구원의 은혜를 베푸시기 위해 손을 뻗어주십니다. 그분은 노아와 세상에 살아 있는 모든 생물, 아브라함의 가족, 라헬과 한나의 간절한 소원을 기억하셨습니다. 이러한 말씀들은, 하나님께서 우리가 처한 어떤 상황에서도 우리 각 사람을 기억하실 것임을 보여줍니다. 하나님은 화해와 구원의 방법을 베풀어주셔서 그분의 관심과 사랑을 보여주시기 전에는 결코 사람들을 심판하시지 않습니다. 이 말씀을 오늘 당신의 마음에 위로와 기쁨이 되게 하십시오. '하나님은 당신을 생각하십니다.'

9월 30일, 하나님의 권능

시편 8편

"어린아이들과 젖먹이들의 입으로
권능을 세우심이여"(시 8:2).

시편 8편의 두 번째 구절은 성경을 통틀어 가장 혁신적인 구절에 속합니다. 이 구절은 스스로 아무것도 할 수 없고 의존적인 아기들의 입에 권능이 있을 것이라고 말씀합니다. 젖먹이 어린아이만큼 권능과 자족이라는 말과 대조를 이루는 것은 없을 것입니다. 그럼에도 시편 기자는 하나님께서 자신에게 필요한 것을 표현할 수조차 없는 아기들과 젖먹이들의 입을 통해 그분의 대적들을 이기고 원수들을 잠잠하게 할 권능을 세우셨다고 말합니다.

하나님의 방식이 우리의 방식과 다르고, 그분의 나라가 역사하는 방식은 우리가 생각하는 것과 다름을 얼마나 극적으로 표현하고 있습니까! 이 구절에는 육은 무익하다는 성경 전반의 가르침이 함축되어 있습니다. 마지막 승리를 가져오는 것은 세상이 생각하는 방식의 권력과 권능이 아닙니다. 스스로 아무것도 할 수 없는 아기가 악의 왕국을 무너뜨리기 시작했고, 그 아기의 무력함에도 하나님의 왕권은 드러납니다.

세상이 권력과 권능으로 여기는 것을 참된 신자는 일시적인 쇼로 여깁니다. 성경에서 시편 8편의 젖먹이보다 더 적절하고도 극적으로 연약함을 드러낸 유일한 인물은 십자가 위에서 그 몸이 찢기신 인자이십니다. 바울은 이것을 깨닫고 "하나님의 어리석음이 사람보다 지혜롭고 하나님의 약하심이 사람보다 강하니라"(고전 1:25)라고 기록했습니다.

하나님께서 우리의 생각을 변화시켜주심으로 우리가 세상의 권능이 아닌 하나님의 권능을 볼 수 있게 되기를 바랍니다.

10월 1일, 영원을 사모하는 마음

고린도후서 4:16-5:9

"하나님이 모든 것을 지으시되 때를 따라 아름답게 하셨고
또 사람들에게는 영원을 사모하는 마음을 주셨느니라
그러나 하나님이 하시는 일의 시종을
사람으로 측량할 수 없게 하셨도다"(전 3:11).

그리스도인은 영원한 것을 사랑하는 사람들입니다. 전도서의 저자는 하나님께서 사람에게 영원을 사모하는 마음을 주셨다고 말합니다. 이 선물은 우리로 삶의 의미를 추구하게 함으로, 사라져 없어질 것에 스스로를 낭비하는 일에 만족하지 못하게 만듭니다. 영원하신 분은 우리로 영원한 것을 추구하도록 창조하셨습니다. 그래서 그리스도인은 언제나 비그리스도인과 다를 수밖에 없습니다. 우리는 지나가버리는 것에 자신을 소모하는 다수의 사람과 같은 모습으로 살아갈 수 없습니다.

이 영원하고 가치 있는 것을 추구하는 갈망은 우리로 하나님께 나아가게 합니다. 그분은 영원하시기 때문입니다. 성령님의 사역은 하나님 백성의 성품과 삶에 영원한 열매를 맺게 하기 위한 것입니다.

성령님의 기름 부음을 통해 우리는 영원한 것을 위해 살아갈 힘을 얻습니다. "자기의 육체를 위하여 심는 자는 육체로부터 썩어질 것을 거두고 성령을 위하여 심는 자는 성령으로부터 영생을 거두리라"(갈 6:8). 바울의 이 말이 생명의 법칙입니다.

당신은 시간과 영원의 차이를 감지할 수 있습니까? 당신은 영원한 것에 자신을 드릴 능력을 받았습니까? 그렇다면 지금까지는 가장 메마른 삶을 살아왔더라도 많은 열매를 맺을 것이고, 가장 외롭게 살아왔더라도 영원한 기쁨을 알게 될 것입니다.

10월 2일, 십자가의 길

요한복음 12:20-26

"이는 내 생각이 너희의 생각과 다르며
내 길은 너희의 길과 다름이니라 여호와의 말씀이니라
이는 하늘이 땅보다 높음같이 내 길은 너희의 길보다 높으며
내 생각은 너희의 생각보다 높음이니라"(사 55:8-9).

예수님의 제자들은 마가복음 8-10장과 사도행전 2장 사이에서 놀라운 변화를 경험했습니다. 무엇이 오순절 전과 후 그들의 삶을 이처럼 다르게 만들었을까요? 변화의 핵심은 그들이 생각하고 이해하는 방식이 달라졌다는 데 있었습니다. 오순절 이전 그들은 권력과 지위와 소유가 사람의 모든 문제를 해결할 수 있다는 생각을 가지고 있었습니다. 그들은 예수님께서 예루살렘에서 왕위에 오르시면, 세상을 깨끗하게 정리하실 것이라 믿었고, 자신들은 그분이 세상을 바꾸시는 일을 도와드릴 재상이 되고자 했습니다. 이처럼 비록 진심이었으나 무지했던 이들은 사람들을 지금까지 살아왔던 삶에서 변화된 삶으로 구원해내기 위해 치러야 할 대가가 얼마나 값비싼 것인지 전혀 알지 못했습니다. 그들의 자연적인 사고로는 구원이 마치 순종처럼 부과하고 강요할 수 있는 것이었습니다. 그들은 권세 있는 왕국의 일부가 되기를 바랐습니다. 그들은 자신들의 방식과 예수님의 방식 사이의 간격이 얼마나 큰지 전혀 깨닫지 못했습니다.

　궁극적인 실재의 기본 구조에는 다음과 같은 법칙이 내재되어 있습니다. 즉, 누군가가 다른 사람에게 영향을 끼치려면, 그는 자신을 잊고 다른 사람을 위해 자기 목숨을 버려야 한다는 것입니다. 다른 사람이 변화되도록 영향을 끼칠 수 있는 유일한 방법은, 나 자신보다 그 사람이 잘되는 것을 더 중요하게 여기는 것입니다. 예수님의 삶은 그분 자신보다 우리가 더 중요하다는 것을 보여주었고, 그분이 우리를 위해 기꺼이 지불하신 대가는 자신의 목숨이었습니다. 우리를 위한 그리스도의 희생이 우리의 구원의 가능성을 열어놓았습니다. 우리가 예수님을 따른다면, 우리는 기꺼이 자신을 부인하고 그분처럼 십자가를 짊어져야 합니다. 즉, 자기 이익을 포기하고 우리 자신보다 다른 사람의 유익과 잘됨을 위해 살아가는 것입니다.

10월 3일, 하나님의 숨은 일꾼

마태복음 6:5-13

"너는 기도할 때에 네 골방에 들어가 문을 닫고
은밀한 중에 계신 네 아버지께 기도하라
은밀한 중에 보시는 네 아버지께서 갚으시리라"(마 6:6).

당신은 어떤 기도 생활을 하고 있습니까? 자신의 기도 생활에 대해 말하는 것은 실제로 기도하는 일보다 훨씬 쉽습니다. 나는 나이가 들수록 그리스도인이 하는 일 중 가장 중요한 것이 기도임을 확신하게 됩니다. 언젠가 프란시스 애즈베리(Francis Asbury)가 쓴 글귀를 하나 읽었는데, 그것이 오랫동안 나를 괴롭혔습니다. 그는 성경을 읽고도 기도하지 않는 사람은 가장 중요한 일을 빼먹은 것이라고 적었습니다. 내 개인 경건 생활의 습관은 아침 일찍 일어나 큐티 시간을 갖는 것인데, 이는 주로 말씀으로 영혼을 채우는 시간이었습니다. 성경은 내게 큰 기쁨을 주었지만, 애즈베리는 성경 읽기에는 반드시 기도가 동반되어야 한다고 말했습니다. 성경을 읽은 후 기도하지 않는 사람은 보험 상품을 잘 설명해준 다음 계약서에 서명 요청하기를 빼먹는 보험 판매원에 비유할 수 있습니다. 당신은 기도합니까? 당신은 중보기도의 능력을 알고 있습니까?

하나님은 중보기도할 사람을 쉬지 않고 찾고 계십니다. 교회사가들은, 성령의 폭발적 역사들 가운데 그 어떤 것도 교회 안에서 하나님께서 역사해주시기를 바라는 부담감과 순전한 마음으로 은밀히 기도하는 것에서 시작되지 않은 것이 없다고 말합니다. 우리는 천국에 가서야, 간절히 기도함으로 성령께서 역사하시는 길을 예비한 하나님의 숨은 일꾼들이 누구인지 알게 될 것입니다. 혹 당신은 하나님께서 당신을 효과적인 사역을 하기 힘든 곳에 보내셨다고 생각하고 있을지도 모르겠습니다. 그러나 그곳은 당신이 가장 중요한 일을 할 수 있는 곳일 수 있습니다. 그 일은 바로 세상을 위해 기도하는 것입니다.

10월 4일, 마음의 묵상이 열납되기를

시편 19편

"주의 종에게 고의로 죄를 짓지 말게 하사
그 죄가 나를 주장하지 못하게 하소서
그리하면 내가 정직하여 큰 죄과에서 벗어나겠나이다"(시 19:13).

우리 중 어떤 사람은 우리의 영혼과 정신에 깊이 각인된 해로운 행동 양식이 있음을 깨달을 필요가 있습니다. 당신은 자신도 모르게 당신의 목적을 위해 다른 사람을 이용한 적이 있습니까? 당신은 다른 사람을 이용하면서도 당신이 그들에게 상처를 주고 있다는 것을 깨닫지도 못한 적이 있습니까? 당신은 권세를 가진 사람들이 그 아랫사람들을 짓밟는 것을 본 적이 있습니까? 당신은 부모가 자식들을 조종하거나 그 반대를 목격한 적이 있습니까? 많은 경우 우리는 우리 자신의 이익을 위해 행동하고서도 그것을 의식조차 하지 못합니다.

시편 기자는 심리학 과목이 생기거나 상담학 이론들이 생겨나기 오래전에 이 시편을 썼습니다. 만약 성령께서 당신의 삶에서 그분의 일을 행하시면, 그분은 당신의 행동 양식과 대응 기제에서 죄가 되고 타인에게도 해가 되는 것들을 드러내실 것입니다. 우리는 시편 기자와 함께 이렇게 기도할 수 있습니다. "주님, 내 안에는 나도 모르는 숨겨진 죄가 있습니다. 그것들을 어떻게 해야 할까요?" 시편 기자는 자신의 뻔뻔스러운 죄를 자각해 고치기 전까지는 하나님께서 자신을 지켜 죄를 짓지 않게 해주시기를 간구했습니다. 또 자신도 모르는 가운데 저지르는 죄에서 지켜 주시기를 간구했습니다. 그는 시편을 다음과 같은 고백으로 마무리합니다.

"나의 반석이시요 나의 구속자이신 여호와여
내 입의 말과 마음의 묵상이
주님 앞에 열납되기를 원하나이다"(시 19:14).

10월 5일, 그분의 임재 안에서

시편 84편

"주의 궁정에서의 한 날이 다른 곳에서의 천 날보다 나은즉
악인의 장막에 사는 것보다
내 하나님의 성전 문지기로 있는 것이 좋사오니"(시 84:10).

하나님과의 만남은 우리의 자존감과 기대치에 깊은 영향을 끼칩니다. 사람이 그분을 알게 되면, 그분이 얼마나 우리를 아끼시는지 깨달을 때 언제나 큰 충격을 받습니다. 우리는 우리의 잘못을 벌하려고 기회를 기다리는 복수심에 불타는 재판관이 아니라, 우리의 죄를 용서하시고, 그분의 호의로 우리를 세워주시며, 우리에게 복을 부어줄 기회를 기다리시는 은혜의 하나님을 발견하게 됩니다. 놀랍게도, 우리는 하나님께서 성실과 의로 행하는 자들에게 좋은 것 주시기를 아끼지 않으신다는 것을 알게 됩니다. 그분은 모든 선한 것의 근원이시고, 우리에게 사랑 어린 관심을 보이십니다. 그분은 우리를 비추는 태양이시자, 우리를 둘러싸고 보호하는 방패이십니다.

하나님과의 만남의 가장 중요한 결과는 우리의 우선순위에 변화가 생긴다는 점입니다. 우리는 다른 어떤 것보다 하나님을 가장 필요로 한다는 사실을 알게 됩니다. 우리는 그분의 선물보다 그분을 더 필요로 합니다. 우리의 영혼이 목말라 부르짖는 것은 하나님입니다. 하나님과의 교제는 우리 안에 장소와 사람과 시간을 거룩하게 하는 영향력을 남기지만, 우리의 마음이 가장 갈망하는 것은 그분의 임재입니다. 그분은 모든 선의 근원이시지만, 그분이 모든 선보다 더 선하십니다. 우리가 그분을 간절히 찾는 데는, 먼저 의로워져야 한다는 조건이 붙지 않습니다. 비록 잘 알지 못하는 사람이 많지만, 모든 사람이 마음으로 가장 깊이 소원하는 것은 하나님을 가까이하는 것입니다.

10월 6일, 사막의 샘물

시편 84편

"그들이 눈물 골짜기로 지나갈 때에
그곳에 많은 샘이 있을 것이며
이른 비가 복을 채워주나이다
그들은 힘을 얻고 더 얻어"(시 84:6-7).

시편 84편은 참 아름답고도 우리를 자유롭게 하는 시편입니다. 이 시편의 영광스러운 주제 중 하나는 인간의 삶의 부정적인 것이 우리를 이기지 못한다는 것입니다. 그 압제를 깨뜨리는 권세가 있기 때문입니다. 시편 기자는 눈물 골짜기를 지나는 것에 대해 말하는데, 그것이 정확히 어디를 지칭하는지는 알 수 없지만, 매우 메마른 곳을 의미하는 듯합니다. 시편 기자는 물이 풍족하면 해결될 극한 어려움을 겪고 있음을 넌지시 언급하면서, 하나님께서 시원한 샘과 물 웅덩이를 공급해주실 것이라고 말합니다.

당신은 어딘가에서 영적으로나, 감정적으로나, 정신적으로 아주 메말랐던 적이 있습니까? 당신은 사막에 샘물이 솟아나게 해 마음의 그 메마름을 해결하실 분이 계심을 알고 있습니까? 그분이 눈물 골짜기를 지나던 시편 기자에게 물을 공급하신 것처럼, 당신과 나에게도 삶의 메마름을 해갈하게 하는 하늘의 자원을 공급해주실 것입니다. 시편 기자가 광야를 지나는 이스라엘 백성에게 하나님께서 음식과 물을 공급하신 일을 기억했듯, 우리도 동일한 사실에서 위안을 찾을 수 있습니다. 하나님은 이스라엘 백성을 버리지 않으셨던 것처럼 우리도 버리지 않으실 것이기 때문입니다. 또 다른 세계가 있고, 우리를 아끼고 우리의 필요를 돌보실 분이 계심을 아는 지식은 우리의 상황을 새로운 시각으로 보게 합니다.

10월 7일, 그분의 이름

시편 146편

"할렐루야 내 영혼아 여호와를 찬양하라"(시 146:1).

총 150편의 시편 중 마지막 다섯 편은 한결같이 같은 표현으로 시작하고 끝납니다. 바로 "할렐루야"입니다. 이 다섯 편의 시편은 '할렐'(hallel)로 불리는데, 이는 모두 찬양을 주제로 하기 때문입니다. 히브리어로 '할렐루'(hallelu)는 '찬양'을 의미하고, '야'(Yah)는 하나님께서 모세에게 알려주신 그분의 인격적인 이름입니다. 이 찬양의 시편들이 예배를 위한 책의 대단원을 장식하는 것을 보면, 예배는 언제나 경배와 찬양으로 끝맺는 것이 합당합니다. 당신은 개인적인 경건의 시간을 그렇게 끝맺습니까? 그래야 합니다.

시편 146편은, 예배를 찬양으로 끝맺음해야 하는 것은 그리스도인이 하나님을 인격적으로 아는 특권을 누리기 때문임을 알려줍니다. 하나님의 인격적인 이름은 이 시편의 열 구절 내에서 열한 번이나 사용됩니다. 시편 기자는 지루할 정도까지 하나님의 인격적인 이름 여호와를 반복적으로 사용하면서 기뻐합니다. 그는 모든 신의 신이신 하나님의 인격적인 이름으로 알았고, 그 마음이 찬양으로 가득해 그 이름을 계속 반복해 불렀습니다.

주 예수님의 이름을 사랑합니까? 그분의 이름을 무의식중에도 절로 말하곤 합니까? 우리의 삶은 예수님의 이름 부르기를 그치지 않는 예배의 삶이 되어야 합니다.

10월 8일, 악함과 신뢰

마태복음 6:19-34

"악인에게는 많은 슬픔이 있으나 여호와를 신뢰하는 자에게는 인자하심이 두르리로다"(시 32:10).

악함의 반대가 무엇이라고 생각합니까? 나는 최근까지 의로움이라고 대답해왔습니다. 그러나 시편 32편에 따르면, 악함의 반대는 신뢰입니다. 성경은 하나님 없이 사는 사람들을 악인으로 지칭하면서 하나님을 신뢰하는 사람들과 대조합니다. 때때로 이 하나님을 신뢰하는 자들은 의롭다고 칭해지지만, 그들의 의로움은 그들의 행함에서 비롯되지 않고 하나님에게서 주어집니다.

이 주제는 구약 성경 전체를 관통합니다. 구원은 하나님을 신뢰하는 자에게 주어집니다. 우리는 믿음에 의한 칭의의 교리를 찾기 위해 신약 시대가 될 때까지 기다리지 않아도 됩니다.

하나님께서 당신의 사랑하는 사람들, 당신의 미래, 당신의 재정 등 당신이 필요로 하는 모든 것을 공급하실 것이라는 사실을 신뢰합니까? 하나님의 변함없는 사랑으로 둘러싸여 살아가기 위해서는 그분을 삶의 모든 분야에서, 살아가는 모든 날 동안 신뢰해야 합니다. 신뢰의 반대는 단순히 염려가 아니라 악함입니다.

10월 9일, 신뢰

요한복음 15:1-8

"내 안에 거하라 나도 너희 안에 거하리라
가지가 포도나무에 붙어 있지 아니하면 스스로 열매를 맺을 수 없음같이
너희도 내 안에 있지 아니하면 그러하리라"(요 15:4).

우리 부부는 내가 다니는 학교가 있던 켄터키에서 아내의 가족이 사는 뉴욕 스케넥터디(Schenectady)까지 힘들게 오가곤 했습니다. 우리는 철도로 여행했고, 두 개의 큰 증기 엔진으로 움직이는 기차를 탔습니다. 날씨가 추울수록 그 철마는 더 아름답게 보였는데, 그것은 엄청난 힘의 상징이었습니다. 집으로 돌아올 때는 기차가 뉴욕 외곽 하몬(Harmon)이라는 작은 마을에 잠시 정차했습니다. 어느 날 나는 차장에게 왜 기차가 뉴욕이라는 대도시 외곽의 작은 마을에 멈추는지 물어보았습니다.

차장이 말했습니다. "그건 우리가 여기서 엔진을 바꾸기 때문입니다. 우리는 도시 아래를 관통해 지나가는데, 증기기관으로는 연기와 재가 날려 거기로 내려갈 수 없습니다. 그래서 전기 엔진으로 바꾸어야 합니다."

나는 그 전기 엔진을 보기 위해 밖으로 나가보았습니다. 실망스럽게도, 그것은 내가 본 것 중 가장 지저분하고 덜 낭만적인 것이었습니다! 그것은 작고, 흔들리거나 연기가 나지도 않고, 그냥 제자리에 가만히 있었습니다. 그래서 나는 차장에게 저 작은 엔진이 어떻게 힘을 내는지 물었습니다.

그가 말했습니다. "저기 세 번째 철로가 보이나요? 저 선로가 나이아가라 폭포에 연결되어 있어서, 그 폭포가 만드는 모든 전기를 우리 기차가 사용할 수 있습니다."

이것이 신뢰의 성경적 의미입니다. 그리스도께서 당신의 마음에서 죄를 없애주시면, 당신은 그분과 연결됨으로 그분의 생명과 이어져 하나님의 능력이 당신의 삶으로 흘러들어올 것입니다. 성령님께서는 그 능력을 통해 당신이 모든 의의 원천이신 주 예수님을 닮도록 변화시키실 것입니다. 이 세 번째 선로는 성령의 능력을 통해 작고 지저분하고 낭만적이지 않은 당신과 나 같은 사람을 활기차고 빛나며 능력 있는 새로운 피조물로 바꾸어놓습니다.

10월 10일, 지루한 예배?

마가복음 10:32-45

"보라 우리가 예루살렘에 올라가노니 인자가 대제사장들과 서기관들에게 넘겨지매 그들이 죽이기로 결의하고 이방인들에게 넘겨주겠고 그들은 능욕하며 침 뱉으며 채찍질하고 죽일 것이나 그는 삼 일 만에 살아나리라 하시니라 세베대의 아들 야고보와 요한이 주께 나아와 여짜오되 선생님이여 무엇이든지 우리가 구하는 바를 우리에게 하여주시기를 원하옵나이다"(막 10:33-35).

마가는 예수님께서 그분의 고난과 죽음을 대비해 제자들을 준비시키신 세 가지 사례를 기록하고 있습니다. 그러나 제자들은 그 세 경우 모두 주님의 메시지를 이해하지 못합니다. 첫 번째 사례에서 베드로는 그런 일은 일어나서는 안 될 신성모독적인 일이라고 말했고, 두 번째 사례에서는 제자들이 아예 알아듣지 못합니다. 세 번째 예수님께서 제자들을 준비시키려 하셨을 때는, 요한과 야고보가 즉시 대화 주제를 바꾸어, 자신들이 주님의 나라에서 주님의 오른편과 왼편에 앉게 해주시기를 구합니다. 인류 역사상 가장 충격적인 사건을 대비하도록 예수님께서 주의 깊게 말씀하신 경고가 그들에게는 그저 장황한 종교적인 이야기로밖에 들리지 않았던 것입니다. 그들은 속으로 이렇게 생각했을 것입니다. '예수님이 계속 십자가에 대해 이상한 말을 하시는군. 그게 무엇인지는 모르겠지만, 그분은 그걸 해야 한다고 생각하시는 것 같아.'

우리가 드리는 많은 예배가 이런 식입니다. 우리는 그것이 무엇인지는 모르지만 해야 한다고 생각합니다. 나는 몇 년 동안이나 성찬식에 참여하고도 그것이 은혜라는 사실은 깨닫지 못하고 단지 교훈과 의식으로만 여겼습니다. 나는 세례를 받을 때, 누군가가 머리에 물을 붓고 말해야 하는 내용을 들었을 뿐, 신생을 경험하지는 못했습니다. 우리는 복음이라는 실재를 심지어 이해하기 위해 노력도 하지 않는 장황한 이야기로 치부해 버리곤 합니다.

당신이 종교적인 행동을 한다고 해서 예수 그리스도와 구원의 관계를 맺었다고 생각하지 마십시오. 우리가 구원을 얻는 것은 그분이 실제로 어떤 분이신지 알고, 그 관계를 통해 그분의 말씀을 이해하게 될 때입니다. 그럴 때 성례의 의식은 실재가 되고, 그 의미는 단지 지루한 전통이 아닌 영원한 진리가 됩니다.

10월 11일, 존재의 중심

골로새서 1:15-19

"또한 그가 만물보다 먼저 계시고 만물이 그 안에 함께 섰느니라
그는 몸인 교회의 머리시라 그가 근본이시요
죽은 자들 가운데서 먼저 나신 이시니
이는 친히 만물의 으뜸이 되려 하심이요
아버지께서는 모든 충만으로 예수 안에 거하게 하시고"(골 1:17-19).

나는 최근에 한 기독교 대학 4학년생 젊은이와 대화를 나누었습니다. 그가 내게 말했습니다. "저는 모든 지식이 결국 조화를 이룬다고 생각하게 되었습니다. 역사, 문학, 과학, 수학, 그 어떤 학문이든 충분히 깊이 파고들면 결국 철학에 도달한다는 것입니다."

나는 그에게 말했습니다. "맞습니다. 그래서 모든 학과의 최종 학위는 철학박사입니다. 그 어떤 학과에서든 충분한 지식을 갖추려면 철학이 있어야 하고, 자신의 전공의 배경이 되는 이론을 알아야 합니다."

그가 다시 물었습니다. "철학을 충분히 파고들면 신학에 도달하게 되나요?"

나는 속으로 미소를 지으며 말했습니다. "맞습니다! 철학이 던지는 질문들은 오직 신학만이 답할 수 있지요."

그는 계속 물었습니다. "신학을 충분히 파고들면 하나의 중심을 발견하게 되지요?"

"그렇습니다." 나는 동의했습니다.

그는 이렇게 말했습니다. "그렇다면 나는 거기에 내 삶을 바치고 싶습니다. 그 중심점이 어디 있는지 알아내 그것을 배우고, 그것에 나 자신을 온전히 바치고 싶습니다."

모든 실재의 중심을 찾고 있습니까? 그 중심이 주 예수님이신 것을 알고 있습니까? 그분이 모든 지식과 진리의 중심이십니다. 만약 그분께 당신을 온전히 드린다면, 당신은 모든 선하고 의미 있는 것들의 중심이신 그분 안에 있게 될 것입니다.

10월 12일, 운명의 자각

창세기 15장

"여호와께서 아브람에게 이르시되
너는 너의 고향과 친척과 아버지의 집을 떠나
내가 네게 보여줄 땅으로 가라
내가 너로 큰 민족을 이루고 네게 복을 주어 네 이름을 창대하게 하리니
너는 복이 될지라"(창 12:1-2).

우리가 그리스도인이 될 때 일어나는 변화 중 하나는, 자신의 운명을 자각하고 사명감을 갖는 것입니다. 하나님께서 아브라함의 삶에 함께하신 때(창 12장)부터 아브라함은 자기 삶을 이전과 같은 눈으로 바라볼 수 없었습니다. 그는 이렇게 말했습니다. "나는 특별한 사람이고, 목적이 있어서 이 세상에 왔어. 세상의 모든 민족이 나로 인해 복을 받게 될 거야." 그것은 자만함이 아닌 목적 의식이었습니다.

그리스도인이 되는 순간, 당신은 하나님께서 당신에게 주신 일을 발견하기 시작합니다. 그 일은 매우 중요합니다. 당신을 향한 하나님의 뜻을 신실하게 이루지 않는다면, 당신은 심판 날 그것에 대해 책임을 져야 합니다.

하나님은 우리의 개인적 성취가 아닌 세상을 위해 우리를 부르십니다. 그리고 우리는 우리에게 주신 진리로 무엇을 했는지에 대해 책임을 지게 될 것입니다. 하나님은 아브라함을 부르실 때부터 온 세상을 염두에 두고 계셨습니다. 당신과 나를 위한 하나님의 계획은 어떤 편협성도 내포하고 있지 않습니다. 하나님은 아브라함을 왕궁과 정치 권력의 중심으로 데려가심으로, 하나님에 대한 증언이 그 이방 나라에까지 뻗어가게 하셨습니다. 하나님은 당신과 내가 사회의 소용돌이를 벗어나 역사의 변두리에만 있도록 작정하지 않으셨습니다. 그분의 복음과 구원 사역은 모든 가치 있는 것의 중심에 있어야 하기 때문입니다. 오늘날 세상에는 많은 중요한 일이 일어나고 있지만, 하나님이 우리에게 주신 운명을 이루는 일보다 더 중요한 것은 없습니다. 그것은 세상에 그분을 증거하는 증인이 되는 것입니다.

10월 13일, 성경의 권위

마태복음 7:24-27

"그러므로 누구든지 나의 이 말을 듣고 행하는 자는
그 집을 반석 위에 지은 지혜로운 사람 같으리니
비가 내리고 창수가 나고 바람이 불어 그 집에 부딪치되 무너지지 아니하나니
이는 주추를 반석 위에 놓은 까닭이요"(마 7:24-25).

성경은 하나님께서 인간의 감각을 전적으로 초월해 계신다고 말씀합니다. 우리는 그분을 발견할 수도, 우리 안에 담을 수도, 지치게 할 수도 없습니다. 인간의 이성은 홀로 하나님을 찾고 설명할 능력이 없습니다. 우리가 하나님이 어떤 분이신지 알려면 그분 자신에게서 계시를 받는 수밖에 없습니다. 우리 자신의 방법으로 찾으려 하면 허상 외에는 아무것도 얻지 못합니다. 주도권이 하나님 편에 있어야 합니다. 곧 창조주께서 피조물에게 자신을 나타내셔야 합니다. 그분께서 자신을 계시하실 때, 우리는 그분을 머리만이 아닌 마음으로도 알 수 있게 됩니다. 그래서 성경은 기독교 신앙에 너무나도 중요합니다. 성경은 하나님께서 자신에 대한 계시를 기록해 인간에게 주신 것이기에, 성경이 없이는 우리는 신앙의 확신도, 다른 어떤 것에 대한 확신도 가질 수 없습니다. 만약 토대에 대해 확신을 갖지 못하면, 그 외에 세워진 모든 것이 흔들릴 것이기 때문입니다.

성경을 하나님의 말씀으로 받아들인 곳마다 많은 사람의 마음에 하나님이 어떤 분이신지에 대한 확신과 함께 그분을 인격적으로 알 수 있다는 확신이 생겨납니다. 우리가 그리스도의 탄생으로부터 세 번째 천년을 열어가는 이 시점에, 성경은 그리스도인들에게 절대적인 권위를 가져야 합니다. 성경은 하나님이 직접 우리에게 주신 자신에 대한 계시의 기록입니다.

10월 14일, 또 하나의 세계

사도행전 2장

"오순절 날이 이미 이르매 그들이 다같이 한 곳에 모였더니 홀연히 하늘로부터 급하고 강한 바람 같은 소리가 있어 그들이 앉은 온 집에 가득하며 … 그들이 다 성령의 충만함을 받고 성령이 말하게 하심을 따라 다른 언어들로 말하기를 시작하니라"(행 2:1-2, 4).

오순절 날 인간의 실재 너머에 인간들과 교제하기 원하는 인격적인 또 하나의 실재가 있다는 사실이 분명하게 드러났습니다. 그날 급하고 강한 바람 소리가 함께 모인 사람들 가운데 갑자기 내려왔습니다. 그러나 그 소리는 단지 상징일 뿐이었습니다. 그날 일어난 가장 위대한 일은 그 강한 바람 소리도, 그들이 모인 방의 흔들림도 아니었기 때문입니다. 믿기 어려울 정도로 놀라운 사건은 시공간 너머에 계시던 성령께서 오셔서 강하게 임재하심으로 사람들의 마음을 채우신 일입니다. 그들은 그곳에서 변화를 받아 다른 사람들을 변화시키는 존재가 되어 방을 나왔습니다. 거기서 교회가 시작된 것입니다.

    교회는 자신들 너머에 계시는 분이 성령님이심을 아는 사람들의 모임입니다. 비록 직접 보거나 만지거나 측량하거나 좌우할 수 없더라도, 내 손이 닿지 않는 또 하나의 세상이 있음을 아는 것은 참으로 멋진 일입니다. 사실 나는 그 세상의 다스림을 받도록 지음 받았습니다. 놀라운 사실은, 그 다른 세상의 통치자는 자신보다 당신과 나를 더 아끼신다는 것입니다. 우리가 마음을 열어 그분의 임재로 향하면, 그분이 우리의 일상생활을 하늘을 바라보는 창이 되도록 변화시키실 수 있습니다.

10월 15일, 온전한 신뢰

시편 146편

"귀인들을 의지하지 말며 도울 힘이 없는 인생도 의지하지 말지니 …
야곱의 하나님을 자기의 도움으로 삼으며
여호와 자기 하나님에게 자기의 소망을 두는 자는 복이 있도다"(시 146:3, 5).

시편 기자는 사람들을 향해 온전한 확신을 하나님께 두고 다른 사람에게 두지 말라고 말합니다. 신뢰하는 관계의 본질이 무엇입니까? '신뢰'를 의미하는 히브리어 '바타'(batah)는, 상대방의 특징을 기초로 그의 행동까지 예측할 수 있을 정도로 서로 잘 아는 두 사람 사이에 존재하는 관계의 유형을 말합니다. 즉, 사람이 친한 친구에게 갖는 확신을 지칭하는 용어로, 그의 말을 믿을 수 있음을 의미합니다.

시편 기자는 여호와 외에는 어디에도 구원이 없음을 알게 되었고, 그래서 하나님만 온전히 신뢰하기로 결정합니다. 여호와만이 구원자이시기 때문입니다. 시편 기자는 다른 사람들, 심지어 사람들 중에 가장 존경할 만한 이들을 신뢰해 보기도 했지만, 여전히 하나님 외에는 구원이 없다는 것을 알게 되었습니다.

인간의 딜레마에 대한 해답은 우리 자신이나 다른 사람에게서 찾을 수 없습니다. 하나님, 오직 하나님만이 인간의 모든 질문의 해답이십니다. 우리가 그분을 온전히 신뢰할 때, 그분은 우리에게 그분의 이름과 말씀, 그분의 특징을 위탁하실 수 있게 됩니다. 그분을 온전히 신뢰합니까? 더 적절하게 말하면, 그분이 당신을 신뢰하실 수 있습니까?

10월 16일, 그리스도인의 완전

에스겔 36:25-29

"어떤 사람이 주께 와서 이르되 선생님이여 내가 무슨 선한 일을 하여야 영생을 얻으리이까 … 예수께서 이르시되 네가 온전하고자 할진대"(마19:16, 21).

사람이 흠 없는 존재가 될 수 있을까요? 그리스도인은 완전할 수 있을까요? 여기서 완전이란, 내 안에 그리스도에게서 관심을 분산시키는 것이 아무것도 없고 그분께 온전히 집중한다는 의미에서의 온전함을 말합니다. 그것은 성령께서 당신과 내가 그렇게 할 수 있게 해주셔야만 가능한 일이며, 그분께는 그렇게 하실 능력이 있습니다. 만약 오늘 내 관심이 그리스도께 온전히 집중되어 있지 않으면, 그것은 내가 그분 안에 있기를 바라시는 그분의 뜻에 순종하지 않았기 때문입니다. 그리스도께 집중할 때, 나는 과거에 얽매였던 것에서 자유를 얻을 수 있습니다. 우리는 그리스도에게서 우리의 관심의 초점이 멀어지게 하는 것이 무엇이든 그것을 제거해주시도록 성령님을 의지해야 합니다.

주 예수님을 삶의 통치자로 모시지 않으면, 우리는 늘 우리 안에 그분을 십자가에 못 박게 만들 무엇인가를 지니고 다니는 것이 됩니다. 우리는 단지 그분의 마음을 조금 아프게 할 뿐이라고 생각할지 모르지만, 그분께 대한 우리의 불충은 결국 우리를 그분에게서 분리시키고 또 파괴할 것입니다. 그분은 우리를 다스려 우리의 주님이 되심으로 우리 마음에 있는 사랑을 온전하게 하실 능력이 있으십니다. 당신 안에는 그분과 경쟁하는 무엇인가가 있습니까, 아니면 당신은 그분 안에서 온전합니까?

10월 17일, 주님의 승리

요한계시록 21-22장

"나는 알파와 오메가요 처음과 마지막이요 시작과 마침이라"(계 22:13).

창세기의 첫 두 장과 요한계시록의 마지막 두 장은 악이나 마귀에 대해 전혀 말씀하지 않습니다. 사탄이 태초에는 없었고, 인류 역사의 마지막에도 그럴 것이기 때문입니다. 자신의 주권과 위대함으로 인간 존재의 처음과 끝이 되어 홀로 경쟁자 없이 다스리실 분은 오직 하나님이십니다. 위대한 예술가이신 그분은 우리 세상을 동산으로 시작하게 하셨는데, 동산은 질서와 아름다움의 장소, 미적이고 물리적인 양육의 장소였습니다. 또 그분은 세상의 가장 온전한 모습이 될 한 성을 설계하셨는데, 그곳은 우리가 사는 이 세상과 달리 어떤 고통이나 고난, 슬픔, 심적 고통도 없는 거룩한 성입니다. 그곳은 깨끗하고 아름다우며 생명으로 가득할 것입니다.

궁극적 현실, 곧 모든 것의 시작과 끝은 악하지 않습니다. 하나님으로 인한 선과 아름다움이 처음과 끝을 채울 것입니다. 우리는 종종 세상에 있는 악을 보면서 악이 하나님보다 더 강하다고 생각하려는 유혹을 받습니다. 그러나 그렇지 않습니다. "이것을 너희에게 이르는 것은 너희로 내 안에서 평안을 누리게 하려 함이라 세상에서는 너희가 환난을 당하나 담대하라 내가 세상을 이기었노라"(요 16:33). 우리를 그분의 거룩하고 아름다운 성으로 인도하고 계시는 예수님께 우리의 시선을 고정합시다.

10월 18일, 폭발력 있는 진리

요한복음 8:31-32

"예수께서 대답하여 이르시되 진실로 진실로 네게 이르노니 사람이 거듭나지 아니하면 하나님의 나라를 볼 수 없느니라"(요 3:3).

기독교는 그 객관적인 지적 토대를 소중하게 지켜내야 합니다. 우리가 정통 기독교의 진리에서 떠나면, 죽음의 씨앗이 우리 안에서 자라나 우리를 영적으로 무능하게 만들 것입니다. 우리가 사람들을 그리스도께로 인도하기 위해서는 몇 가지 기본적인 공동의 믿음이 있어야 합니다. 그러나 기독교 신앙에는 객관적 지식 이상의 것이 필요한데, 그것은 복음을 개인적으로 수용하는 주관적 요소입니다. 어떤 사람은 그리스도인이 되는 데 필요한 것은 지적인 동의뿐이라고 생각하지만 그렇지 않습니다. 기독교 신앙은 삶을 통해 입증되어야 합니다.

우리가 진리를 먼저 깨달으면 그다음으로 개인적 경험이 찾아옵니다. 존 웨슬리는 마음의 변화를 받기 오래전부터 복음을 설교했습니다. 웨슬리의 가장 강력한 설교인 "명목상의 그리스도인"(The Almost Christian)은 그가 거듭나기 전에 쓴 것입니다. 웨슬리가 지닌 신념은 회심 후에도 바뀌지 않고 유지됩니다. 회심으로 달라진 것은, 그 신념이 그의 삶에서 폭발력을 갖게 된 것입니다. 그의 신념은 이제 지적인 부담이 아닌 내면의 뜨거운 열정이 되었습니다. 그 회심의 결과는 설교 사역에서 나타났습니다. 같은 설교를 해도 이전과 다른 많은 열매가 맺혔고, 사람들은 그리스도를 발견했습니다. 우리가 진리를 지식적으로만 아는 것은 충분하지 않습니다. 그 지식이 우리 삶을 꿰뚫고 들어와, 우리에게 가장 친밀하고 개인적인 진리가 되어야 합니다. 그럴 때 우리는 "그분은 온 세상의 구원자이실 뿐 아니라 나의 구원자이십니다"라고 말할 수 있게 됩니다. 우리의 증거를 통해 복음의 메시지가 입증됩니다. 당신이 선포하는 진리는 당신 안에서 폭발력이 있습니까? 당신이 선포하는 진리는 당신의 삶을 통해 입증되고 있습니까?

10월 19일, 신앙의 미래적 요소

출애굽기 3:11-12, 19:3-6

"하나님이 이르시되 내가 반드시 너와 함께 있으리라
네가 그 백성을 애굽에서 인도하여낸 후에
너희가 이 산에서 하나님을 섬기리니
이것이 내가 너를 보낸 증거니라"(출 3:12).

몇 년 전 나는 신앙의 어떤 요소는 신약 성경보다 구약 성경에서 더 명확히 나타나는 것을 깨닫게 되었습니다. 성경적 신앙은 단지 지적, 역사적, 주관적 요소 외에도 미래적 요소를 포함합니다. 그렇기에 미래에 대한 전망을 상실하면 신앙은 흔들리게 됩니다. 모세가 불타는 가시덤불 곁에 서 있었을 때의 이야기를 기억해 보십시오. 하나님은 이렇게 말씀하셨습니다. "내가 너를 보내어 내 백성을 구원할 것이다."

모세는 말했습니다. "하나님, 내게 징표를 주시겠습니까? 나는 당신을 신뢰하기 원하지만, 징표가 필요합니다."

하나님은 다시 말씀하셨습니다. "그래, 내가 징표를 주겠다. 내가 주는 징표는, 네가 백성을 이끌고 이집트에서 나와 온 이스라엘이 이 산, 지금 네가 서 있는 바로 이곳에서 나를 예배하는 것이다."

나는 모세의 마음이 나와 같았을 것이라고 추측해봅니다. "주님, 그건 내가 바라는 징표가 아닙니다. 나는 주님께서 나를 보내 그 백성을 구하시기 전에 징표가 필요합니다."

하나님은 이렇게 대답하셨습니다. "아니다. 나는 내가 그들을 구원해낸 후, 내가 말한 그 일이 이루어졌다는 사실을 알게 하는 징표를 줄 것이다. 지금 네게 필요한 것은, 그 일이 일어날 것이라는 믿음이다."

모세는 이 믿음의 미래적 요소를 지니고 앞으로 나아갔습니다.

당신의 믿음에는 미래적 요소가 있습니까? 그리스도께서 당신을 당신이 처한 상황에서 승리하게 하실 것을 믿습니까? 하나님께서 당신을 보내 이끌게 하실 백성이 하나님의 놀라운 권능으로 구원받을 것을 믿습니까? 그분께서 권능을 나타내 당신이 처한 상황에서 구원을 위해 일하실 것임을 신뢰합니까? 모세는 비록 두려움과 떨림으로 나아갔지만, 하나님을 충분히 신뢰했기에 그처럼 순종할 수 있었습니다. 그리고 무슨 일이 일어났는지 알고 있습니까? 하나님께서는 모세에게 하신 약속을 지키셨습니다.

10월 20일, 공급하시는 하나님

출애굽기 16:1-8

"모세가 이르되 여호와께서 이같이 명령하시기를
이것을 오멜에 채워서 너희의 대대 후손을 위하여 간수하라
이는 내가 너희를 애굽 땅에서 인도하여낼 때에
광야에서 너희에게 먹인 양식을
그들에게 보이기 위함이니라 하셨다 하고"(출 16:32).

이스라엘의 성전 지성소 안의 언약궤에는 만나가 담긴 항아리가 들어 있었습니다. 대제사장이 지성소에 들어가 하나님을 만날 때, 그는 하나님 앞에 서는 것일 뿐 아니라, 하나님께서 그분의 백성의 필요를 공급하셨음을 상기시키는 만나 항아리 앞에 서는 것이기도 했습니다.

광야에서 이스라엘 백성이 굶주릴 때, 그들은 하나님을 원망하면서 차라리 다시 노예 상태로 돌아가기를 바란다고 말했습니다. 그러나 모세는 하나님께서 그들의 필요를 공급하실 것을 믿으라고 명령했습니다. 이스라엘 백성은 아침에 일어나 주변의 땅이 하얀 색의 무엇인가로 덮여 있는 것을 발견했습니다. '만나'(manna)라는 말은 '이것이 무엇이냐'라는 의미의 히브리어 '만후'(man-hu)에서 유래한 것입니다. 모든 이스라엘 백성은 처음에 만나가 무엇인지 몰랐다가, 이내 하나님께서 그들로 살아가게 하기 위해 공급하신 음식임을 알게 되었습니다.

만나를 담은 항아리는, 하나님의 모든 자녀가 반드시 믿어야 할 진리가 무엇인지를 보여줍니다. 예수 그리스도를 통해 자신을 계시하신 하나님은 온 세상의 창조주이십니다. 그분은 모든 것을 창조하셨을 뿐 아니라 보존하십니다. 나아가 창조주와 보존자이신 그분은 우리의 모든 필요를 알고 돌보는 공급자이십니다. 그분은 능력으로 모든 것을 다스리십니다. 우리는 그분께서 크든 작든, 절박하든 그렇지 않든 모든 상황에서 우리의 필요를 공급하실 것임을 반드시 믿어야 합니다.

10월 21일, 궁극적 타자이신 하나님

이사야 40:12-31

"그런즉 너희가 하나님을 누구와 같다 하겠으며 무슨 형상을 그에게 비기겠느냐 … 너희가 알지 못하였느냐 너희가 듣지 못하였느냐 태초부터 너희에게 전하지 아니하였느냐 땅의 기초가 창조될 때부터 너희가 깨닫지 못하였느냐 그는 땅 위 궁창에 앉으시나니 땅에 사는 사람들은 메뚜기 같으니라 그가 하늘을 차일같이 펴셨으며 거주할 천막같이 치셨고"(사 40:18, 21-22).

하나님은 당신이나 나와는 전혀 다른 분이십니다. 그분은 참으로 당신과 내 삶에 '타자'(the Other)이신 분입니다. 사람들은 서로가 놀라울 정도로 비슷하기 때문에, 다른 사람도 어떤 의미에서는 정말로 다르지 않습니다. 사람의 동질성은 우리가 서로를 알고 이해할 수 있게 합니다. 내 삶은 당신의 현재, 과거, 미래의 모습과 별반 다르지 않습니다. 우리의 삶은 다양한 방식으로 서로 연결되어 있습니다. 그러나 하나님을 대할 때는, 우리가 우리 자신과는 정말로 다르다고 말할 수 있는 분을 대하게 됩니다. 그분은 우리와 완전히 다른 분, 창조되지 않은 분으로서 우리의 현실을 초월해 계시고, 우리가 우리의 삶이나 세상에 가둘 수 없는 분이십니다. 그분은 모든 것을 초월해 계십니다.

이런 의미에서 그분은 당신과 내가 궁극적으로 마주해야 할 분이십니다. 나는 당신에게서 달아날 수 있고, 또 우리는 서로를 침해하지 않고 살아갈 수 있습니다. 그러나 내 삶에서 궁극적 타자이신 하나님을 배제할 방법은 없습니다. 그분은 처음과 마지막, 시작과 끝이십니다. 당신이 시인하든 부인하든 그분은 당신 삶의 최후의 권위자, 최종적 결정권을 가지신 분입니다. 하나님은 당신이 반드시 마주해야 할 분이십니다. 요나처럼 그분을 피하려 하지 말고, 초월적이신 그분과 교제하며 살아갑시다.

10월 22일, 빛의 근원이신 하나님

요일 1:5-7, 2:7-11

"여호와는 나의 빛이요 나의 구원이시니 내가 누구를 두려워하리요 여호와는 내 생명의 능력이시니 내가 누구를 무서워하리요"(시 27:1).

성경은 하나님이 모든 빛의 근원이시라고 말씀합니다. 그분을 "나의 빛이요 나의 구원이시니"라고 노래합니다. 성경에서 불은 하나님을 상징하는데, 불은 빛을 발산합니다. 광야에서 하나님은 낮에는 구름 기둥, 밤에는 불 기둥으로 그 백성을 인도하셨습니다. 불 기둥은 그들이 나아갈 길을 볼 수 있도록 주어졌습니다. 모세가 여호와 하나님을 만나고 산에서 내려올 때, 그의 얼굴은 수건으로 가려야 할 정도로 밝게 빛났습니다. 누군가가 하나님의 임재 안에 있으면, 그는 빛의 근원 속에 있는 것입니다.

나는 한 냉철한 사업가가 내게 이렇게 말한 것을 기억합니다. "나는 하나님께 전적으로 항복해, 나 자신에 대해서는 죽고 하나님에 대해서는 살게 되었습니다. 나는 내 연구실로 들어가 문을 잠갔습니다. 그리곤 어둠 속에서 엎드렸는데도, 그 방에는 빛이 있었습니다."

하나님의 임재는 빛과 광채를 가져옵니다. 그분은 빛의 근원이시에, 우리가 빛의 근원에서 돌아섰을 때 그림자가 우리 길에 드리우는 것은 놀랄 일이 아닙니다. 우리가 계속 그림자 속에서 행한다면, 우리는 결국 어둠 속에 있게 될 것입니다. 예수님은 지옥을 "바깥 어두운 데"(마 22:13)라고 묘사하셨습니다. 그것은 의도적으로 빛에서 멀어진 결과입니다.

당신의 길에 그림자가 드리워져 있습니까? 만약 그렇다면 하나님의 얼굴빛으로 돌이키기 위해 해야 할 모든 것을 하십시오.

10월 23일, 아끼지 아니하였은즉

창세기 22:1-19

"여호와께서 이르시되
네 아들 네 사랑하는 독자 이삭을 데리고 … 그를 번제로 드리라
아브라함이 아침에 일찍이 일어나 …
하나님이 자기에게 일러주신 곳으로 가더니"(창 22:2-3).

아브라함의 믿음에는 흥미로운 점이 있습니다. 그는 하나님께 아무것도 아끼지 않았습니다. 우리는 하나님께 질질 끌려가면서도 하나님과 동행할 수 있습니다. 그러나 아브라함은 자신의 삶을 아낌없이 하나님께 드렸습니다. 그는 자신에게 가장 귀중한 것 두 가지인 자신의 아들과 미래를 기꺼이 하나님께 드렸습니다.

우리는 이렇게 하나님께 아낌없이 자신을 드리기 전까지는 참으로 성령으로 충만한 것이 아닙니다. 성령님께서는 우리가 그리스도를 가장 우선시할 때 우리에게 충만히 임하실 것입니다. 하나님은 아브라함에게 아들만 요구하신 것이 아닙니다. 이삭은 아브라함의 미래였습니다. 아브라함은 지금까지 하나님의 약속을 믿고 살아왔는데, 이제 하나님은 지금까지 삶의 이유가 되어온 그 약속을 포기하라고 요구하시는 것입니다.

우리는 무엇인가에서 분리될 때 그것에서 자유를 얻습니다. 우리가 우리 자신이나 다른 사람의 바람, 또는 우리의 미래를 위해서가 아니라 오직 하나님만을 위해 살 때, 거룩하게 구별되어 오직 그분이 우리의 생명이 됩니다. 사람이 자기 평생의 사역이 허물어지거나 평생 맺어온 관계가 끝나는 것을 볼 때도 평안할 수 있는 것은, 그런 것은 생명 자체가 아니기 때문입니다. 우선적 충성의 대상이 예수님이 되시면, 나는 다른 사람이나 일에서 거룩하게 구별되어 예수님께 순종할 수 있게 되므로, 다른 관계들 역시 깨끗하게 유지할 수 있습니다.

하나님은 자신이 가진 것을 쥐고 놓지 않으려는 사람을 기뻐하시지 않습니다. 그분은 직업, 부, 직위, 가족 등 모든 것을 움켜쥐지 않고 손바닥 위에 올려둘 수 있는 사람을 원하십니다. 우리가 꼭 끌어안아 붙잡아야 할 대상은 하나님뿐입니다. 우리는 하나님께 주실 권한도, 가져가실 권한도 있음을 시인해야 합니다. 우리는 우리의 이삭이 아닌 그리스도를 의지할 때 하나님의 주권을 온전히 인정할 수 있게 됩니다. 우리를 그렇게 변화시키는 것이 거룩하게 하시는 성령님의 사역입니다. 오직 그리스도만 의지하면 우리는 결코 망하지 않습니다.

10월 24일, 나를 살리신 주님

이사야 53:1-9

"그는 실로 우리의 질고를 지고 우리의 슬픔을 당하였거늘 우리는 생각하기를 그는 징벌을 받아 하나님께 맞으며 고난을 당한다 하였노라 그가 찔림은 우리의 허물 때문이요 그가 상함은 우리의 죄악 때문이라 그가 징계를 받으므로 우리는 평화를 누리고 그가 채찍에 맞으므로 우리는 나음을 받았도다"(사 53:4-5).

1950년경 나는 <타임지>에서 놀라운 의학 기사를 읽었습니다. 그 시기는 의사들이 새로운 치료 방법들을 실험하기 시작하던 때였는데, 서부 해안에 신장염을 앓는 한 어린 남자아이가 있었습니다. 감염이 너무 심해 아이의 신장이 피를 정화하지 않고 오히려 탁하게 만들고 있었습니다. 상태가 심각해지자, 의사는 아이의 부모에게 급진적인 조치를 취하지 않으면 아이가 죽을 것이라고 말했습니다.

아이를 치료하던 의사들은 캘리포니아 최고의 의료진과 회의를 했는데, 그 중 한 사람이 급진적 실험을 제안했습니다. 아이의 몸을 건강한 신장을 가진 다른 사람에게 연결해, 그의 좋은 신장으로 아이의 피를 정화함으로 아이의 신장이 회복할 수 있도록 기회를 주자는 것이었습니다. 의사들은 그것이 가능할 수 있겠다고 생각해 아이의 부모와 상의했습니다. 부모는 즉시 그 절차에 동의했습니다.

아버지의 혈액형이 아들의 것과 일치했기에, 의료진은 아버지를 입원시켜 수술실의 아들 옆 침대에 눕히고 두 사람의 혈관을 연결했습니다. 아이의 피는 아버지의 몸으로 흘러가고, 아버지의 피는 아들의 몸으로 흘러갔습니다. 아이는 고열을 유지하고 있었습니다. 그러나 시간이 지나면서 아이의 열이 점점 떨어지고, 아버지의 열은 점점 높아져 두 사람의 체온이 같아졌습니다. 그 후 두 사람은 열이 내려 정상이 되었습니다.

실험은 성공적으로 보였습니다. 의료진은 아이를 9일 더 병원에서 지내게 했고, 아이는 잘 회복했습니다. 그래서 아이는 집으로 보냈지만, 아버지는 상태를 계속 지켜보았습니다. 11일째 되던 날 아버지는 갑자기 심한 고열을 앓다 죽고 말았습니다.

이 이야기는 내가 들었던 이야기 중 십자가의 의미를 가장 잘 설명해주는 이야기인 것 같습니다. 하늘 아버지께서는 그분의 아들을 통해 자신의 거룩함으로 우리의 치명적인 죄의 질병, 우리의 모든 구부러짐과 비뚤어짐을 만나셨습니다. 예수님은 자신의 몸으로 우리의 죄와 질병, 형벌을 담당하셨고, 우리를 대신해 죽으셨습니다.

10월 25일, 당신이기에 사랑합니다

누가복음 15:11-24

"우리는 다 양 같아서 그릇 행하여 각기 제 길로 갔거늘 여호와께서는 우리 모두의 죄악을 그에게 담당시키셨도다"(사 53:6).

예수님께서는 우리의 망가진 세상에 찾아오셔서 잃어버린 방탕한 자들이 집으로 돌아올 방법을 마련하셨습니다. 그분은 우리를 집으로 돌이킬 뿐 아니라 집이 있음을 즐거워하고, 한때 버렸던 가족의 일원이 되는 특권을 기뻐하도록 하기 위해, 우리 마음속 반역의 성향을 제거해주기 원하셨습니다. 예수님은 우리가 집으로 돌아와 치유 받을 수 있도록 값을 지불하셨습니다.

세월이 흐르면서 나는 예수님께서 우리를 위해 우리 대부분이 생각하는 것 이상을 해주고 싶어 하신다는 사실에 대해 더 깊은 확신을 갖게 됩니다. 우리는 그리스도께서 무엇을 하시려고 세상에 오셨는지에 대해 너무 자주 자기중심적 입장에서 생각합니다. 그러나 사실 그리스도께서는 사람들을 위해 우리가 꿈꾼 것 이상을 행하시기 위해 죽으셨습니다. 우리가 좀 더 생각을 넓히지 않으면, 그분이 우리와 함께하심의 더 깊은 의미를 경험하지 못할 것입니다.

그리스도는 우리를 지옥에 가지 않게 하시기 위해서만 오신 것이 아닙니다. 그분은 자신이 대신 죽어주신 각 사람과 개인적인 관계를 만들어가기 원하십니다. 그분의 죽으심은 나를 내 죄뿐 아니라 나 자신에게서 구해내시기 위한 것입니다. "우리는 다 양 같아서 그릇 행하여 각기 제 길로 갔거늘"(사 53:6).

죄의 궁극적 정의는 이기심인데, 십자가에는 모든 사람을 이기심에서 자유롭게 할 능력이 있습니다. 프랑스 루이 14세의 궁정의 한 가톨릭 사제는 어느 날 이렇게 말했습니다. "오, 하나님, 당신을 당신이기 때문에 사랑하는 사람이 어딘가는 남아 있지 않습니까? 그런 사람을 찾을 수 없습니까? 그렇다면 만들 수는 없습니까?" 예수님은 바로 그 일을 하시기 위해, 곧 그분이 나를 위해 해 주시는 일 때문이 아니라, 그분 자신을 사랑하게 하시기 위해 십자가에 달리셨습니다.

잃어버린 방탕한 아들 이야기의 결말이, 아들이 아버지에 대한 관심은 전혀 없이 더 많은 상속을 받으려고 돌아온 것이었다면 무척 실망스러웠을 것입니다. 아버지가 집으로 돌아오는 아들을 본 순간, 아버지와 아들의 관계는 가장 중요한 것이 되었기에, 독자는 아들이 아버지 외에 다른 무엇을 필요로 한 것이 있었는지 생각할 필요조차 없습니다.

10월 26일, 진리의 근원이신 하나님

시편 1편

"그는 시냇가에 심은 나무가
철을 따라 열매를 맺으며
그 잎사귀가 마르지 아니함 같으니"(시 1:3).

성경은 하나님께서 모든 진리의 근원이시라고 말씀합니다. 진리에서 돌아서면 우리는 환상이나 망상에 빠질 수밖에 없습니다. 오직 진리만이 실재이기 때문입니다. 우리가 진리에서 멀어지면, 실재를 잃어버리고 망상으로 인해 파멸에 이릅니다.

내가 '참되다'(true)라는 단어의 어원에 대해 궁금증을 갖게 된 것은 육십 대가 되어서였습니다. 그래서 사전을 찾아보니, '참되다'라는 단어가 '나무'(tree)를 뜻하는 고대 인도-유럽어에서 기원했다는 것을 알게 되었습니다. 나는 '진리'(truth)라는 말이 '나무'에서 유래한 것에 흥미를 느꼈습니다. 생각하면 할수록 그 말이 딱 맞는 것 같았습니다. 나무는 움직이지 않습니다. 우리는 매일 아침 일어날 때마다 당연히 나무가 같은 자리에 있으리라고 기대할 수 있습니다. 진리도 마찬가지입니다. 우리는 그것을 신뢰할 수 있습니다. 그것은 우리를 속이지 않을 것입니다. 오늘과 내일이 다르지 않을 것입니다. 가장 기쁜 소식은 예수 그리스도께서 참되시다는 것입니다. 그분은 절대적이면서도 전적으로 신뢰할 수 있는 신실한 분이십니다. 그분이 우리 삶을 다스리시면, 우리는 실재 속에 거하고 진리 안에서 살아갈 것입니다.

"그는 시냇가에 심은 나무가
철을 따라 열매를 맺으며
그 잎사귀가 마르지 아니함 같으니
그가 하는 모든 일이 다 형통하리로다"(시 1:3).

10월 27일, 거룩한 사랑

마태복음 22:36-40

"우리가 이 계명을 주께 받았나니
하나님을 사랑하는 자는 또한 그 형제를 사랑할지니라"(요일 4:21).

하나님께서는 성경에서 자신의 본성에 대해 두 가지를 알려주십니다. 곧 그분은 거룩하시며 사랑이십니다. 모든 거룩함은 하나님에게서 비롯되고, 그분으로 말미암지 않고는 누구도 거룩할 수 없습니다. 사람들은 비록 죄 가운데 빠져 있음에도, 거룩하고 도덕적이며 옳은 것을 갈망합니다. 그래서 훈계를 멈출 줄 모르고, 부당한 일을 당하면 화를 냅니다. 개인적으로는 악하게 살더라도, 다른 사람이 어떻게 살아야 마땅한지에 대해서는 도덕적인 기준을 유지합니다. 누구도 '자신의' 차를 훔치거나 '자신의' 아이를 납치하면 안 됩니다. 만약 누군가가 그들에게 일관성이 없음을 말해주면, 그들은 자신의 부도덕함을 정당화할 것입니다. 모든 사람은 거룩하신 분에게서 나왔고, 그분은 자신의 형상을 우리에게 각인하셨습니다.

그러나 하나님은 단지 거룩하실 뿐 아니라, 거룩한 사랑이십니다. 우리는 그분의 손으로 지음 받았기 때문에 진실하고 순결한 사랑 역시 갈구합니다. 우리는 자신만의 고립된 욕망과 야망이 아닌, 우리 자신보다 더 큰 무엇에서 인생의 성취를 얻기를 갈망합니다. 나는 비록 우리 세대가 사랑을 강조하는 것이 왜곡되어 있기는 해도, 이는 한편으로 우리 마음이 참된 만족을 줄 수 있는 사랑에 목말라하고 있음을 보여준다고 생각합니다.

하나님 안에서 거룩함과 사랑은 분리할 수 없습니다. 그분의 도덕적 순결함은 그분의 인격적인 사랑과 연결되어 있고, 그분의 사랑은 순결하고 뜨거운 사랑입니다.

10월 28일, 하나님의 형상

시편 17편

"하나님이 이르시되
우리의 형상을 따라 우리의 모양대로
우리가 사람을 만들고"(창 1:26).

우리는 때때로 우리 안에 하나님께서 만드신 공간에 대해 말합니다. 하나님께서 자신을 위해 우리를 만드셨기에, 우리 삶에 그분의 임재가 없다면 우리는 불완전할 수밖에 없다는 것입니다. 많은 그리스도인이 내면의 그 공간을 감사히 여깁니다. 그것이 없었다면 자신이 결코 하나님께로 돌이키지 않았을 것이기 때문입니다. 우리는 하나님께서 피조물들을 불완전하게 만드셔서 그분이 필요하게 하신 것에 대해 기뻐합니다.

그러나 사실 하나님께서는 우리를 그분과 다르게 만드신 것이 아니라, 그분을 닮게 만드셨습니다. 그분은 우리를 자신의 형상과 모양이자, 독생자 예수 그리스도의 형상으로 만드셨습니다. 성자께서 인격체이신 것처럼 우리를 인격체로 만드시고, 성자께서 홀로 계시지 않은 것처럼 우리도 관계 속에서 살게 하셨습니다. 하나님이시든 사람이든, 인격체라면 누구나 아무런 관계를 형성하지 않고는 살 수 없습니다. 하나님은 삼위일체의 관계성 속에서 사시고, 인간도 관계를 맺지 않고는 불완전합니다. 우리는 우리 생명의 근원이신 하나님과 연결되어야 하고, 그분이 우리에게 주신 다른 사람들과도 연결되어야 합니다.

이것이 성경이 거룩한 사랑을 그토록 강조하는 이유입니다. 우리는 사랑을 위해 지음 받았습니다. 그 사랑은 다른 사람을 자기 만족을 위해 사용하는 것이 아닌, 자신을 다른 사람을 위해 내어주는 데서 성취감을 얻는 거룩한 사랑입니다.

10월 29일, "만약 그렇다면 … 감사합니다"

누가복음 17:11-19

"그중의 한 사람이 자기가 나은 것을 보고 큰 소리로 하나님께 영광을 돌리며 돌아와 예수의 발 아래에 엎드리어 감사하니 그는 사마리아 사람이라"(눅 17:15-16).

나는 비행기에서 자신을 무신론자라고 소개한 어떤 사람 옆자리에 앉은 적이 있는데, 그는 내게 잊히지 않는 이야기를 들려주었습니다. 그가 어떻게 기도를 믿게 되었는지에 대한 이야기였습니다. 그는 이렇게 말했습니다. "나는 사람을 미치게 할 정도의 악성 편두통을 앓았습니다. 백약이 무효였습니다. 어느 날 나는 '신앙을 가진 사람들은 기도를 하지'라는 생각을 하게 되었습니다. 나는 그때 신앙에 대해 아무것도 모르고 하나님을 믿지도 않았지만, 시도해본다고 나쁠 것은 없다고 생각해 기도를 시작했습니다."

"이렇게 기도했습니다. '주님, 나는 당신이 계신지 안 계신지 모릅니다. 만약 계신다 해도, 나를 도와줄 능력이 있는지 없는지 모릅니다. 만약 당신이 계시고 도와줄 능력이 있다 해도, 당신이 도와줄 마음이 있는지 없는지 모릅니다. 만약 도와줄 마음이 있고 그렇게 할 수도 있다면, 그래서 이 두통을 가져가주신다면 정말 고맙겠습니다.' 그 후에 무슨 일이 일어났는지 아십니까? 두통이 완전히 사라져버렸습니다. 그리고 나는 그것 참 기막힌 우연이라고 생각했습니다.

그 후 나는 다시 생각해보았습니다. '내 태도는 참 저속한 것이었어. 만약 정말 하나님께서 계셔서 그 일을 하셨다면 어떻게 되는 거지? 그런데도 내가 깨끗이 나은 것을 우연으로 생각한다면, 정말 무례한 일 아닐까?'

그래서 나는 다시 기도했습니다. '주님, 나는 당신이 계신지 안 계신지, 이 일을 하셨는지 아닌지 모릅니다. 그러나 만약 당신이 계시고 이 일을 하셨다면, 정말 감사하다고 말하고 싶습니다.'

그리고 나는 또 생각해보았습니다. '지금까지 내 삶에는 내가 우연이라고 생각해온 많은 좋은 일이 있었어. 그러면 그것들도 하나님께서 주신 축복일 수 있다는 건가? 만약 그렇다면 나는 하나님께 한 번도 제대로 감사한 적이 없어.'"

그리고서 그가 말했습니다. "나는 다시 기도했습니다. '나는 당신이 계신지 안 계신지, 그리고 지금까지 내 삶에 있었던 좋은 일들도 다 해주신 것인지 아닌지 모릅니다. 그러나 만약 당신이 그 일들을 해주신 것이 맞다면, 내가 깊이 감사하고 있다는 것을 아셨으면 좋겠습니다.'"

이 무신론자가 그랬던 것만큼 하나님께 감사하고 있습니까?

10월 30일, 인생의 계기판

이사야 30:18-21

"여호와여 내가 알거니와 사람의 길이 자신에게 있지 아니하니 걸음을 지도함이 걷는 자에게 있지 아니하니이다"(렘 10:23).

인간의 정신에는 안내 시스템이 없습니다. 나는 어느 날 친구와 작은 비행기에 탄 후에 그것을 알게 되었습니다. 그 친구는 아프리카에서 조종사로 일하면서 선교를 했고, 작은 비행기를 조종하는 것이 그의 삶이었습니다. 나는 그런 비행기를 타본 것이 그때가 처음이었습니다.

이륙하기 전 그가 계기판을 점검하는 동안, 나는 내 앞에도 이상한 모양의 계기판이 있는 것을 보았습니다. 나는 계기판에 대해 물었습니다. 그러자 그는 나침반과 고도계, 이 두 가지는 크기를 막론하고 어느 비행기에나 꼭 있어야 한다고 말해주었습니다. 나는 나침반이 무엇인지는 이해했지만, 고도계에 대해서는 다시 물어보았습니다.

그는 검은 선이 수평으로 그려진 다이얼을 가리켰습니다. 그 선의 양끝은 주황색으로 되어 있었고, 선의 다른 부분보다 두꺼웠습니다. 그는 이렇게 말했습니다. "이 계기는 어느 쪽이 위고, 어느 쪽이 아래인지 알려줘." 내가 친구에게 얼마나 둔하길래 어느 쪽이 위고 어느 쪽이 아래인지 알려줄 계기까지 필요한지 묻자, 그는 자신이 둔한 편은 아니라고 대답했습니다.

그리고는 비행기가 짙은 구름 속으로 들어가 구름밖에 보이지 않을 때, 조종사의 몸에는 어느 쪽이 위고 어느 쪽이 아래인지 정확히 알려줄 만한 것이 전혀 없다고 설명해주었습니다. 즉, 비행기의 방향을 파악하려면 조종사는 자신의 감각이 아닌 다른 기준점이 있어야 하기 때문에, 수평적 방향을 나타내는 나침반과 수직적 방향을 나타내는 고도계가 있어야 하는 것입니다. 그 둘 없이는 안전한 비행이 불가능합니다.

우리는 삶의 바른 방향을 우리 자신 속에서 발견할 수 없습니다. 그것이 예수님께서 우리에게 "나는 길이요"(요 14:6)라고 말씀해주신 이유이고, 우리를 인도하시는 성령님과 하나님의 말씀이 필요한 이유입니다. 그분들이 없으면 우리 인생은 방황하거나 추락하게 됩니다.

10월 31일, 모험 준비

출애굽기 3:1절-4:20

"이제 내가 너를 바로에게 보내어 너에게 내 백성 이스라엘 자손을 애굽에서 인도하여내게 하리라"(출 3:10).

하나님께서는 모든 중요한 일의 중심에 자신의 백성과 증인을 두십니다. 우리는 그분을 따를 때 우리가 매우 보잘것없게 살게 될 것이라고 예상하지만, 사실 그분은 우리를 크게 세워 우리가 꿈꾸던 곳에 우리를 두게 될 날을 기다리고 계십니다. 하나님은 아기 모세를 세상에서 가장 권세 있는 가족 중에 두셨고, 가장 훌륭한 스승에게서 훈련받아 지도력과 책임감을 갖추게 하셨습니다. 또 이스라엘을 그 시대 군사 세계의 중심에 두셨습니다. 사람들은 로마에서 애굽으로 가든, 애굽에서 바벨론으로 가든, 헷 족속의 땅에서 애굽으로 가든, 예루살렘에서 얼마 떨어지지 않은 길을 이용해야 했습니다.

우리는 인간과 협력 관계에 있지 않음을 알아야 합니다. 우리 자신의 힘은 미약하지만, 우리는 전능하신 삼위일체 하나님과 협력 관계에 있고, 그분은 세상을 구원하고자 하십니다. 놀라운 것은 그분이 그 사명의 상당 부분을 당신과 나에게 맡기셨다는 것이고, 더 놀라운 것은 그분이 능력을 주시면 우리는 세상을 위한 그분의 구원의 계획에 쓰임 받을 수 있다는 것입니다.

보잘것없음에 안주하지 마십시오. 하나님은 당신의 가장 비현실적인 꿈에나 존재하던 곳으로 당신을 데려가 기회를 열어주고자 기다리고 계십니다. 그 핵심은 당신이 당신에게 기회를 주시고 새로운 곳으로 옮기시려는 그분의 계획에 순종해야 한다는 것입니다. 모험할 준비가 되었습니까?

11월 1일, 헛되지 않습니다 (1)

로마서 12:1-2

"그가 모든 사람을 대신하여 죽으심은 살아 있는 자들로 하여금 다시는 그들 자신을 위하여 살지 않고 오직 그들을 대신하여 죽었다가 다시 살아나신 이를 위하여 살게 하려 함이라"(고후 5:15).

나는 중국 해안에 위치한 작은 식민지 지역 마카오를 방문한 적이 있습니다. 목회자 수련회 때문에 거기에 있으면서 어느 미국인 선교사 부부의 집에서 머물게 되었습니다. 그곳을 떠날 무렵 선교사님은 내게 로버트 모리슨(Robert Morrison) 선교사의 무덤에 함께 가보지 않겠는지 물었습니다. 그러고 싶다고 하자, 그는 나를 로마 가톨릭 묘지로 데려갔습니다. 많은 세월이 흐르고 이끼가 자라 이름이나 날짜, 글의 내용도 알아보기 힘든 무덤 비문 곁에 서서 나는 특별한 감동을 받았습니다.

로버트 모리슨은 회계학을 전공한 젊은 영국인이었는데, 하나님은 그를 구원하시고 선교지로 부르셨습니다. 그가 중국에 도착한 후 사람들이 그가 왜 왔는지를 알게 되자 그를 쫓아냈습니다. 당시 선교지에 가는 사람들은 평생을 작정했습니다. 휴가 같은 것은 없었습니다. 그래서 로버트는 포르투갈의 식민지인 마카오로 갔습니다. 거기서 잠시 머물다 다시 중국으로 돌아갔으나 또다시 추방되어 그는 동인도회사에서 회계사로 일자리를 구했습니다. 그는 주기적으로 중국으로 여행을 갔지만, 매번 추방당했습니다. 모리슨은 온종일 선교사를 싫어하는 동인도회사를 위해 일하고, 저녁에는 성경을 중국어로 번역했습니다. 마침내 성경 번역을 완성했고, 이후 그는 마카오에서 죽었습니다. 그가 죽은 후 며칠간 그의 시신을 어디에 묻을지에 대해 의견이 일치되지 않았습니다. 중국인들은 그리스도인이 자신들의 묘지에 묻히는 것을 바라지 않았고, 로마 가톨릭교도들은 개신교인이 자신들의 묘지에 묻히는 것을 바라지 않았습니다. 결국 누군가가 로마 가톨릭 대주교와 협상했고, 대주교는 로버트 모리슨을 묻을 수 있도록 무덤 하나 크기의 땅을 팔았습니다. 로버트 모리슨은 살아서뿐 아니라 죽은 후에도 배척당한 것이었습니다.

우리는 다른 사람이 주 예수님께 충성하기 위해 어떤 대가를 치렀는지 거의 알지 못합니다. 우리 사회에서는 모두가 자신의 개인적 필요에 너무나 집중한 나머지, "하나님께서 바라시는 것이면 무엇이든 하겠습니다"라고 말하는 사람이 거의 없습니다. 당신은 그렇게 하겠습니까?

11월 2일, 헛되지 않습니다 (2)

베드로전서 3:13-18

"그리스도께서도 단번에 죄를 위하여 죽으사 의인으로서 불의한 자를 대신하셨으니 이는 우리를 하나님 앞으로 인도하려 하심이라 육체로는 죽임을 당하시고 영으로는 살리심을 받으셨으니"(벧전 3:18).

마카오에서 로버트 모리슨의 무덤 곁에 서 있을 때, 내 머릿속에 놀라운 기억이 스쳐 지나갔습니다. 나는 1982년에도 중국에 간 적이 있었습니다. 당시 중국은 광저우에 네 개의 교회가 세워지는 것을 허락했습니다. 그래서 우리는 이 새로운 교회 중 하나에서 예배를 드렸습니다. 수요일 저녁에는 기도회에 참여했는데, 세워진 지 얼마 되지 않은 그 교회에 거의 삼백 명이나 되는 사람이 있었습니다.

성경공부가 진행되는 동안 나는 주위를 둘러보고 큰 충격을 받았습니다. 청중의 육십 퍼센트가 삼십 세 이하였는데, 이는 그들 중 가장 나이 어린 사람들만 빼면 모두 마오쩌둥의 치하에서 태어났음을 의미합니다. 그들은 기독교에 매우 적대적인 정부 아래 있었기에, 아이들이 그리스도에 대해 말하는 것을 들은 경찰이 온 가족을 감옥에 가둘까 봐 기독교인 부모조차 자기 아이들에게 그리스도에 대해 말하기를 꺼릴 수밖에 없었습니다.

예배 후 나는 노년의 목사님과 차를 마시며 물었습니다. "목사님, 질문이 있습니다. 이 청중의 육십 퍼센트가 삼십 세 이하 맞습니까?"

그는 미소를 지으며 대답했습니다. "네."

"또 질문이 있습니다. 삼십 세 이하라면, 마오쩌둥 때 태어난 것 아닌가요?"

"네."(이 한 마디 속에는 수없이 많은 고통이 담겨 있었습니다.)

"도대체 어떻게 그들이 신자가 된 것입니까?"

그는 마치 비밀을 알지만 내게 말해도 좋을지 알지 못하겠다는 듯 미소를 지었습니다. 그리고는 이렇게 말했습니다. "그들은 신자의 자녀이거나, 신자의 자녀의 친구이거나, 신자의 자녀의 친구의 친구입니다."

그 순간 나는 자녀가 그리스도를 알게 하기 위해 기꺼이 목숨을 바칠 각오를 했던 중국인 어머니와 아버지들을 떠올렸습니다. 한밤중에 그들은 문을 잠근 채 바닥에서 벽돌을 치우고 오래된 중국어 성경책을 꺼내 아이들에게 읽어주었습니다. 그 아이들은 로버트 모리슨이 일생을 바쳐 번역한 성경을 읽고 구원받았던 것입니다.

그리스도께 드린 헌신은 그 어떤 것도 버려지지 않습니다. 그리스도를 사랑하는 사람은 누구도 궁극적으로 배척당하지 않습니다. 모든 사람의 구원은 다른 누군가에게서 시작됩니다. 하나님께서는 당신을 어떤 일로 부르고 계십니까?

11월 3일, 예수님을 택하라

누가복음 14:25-34

"이와 같이 너희 중의 누구든지 자기의 모든 소유를 버리지 아니하면 능히 내 제자가 되지 못하리라"(눅 14:33).

유대인들의 성막의 디자인과 구조는 영원한 실재를 가리키는 표지로 가득했습니다. 거기에 있는 가구들조차 하나님을 가리켰습니다. 성막 바깥 뜰에 첫 번째로 놓여 있는 것은, 동물을 희생 제물로 드리는 놋 제단이었습니다. 하나님은 성막의 가장 중심인 지성소에 머무셨는데, 그분의 거처로 나아가는 각 예배자는 놋 제단에 서서 희생 제사를 드려야 했습니다. 그 제사는 죄를 속하기 위한 것으로, 생명의 희생, 곧 피 흘림이 있어야 했습니다.

하나님과의 친밀함에는 대가가 있습니다. 우리는 그 대가를 치를 마음 없이 그분께 나아가서는 안 됩니다. 삼위일체 하나님과의 사귐은 결코 값싼 것이 아닙니다. 성경은 값싼 은혜를 말씀하지 않습니다. 은혜는 주 예수님께서 엄청난 값을 지불하셨기에 우리가 누릴 수 있게 된 것입니다. 우리가 하나님과의 친밀함을 누리기 위해서도 치러야 할 대가가 있습니다.

삶에서 가치 있는 것은 무엇이든 노력 없이 얻는 것이 없습니다. 하나님은 세상의 질서를 만드실 때, 우리가 가장 바라는 것을 얻기 위해서는 희생을 치르게 하셨습니다. 그 대상이 하나님이든 사람이든, 누군가를 사랑하는 것은 우리 자신의 이익보다 그 사람을 우선시함을 말합니다. 세상의 모든 안락함과 호화로움을 누리는 것보다 예수 그리스도와의 친밀함 속에서 사는 것이 한없이 더 좋은 일입니다.

11월 4일, 요셉의 믿음

히브리서 11장

"이 사람들은 다 믿음을 따라 죽었으며 약속을 받지 못하였으되 그것들을 멀리서 보고 환영하며 또 땅에서는 외국인과 나그네임을 증언하였으니 … 그들이 이제는 더 나은 본향을 사모하니 곧 하늘에 있는 것이라 이러므로 하나님이 그들의 하나님이라 일컬음 받으심을 부끄러워하지 아니하시고 그들을 위하여 한 성을 예비하셨느니라"(히 11:13, 16).

요셉의 죽음을 기억합니까? 그는 그의 아들 에브라임과 므낫세를 불러, 자신이 죽으면 시신을 땅에 매장하지 말고 대신 향료 처리를 하라고 말했습니다. 이스라엘 백성이 애굽을 떠나 하나님의 약속의 땅으로 들어가기까지 그 상태로 보존되기를 원했던 것입니다. 요셉은 하나님께서 자신의 가문에 하신 약속을 지키실 것을 확신했고, 그는 살아 있을 때 떨어져 있었던 가족들과 죽은 후에라도 함께 있기를 바랐습니다.

할아버지 요셉의 시신을 오랫동안 보존했던 가족이 어땠을지 상상이 됩니까? 이후 모든 세대의 손자들은 이렇게 말했을 것입니다. "할머니, 거실의 저 상자에 뭐가 있어요?"

그녀는 침착하게 이렇게 답해주었을 것입니다. "아가야, 거기엔 요셉 할아버지가 계시단다."

"할머니, 이집트 사람들이나 다른 민족은 죽은 사람을 피라미드 속에 두거나 땅에 묻어요. 누구도 죽은 사람을 거실에 두지 않아요!"

"우리는 이집트 사람과 다르단다. 우리에겐 미래가 있고, 그 미래에 우리는 다른 곳으로 갈 거야. 하나님께서는 우리를 위해 한 땅을 예비해놓으셔서 우리를 그곳으로 데려다주기로 약속하셨어. 우리는 요셉 할아버지를 여기 이집트에 두고 갈 수가 없어. 우리는 그를 약속의 땅에 묻어드려야 해."

믿고 의심하지 않는 것, 이것이 성경적 신앙입니다. 곧 하나님께서 당신을 위해, 그리고 그분의 모든 백성을 위해 예배해놓으신 미래가 있음을 믿는 것입니다.

11월 5일, 기쁨과 성취와 행복

요한복음 14:19-31

"그런즉 내가 하나님의 제단에 나아가
나의 큰 기쁨의 하나님께 이르리이다
하나님이여 나의 하나님이여
내가 수금으로 주를 찬양하리이다"(시 43:4).

나는 삼위일체 내에서 한 위격이 다른 위격들을 상호의존하고 있는 관계를 적절히 설명해보고자 합니다. 이런 식으로 설명해보면 어떨까요? 성부, 성자, 성령 사이의 사랑은, 서로에게서 가장 큰 기쁨과 성취를 발견하는 사랑입니다. 이것이 그들의 관계의 본질입니다. 당신이 그들 중 한 위격을 안다면 그것은 세 위격 전체를 아는 것이나 마찬가지일 정도로, 그분들은 상호 내주하십니다. 상호 내주하시는 관계가 그분들의 본질이며, 그 관계의 특징은 사랑입니다.

그리스도인의 하나님은 특정한 경우에만 사랑하는 이슬람의 알라와 다릅니다. 주 하나님은 사랑 그 자체이십니다. 알라에게는 어떤 때만 하는 행동이, 여호와 하나님께는 그분의 본질이자 본성입니다. 하나님께서 삼위일체로 존재하지 않으신다면, 하나님이 사랑이신 것은 불가능할 것입니다. 만약 그랬다면 창조 이전에는 그분이 누구를 사랑할 수 있었겠습니까? 사랑은 우리가 다른 존재에게서 기쁨과 성취와 즐거움을 발견하는 것을 말합니다. 삼위일체 하나님은 시간과 공간이 시작되기 전에도 계셨습니다. 하나님은 세상에 아무것도 존재하지 않았을 때도 사랑이셨고, 지금도 사랑이시며, 언제나 사랑이실 것입니다.

하나님의 이러한 인격적인 특징과 그리스도인의 인격적인 특징은 믿음을 강조할 뿐 아니라, 하나님이 우리에게 순종만 바라시는 것이 아님을 의미합니다. 만약 그분이 우리에게서 노예와 같은 복종만을 원하셨더라면 그것을 우리에게 강요하실 수 있었을 것입니다. 하나님이 정말 우리에게서 원하시는 것은, 그분을 우리의 기쁨과 성취와 행복으로 삼을 정도로 그분을 사랑하는 것입니다.

11월 6일, 참되게 아는 것

로마서 2:25-29

"그런즉 이스라엘 온 집은 확실히 알지니
너희가 십자가에 못 박은 이 예수를
하나님이 주와 그리스도가 되게 하셨느니라 하니라"(행 2:36).

예수님을 십자가에 못 박은 사람들은 이 세상에 살았던 어떤 사람들보다도 궁극적인 실재에 대해 더 많은 지식을 가지고 있었습니다. 그들은 세상에서 유일하고도 진정한 유일신론자들이었습니다. 그래서 유일하신 하나님과 언약을 맺었고, 그분이 주신 계명을 따라 살았습니다. 그리고 그들은 살아 있는 사람들 중 가장 박식하고 윤리적인 사람들이었습니다. 그러나 바로 그 지식이 그들로 하여금 그들의 모든 지식 배후에 계시는 실재이신 분을 부인하게 했습니다. 또 유대인의 윤리는 모든 인간 존재의 창조주이신 분을 알아보지 못하게 했습니다. 그 결과, 당신이나 나와 크게 다르지 않은 그들이 예수님을 죽였습니다.

하나님에 대한 지식은 매우 치명적일 수 있습니다. 그분의 존재가 우리 삶과 생각에 들어와 그분에 대한 우리의 지식이 인격적인 것이 되어야, 우리는 우리가 기다려온 그분을 십자가에 못 박지 않을 수 있습니다.

민수기 9장 15-23절에는 이스라엘 백성이 여호와 하나님의 임재를 따라갔다는 말씀이 기록되어 있습니다. 하나님은 밤에는 불 기둥, 낮에는 구름 기둥으로 그들을 인도하셨습니다. 백성이 멈추길 바라실 때는, 구름이 장막 위에 내려앉았습니다. 하나님에 대한 이스라엘 사람들의 지식은 인격적인 것이었습니다. 그들 중에 영광스럽게 거하신 그분의 임재는 그들 삶의 가장 중요한 현실이었습니다. 당신은 하나님을 이와 같이 인격적인 방식으로 알고 있습니까, 아니면 단지 그분에 관한 지식만 가지고 있습니까?

11월 7일, 일의 즐거움

잠언 6:6-11

"하나님이 이르시되
우리의 형상을 따라 우리의 모양대로 우리가 사람을 만들고
그들로 바다의 물고기와 하늘의 새와
가축과 온 땅과 땅에 기는 모든 것을 다스리게 하자 하시고"(창 1:26).

예수님을 따르는 일은 힘든 노력 없이는 불가능합니다. 우리가 그분을 닮기 위해서는 우리의 지식을 새롭게 할 뿐 아니라, 우리의 의지도 그분께 복종시켜야 합니다. 그리스도인은 가만히 앉아 영감이 오기를 기다리는 것이 아니라 하나님께서 자신을 더 잘 알 수 있도록 주신 은혜의 방편들을 활용해야 합니다. 지적, 도덕적, 영적인 활동 영역은 우리가 활용할 수 있도록 열려 있기에, 신자는 그것을 바르게 익히고 알아야 할 책임이 있습니다. 기쁜 일은, 하나님께서 특정 연구 분야로 우리를 불러주셨다면, 하나님의 뜻을 행한다는 소명의식과 확신으로 핵 물리학이나 수메르어 문법과 같은 난해한 분야의 전문가가 될 수 있다는 점입니다. 어딘가에서 누군가가 인간의 지식과 경험의 각각의 영역을 깊이 있게 아는 것은 하나님의 뜻이기 때문입니다.

예수님을 진정으로 알려면 무엇이 필요합니까? 그것은 삶의 모든 영역에서의 힘든 노력을 필요로 함에도 우리는 그런 노력을 피하려 합니다. 그리스도를 알아가는 일에는 마법이 통하지 않고, 지름길도 없습니다. 신자들은 모두 영적인 소매를 걷어붙이고 그분께서 자신에게 맡기신 그 일을 붙들고 씨름해야 합니다. 하나님은 분명히 우리를 도와주실 것이지만, 결코 우리가 스스로 해야 할 일들까지 대신 해주시지는 않습니다. 우리에게는 여유를 즐길 특권이 없습니다. 주님이 맡기신 일을 하는 것은 우리의 책임이고 소명입니다. 우리는 일의 즐거움을 배워야 하고, 그렇게 하기 위해 사회는 사람들이 일할 수 있는 체계로 만들어져 있습니다. 이 세상에서 구원을 이루어가는 가장 소중한 일이 아무런 부담 없이 이루어질 리는 만무합니다.

11월 8일, 사람의 길

예레미야 10장

"여호와여 내가 알거니와
사람의 길이 자신에게 있지 아니하니
걸음을 지도함이 걷는 자에게 있지 아니하니이다"(렘 10:23).

예레미야 10장 말미에서 선지자는 인류에 대해 한 가지 결론을 내립니다. 매우 소중한 이 구절에서 예레미야는 하나님의 본성과, 하나님의 부재로 생긴 삶의 공백을 채우기 위해 하나님 아닌 다른 것을 찾는 인간에 대해 다음과 같이 말합니다. "여호와여 내가 알거니와 사람의 길이 자신에게 있지 아니하니 걸음을 지도함이 걷는 자에게 있지 아니하니이다"(23절). 인간의 특징은 우리의 길이 우리 자신에게 있지 않다는 것입니다. 우리 사회가 중시하는 성공을 위한 자원과 자기실현의 모험은 궁극적인 행복과 만족을 주지 못합니다. 개인이든 인류 전체든, 사람이 존재하는 목적은 우리 너머에 있습니다. 우리는 우리 자신의 실재 바깥에 계신 누군가를 위해 지음 받았습니다. 그렇기 때문에 우리 스스로 모든 해답을 알아야 하는 것이 아닙니다.

놀라운 것은, 이 진리가 인간만이 아니라 예수님께도 동일하게 적용되었다는 것입니다. 예수님께서는 자신의 길을 스스로 결정하시지 않았습니다. 성부 하나님께서 그분의 길을 정하셨습니다. 예수님은 성부 하나님을 위해 사셨고, 자신의 방향과 해답과 성취 모두를 성부 하나님께 구했습니다.

주 예수님께서도 자신에게서 길을 찾을 수 없었고 성부 하나님을 바라보아야 하셨다면, 우리의 길 역시 우리 외부 곧 성부 하나님 안에 있을 수밖에 없습니다. 우리가 예수님만큼 자기 결정권을 갖지는 못했다는 사실은 분명합니다. 삼위일체 하나님과 친밀한 관계로 살아가는 그리스도인은 모든 결정과 해답과 필요를 위해 아버지께 구할 수 있다는 사실에서 자유를 발견합니다. 비록 우리 자신은 스스로의 길을 찾거나 스스로의 필요를 채울 만큼 훌륭하지 못하지만, 그렇게 해주실 수 있는 분이 계심을 아는 것은 참으로 영광스러운 깨달음입니다.

11월 9일, 참된 그리스도인

마태복음 5:1-16

"너희는 세상의 소금이니
소금이 만일 그 맛을 잃으면 무엇으로 짜게 하리요
후에는 아무 쓸 데 없어
다만 밖에 버려져 사람에게 밟힐 뿐이니라"(마 5:13).

서구 기독교가 가장 필요로 하는 것은 더 많은 사람이 그리스도인이 되는 것이 아니라, 그리스도인이 참된 그리스도인이 되는 것입니다. 나는 예수님께서 제자들에게 세상의 소금이 되라고 하신 말씀을 생각해보았습니다. 그리스도인은 세상이 부패하지 않게 하고 오염된 곳을 깨끗하게 함으로 사회에 긍정적인 영향을 끼쳐야 합니다. 그리스도인은 모든 사회가 열심히 노력함에도 결실이 없이 살아갈 때 삶의 맛과 묘미를 보여줄 수 있어야 합니다.

소금의 맛은 당신과 내가 통제하고 유지하고 나누어줄 수 있는 것이 아닙니다. 그것은 하나님과 친밀함 속에서 살아가는 것의 직접적인 결과입니다. 나는 하나님과 멀리 살면서도 내가 부끄러움을 느낄 만큼 훌륭한 삶을 살아가는 사람을 아직 만나본 적이 없습니다. 나를 도전하고, 흥분하게 하며, 부끄러움을 느끼게 만드는 삶을 산 사람들은 한결같이 하나님과의 친밀한 교제 속에서 살았습니다.

만약 자신의 삶으로 자신의 말을 입증하지 못한다면, 세상은 그런 사람이 하나님과 예수님에 대해 말하는 것을 들을 필요가 없습니다. 흥미로운 것은, 하나님과 더 친밀하게 지낼수록 우리가 해야 할 말은 적어진다는 것입니다. 우리의 삶 자체가 주 예수 그리스도의 순결함과 자유와 아름다움에 대한 담대하고도 아름다운 간증이 되기 때문입니다.

11월 10일, 하나님의 타자성

요한복음 1장

"태초에 말씀이 계시니라 이 말씀이 하나님과 함께 계셨으니 이 말씀은 곧 하나님이시니라 그가 태초에 하나님과 함께 계셨고 만물이 그로 말미암아 지은 바 되었으니 지은 것이 하나도 그가 없이는 된 것이 없느니라 그 안에 생명이 있었으니"(요 1:1-4).

창세기 1-2장은 고대의 다른 창조 설화들과 매우 다른 세계관을 담고 있습니다. 고대의 다른 창조 신화에서는 인간과 신은 함께 뒤섞여 살아가기 때문에, 누군가의 계보를 충분히 거슬러 올라가면 거기에는 신이 있었습니다. 그 모든 종교가 유한과 무한의 경계를 모호하게 했기에, 세상에는 창조주가 아닌 피조물을 섬기는 우상숭배 문화가 생겨났습니다. 그런 이야기들은 모든 현실을 시간과 공간에 국한시키는 다른 모든 세계관과 마찬가지로 인간의 상상력에 호소합니다. 우리 존재와 우리의 상황 외에는 그 어떤 것도 존재하지 않는다는 생각은 매혹적이지만 환상일 뿐입니다.

나는 어떤 신학자가, 예수님께서 육신을 입으신 것은 하나님께서 인류를 사랑하시며, 자신을 사람과 동일시하신다는 증거라고 말하는 것을 들었습니다. 하지만 부활에 대한 질문을 받자, 부활이 실제로 발생한 것으로 생각하지는 않는다고 인정했습니다. 그 사람의 신학은 다음 세 가지로 요약할 수 있습니다. (1) 인생은 비극적입니다. 예수님의 고난을 보십시오. (2) 인생은 불합리합니다. 예수님을 보십시오. 의인이 불의를 당했습니다. (3) 인간이 처한 혼란 속에 하나님도 함께 계십니다. 예수님을 보십시오.

나는 그 신학자의 병적인 신학 강의를 들으면서, 하나님의 타자성에 대한 성경의 가르침을 제거해버린다면 인류에게는 아무런 소망도, 도움의 손길도 있을 수 없음을 알게 되었습니다.

창세기 1-2장은 그런 것과는 근본적으로 다른 내용을 말씀합니다. 창조의 하나님은 인간 삶의 흐름과 변화에 매여 있지 않으십니다. 그분은 우리가 지닌 한계에 제한받지 않으십니다. 그분은 우리 존재 속으로 들어오셔서 혼돈이 있는 곳에 질서를, 죽음이 있는 곳에 생명을 주십니다. 모호함이 있는 곳에는 확실성을, 무지가 있는 곳에 지식과 진리를 가져다주십니다. 질서, 생명, 확실성, 지식, 진리와 같이 매우 값진 모든 것은 오직 하나님께 대한 성경적 관점에서만 나올 수 있습니다.

11월 11일, 윤리의 기초

이사야 42:5-9

"나 여호와가 의로 너를 불렀은즉
내가 네 손을 잡아 너를 보호하며
너를 세워 백성의 언약과 이방의 빛이 되게 하리니"(사 42:6).

기독교 윤리의 기초는 보편적 의식이나 일반적 도덕법이 아닌, 세상을 창조하신 하나님과의 인격적 관계입니다. 우리는 그 관계를 기초로 다른 사람에 대한 관심을 갖고, 모든 사람은 삼위일체 하나님의 형상으로 지음 받았기에 존중과 영예를 받을 가치가 있음을 주장할 수 있게 됩니다. 나는 성경에서 '의'(righteousness)라는 용어가 어떤 추상적인 법을 지키는 것을 의미하지 않음을 알게 되었을 때 큰 충격을 받았습니다. 그 대신 의는 옳고 참되며 깨끗한 관계를 형성하는 것을 의미합니다. 우리는 하나님이나 다른 사람들과 올바른 관계 속에 있어야 합니다. 그것이 의의 성경적 의미입니다.

하나님의 본성은 우리가 다른 사람들을 어떻게 대해야 하는지를 알 수 있는 기준이 됩니다. 그분은 본성은 한결같은 진실, 끝없는 사랑과 친절, 변치 않는 의로움입니다. 하나님이 진실하시고 사랑이 많으시며 의로우시기에, 우리도 진실, 끝없는 사랑과 친절, 의로움으로 다른 사람을 대해야 합니다. 모든 사람은 하나님의 형상으로 창조되었기 때문에, 우리는 마땅히 그분의 형상으로 지음 받은 다른 사람들을 존중해야 합니다.

이러한 성경의 가르침은 윤리적 상대성에 대한 주장을 깨뜨립니다. 옳고 그름의 기준은 하나님이십니다. 우리의 윤리적 토대는 경직되고 오래된 규칙도, 언제나 우리의 필요에 맞게 바꿔도 되는 유동적 규칙도 아닙니다. 우리가 타인이나 우리가 살아가는 세상을 대할 때 기준으로 삼아야 할 분은 삼위일체 하나님이십니다. 우리는 우리를 지으신 분의 계획대로 올바른 관계 속에서 살고 있습니까? 다른 사람을 하나님의 진리와 사랑과 의의 형상으로 지음 받은 존재로 대하고 있습니까?

11월 12일, 그리스도인의 보물

마태복음 6:19-23

"오직 너희를 위하여 보물을 하늘에 쌓아 두라 거기는 좀이나 동록이 해하지 못하며 도둑이 구멍을 뚫지도 못하고 도둑질도 못하느니라 네 보물 있는 그 곳에는 네 마음도 있느니라"(마 6:20-21).

주는 귀한 보배 참 기쁨의 근원 참된 내 친구
갈급한 내 마음 주를 사모하여 목이 탑니다
흠이 없는 어린 양 그 품 안에 괴롬 없어 더 바랄 것 없네

주의 품에 안겨 편히 쉬는 나를 누가 해치랴
땅이 흔들리고 모두 떨지라도 겁낼 것 없네
죄와 지옥 물결이 우리들을 덮치어도 주는 피난처라

기쁨의 주 예수 우리 함께하니 슬픔 없어라
하나님의 자녀 폭풍 속에서도 평화로워라
무슨 일을 만나도 주 안에는 기쁨 있네 주는 나의 보배*

예수님은 오늘 당신의 보물이십니까?

*Johann Franck, "Jesus, Priceless Treasure," *Trinity Hymnal* (Suwanee, Ga.: Great Commission Publications, 1990), no. 550 (새찬송가 81장-역주).

11월 13일, 의심과 의문

디모데후서 2:11-13

"어떤 자들이 믿지 아니하였으면 어찌하리요 그 믿지 아니함이 하나님의 미쁘심을 폐하겠느냐 그럴 수 없느니라 사람은 다 거짓되되 오직 하나님은 참되시다 할지어다 기록된 바 주께서 주의 말씀에 의롭다 함을 얻으시고 판단 받으실 때에 이기려 하심이라 함과 같으니라"(롬 3:3-4).

의심과 의문의 차이는 무엇일까요? 과거에 나는 어떤 의문을 갖게 되면, 내가 믿지 못해 의심하는 것으로만 생각했습니다. 그래서 한때 하나님이 나를 저주하신 줄로 생각하기도 했습니다. 마치 그분이 굉장한 속도로 질문을 만들어내는 질문 상자를 내 머리에 넣어두신 것 같았고, 어떤 사람도 내가 가진 것만큼 많은 의문을 갖지는 않은 것 같았습니다. 그러나 세월이 흐르면서 나는 그 질문 상자에 대해 매우 감사하게 되었습니다. 하나님께서는 그것을 사용해 나를 오해와 자기기만에서 구해내셨기 때문입니다.

만약 의문을 갖는 것이 의심하는 것과 다르다면, 둘 사이의 차이는 무엇일까요? 창세기 3장에서 뱀은 "하나님이 참으로 너희에게 동산 모든 나무의 열매를 먹지 말라 하시더냐"라고 말합니다.

그러자 하와는 이렇게 말합니다. "그래, 동산 중앙에 있는 나무의 열매는 먹어서도, 만져서도 안 돼."

그러나 뱀이 말합니다. "하나님 참 심술궂으시네. 그렇지 않니? 저 나무 열매를 봐. 얼마나 예쁘고 맛있어 보이니? 그걸 먹으면 넌 더 풍요로움을 느끼는 사람이 될 거야. 하나님은 그걸 너에게 비밀로 하고 있는 거야. 너에게서 그걸 빼앗으려는 거지."

그러자 하와는 딜레마에 빠집니다. 나무는 좋아 보였고, 뱀은 무엇인가를 알고 그 말을 하는 것 같았습니다. 하지만 그녀는 하나님이 지금까지 자신을 최선으로 대해주셨다는 것을 잘 알고 있었습니다.

여기까지는 죄가 될 만한 것이 아무것도 없습니다. 그러나 이제부터 의심이 찾아옵니다. '하나님이 나에게서 뭔가를 숨기고 있다고? 그분이 내게 유익한 것인데도 내게서 빼앗으려 한다고?' 하와는 이런 생각에 동의하자마자 죄에 빠지고 말았습니다.

하나님이 무엇인가를 숨기고 계시다고 불만을 품은 적이 있습니까? 당신이 바라는 모든 것을 주시지 않는다는 이유로 그분께 화가 난 적이 있습니까? 하나님은 선하지 않다고 생각하며 하나님께 불만을 품는 순간, 나는 죄에 빠져 하나님을 멀리하게 됩니다. 내가 하나님에게서 멀어지도록 내버려두는 순간, 죄는 이미 내 삶에 들어와 있습니다.

11월 14일, 간교한 유혹

누가복음 4:1-13

"뱀이 여자에게 이르되 너희가 결코 죽지 아니하리라
너희가 그것을 먹는 날에는 너희 눈이 밝아져
하나님과 같이 되어 선악을 알 줄 하나님이 아심이니라"(창 3:4-5).

마귀는 사람을 유혹할 때 매우 간교하고 교활합니다. 첫째, 그는 언제나 좋은 것을 가지고 우리를 유혹합니다. 하와의 이야기가 그것을 잘 보여줍니다. 유혹하는 마귀는 어디서 왔습니까? 성경은 주 하나님께서 그를 만드셨다고 말씀합니다. 그는 하나님의 피조물이었습니다. 마귀가 무엇으로 하와를 유혹했습니까? 과일입니다. 그것 역시 하나님이 만드셨기 때문에 선한 것입니다. 어디서 유혹이 발생했습니까? 에덴 동산입니다. 지옥의 변두리에서 일어난 일이 아닙니다. 낙원에서조차 유혹이 있었던 것입니다. 누가 유혹의 대상이 되었습니까? 바로 가장 고귀하고 높은 존재로서 하나님의 창조 세계 중 으뜸가는 위치에 있었던, 하나님의 형상으로 지음 받은 사람이었습니다.

유혹은 언제나 무엇인가 좋고 귀중한 것을 통해 찾아옵니다. 중요한 사실은, 하나님의 뜻 가운데 있는 사람에게도 심각한 유혹이 찾아올 수 있다는 것입니다. 아담과 하와는 하나님이 바라시는 상태에 있었고, 하나님께서 뜻하신 곳에 있었지만, 그럼에도 유혹은 찾아왔습니다.

둘째, 사탄은 자신에게 복종하는 것이 마치 개인의 자율권을 행사하는 것인 양 속이는 전략을 사용합니다. 그는 결코 우리에게 자기 종이 되라고 말하지 않습니다. 뱀은 하와에게 "내가 너의 주인이 되겠다"고 말하지 않았습니다. 충성의 대상은 그리스도에게서 곧바로 사탄으로 바뀌지 않고, 먼저 자기 자신으로 바뀝니다. 그분의 뜻이 아닌 나의 이기심과 욕망이 나를 다스리는 것입니다. 그것이 죄의 본질입니다.

셋째, 마귀는 언제나 "이건 전혀 심각한 일이 아니야. 언제든 죄송하다고만 하면 아무 문제가 되지 않아"라고 말합니다. 하지만 흥미롭게도 이야기는 하와가 밖으로 쫓겨나 에덴 동산을 잃어버리는 것으로 끝납니다. 비록 하나님께 용서받았다 하더라도, 결코 에덴 동산을 되찾지는 못합니다.

유혹이 선한 모양을 하고 있다고 현혹되지 마십시오. 인생의 자율권 갖기를 갈망하지 마십시오. 그것은 사실상 마귀의 노예가 되는 것입니다. 그리고 용서가 죄의 모든 결과까지 제거한다는 말을 믿지 마십시오. 오직 그리스도께 속해 있기로 뜻을 정하십시오. 그분의 깃발을 들고 그 아래에 서십시오. 그분과 함께 행진하면서 내적으로나 외적으로 그분께 붙어 있으십시오. 참으로 아름다운 일은, 유혹을 극복하면 그만큼 예수님과 더욱 가까워져 원수를 물리치게 된다는 점입니다. 하나님은 그분의 자녀가 시험을 이기게 하심으로 악의 나라를 정복하고 승리하게 하실 것입니다.

11월 15일, 유혹

야고보서 1:2-18

"시험을 참는 자는 복이 있나니
이는 시련을 견디어낸 자가
주께서 자기를 사랑하는 자들에게 약속하신
생명의 면류관을 얻을 것이기 때문이라"(약 1:12).

유혹은 죄가 아닙니다. 그러나 사람들은 하나님의 은혜를 경험하는 것과 관련된 다른 여러 문제와 마찬가지로 이 문제에 대해서도 많은 혼란을 겪습니다. 야고보는 우리 각 사람이 시험을 받는 것은 자기 욕심에 이끌려 미혹되는 것이며, 욕심이 잉태해 죄를 낳고 죄가 장성해 사망을 낳는다고 말합니다. 우리는 하와에게서 이러한 진전을 분명히 볼 수 있습니다. 하와는 자신 앞에 놓인 것, 곧 하나님이 금하신 것을 원했습니다. 그것을 쳐다보자 원하게 된 것입니다. 원하는 것 자체는 죄가 아니었으나, 손을 내밀어 그 열매를 따 먹자 죄가 되었습니다. 자신의 의지로 하나님께서 금하신 일을 하기로 동의했을 때, 더러움과 죄가 그녀의 삶에 들어온 것입니다.

유혹과 죄의 관계를 아는 것은 중요합니다. 많은 사람이 자신 속에 잘못인 줄 알면서도 어떤 것을 바라는 마음이 있음을 발견합니다. 그럴 때 그 마음에는 '너는 이미 죄를 지었어'라는 비난과 함께, '그러니 이제 행동으로 옮겨'라며 부추기는 음성이 들립니다. 그러나 그것은 잘못된 생각입니다. 오직 죄를 짓는 데 동의했을 때만 하나님과의 관계가 단절됩니다. 하나님은 유혹과 싸워 승리할 용사를 찾고 계십니다. 누구도 싸우지 않고 승리를 얻을 수는 없습니다.

11월 16일, 악의 문제

요엘 2:12-13

"여자가 그 나무를 본즉
먹음직도 하고 보암직도 하고 지혜롭게 할 만큼 탐스럽기도 한 나무인지라
여자가 그 열매를 따 먹고
자기와 함께 있는 남편에게도 주매 그도 먹은지라"(창 3:6).

그리스도인은 이 세상에 존재하는 악을 어떻게 지적으로 이해하고, 또 감정적으로 대할 수 있을까요? 하나님이 온전히 선하시고 모든 것을 주권적으로 다스리신다면, 어떻게 삶이 그토록 부패했을까요? 모든 시간과 공간에 저주를 가져온 크고 비극적인 사건이 있었다고 말하기는 쉽습니다. 그러나 흥미롭게도 성경은 저주의 근원이 된 사건을 그렇게 대단한 것으로 말하지 않습니다. 두 사람은 단지 방향을 잘못 선택해, 생명의 근원에서 얼굴을 돌려 선과 악을 알게 하는 나무를 바라보았을 뿐입니다.

아담과 하와가 하나님을 없애고 싶어 했다는 암시는 전혀 없습니다. 그들은 단지 한 나무의 실과만 얻을 수 있다면 하나님과 함께하면서 전적으로 만족했을 것입니다. 이처럼 죄는 단순히 하나님에게서 눈을 돌려 당신이 바라는 것에 손을 뻗는 것입니다.

단순하게 눈을 돌린 그 선택에서 두렵고도 비참한 결과가 초래되었습니다. 죄는 심지어 가장 사소해 보이는 것도 이후의 많은 사람에게 영향을 끼칩니다. 죄는 한 번 지으면 마치 없었던 일처럼 되돌릴 방법이 없습니다. 아담과 하와는 이미 선에 대해 알고 있었기에, 악을 알게 된 것은 그들의 잘못된 선택의 결과였습니다. 죄는 선 그 자체이신 분에게서 그들 자신을 분리시켰습니다. 아담과 하와, 그리고 우리 역시 이런 질문을 던져보아야 합니다. "정말 그럴 가치가 있는가?"

11월 17일, 인생의 성취

마가복음 8:34-38

"누구든지 자기 목숨을 구원하고자 하면 잃을 것이요 누구든지 나와 복음을 위하여 자기 목숨을 잃으면 구원하리라"(막 8:35).

인간의 악의 문제와 그 해결책을 이해하는 열쇠는 인간의 본성을 파악하는 것입니다. 우리는 하나님의 형상으로 지음 받았기에 결코 홀로 지낼 수 없고, 언제나 누군가와 관계를 맺고 살아갑니다. 따라서 우리의 결정은 다른 사람에게 영향을 끼칩니다. 우리 인생은 우리 스스로의 결정으로 시작된 것이 아닙니다. 우리는 다른 사람에 의해, 가장 이상적으로는 부부의 사랑의 열매로서 인생을 시작합니다. 우리가 생명을 지속하는 것도 스스로에 의한 것이 아니라, 음식과 물과 공기처럼 우리 주변의 세계에 의존하고 있습니다. 우리는 스스로 자신의 존재를 설명할 수 없습니다. 사람은 언제나 구체적인 남성과 여성으로 존재하기에 전형적인 인간이 따로 존재하지는 않습니다. 각각을 설명하기 위해서는 상대를 필요로 합니다. 따라서 우리의 삶과 정체성은 다른 사람들의 삶에 기반을 두고 있습니다.

우리는 비록 노력하더라도 인생의 성취를 자신 안에서 찾을 수 없습니다. 우리의 성취는 언제나 다른 존재에서 비롯됩니다. 그래서 예수님은 "누구든지 자기 목숨을 구원하고자 하면 잃을 것이요 누구든지 나와 복음을 위하여 자기 목숨을 잃으면 구원하리라"(막 8:35)라고 말씀하셨습니다.

그렇다면 이것이 악의 문제에 어떻게 영향을 끼칩니까? 사람들은 자신의 생존, 정체성, 성취에 반드시 필요한 관계망 속에서 살아갑니다. 그 관계가 깨지면 고통받습니다. 또한 우리의 결정은 광범위한 사람들에게 영향을 끼칩니다. 따라서 우리가 선을 택하면, 다른 사람도 성장하고 발전할 기회를 갖게 됩니다. 반면 악을 택하면, 다른 사람의 성장 기회가 사라지고 맙니다.

그러므로 악의 문제는 우리의 가장 기본적인 관계인 하나님과의 관계가 올바를 때 해결됩니다. 우리는 하나님에게서 비롯되었기에, 그분과 관계를 맺도록 지음 받았습니다. 마찬가지로 우리는 두 사람의 사랑의 관계에서 비롯되었기에, 부모와의 관계를 필요로 합니다. 이 두 가지 관계, 즉 하나님과의 관계나 부모와의 관계 중 어떤 것이라도 박탈당하면 그 결과는 파괴적일 수 있습니다. 하나님과의 관계를 박탈당하는 것은 결국 죽음을 초래합니다.

우리는 하나님과의 관계 속에서 기쁨과 성취를 발견할 때, 다른 사람에게도 은혜의 문을 열어줄 수 있는 새로운 자유를 얻게 됩니다. 우리가 일관되게 자기희생적 사랑에 기초해 선택할 때, 악은 줄어들고 우리 주변 사람들에 대한 지배권을 잃게 됩니다.

11월 18일, 외부에서 오는 구원

이사야 53장

"우리는 다 양 같아서 그릇 행하여 각기 제 길로 갔거늘
여호와께서는 우리 모두의 죄악을 그에게 담당시키셨도다"(사 53:6).

구원은 결코 구원받는 사람에게서 시작되지 않습니다. 나는 젊은 시절 목회자로서 우리 교회와 공동체의 문제를 보면 이렇게 말했습니다. "그 나쁜 사람이 바르게 살아가고 처신하면 상황이 지금보다 훨씬 나아질 것입니다. 왜 그는 그렇게 하지 않나요?"

누구도 스스로 나아지기로 결심하지는 않습니다. 어떤 사람도 어느 날 갑자기 아침에 일어나 스스로 "나는 그리스도인이 될 거야" 또는 "나는 오늘 하나님의 도움으로 내 삶을 바로잡을 거야"라고 말하지 않습니다. 어떤 사람이든 변화의 열쇠는 자신이 아닌 다른 사람에게 있습니다. 그것이 하나님께서 인간에 대해 설계하신 방식이고, 우리는 인간입니다. 나는 당신이 자리에 앉아 요한복음을 읽고, 예수님이 누구신지 스스로 설명해보기를 권합니다. 예수님은 그렇게 자신을 알게 되는 사람은 없다고 말씀하셨습니다. 예수님은 자신의 일을 하기 위해 세상에 오신 것이 아닙니다.

나는 수십 년간 요한복음을 읽어본 후에야 요한복음의 주인공이 예수님이 아닌 것을 깨달았습니다. 요한복음의 주인공은 성부 하나님이십니다. 요한복음에는 '보내셨다'는 말이 사십 회나 사용되었습니다. 예수님이 아버지에 대해 말씀하면서 사용하신 이 헬라어 단어는 문자적으로 '보내시다—나를—아버지'의 순서로 되어 있습니다. 우리는 예수님께서 아버지에게서 오셨다는 것을 알기 전에는 예수님을 결코 이해할 수 없습니다. 예수님은 자신의 뜻이 아닌 아버지의 뜻대로 사람들을 인도하셨기 때문입니다.

우리 중 누구도, 심지어 예수님도 설명하지 않아도 그 자체로 알 수 있을 정도로 명백하지는 않습니다. 우리는 모두가 서로 연결되어 있고, 사람을 이해하는 열쇠는 다른 누군가에게 있습니다. 당신의 육체적 삶은 다른 누군가의 자궁에서 시작되었습니다. 당신의 구원은 다른 누군가의 마음에서 시작되었습니다. 우리 모두는 다른 누군가의 돌봄의 결과입니다. 하나님은 우리를 위해 인간이 되셔서 우리의 모든 죄를 스스로 짊어지셨습니다.

당신은 기꺼이 다른 사람을 마음에 품고 있습니까?

11월 19일, 기쁘게 받아들이라

요한복음 14:15-18

"자기 땅에 오매 자기 백성이 영접하지 아니하였으나 영접하는 자 곧 그 이름을 믿는 자들에게는 하나님의 자녀가 되는 권세를 주셨으니"(요 1:11-12).

우리의 타락한 본성의 결과 중 하나는 다른 사람에게서 무엇인가를 받기 싫어하는 것입니다. 내가 무엇이라도 받으면 나는 그를 의존한 것이 되고, 나는 그렇게 의존하는 사람이 되고 싶지 않기 때문입니다. 나는 노스캐롤라이나 출신인데, 그곳에서 나의 훌륭한 스코틀랜드 가족은 직접 농사일을 다 했습니다. 그들의 좌우명은 "스스로 하라. 자신의 발로 서라. 독자적인 사람이 되라"였습니다. 그래서 나는 다른 사람에 대한 의존을 거부하는 성향을 갖게 되었습니다.

내가 당신을 의존하면, 당신은 나를 좌우할 수 있는 힘을 갖게 됩니다. 나는 통제받고 싶지 않습니다. 그래서 의존하기를 싫어 합니다. 나는 받는 문제에 예민합니다. 흥미로운 것은, 내가 받는 것을 거부하거나 내키지 않은 마음으로 받으면, 나는 당신에게서 존재의 목적을 박탈하는 것이 됩니다. 당신은 오직 주는 데서 성취감을 느낄 수 있기 때문입니다.

사랑하는 누군가가 당신이 준 것을 되돌려준 적이 있습니까? 당신의 아들, 딸, 아내, 또는 남편이 선물을, 당신을 조종하기 위한 도구로 사용한 적이 있습니까? 그런 일이 우리에게 고통이 된다는 것은, 우리가 이타적으로 다른 사람에게 무엇인가를 주기 위한 존재로 지음 받았다는 표시입니다. 우리가 다른 사람에게서 받기를 거부하거나, 다른 사람이 우리에게서 받기를 거부하면, 우리는 서로에게 마음을 닫아버리는 것입니다. 당신에게 베푸는 사람에게 당신이 줄 수 있는 최선의 것은, 감사함으로 받는 것입니다.

당신을 사랑하는 사람이 당신에게 주기를 기다리는 사랑의 선물을 받을 준비가 되었습니까? 당신의 마음을 열고 다른 사람을 의존할 준비가 되었습니까? 하나님의 사랑의 선물을 받아들이는 것, 그것이 구원의 본질입니다.

11월 20일, 거저 주라

전도서 11:1-2

"병든 자를 고치며 죽은 자를 살리며
나병환자를 깨끗하게 하며 귀신을 쫓아내되
너희가 거저 받았으니 거저 주라"(마 10:8).

인간의 타락(창 3장)의 또 다른 결과는 주고 싶어 하지도 않게 된 것입니다. 우리는 베푸는 대신 우리의 재산을 지키고 축적하기를 좋아합니다. 무엇인가를 베풀 때는 우리의 선물을 일종의 미끼로 삼으려 합니다. 선물을 미끼로 삼는 것처럼 인간관계를 더 부패하게 하는 것이 있을까요? 아버지가 자녀에게 무엇인가를 주면서 "어쨌든 나는 내 할 바를 다 했어"라고 말한다면, 그 말은 선물의 의미를 퇴색시킵니다. 그는 자애로운 마음으로 그것을 준 것이 아니라, 그것을 줌으로 무엇인가를 얻거나 어떤 목적을 이루려 한 것이기 때문입니다.

우리가 그런 미끼 없이 자유로이 줄 수 있다면 어떨까요? 그것은 온전한 사랑일 것입니다. 나는 그것이 타락하기 전 아담과 하와가 함께 살았던 방식이고, 하나님께서 당신과 나에게도 바라시는 것이라고 확신합니다. 주 예수님이 나에게 베풀어주시면, 나도 당신에게 베풉니다. 그러면 당신도 내게 베풀고, 주님은 그런 당신에게 또다시 베푸십니다. 그로 인해 우리는 풍성한 삶을 누리게 됩니다. 나는 당신 없이는 그런 삶을 살 수 없고, 당신 역시 내가 없이 그런 삶을 살 수 없음을 깨닫습니다. 우리는 사랑의 끈으로 함께 연결되어 살아가는 것입니다. 나는 우리의 영생이 바로 이런 삶을 살아가는 것이라고 믿습니다.

주 예수님께서 우리에게 자신을 내어주신 것처럼, 오늘 하루 자신을 값없이 내어주는 삶을 살아가십시오. 당신 자신의 유익이나 무엇이 되돌아올 것인지에 대해 조금도 생각하지 말고, 온 마음을 다해 거저 주십시오.

11월 21일, 여호와의 팔 (1)

이사야 63:5

"여호와께서 이를 살피시고 그 정의가 없는 것을 기뻐하지 아니하시고 사람이 없음을 보시며 중재자가 없음을 이상히 여기셨으므로 자기 팔로 스스로 구원을 베푸시며 자기의 공의를 스스로 의지하사"(사 59:15-16).

나는 이사야 59장이 말씀하는 주님의 팔을 상상할 때는 언제나 올림푸스산에서 번개를 손에 쥐고 있는 제우스의 모습을 떠올려보곤 합니다. 하나님은 그분의 권능으로 단번에 잘못된 일들을 바로잡으십니다. 그러나 나는 "여호와의 팔"을 묘사하는 이사야 53장의 첫 부분을 읽고 큰 충격을 받았습니다.

"그는 주 앞에서 자라나기를 연한 순 같고 마른 땅에서 나온 뿌리 같아서
고운 모양도 없고 풍채도 없은즉 우리가 보기에 흠모할 만한 아름다운 것이 없도다
그는 멸시를 받아 사람들에게 버림받았으며 간고를 많이 겪었으며 질고를 아는 자라
마치 사람들이 그에게서 얼굴을 가리는 것같이 멸시를 당하였고
우리도 그를 귀히 여기지 아니하였도다
그는 실로 우리의 질고를 지고 우리의 슬픔을 당하였거늘
우리는 생각하기를 그는 징벌을 받아 하나님께 맞으며 고난을 당한다 하였노라
그가 찔림은 우리의 허물 때문이요 그가 상함은 우리의 죄악 때문이라
그가 징계를 받으므로 우리는 평화를 누리고
그가 채찍에 맞으므로 우리는 나음을 받았도다 …
그가 곤욕을 당하여 괴로울 때에도 그의 입을 열지 아니하였음이여
마치 도수장으로 끌려가는 어린 양과 털 깎는 자 앞에서 잠잠한 양같이
그의 입을 열지 아니하였도다"(사 53:2-5, 7).

도수장으로 끌려가는 어린 양은 번개를 든 제우스와는 전혀 다릅니다. 이 성경 구절은 하나님의 권능에 대한 내 이해를 완전히 바꾸어놓았습니다. 그 말씀의 의미를 깨달았을 때, 나는 하나님께서 죄 가운데 있는 세상을 보시고 이렇게 선언하셨다는 생각이 들었습니다. "만약 내가 세상을 구원할 사람을 찾지 못한다면, 내가 그들 중 한 사람이 되리라!"

그 결과, 처녀가 잉태하여 아들을 낳았고, 아이는 말구유에서 태어나 목수의 집에서 자라났습니다. 그리고 그분이 온 세상을 구원할 구원자가 되셨습니다.

11월 22일, 여호와의 팔 (2)

시편 98:1-3

"오직 그리스도는 죄를 위하여 한 영원한 제사를 드리시고
하나님 우편에 앉으사 …
그가 거룩하게 된 자들을 한 번의 제사로
영원히 온전하게 하셨느니라"(히 10:12, 14).

나는 하나님의 진리 앞에서 할 말을 잃게 되는 순간이 있습니다. "여호와의 팔"이 무엇을 말하는지 정말로 이해하게 되면, 그 의미는 참으로 놀랍습니다. 구원은 하늘에서 일방적으로 이루어지는 것이 아닙니까? 네, 그럴 수 없습니다. 하나님은 우리를 구원하시기 위해 망가진 세상에 오셔서 우리가 경험하는 것을 경험하고 우리 중 한 사람이 되셔야 했습니다.

예수님께서 나병환자를 치유하기 위해서는 십자가에 달리시지 않아도 된다는 것을 알고 있습니까? 그분은 맹인을 보게 하기 위해서는 십자가에서 죽으실 필요가 없었습니다. 그분은 본래 그 나병환자와 맹인을 만드신 분입니다. 예수님께서 행하신 모든 기적은 십자가로 가시지 않고도 행하실 수 있는 것들이었습니다. 그분이 십자가 없이 하실 수 없는 일은 단 한 가지였습니다. 예수님은 내 안에 있는 이기심을 돌이키게 하실 수는 없었습니다. 그리고 하나님은 그분이 나를 돌이키게 할 수 없다면, 내가 나 자신만을 위해 살다 멸망에 이를 것을 아셨습니다. 나를 구원할 수 있는 유일한 방법은 하나님께서 직접 내려와 인간이 되시는 길뿐이었습니다.

구원은 인간의 마음에 존재하는 문제를 다루기 위해 여기, 역사 속에서 일어나야 했습니다. 그로 인해 우리는 그리스도께서 죽으신 그 시간과 공간으로 돌아가 생명을 얻을 수 있습니다. 하늘에서는 이처럼 큰 사랑을 베푸신 하나님을 높여 경배하고 찬양하고 있습니다. 우리도 마땅히 그렇게 해야 합니다.

그분은 우리 중 한 사람이 되셨습니다. 그렇기에 예수님을 얼굴과 얼굴로 마주하면, 그분은 당신과 같은 모습일 것입니다. 당신은 예수님을 볼 때, 그분을 만지고 느낄 수 있을 것입니다. 우리를 구원하시기 위해 하나님이신 그분이 영원히 우리의 본성을 취하셨기 때문입니다.

11월 23일, 신앙의 지적 요소

마가복음 8:27-9:13

"믿음은 바라는 것들의 실상이요
보이지 않는 것들의 증거니"(히 11:1).

기독교 신앙은 반드시 지적인 요소를 포함합니다. 우리는 그리스도를 믿을 때, 우리의 지성을 내던져버려서는 안 됩니다. 우리가 성경적 신앙을 가지고 있다면, 우리가 아는 것과 믿는 것 사이에는 밀접한 관계가 있을 수밖에 없습니다. 나는 신자의 삶은 믿음에서 시작해 지식적으로도 꾸준히 발전해가야 한다고 확신합니다. 과거에는 그저 믿기만 했던 것을, 이후에는 이해할 수 있게 된다는 것입니다. 믿음과 지식은 서로 충돌하기보다 서로를 기반으로 삼아 성숙해 갑니다. 예를 들어, 가이사랴 빌립보에서 베드로는 예수님께서 그리스도이심을 믿음으로 고백했지만, 예수님이 변모되어 모세와 엘리야와 더불어 말씀하시는 것을 목격한 후로는 그 믿음이 확고한 지식이 되었습니다. 우리는 과거에도 부단히 믿음으로 살아왔으나, 우리가 믿었던 것이 실제 상황에서 입증되는 것을 보면서 그 믿음이 사실임을 확증하는 것입니다.

하나님은 우리에게 진리를 계시하셨습니다. 우리가 할 일은, 지적인 어둠 속에 살아가는 사람들에게 다가가, 우리의 삶에 있는 복음의 빛을 그들의 마음과 삶에 비추는 것입니다. 우리 그리스도인은 누구나 예수님께서 누구이시며, 왜 그분을 믿어야 하는지에 대해 어느 정도의 지식적인 정보를 얻고 나서야 그리스도와의 동행을 시작할 수 있었습니다. 우리의 진중한 의무는, 우리가 먼저 복음을 충분히 잘 알아야 한다는 것입니다. 그래서 복음을 전할 때는 그 진리의 매력이 분명하게 드러나고, 또 설득력이 있어야 합니다.

하나님께서 당신의 지성을 사용해 어둠 속에 있는 영혼들에게 다가가실 수 있도록 당신의 지성을 끊임없이 훈련하고 있습니까? 우리는 구원받았다고 태만해져서는 안 됩니다. 우리가 지적 자원을 어떻게 사용했는지에 대해 하나님께 직고해야 할 것이기 때문입니다.

11월 24일, 독점의 기쁨

아가 2:2-3

"나는 내가 사랑하는 자를 위하여 노래하되"(사 5:1).

당신과 주 예수님의 관계는 독점적 관계입니까? 그분은 우리와 친밀하고 건강한 관계를 맺기를 바라십니다. 그것이 내가 그렇게 오랜 세월 동안 완전 성화(entire sanctification)에 대한 웨슬리의 가르침을 버리지 못하는 이유였습니다. 나는 아내가 나의 독점적 헌신을 바란다는 것을 잘 알고 있습니다. 나는 물론 많은 다른 여성에게도 친절하게 대할 수 있지만, 그녀는 나의 헌신을 바랍니다. 이 독점적 관계는 상대를 속박하지 않고 오히려 자유롭게 합니다. 예수님께서 우리와 맺기 원하시는 것도 그런 관계입니다. 우리가 그분을 사랑할 때 그것은 희생이 아닌 온전한 기쁨이 됩니다.

그리스도의 십자가에는 내 마음을 사로잡아 내 안에 예수님과 경쟁하는 그 어떤 것도 허용할 수 없게 하는 무엇인가가 있습니다. 예수님이 가장 중요합니다. 그분이 첫 번째이고, 그분만 주님이십니다. 흥미로운 것은, 예수님이 첫 번째가 되시면, 나는 다른 모든 사람과 모든 것을 더 사랑하게 됩니다. 반대로 그분이 첫 번째 사랑이 아닐 때는, 다른 사람과 멀어지고, 나 자신을 다른 사람에게 줄 수 있는 자원과 능력이 급격히 줄어듭니다. 세상은 주 예수님과 독점적 사랑의 관계를 맺고 있어 그로 인해 다른 모든 사람에게도 그 사랑의 관계를 전해줄 수 있는 사람 보기를 원합니다.

주님과 그런 관계 속에서 살고 있습니까?

11월 25일, 가장 작은 자

누가복음 23:39-43

"예수께서 이르시되 여자여 어찌하여 울며 누구를 찾느냐 하시니 마리아는 그가 동산지기인 줄 알고 이르되 주여 당신이 옮겼거든 어디 두었는지 내게 이르소서 그리하면 내가 가져가리이다 예수께서 마리아야 하시거늘"(요 20:15-16).

깨끗하고 순결한 마음을 갖는 것은 불가능하며, 특히 특권이 적은 사람들은 더 그렇다고 말하는 사람들이 있습니다. 그들의 주장은 우리가 평생 간절히 바라고 소망하고 기도하고 구해도 결코 완전히 깨끗한 마음을 가질 수 없다는 것입니다. 그러나 성경에는 이 세상을 살아가면서도 예수 그리스도의 피로 깨끗해진 마음을 갖는 것이 가능함을 말씀하는 구절이 많이 있습니다. 이는 죄에서의 자유를 갈망한다는 것이, 사실상 하나님께서 창조하신 본래의 마음을 갈망한다는 것을 의미할 수 있다는 것입니다.

나는 언젠가 헨리 클레이 모리슨의 설교를 들은 적이 있는데, 그는 마치 청중을 엘리베이터에 태워 지옥으로도 내려보냈다 천국으로도 올려보냈다 하는 것 같았습니다. 그의 이야기는 다음과 같습니다. "천국에 들어섰을 때 우리는 지금까지 본 어떤 것보다 아름다운 생명체를 보았습니다. 너무나 찬란해 우리는 그를 천사장 미가엘이나 모세와 바울 같은 위인인 줄로 알았습니다. 우리가 묻자, 그 생명체가 유쾌하게 웃으면서 이렇게 말했습니다. '틀렸어요, 난 막달라 마리아예요. 예수님의 피로 깨끗이 씻음 받은 그 죄 많은 여인입니다.'"

천국에서 가장 아름다운 사람은 성령님께서 가장 많이 변화시킨 사람일지도 모릅니다. 우리가 하나님의 기준을 절대 충족할 수 없다고 판단한 사람들을 위해 그 기준 자체를 낮추어버리는 것은 하나님께 영광이 되지 않습니다. 그와는 정반대로, 우리가 하나님은 거룩한 분이시며, 예수님은 구원이라는 기적을 통해 누구든 성부, 성자, 성령 하나님과 교제할 수 있도록 거룩하고 깨끗하고 아름답게 만드실 수 있음을 인정할 때, 그것이 하나님께 영광이 됩니다.

11월 26일, 사랑할 수 있는가

고린도전서 13장

"내가 사람의 방언과 천사의 말을 할지라도
사랑이 없으면 소리 나는 구리와 울리는 꽹과리가 되고"(고전 13:1).

나는 한 선교대회에서 180명 정도의 선교사님과 함께 4일 동안 수련회를 진행한 적이 있습니다. 매우 나이가 많은 한 여선교사님이 선교회의 대표였는데, 그녀의 남편은 선교회의 설립자 중 한 분이었습니다. 날이 갈수록 그 선교사님은 선포되는 말씀에 열심히 귀를 기울였습니다. 어느 날 점심 식사 시간에 그녀는 내게 이렇게 말했습니다. "사람이 정말로 고린도전서 13장 말씀대로 살 수 있다고 믿으시는 것은 아니지요?"

나는 이렇게 대답했습니다. "아니요. 나는 그렇게 믿습니다. 그것이 하나님의 말씀이기 때문입니다. 성경은 모든 것을 가지고도 이런 사랑이 없으면 우리는 실패한 것이라고 말씀합니다."

우리 스스로의 힘으로는 이 위대한 장에 묘사된 사랑에 도달할 수 없습니다. 그러나 중요한 것은 우리가 그렇게 사랑할 수 있는지가 아니라, 하나님께서 우리를 변화시켜 그런 사랑을 하게 하실 수 있는가 하는 것입니다. 사랑의 능력은 우리를 구속하신 구주의 흘리신 보혈과, 온전한 사랑으로 우리의 마음을 깨끗하게 씻고 채우고 새롭게 하시는 성령님께 있습니다.

여선교사님은 나를 쳐다보며 "나는 그렇게 사는 것이 정말로 가능하다고는 한 번도 생각해본 적이 없습니다"라고 말했습니다. 그러나 다음 날 오후, 그녀는 성령님께서 자신을 변화시켜 사랑할 수 있게 해주시도록 자신의 마음을 열었습니다. 당신의 삶에는 하나님께서 사랑할 수 있게 하신 징표가 있습니까? 그 사랑이 없다면, 당신은 다른 모든 것에서 실패하고 있는 것입니다.

> 하나님, 나를 변화시켜 사랑하게 해주소서
> 내 안에는 사랑이 없습니다
> 오, 사랑의 불이시여, 사랑에 불을 붙이사
> 영원히 타오르게 하소서*

* Amy W. Carmichael, "Love Through Me," *Toward Jerusalem* (London: SPCK, 1950).

11월 27일, 증거의 지팡이

출애굽기 4:1-5

"지팡이를 들고 손을 바다 위로 내밀어
그것이 갈라지게 하라
이스라엘 자손이 바다 가운데서 마른 땅으로 행하리라"(출 14:16).

언약궤에는 모세와 아론이 이스라엘 백성을 애굽에서 이끌어낼 때 사용한 지팡이가 들어 있었습니다. 그 지팡이는 하나님의 권능을 상징했습니다. 모세는 바로 왕을 대적해 열 가지 재앙을 일으키고 홍해를 가를 때 그 지팡이를 들었습니다. 그 지팡이는 모든 신 위에 여호와 하나님만이 절대자이시며 유일한 하나님이심을 드러냈습니다.

이사야의 마지막 장들은 계속해서 하나님의 탁월하심을 증언합니다. 하나님은 자신에 대해 이렇게 말씀하십니다. "나밖에 신이 없느니라"(사 45:5-6, 18). 여호와 하나님은 전능하시고, 지팡이는 그분이 최고의 권능자와 구원자이심을 보여 주었습니다. 하나님은 이스라엘 백성을 구원하셨고, 과거에 그들을 구원하셨다면 앞으로도 그렇게 하실 수 있습니다. 그래서 대제사장은 대속죄일에 여호와의 구원하시는 능력을 증언하는 하나님의 지팡이 앞에서 희생 제사를 드려야 했습니다.

하나님께 나아갈 때는 그분이 우리의 구원자이심을 기억해야 합니다. 그는 우리가 직면한 어떤 문제보다 크시고, 우리가 맞서 싸우는 어떤 적보다 강하십니다. 그 적이 우리 내부에 있든 외부에 있든 상관없습니다. 하나님은 우리를 그것에서 구원하실 수 있습니다. 그분의 권능과 우리의 순종을 통해, 예수 그리스도는 당신과 내 삶의 주님이 되실 수 있습니다.

11월 28일, 삼위일체와 가정

말라기 2:13-16

"우리가 즐거워하고 크게 기뻐하며 그에게 영광을 돌리세
어린 양의 혼인 기약이 이르렀고
그의 아내가 자신을 준비하였으므로"(계 19:7).

삼위일체 교리는 사람들에게 하나님의 신성을 설명해줄 뿐 아니라, 사람 상호 간의 관계가 어떠해야 하는지를 알려줍니다. 우리는 더는 사회 과학자들이 상상하거나 주장하는 것에 기초해 부모와 자녀 관계를 이해할 수 없고, 그것이 하나님의 영원한 본성에서 비롯된 것으로 생각해야 합니다. 우리는 어떤 모범을 따라야 할지 고민하지 않아도 될 정도로 분명한 모범이 있습니다. 나는 삼위일체 중 성부 하나님께서 성자 그리스도를 대하시는 것처럼 내 아이를 대하고, 내 아이는 성자 그리스도께서 성부 하나님을 대하듯 나를 대해야 합니다. 이처럼 부모와 자녀는 하나님의 본성을 그대로 닮은 진지하고 거룩한 관계 속에 있습니다.

삼위일체 하나님은 또한 결혼 관계의 모범이 됩니다. 결혼 관계는 사회적 편의를 위해 존재하는 일시적인 제도가 아닙니다. 한 남편과 한 아내의 결혼 관계는 하나님의 마음에서 시작된 것으로, 태초부터 그분이 계획하신 것입니다. 인류 역사는 아담과 하와의 결혼으로 시작되었고, 그리스도와 그분의 신부인 교회의 결혼으로 마무리될 것입니다. 예수님과 그의 신부 사이의 약혼은 이미 이루어졌습니다. 이제 그리스도인은, 마치 젊은 여인이 사랑하는 사람의 청혼을 막 수락했을 때처럼 미래에 대한 기대를 가져야 합니다. 즉, 모든 그리스도인의 눈에서는 사랑이 빛나야 합니다.

11월 29일, 진정한 인간

빌립보서 2:5-11

"이를 위하여 너희가 부르심을 받았으니
그리스도도 너희를 위하여 고난을 받으사 너희에게 본을 끼쳐
그 자취를 따라오게 하려 하셨느니라
그는 죄를 범하지 아니하시고 그 입에 거짓도 없으시며
욕을 당하시되 맞대어 욕하지 아니하시고
고난을 당하시되 위협하지 아니하시고
오직 공의로 심판하시는 이에게 부탁하시며"(벧전 2:21-23).

창세기 1-2 장에서 우리는 하나님과 인간 사이의 관계가 어떠해야 하는지를 발견합니다. 우리는 인간을 이해하기 위한 열쇠를 우리가 알고 있는 지금의 세상이 아닌 낙원에서 찾아야 합니다. 당신은 진정한 인간, 온전한 사람을 한 번도 본 적이 없을지도 모릅니다. 진정한 인간은 너무나 드물어 그런 사람을 찾기 위해서는 많은 노력을 기울여야 할 것입니다. 당신이 진정한 인간을 만나면, 그 사람이 고의로는 죄를 짓지 않는다는 것을 발견할 것입니다(요일 3:6, 9; 5:18). 그리스도는 우리를 죄에서 자유롭게 하실 수 있습니다. 그럴 때 우리는 점차 본래 우리가 지음 받았던 모습으로 변화되어갈 수 있습니다.

사람이 죄 없이 온전할 수 있다는 것을 알고 있습니까? 우리가 사람이라는 것이 반드시 죄를 지을 수밖에 없는 존재임을 뜻하지는 않습니다. 때때로 사람들은 고의로 저지른 잘못에 대해서도 "뭐, 나도 어쩔 수 없는 인간인걸" 하고 말합니다. 사실 인간의 본성에는 잘못을 저지를 가능성이 내포되어 있지만, 잘못을 저질렀다고 당신이 더 인간적이 되는 것은 아닙니다. 오히려 죄를 저지르면 그러기 전보다 비인간적이 됩니다. 우리를 인간 이하의 수준에서 살게 하는 것은 우리의 죄입니다.

이는 성육신을 이해하는 열쇠입니다. 하나님이 인간을 그분의 신부로 삼으실 수 있는 것은, 인류가 본질적으로 악하지는 않기 때문입니다. 죄가 인간이 역사 속에서 초래한 사고라면, 예수님의 보혈은 우리를 그 결과에서 벗어나게 하실 수 있습니다. 우리는 죄에서 전적인 자유를 얻을 수 있습니다.

11월 30일, 창조의 목적

아가 8:6-7

"곧 내가 그들 안에 있고 아버지께서 내 안에 계시어
그들로 온전함을 이루어 하나가 되게 하려 함은
아버지께서 나를 보내신 것과 또 나를 사랑하심같이
그들도 사랑하신 것을 세상으로 알게 하려 함이로소이다"(요 17:23).

만약 내가 마귀가 되어 하나님의 일을 방해하려 한다면, 무엇을 해야 하는지는 분명합니다. 나는 모든 사람이 지음 받은 목적이 자신을 내어주는 사랑에 있음을 깨닫지 못하게 방해했을 것입니다. 그리스도는 자기희생적인 사랑으로 우리를 감싸기 원하시고, 그 사랑에 우리를 포함시키기 원하십니다. 그러나 우리의 타락한 본성은 우리를 향한 그분의 목적을 깨닫지 못하게 방해하고, 우리의 눈과 귀를 멀게 하는 마귀의 거짓말에 쉽게 속아 넘어가게 만듭니다.

내가 만약 마귀였다면, 나는 내가 아는 모든 인간관계에서 사랑을 타락시키려 최선을 다했을 것입니다. 그런 사랑의 관계는 하나님의 영원한 사랑을 가리키기 때문입니다. 만약 내가 사람들을 사랑이 어떤 것인지 전혀 알지 못하는 상태로 바꾸어놓을 수만 있다면, 나는 그들이 무엇을 위해 지음 받았는지도 알 수 없게 만들 수 있습니다. 그렇게 되면 각 사람은 사랑이 없는 고립된 삶을 살아갈 것이고, 그들이 즉각적으로 의식하는 물질 세계 이외의 삶의 풍요로움은 결코 알 수 없게 될 것입니다.

우리 영혼의 원수는 우리가 어디서 왔는지, 그리고 우리가 삼위일체 하나님과 교제하고 그분의 자기희생적인 사랑에 동참할 때 우리의 미래가 어떻게 바뀔지 압니다. 그래서 그는 하나님께서 우리를 얼마나 사랑하시는지 그 깊이를 알 수 없게 하기 위해 모든 방법을 동원할 것입니다. 그래서 예수님께서 이렇게 말씀하셨습니다. "내가 비옵는 것은 이 사람들만 위함이 아니요 또 그들의 말로 말미암아 나를 믿는 사람들도 위함이니 … 그들도 다 하나가 되어"(요 17:20-21). 세상 사람들이 고립에서 벗어날 수 있는 유일한 방법은, 다른 사람들이 타락한 사랑을 버리고 자신이 꿈꾸었던 것을 주는 그런 높은 수준의 사랑 안에서 살아가는 것을 보는 것입니다. 영혼을 만족시키는 영원한 사랑에 대한 꿈은 그들을 예수님께로 인도하는 길이 될 것입니다.

12월 1일, 성탄 준비

시편 46:10-11

"여호와 앞에 잠잠하고 참고 기다리라"(시 37:7).

성탄절 절기가 다가오고 있습니다. 우리는 그리스도의 오심을 위해 우리의 마음을 준비해야 합니다. 우리는 너무 자주 서둘러, 불안하게, 준비되지 않은 상태로 그분께 나아가곤 합니다. 우리는 영적인 준비를 무엇보다 중요하게 여겼던 옛 스코틀랜드 교회의 성찬식에 주의를 기울일 필요가 있습니다. 그곳에서는 주일에 성찬을 받기 원하는 신자는 미리 주중의 특별예배에 참석해 마음을 준비하게 함으로, 하나님 앞에 허둥대며 나아가지 않게 했습니다. 사람들이 삶의 정황 속에서 꼭 필요로 하는 하나님의 은혜를 받을 준비를 갖추어 성찬을 받을 수 있도록 지도자들이 이러한 준비 예식을 제정한 것입니다.

우리는 지금부터 몇 주 동안을 우리의 준비 기간으로 삼아야 합니다. 성탄절의 모든 행사를 진행할 때 우리 삶에는 하나님을 구하는 영적인 주림과 목마름이 있어야 합니다.

우리는 이렇게 기도해야 합니다. "하나님, 당신이 이 성탄절 절기에 내게 말씀하고자 하시는 것이 무엇입니까? 나는 당신의 생일을 축하하는 이 절기 동안 내 마음과 생각과 전 존재가 당신의 영을 향해 활짝 열려 있기를 원합니다."

이때는 우리가 삶의 우선순위에서 매우 조심해야 할 때입니다. 선물을 사고, 가족과 시간을 보내며, 교회에서 활동하는 것도 매우 중요하지만, 당신과 내 삶에서 가장 중요한 것은 우리와 함께 거하시기 위해 오신 임마누엘 하나님과의 관계입니다.

12월 2일, 예수님의 이름

시편 99:1-5

"이러므로 하나님이 그를 지극히 높여 모든 이름 위에 뛰어난 이름을 주사
하늘에 있는 자들과 땅에 있는 자들과 땅 아래에 있는 자들로
모든 무릎을 예수의 이름에 꿇게 하시고"(빌 2:9-10).

이제 며칠이 지나면 세상은 하던 일을 멈추고 예수님의 탄생을 알릴 것입니다. 이 세상 지도자들 중 몇이나 예수님의 탄생과 이 세상에서 일어나는 일의 관계를 볼 수 있겠습니까? 서구 세계의 대부분의 사람이 또다시 헨델의 <메시아>를 듣겠지만, 그들 중 '할렐루야 합창곡'이 역사 속에서 실제로 일어난 일을 노래하고 있다고 생각하는 사람은 매우 드물 것입니다. "왕의 왕 또 주의 주, 또 그가 영원히 다스리시리"라는 가사는 단지 음악이 아닌 실제인데도 말입니다. 그 가사는 진리입니다. 예수님이 다스리실 것입니다. 더 좋은 것은, 그분이 지금도 통치하고 계신다는 것입니다. 비록 언론과 정치인들은 알지 못하더라도, 그분은 세계 역사를 주관하시는 분입니다. 예수님이 주님이십니다.

샘 카말레슨(Sam Kamaleson)은 동유럽의 공산주의 체제가 무너져내릴 무렵 루마니아의 복음주의 전도집회에서 설교하고 있었습니다. 오랫동안 하나님과 그분의 말씀을 빼앗겼던 청중은 많은 수가 모여 말씀에 귀 기울였습니다. 어느 날 밤 샘은 설교를 하면서 청중을 휩쓰는 어떤 예상하지 못한 소리를 듣게 되었습니다. 그는 서서히 그 소리의 물결이 자신이 예수님의 이름을 부를 때마다 생겨난다는 것을 알게 되었습니다. 그리고 그 소리가 청중 중에서 여성들이 흐느끼는 소리라는 것을 알아차렸습니다. 그 소리는 점점 커졌는데, 알고 보니 남성들도 울고 있었습니다. 샘은 그때쯤 자신도 예수님의 이름을 말할 때마다 흐느끼고 있었다고 말했습니다. 샘은 이렇게 설명했습니다. "아시다시피 예수님의 대안이라고 자처했던 모든 것이 사라지고, 그것이 얼마나 허망한지가 드러나자, 예수님의 이름은 큰 권세와 매력을 갖게 된 것입니다."

샘의 말은 내가 들어본 것 중 인류 역사에 대한 성경적 이해를 가장 잘 표현한 것입니다. 우리가 우리 스스로의 길을 가기로 택하면, 하나님은 우리를 막지 않으십니다. 그분은 우리 삶이 무너져내릴 때까지 우리 뜻대로 하도록 내버려 두십니다. 그러면 우리는 혼돈과 상처 속에서 우리가 돌아섰던 그분께 다시 마음의 문을 열고, 그분의 이름에서 희망을 발견합니다. 이런 일은 당신과 나 같은 개인뿐 아니라 어떤 기관, 운동, 나라, 문화에서도 일어납니다. 우리는 그분을 오랫동안 배척할 수 있습니다. 그러나 모든 길의 끝에는 궁극적으로 피할 수 없는 그리스도가 계십니다. 에스겔은 바로 그것을 다음과 같이 말하는데, 이 말은 그의 예언에서 반복적으로 나타납니다. "내가 여호와인 줄을 너희가 알리라"(13:23).

12월 3일, 성령의 기름 부으심

요한복음 1:29-36

"볼지어다 내가 내 아버지께서 약속하신 것을 너희에게 보내리니
너희는 위로부터 능력으로 입혀질 때까지
이 성에 머물라 하시니라"(눅 24:49).

예수님이 세례 받으신 사건에서 가장 중요한 요소는 메시아에게 성령이 강림하셨다는 사실입니다. 그로 인해 성령님은 성자 예수님과 새로운 관계를 맺게 됩니다. 구약에서 왕과 제사장은 하나님께서 그들을 특정한 지도자로 세우셨다는 징표로 기름 부음을 받았습니다. 성경은 사울과 다윗이 기름 부음을 받자 성령이 그들에게 임하셨다고 말씀합니다. 구약 성경은 성령이 강림하는 것이 메시아의 징표가 될 것이라고 예언했습니다. 사실 메시아는 '기름 부음을 받은 자'를 의미합니다.

성령이 예수님께 기름을 부은 것은 그분의 공적 사역이 시작되기 전이었습니다. 마찬가지로, 초대 교회도 그들에게 성령이 임하시기 전에는 예수님을 증언할 준비가 되어 있지 않았습니다(행 2장). 다소 사람 사울은 사역을 시작하기 전 성령을 받았고, 그와 동시에 시력을 회복했습니다.

성령의 기름 부음을 경험하지 않고는 그리스도를 위해 효과적이고 지속적인 사역을 결코 감당할 수 없습니다. 예수님과 사도들조차 성령으로 기름 부음을 받아야 했다면, 우리 역시 그래야 한다는 것은 틀림없습니다. 당신은 예수님을 증거하고 그분의 사역을 감당할 수 있도록 준비시키는 성령의 기름 부으심을 받았습니까? 만약 그렇지 않다면, 아직 다른 사람에게 사역할 준비가 되어 있지 않은 것입니다.

12월 4일, 은혜와 능력

고린도후서 12:7-10

"나에게 이르시기를 내 은혜가 네게 족하도다
이는 내 능력이 약한 데서 온전하여짐이라 하신지라
그러므로 도리어 크게 기뻐함으로
나의 여러 약한 것들에 대하여 자랑하리니
이는 그리스도의 능력이 내게 머물게 하려 함이라
그러므로 내가 그리스도를 위하여
약한 것들과 능욕과 궁핍과 박해와 곤고를 기뻐하노니
이는 내가 약한 그때에 강함이라"(고후 12:9-10).

바울에게 은혜는 한 사람의 삶 속에서 구원을 이루시는 하나님의 임재를 의미했습니다. 이는 우리가 구원을 얻기 위해 무엇을 하는지가 아니라, 성령님께서 방해받지 않고 자유로이 우리 삶에서 일하실 수 있는지가 중요하다는 것을 의미합니다. 성령님께서 자유로이 역사하시게 해드리면, 우리는 아무런 드릴 것이 없는 상황에서도 기뻐할 수 있습니다. 또 우리의 연약함에도 기뻐할 수 있습니다. 우리의 부족함은 성령께서 우리의 삶을 통해 영광 받으시는 통로가 되기 때문입니다. 그분만으로 충분합니다. 바울은 하나님이 능히 모든 은혜를 우리에게 넘치게 하셔서 우리에게 모든 선한 일이 가득하게 하실 수 있다고 말합니다(고후 9:8). 그로 인해 우리의 약함은 예수님께서 우리 속에서 일하시는 계기가 되기에 기쁨의 근원이 될 수 있습니다.

오래전 미성숙하고 경험도 부족한 신학대학원 1학년생이었을 때, 나는 동부의 항구 도시에서 부흥회를 인도해달라는 요청을 받았습니다. 그때는 제2차 세계대전 중이라 도시는 서양 각국에서 온 해군으로 가득했습니다. 그곳에 도착한 후 나는 스물여섯 번의 설교를 하기로 계획되어 있다는 것을 알게 되었습니다. 나는 결코 설교라고 부를 수 없는 여섯 편의 대략적인 설교 메모만 가지고 있었습니다. 그러니 내가 얼마나 공포로 떨었겠습니까? 그로부터 7일 동안 나는 강단에 서지 않는 시간에는 성경을 펼쳐놓고 무릎 꿇고 기도하면서 모든 시간을 보냈습니다. 열네 번의 저녁 집회 중 그리스도를 찾는 사람이 아무도 없었던 집회는 단 한 번뿐이었습니다. 내 연약함으로 인해 그분의 능력이 드러난 것입니다.

마지막 날 밤 나는 완전히 지친 채 강단 의자에 앉아 청중을 바라보았는데, 두 사람이 눈길을 끌었습니다. 한 명은 나를 위협적으로 바라보는 거칠어 보이고 머리카락이 없는 해군 장교였습니다. 다른 한 명은 세련된 옷을 입고 앞줄에 앉은 사랑스러운 젊은 여학생이었습니다. 그들은 집회에 아무 관심이 없는 듯했습니다. 내 말이 그들에게는 아무 의미가 없어 보였습니다.

내가 어떤 설교를 했는지는 기억이 나지 않습니다. 그러나 설교를 마치자, 거칠어 보이는 해군 장교가 자리에서 벌떡 일어섰습니다. 나는 아직도 그가 한 기도를 기억합니다. "오 주님, 나같은 사람에게도 하실 수 있는 일이 있습니까?" 그리고 나는 그 젊은 여학생을 보았습니다. 그녀는 교회의 더 나이 많은 여자분 앞에 서서 무엇인가를 말하고 있었습니다. 나는 입술 모양을 보고 그녀가 무슨 말을 하는지 알 수 있었습니다. "내가 무엇을 해야 할까요?" 그날 밤 그녀는 예수님을 만났습니다.

그때 나는 우리가 하나님께 드릴 수 있는 가장 큰 선물은 우리의 연약함이라는 것을 깨달았습니다. 우리가 필요한 것을 제공할 수 없음을 깨달을 때, 그분이 자유로이 일하실 수 있게 됩니다. 우리는 그분께 길을 비켜드려 그분께서 일하시도록 하면 됩니다. 그러면 그분이 일하십니다!

12월 5일, 거룩한 시간

역대하 30장

"여호와께서 모세에게 말씀하여 이르시되
이스라엘 자손에게 말하여 이르라
이것이 나의 절기들이니
너희가 성회로 공포할 여호와의 절기들이니라"(레 23:1-2).

어떤 시간은 다른 시간보다 더 중요합니다. 성경은 이런 시간을 거룩한 순간, 거룩한 날, 거룩한 절기로 부릅니다. 성경 전체는 다른 시간보다 더 가치 있는 이런 거룩한 시간과 관계된 것입니다. 단 두 시간으로 누군가의 인생이 과거와는 전혀 달라질 만큼 큰 변화가 생기는 것이 가능할까요? 성경에 그런 이야기가 매우 많이 나온다는 것은 쉽게 알 수 있습니다. 불타는 가시덤불 사건 이후 모세는 이전과 다른 사람이 되었습니다. 이사야는 성전에서 환상을 보았고, 이스라엘은 하나님의 말씀을 들었습니다. 사울은 다메섹으로 가는 길에서 환상을 보았고, 그로 인해 이방 나라들이 구주에 대해 들을 수 있게 되었습니다. 하나님이 함께한 한 순간이 그들의 인생 행로를 완전히 바꾸어 놓은 것입니다. 이 거룩한 시간이 길게 지속되지 않은 것은 분명합니다. 그럼에도 하나님께서 찾아오셔서 평범한 순간을 거룩한 순간으로 바꾸셨기 때문에, 인류 역사 전체가 달라진 것입니다.

모든 사람의 인생에는 거룩한 순간들이 있어야 합니다. 그 순간들 중 일부는 예측 가능하도록 꾸준히 있어야 합니다. 마치 이스라엘이 거룩한 절기들을 정기적으로 지킨 것처럼, 우리도 정기적으로 거룩한 시간을 구별해야 합니다. 우리는 일정한 시간을 따로 구별해 성령님께서 그 시간을 거룩하게 기름 부어주시도록 해야 합니다. 그럴 때 우리는 그분이 불러 행하게 하시는 일을 할 준비를 갖추고 그분께 마음을 열어드릴 수 있습니다.

12월 6일, 거룩한 장소

출애굽기 40장

"구름이 회막에 덮이고 여호와의 영광이 성막에 충만하매"(출 40:34).

'거룩함'이라는 단어는 우리가 가장 이해하기 힘든 용어입니다. 성경에서 거룩함은 하나님의 임재를 뜻합니다. 하나님만이 거룩한 분이시기에, 거룩한 사람이란 그분의 임재로 가득한 사람을 말합니다. 구약 성경은 거룩한 땅, 거룩한 성읍, 거룩한 장소, 거룩한 물건, 거룩한 절기에 대해 말씀하지만, 그것들 중 스스로의 힘으로 거룩한 것은 아무것도 없고, 오직 하나님의 임재에 의해 거룩해질 뿐입니다.

가나안 사람들의 지배 아래 있을 때 가나안은 거룩한 땅이 아니었으나, 여호와 하나님께서 그곳으로 오셔서 거하심으로 거룩한 땅이 되었습니다. 예루살렘 성은 여부스 족속의 것이었을 때는 거룩하지 않았지만, 하나님의 백성이 그곳을 점령하자 거룩한 성이 되었습니다. 심지어 성전 안 지성소도 하나님께서 임재해 그곳을 채우기 전에는 거룩하지 않았습니다.

평범한 땅, 일반적인 성읍, 보잘것없는 공간도 하나님이 임재하시면 거룩한 곳이 되었습니다. 그분은 일반적인 것, 세속적인 것, 더러운 것을 거룩하고 신성하게 바꾸실 수 있습니다. 이 장소들의 거룩함은 그 장소가 본래 가진 속성이 아니었습니다. 장소의 거룩함은 여호와 하나님이 임재하시는 동안에만 유지되었고, 그분과 관계가 끊어지면 더는 거룩하지 않았습니다. 거룩함은 하나님의 임재입니다. 거룩하신 하나님의 임재는 평범한 것, 일반적인 것, 단순한 것을 거룩하고 아름다우며 순결한 것으로 변화시킵니다. 거룩하신 하나님은 평범한 당신과 나를 거룩하게 변화시켜 그분을 닮게 하실 수 있습니다.

12월 7일, 배타적인 두 세상

마태복음 10장

"제자가 그 선생보다, 또는 종이 그 상전보다 높지 못하나니 제자가 그 선생 같고 종이 그 상전 같으면 족하도다 집 주인을 바알세불이라 하였거든 하물며 그 집 사람들이랴 그런즉 그들을 두려워하지 말라 감추인 것이 드러나지 않을 것이 없고 숨은 것이 알려지지 않을 것이 없느니라"(마 10:24-26).

예수님께서는 열두 제자를 보내 사람들을 가르치게 하실 때, 하나님 나라와 이 세상 나라의 철저한 이질성에 대해 강조하셨습니다. 예수님은, 말씀을 전하기만 하면 사람들이 기꺼이 받아들일 것이라고 착각하는 제자들의 환상을 깨뜨리셔야 했습니다. 오히려 예수님의 제자라면 누구나 배척당하고 미움받을 것을 예상해야 했습니다. 그들은 이리 가운데 있는 양과 같을 것이기에 뱀같이 지혜롭고 비둘기같이 순결해야 했습니다(마 10:16). 제자들은 왕과 구주 되시는 분이 그분을 따르고자 하는 모든 사람에게 하시는 요구가 매우 급진적임을 알아야 했고, 사람들이 말씀을 거부할 때 굳게 인내할 수 있어야 했습니다. 그들은 그리스도와 관련된 그들의 정체성을 세상이 좋아하지 않음을 알아야 했습니다.

    이 세상 나라와 하나님 나라는 정반대되는 충성의 대상이 있습니다. 그 대상에 대한 헌신은 뒤섞이면 안 됩니다. 사람은 두 나라 모두에 속할 수 없습니다. 두 나라는 서로 배타적이기 때문입니다. 사람들이 그리스도께서 무엇을 가르치시는지를 알게 되어 그분을 대적할 때, 그분이 보낸 대사에게 분노를 퍼붓는 것은 놀랄 일이 아닙니다. 외교관을 그가 대표하는 나라와 분리해 생각할 수는 없기 때문입니다. 그들은 그들이 대표하는 나라가 받는 것과 같은 정도의 존경과 애정으로 대우받을 것입니다. 그리스도의 제자는 그분이 받으셨던 것과 비슷한 대우를 받을 것입니다.

    이런 말은 각 시대의 순교자와 박해받는 그리스도인의 마음을 위로했을 것입니다. 오늘날은 두 나라의 대립이 그다지 심하고 격렬하게 보이지 않을지도 모릅니다. 그렇더라도 그리스도인은 그리스도의 길과 세상의 길이 서로 배타적임을 한순간도 잊지 말아야 합니다. 한 나라의 중심은 자아이지만, 다른 한 나라의 중심은 그리스도이십니다. 각 나라 사람이 행하는 많은 일은 서로 비슷해 보일지 모르지만, 근본적인 동기는 틀림없이 다릅니다. 기본적인 충성은 궁극적으로 한 나라 또는 다른 나라에 순응하는 삶으로 이어질 것입니다. 우리가 그리스도를 따르기로 결정하면 당연히 반대가 있고, 치러야 할 대가가 있음을 알아야 합니다. 쟁기를 내려놓고 돌아서는 사람은 그리스도의 나라에 합당하지 않습니다.

    주님께서 우리의 믿음을 지켜주시기를 기도합시다.

12월 8일, 임재의 상실

사무엘상 4장

"여호와의 언약궤를 실로에서 우리에게로 가져다가 … 우리를 우리 원수들의 손에서 구원하게 하자"(삼상 4:3).

마귀는 어느 날 하와에게 다가가 하나님에 관해 처음으로 이야기를 꺼냈습니다. 성경을 통해 추측해보면, 그 이전까지의 대화는 하나님과 직접적으로 이루어졌다고 할 수 있습니다. 성경 전체에서 우리는 하나님을 잃어버린 사람들이 그분에 대해 말하는 내용을 발견합니다.

구약 성경에서 블레셋 족속이 이스라엘을 괴롭히자, 엘리의 아들들은 이스라엘 백성이 언약궤를 들고 전쟁터로 가야 한다는 결정을 내렸습니다. 그들의 논리는 하나님이 언약궤에 계시기 때문에, 그분의 보좌를 가지고 가면 그분도 함께 가신다는 것이었습니다. 안타깝게도, 그들은 언약궤를 들고 전쟁터로 갔음에도 완전히 패했습니다. 하나님의 보좌를 가지고 간다고 해서 그분을 모시고 가는 것은 아님을 그들은 몰랐던 것입니다. 그들은 하나님의 율법을 어겼고, 그분의 방식에 주의를 기울이지 않았습니다. 비록 그들이 하나님에 대해 계속 말하더라도 하나님의 영은 오래전 그들을 떠나셨습니다. 하나님은 그들과 함께하시지 않았습니다.

하나님을 추상적으로 생각하는 것은 언제나 위험합니다. 나는 그날 요셉과 마리아가 예수님 얘기를 하다 갑자기 돌아보고는 그분이 자신들과 함께 있지 않음을 깨달았을 것이라고 생각합니다. 그들은 예수님을 성전에 둔 채 그분 없이 하룻길을 간 것입니다. 예수님을 찾기 위해 그들은 온 길을 되돌아가야 했습니다 (눅 2:41-52).

우리는 하나님과 인격적인 관계를 가져야 합니다. 이는 우리가 매일 매순간 교제를 나누는 생명력 넘치고 살아 계신 분으로 그분을 아는 것을 말합니다. 당신은, 그분은 실제로 함께하시지 않는데도 그분의 임재를 상징하는 성물만 들고 다닌 이스라엘 백성과 같습니까? 예수님 없이 먼 길을 간 마리아나 요셉과 같습니까? 우리는 이 성탄절 절기에 만주의 주이신 예수님을 기념할 때, 그분의 임재가 없는 채 모든 일을 행해서는 안 됩니다. 상징과 기념이 예수 그리스도 자신을 대체할 수는 없습니다.

12월 9일, 하나님의 소유

출애굽기 19:4-5

"세계가 다 내게 속하였나니
너희가 내 말을 잘 듣고 내 언약을 지키면
너희는 모든 민족 중에서 내 소유가 되겠고"(출 19:5).

출애굽기 19장 5절은 구약 성경의 가장 아름다운 구절 중 하나로, 하나님은 그 백성을 구속하시고 자신의 소유라고 말씀하십니다. 이 말씀은 그들에게 하나님을 어떻게 찾을 수 있는지 알려주기 위한 것이 아니라, 하나님을 이미 알고 있는 그분의 백성에게 주신 것입니다. 하나님은 그 백성을 새로운 땅으로 인도하셨을 뿐 아니라 자기 자신에게로 인도하셨습니다. 그들은 약속의 땅을 먼저 생각하는 것이 아니라, 그분과의 인격적인 교제 안에서 자신의 정체성을 발견해야 했습니다. 그들과 하나님의 관계는, '귀중한 소유'를 뜻하는 '세굴라'(segullah)라는 말에서 알 수 있듯, 매우 친밀하고 특별해야 했습니다.

이 히브리어 단어는 구약 성경에서 단 여덟 번 등장하는데, 여덟 번 모두 매우 특별하고 소중한 소유에만 사용됩니다. 한 번은 성전을 짓기 위해 드린 다윗의 특별한 희생 제물에 사용됩니다. 또 한 번은 지혜자가 사람의 마음을 즐겁게 하는 것들을 묘사할 때 사용됩니다. 나머지 여섯 번은 여호와 하나님이 택함 받은 백성 이스라엘을 묘사하실 때 사용됩니다. 이 단어가 헬라어로 번역되었을 때는, 신랑이 제단 앞에서 신부를 취할 때와 같이 '자신의 것'이라는 뜻을 갖게 되었습니다. 이 용어를 이해하기 위한 문맥은 법정이 아닌 결혼 예식인 것입니다.

이 구절에 나타나는 여호와 하나님과 그 백성의 관계의 인격적 특징은 다른 언어보다 히브리어에서 더 분명하게 드러납니다. "너희가 내 말을 잘 듣고"라는 표현은 히브리어에서는 문자적으로 '너희가 내 목소리에 귀를 기울이면'이라는 뜻입니다. 여호와의 백성은 어떤 추상적인 율법과 관계가 있는 것이 아니라, 자기 백성을 사랑하시고 택하신 분과 교제해야 한다는 것입니다.

모든 존재하는 것을 창조하신 전능하신 하나님께서 당신을 귀하게 여기신다는 사실을 알고 있습니까? 그분은 당신이 그분 안에서 발견하는 기쁨보다 더 큰 기쁨을 당신에게서 얻으십니다.

12월 10일, 율법주의의 유혹

마태복음 15:8-9

"너희가 내게 대하여 제사장 나라가 되며 거룩한 백성이 되리라"(출 19:6).

성경은 하나님과 그분의 백성의 관계를 여러 비유로 묘사합니다. 그중 하나는 이스라엘이 중동에서 하나의 국가로 세워진 것에서 착안한 하나의 집단적 비유입니다. 하나님께서 모세를 불러 이스라엘을 애굽에서 이끌어내신 것은 하나의 구별된 나라를 이루게 하시기 위한 것이었습니다. 이스라엘은 이제 다른 국가 안에 있는 하위 집단이 아니었습니다. 하나님의 백성은 "거룩한 백성"과 "제사장 나라"가 되어야 했습니다.

나라에는 질서가 있어야 하고, 그 질서를 유지하려면 법 체계가 있어야 합니다. 이스라엘의 법 체계는 종교와 관계가 있었기에, 나라에는 제사장직과 국가적 제의 제도가 있었습니다. 모세오경 중 출애굽기, 레위기, 민수기는 이스라엘의 법과 종교의 체계에 대해 알려줍니다. 구약 성경은 '율법'으로 번역되는 단어 '토라'(Torah)라는 말로 이 모든 법적 체계를 가리킵니다.

토라는 이스라엘의 여호와 하나님께서 이스라엘의 지도자 모세에게 주신 계시라는 점에서 권위가 있었습니다. 율법의 어떤 부분에 대해 의문을 제기하는 것은 여호와 하나님의 권위에 직접적으로 도전하는 것과 같았습니다. 율법은 이스라엘 사람들에게 지기 힘든 짐을 지우기 위한 것이 아니라, 그들을 보호하고 한 국가로서의 그들의 온전함과 통일성을 유지해 세상을 구원하시려는 하나님의 뜻을 진척시키기 위한 것이었습니다.

그러나 이스라엘 역사의 이 시점에 미묘한 위험이 발생합니다. 이스라엘 백성은 거룩하신 하나님을 진노하시게 하는 것이 무엇인지 알았지만, 이는 자칫하면 율법을 주신 분이 아닌 율법에만 관심을 두는 것으로 변질되기 쉬웠습니다. 마치 아담과 하와가 창조주가 아닌 작은 창조물에 눈을 돌린 것과 같습니다. 아담과 하와가 선악과의 열매를 먹는 것이 인생의 더 큰 성취를 가져올 것이라고 생각했듯, 많은 이스라엘 백성이 율법을 주신 여호와보다 율법에 자신의 구원이 달려 있다고 믿게 되었습니다. 우상숭배가 세상을 만드신 분을 잊어버린 채 만들어진 것에 집중하는 것이라면, 율법주의는 의로우신 분을 잊어버린 채 스스로 의로워지려는 것입니다.

율법주의에 빠지는 일은 빠르고 미묘하게 일어납니다. 당신은 의로우신 하나님께 헌신하고 있습니까, 아니면 그분의 율법에 헌신하고 있습니까? 우리는 그리스도인 역시 성경을 우상숭배할 수 있음을 알고, 성경이 우리에게 계시하시는 분을 예배해야 합니다. 당신은 무엇에 그리고 누구에게 헌신하고 있습니까?

12월 11일, 하나님을 기대하라

히브리서 11장

"아사가 그의 하나님 여호와께 부르짖어 이르되
여호와여 힘이 강한 자와 약한 자 사이에는 주밖에 도와줄 이가 없사오니
우리 하나님 여호와여 우리를 도우소서
우리가 주를 의지하오며 주의 이름을 의탁하옵고
이 많은 무리를 치러 왔나이다"(대하 14:11).

역대기서의 저자는 하나님을 인간 세상이라는 무대와 개개인의 삶에서 활동하시는 배우로 묘사합니다. 이 책은 유대 왕들의 역사를 기록했습니다. 저자는 왕들의 삶을 묘사하면서 때때로 하나님이 인간의 삶에 개입하셨음을 알려줍니다. 어떤 때는 그러한 개입이 자연적 힘의 형태로 나타나지만, 어떤 때는 하나님께서 초자연적으로 역사하십니다. 어떤 경우든 역대기서의 저자는 하나님이 살아 계시고, 현존하시며, 이스라엘 민족 가운데 역사하신다는 것을 확언합니다. 우리는 이와 같은 하나님의 현존과 역사하심을 기억해 우리 삶에도 그분이 그렇게 일하실 것을 기대해야 합니다.

내가 살면서 너무나 많이 저지른 실수는 하나님께서 앞으로 무엇을 하실지에 대한 기대 속에서 살기보다, 단지 과거를 돌아보면서 그분의 행하심을 볼 수 있었던 일에만 감사한 것입니다. 나는 짙은 먹구름만 보면서 그 뒤에, 그 위에 계신 분을 보지 못한 적이 많습니다. 그러나 우리가 성경을 진지하게 받아들인다면, 마음에 기대를 가지고 이렇게 말합니다. "그분이 오늘은 어떤 일을 행하실까? 내게 큰 문제가 있는데, 그분이 이 일에 어떻게 역사하실 궁금하군." 우리는 그분이 우리 삶에 임재하고 역사하실 것을 기대해야 합니다.

우리는 인류 역사에서 가장 중요한 순간에 살고 있습니다. 오늘날은 복음을 가로막는 모든 장벽이 무너지고 있거나, 뚫고 나갈 수 있게 되었습니다. 데이비드 리빙스톤과 같은 과거의 위대한 선교사들은 오늘날 우리가 갖게 된 기회와 열린 문을 간절히 원했을 것입니다. 안타깝게도 서구의 많은 교회가 영적으로 파산하고 배교했기 때문에, 우리가 주변에서 보는 것은 영적인 죽음뿐입니다. 그럼에도 하나님은 세상 속에서 일하고 계시고, 기회는 모든 곳에 있습니다. 마귀는 우리로 그 사실을 보지 못하게 함으로, 우리가 가장 위대한 복음 운동의 대열에 참여하지 못하게 하려 합니다.

하나님은 세상 가운데 일하고 계시고, 당신과 나를 사용해 그분의 뜻을 이루고자 하십니다. 당신은 오늘 그분을 기대하고 있습니까?

12월 12일, 길을 내리라 (1)

시편 107편
"나 여호와가 이같이 말하노라
바다 가운데에 길을, 큰 물 가운데에 지름길을 내고"(사 43:16).

1991년 나는 중국에 사는 한 젊은 여성의 편지를 받았습니다. 그녀는 이렇게 말했습니다. "나는 그리스도인이 되었고, 하나님께서 나를 복음 전도자로 부르시는 것 같습니다. 내가 애즈베리 대학으로 가서 훈련을 받아도 될까요?" 그녀는 입학 허가를 받았지만, 미국 대사관은 그녀에게 이미 학사 학위가 있다는 이유로 비자 발급을 거절했습니다. 그래서 우리는 애즈베리 신학대학원의 대학원 과정에 그녀를 받아들이려 했지만, 미국 대사관은 그녀의 길에 온갖 장애물을 놓았습니다. 그들은 2년 동안이나 그녀가 미국으로 들어와 훈련받는 일을 막았습니다. 나는 낙심했습니다. 그런데 1993년 6월 10일에, 나는 그녀에게서 만약 학교가 다시 입학을 허가하고 재정 지원을 보장한다면 비자를 받을 수 있을 것이라는 소식을 들었습니다. 그래서 우리는 다시 한번 그 모든 과정을 거쳤습니다. 7월 1일에 나는 또 하나의 편지를 받았는데, 거기에는 이렇게 적혀 있었습니다. "나는 9월에 텍사스 주 휴스턴에 도착할 것입니다. 누군가가 나를 데리러 와줄 수 있나요?"

그 젊은 여성은 도착한 후 자신에게 있었던 이야기를 들려주었습니다. 2년 넘게 그녀를 힘들게 한 대사관 직원은 마침내 그녀에게 "자, 이제 마지막 질문입니다"라고 말했다고 합니다. 조이는 자신의 미래가 이 질문에 어떻게 답하는지에 달려 있음을 알았습니다. 그는 이렇게 물었습니다. "구약 성경에 나오는 아가서의 신학적인 중요성을 설명해 보시겠습니까?" 조이는 자신의 서투른 영어 실력으로 그것을 제대로 설명할 수 있을지 몰라 두려움 속에서 그를 쳐다보았습니다. 그때 마치 예수님께서 자신의 귀에 속삭여주신 듯 대답할 말이 생각났습니다. "'내게 입맞추기를 원하니 네 사랑이 포도주보다 나음이로구나.' 선생님, 이 구절은 아가서 1장 2절에 나오는데, 그것은 주 예수님께 대한 나의 사랑과 나를 향한 그분의 사랑에 대해 말하고 있습니다."

미 대사관 직원은 어깨를 으쓱하며 조이의 얼굴을 빤히 쳐다보더니 "그녀를 보내줍시다. 그녀는 진짜예요"라고 말했습니다. 그래서 조이는 미국에 와 학교를 다닐 수 있었습니다.

때로 우리는 우리를 방해하는 것처럼 보이는 시간의 지체, 우리가 하나님께 가장 도움이 될 수 있는 곳으로 가지 못하게 막는 지연에 좌절과 분노를 느끼곤 합니다. 그러나 사실은 하나님께서 그 모든 시간적 지연을 사용하시다 그분의 때가 되었을 때 문을 여심으로 우리는 확신을 가지고 그 문을 통과할 것입니다. 그 확신은 우리가 하나님의 시간표보다 앞서 무리하게 밀고 나가는 대신, 그분이 길을 내시기까지 기다린 데서 비롯됩니다. 오늘 그분을 기다리고 있습니까? 그분이 허락하신 지연을 은혜로 여기며 인내하고 있습니까?

12월 13일, 길을 내리라 (2)

시편 107편

"하나님의 도는 완전하고 여호와의 말씀은 진실하니
그는 자기에게 피하는 모든 자에게 방패시로다"(삼하 22:31)

조이는 제2 외국어로 공부한 3년 내내 열심히 노력했고, 학업이 끝나갈 무렵 중국으로 돌아갈 준비를 했습니다. 하지만 그녀는 두려웠습니다. 중국으로 돌아가면 감옥에 가게 될지, 박해를 받을지, 배척을 당할지, 어떤 일을 당할지 몰랐기 때문입니다. 그녀는 그 싸움에서 승리하고는 이렇게 말했습니다. "하나님이 나를 돌보실 것입니다. 나는 그분과 함께 갈 것입니다."

그녀가 중국행 비행기를 타기 일주일 전, 누군가가 내 사무실 문을 두드렸습니다. 문을 열자 처음 보는 낯선 사람이 서 있었습니다. "당신은 내가 누군인지 모르실 것입니다. 나는 중국에 있는 국제학교의 교장인데, 직원을 구하기 위해 이곳 윌모어에 왔습니다." 믿을 수 없다는 표정으로 그를 쳐다보고 있는데, 갑자기 조이가 모퉁이에서 나타나 "이건 기적이에요!"라고 말했습니다. 나를 찾아온 사람은 중국에 기독교가 살아남을 수 있게 하기 위해 국제학교를 세운 사람이었습니다. 학교는 성공적이었고, 그는 세 명의 직원을 채용하려 하고 있었습니다. 조이가 그 일을 할 수 있게 된 것입니다. 나는 조이와 소식이 닿아 충분히 교류하면서, 그녀가 고향 교회로 돌아가 마을과 학교와 집에서 예수님을 증거하고 있음을 알게 되었습니다.

하나님은 그분의 자녀들을 돌보십니다. 그분은 일하고 계십니다. 만약 자연적인 과정이 그 자녀에게 충분한 돌봄을 제공한다면, 그분은 개입하지 않고 그저 지켜보실 수 있습니다. 그러나 그렇지 않다면, 직접 개입하셔서 그분의 영원한 목적을 이루실 것입니다. 하나님은 우리 인생 무대의 등장 인물이시고, 우리가 그분의 뜻 가운데 살고 있다면 그분이 우리를 위해 일하고 계심을 믿을 수 있습니다.

12월 14일, 세상의 소금

마태복음 5:13

"소금은 좋은 것이로되
만일 소금이 그 맛을 잃으면 무엇으로 이를 짜게 하리요
너희 속에 소금을 두고 서로 화목하라 하시니라"(막 9:50).

살다 보면 어떤 일은 하고 싶지 않은데도 꼭 해야 할 때가 있습니다. 나는 청소년 시절에 그런 일이 있었습니다. 그때는 대공황 시절이었고 냉장고라는 것은 존재하지 않았습니다. 고기를 보존하려면, 매우 짜게 염장해야 했습니다. 매년 가을 오후에 학교에서 집으로 돌아오면 뒤 베란다에 내장을 제거한 돼지고기가 널려 있는 날이 있었습니다. 그날 오후에는 공놀이를 할 수 없었습니다. 내 일은 어머니가 잘라주는 돼지고기 덩어리들에 소금을 비벼 바르는 것이었습니다. 그 불쾌한 작업을 하면서도 유일하게 기분을 좋게 만든 것은, 아침에 굽는 베이컨 냄새나 손님이 오면 먹는 햄의 맛을 상상하는 것이었습니다.

하루는 저녁 식사 때 특별한 손님이 오시기로 되어 있어서, 어머니께서 나를 훈제실로 데려가 서까래에 매달아 놓은 가장 큰 햄 덩어리를 가리키셨습니다. 나는 그것을 끌어내려 자루를 열고 어머니가 자를 수 있도록 그 아름다운 햄을 내려놓았습니다. 어머니는 커다란 고기 자르는 칼로 햄의 가장 좋은 부분을 잘라냈고, 나는 그 고기를 보려고 기대하면서 기다렸습니다. 그때 나는 동시에 충격적인 두 가지를 감지했습니다. 하나는 어머니의 찡그린 얼굴이었고, 다른 하나는 내가 맡아본 것 중 가장 불쾌한 냄새였습니다. 햄에는 구더기가 가득했습니다. 어머니는 당황한 표정으로 나를 바라보시면서 이렇게 말씀하셨습니다. "얘야, 소금을 덜 발랐구나."

나는 "너희는 세상의 소금이니"(마 5:13)라는 예수님의 말씀을 들을 때마다 그 햄을 떠올리지 않을 수 없습니다. 우리는 사회가 부패로 가득한 시대에 살고 있습니다. 문제는 악이 너무나 강력하다는 데 있지 않습니다. 악은 거룩함이 없는 상태에서만 역사하기 때문입니다. 소금 속에서는 구더기가 살 수 없듯, 거룩하신 하나님이 통치하시는 곳에서는 악이 존재할 수 없습니다. 우리가 성령으로 충만해야 하는 것은 그 때문입니다. 그럴 때 우리는 우리를 둘러싼 부패에서 자유로울 수 있습니다. 우리 안에 계신 성령님은 우리를 둘러싼 악을 억제하실 수 있습니다.

12월 15일, 자신에게서의 구원 (1)

예레미야 24:7

"솔로몬의 나이가 많을 때에 그의 여인들이 그의 마음을 돌려 다른 신들을 따르게 하였으므로 왕의 마음이 그의 아버지 다윗의 마음과 같지 아니하여 그의 하나님 여호와 앞에 온전하지 못하였으니"(왕상 11:4).

하나님은 내가 어떤 사람이기를 바라실까요? 역대기와 열왕기를 히브리어로 읽어보면, 구약 성경 다른 곳에 없는 표현을 보게 됩니다. 나는 저자들이 그 문구를, 우리가 사용하는 '회심'과 유사하게 전문적인 용어로 사용했다고 생각합니다. 그 문구는 대체로 하나님께 "전적으로 헌신되다" 혹은 "온전히 드려지다" 등의 뜻으로 번역됩니다. 히브리어를 문자적으로 해석하면 '평화의 마음'입니다. 하나님은 평화의 마음을 가진 사람들을 찾고 계십니다. 우리는 평화를 좋아하기 때문에 그 문구를 좋아하지만, 여기서 평화는 원인이 아닌 결과로서의 평화입니다.

평화란 단순히 전쟁이 끝났음을 의미합니다. 당신의 마음에서는 전쟁이 그쳤습니까? 갈등이 끝났습니까? 하나님의 눈은 온 땅을 두루 감찰하시며 그 내면에 전쟁이 그치고 평화가 임한 사람을 찾으십니다. 마음에 평화를 가진 사람은 하나님께 온전히 헌신된 사람입니다. 평화는 열왕기와 역대기의 저자들이 유다와 이스라엘의 왕들을 평가하는 기준이었습니다. 다윗은 솔로몬에게 마음이 하나 되어 여호와 하나님을 섬기는 헌신이 온전해야 한다고 말해주었습니다. 솔로몬에 대한 마지막 평가는 그가 온전히 헌신된 마음을 가지지 않았다는 것입니다. 그의 마음은 이방인 아내들로 인해 미혹되었습니다. 하나님께서는 이스라엘 백성을 위해 그를 택하셨지만, 그는 온전히 헌신되지 못했습니다.

저자들은 이 기준으로 모든 왕의 통치를 평가합니다. 어떤 왕은 이 기준에 부합하고, 어떤 왕은 그렇지 못했습니다. 역대기를 읽다 보면, 이 단일한 마음은 얻기가 쉽지 않고, 얻었더라도 유지하는 것은 더욱 어렵다는 사실을 깨닫게 됩니다. 솔로몬은 시작은 좋았지만 결국 실패했습니다. 가끔 어떤 왕은 시작은 형편없었으나 단일한 마음으로 생을 마쳤고, 많은 왕이 단일한 마음을 한 번도 가진 적이 없었습니다.

나뉘지 않은 단일한 마음에서는 전쟁이 이미 끝났고, 예수님께서 영원히 그 생명을 소유하십니다. 여전히 유혹이 찾아올 수 있겠지만, 예수님을 따르겠다는 결단을 이미 내렸습니다. 다른 전투들이 있을 수 있지만, 그것이 이미 승리한 영역, 곧 하나님의 뜻을 행하겠다는 결심을 넘어설 수는 없을 것입니다. 그리스도는 그 결정을 할 수 있도록 나를 이끄실 뿐 아니라, 더욱 영광스럽게도 그 선택을 유지할 수 있게 하실 것입니다.

12월 16일, 자신에게서의 구원 (2)

예레미야 24:7

"네 길을 여호와께 맡기라
그를 의지하면 그가 이루시고
네 의를 빛같이 나타내시며
네 공의를 정오의 빛같이 하시리로다"(시 37:5-6).

'엔트로피'(entropy)란 어떤 조직이나 기관에서 일어나는 붕괴와 방향 감각 상실을 말합니다. 나는 이것이 원죄를 설명하는 멋진 용어라고 생각합니다. 우리 안에는 우리를 붕괴시키는 어떤 원리가 있습니다. 우리가 하나님을 알기 전 우리 안에 문제를 일으킨 것이 엔트로피이고, 하나님을 만난 후에도 엔트로피는 계속 작용합니다.

마음의 평화는 인간의 노력으로 얻을 수 있는 것이 아닙니다. 우리는 모두 스스로의 노력으로 마음의 평화를 얻으려 합니다. 더 많은 일을 하고, 더 많은 것을 베풀고, 더 나은 사람이 되겠다며 헌신적인 삶에 노력을 쏟아붓습니다. 그러나 실망스럽게도 우리의 노력에는 막다른 골목이 있습니다. 아무리 열심히 노력하더라도, 삶의 통치권마저 내려놓을 수는 없기 때문입니다. 우리 속에 있는 '나'는 죽지 않으려 합니다. 이 '나'는 교묘하고 영리해 종교적 감정이나 방법을 통해 어떻게든 탈출구를 찾아냅니다.

그러나 우리에게는 평화를 가져다주실 수 있는 분이 계십니다. 그리고 그분이 나뉘지 않은 마음을 주실 것을 믿을 때 찾아오는 은혜가 있습니다. 그분은 십자가에서 죽으심으로 우리 밖에서 전투를 벌이셨고, 그분의 희생으로 인해 우리는 자유로울 수 있게 되었습니다. 예수 그리스도의 십자가에는 나 자신에게서 나를 구원하는 능력이 있습니다.

자신의 한계에 다다르면 하나님께 "도와주세요"라고 부르짖으십시오. 그분을 신뢰한다면 그분은 당신을 도우실 수 있고, 또 도우실 것입니다. 그런 다음 소망을 가지고 기다리십시오. 그러면 당신이 의식하지 못할 때조차도 그분이 당신을 자유롭게 하기 시작하셨음을 알게 될 것입니다. 하나님께서 당신으로 하나의 마음을 갖게 하신다면, 하나님께서는 당신을 통해 그분의 은혜를 흘려보내심으로, 당신이 세상의 문제에 대한 해답이 되게 하실 것입니다.

12월 17일, 생명의 원천

요한1서 5:11-13

"진실로 생명의 원천이 주께 있사오니
주의 빛 안에서 우리가 빛을 보리이다"(시 36:9).

하나님은 생명의 원천이십니다. 그분과의 교제의 반대는 죽음입니다. 창세기 2장 7절은 하나님께서 흙으로 사람을 만드실 때, 생기를 불어넣었더니 사람이 살아 있는 생명이 되었다고 말씀합니다. 요한은 예수님에 대해 "그 안에 생명이 있었으니 이 생명은 사람들의 빛이라"(요 1:4)라고 말합니다. 베드로는 성전에서 예루살렘 사람들에게 "생명의 주를 죽였도다 그러나 하나님이 죽은 자 가운데서 그를 살리셨으니"(행 3:15)라고 말합니다. 예수님 자신도 "나는 부활이요 생명이니 … 무릇 살아서 나를 믿는 자는 영원히 죽지 아니하리니"(요 11:25-26)라고 말씀하셨습니다. 그리고 그분의 원수들에게는 "그러나 너희가 영생을 얻기 위하여 내게 오기를 원하지 아니하는도다"(요 5:40)라고 말씀하셨습니다.

그렇습니다. 하나님은 생명의 원천이십니다. 그분과 나누는 교제에는 무언가 죽음을 이기는 능력이 있습니다. 에녹이 그 대표적인 예입니다. 하나님과 에녹의 교제를 생각해보십시오. 그 교제는 매우 친밀하고 소중해 하나님과 에녹은 서로 떨어져 있지 않고 항상 함께하기를 바랐고, 그래서 어느 날 하나님은 에녹을 그분의 영원하신 임재로 데려가셨습니다. 에녹과 하나님의 다정한 교제와는 선명히 대조를 이루는 것으로, 에스겔서의 "범죄하는 그 영혼은 죽을지라"(18:20)라는 구절이 있습니다. 죄가 우리를 직접적으로 파괴하는 것이 아닙니다. 죄가 생명이신 그분에게서 우리를 분리하기 때문에 죽음이 찾아오는 것입니다.

우리는 착각 속에서 어떤 것은 그 자체로 가치가 있다고 생각합니다. 예를 들어, 생명은 그 자체로 가치 있다는 것입니다. 하나님이 주시는 선물은 선하기에 우리는 그것들을 원합니다. 그러나 그분의 임재보다 선물을 더 바라는 것은 중독적인 우상숭배입니다. 우리가 이 땅에서 우리 자신의 생명보다 더 중요하게 여겨야 할 분이 생명의 근원이신 하나님이십니다. 우리의 생명조차도 하나님과 경쟁하는 대상이 될 정도까지 우리의 관심과 애착의 대상이 되어서는 안 됩니다. 우리의 삶과 시간이 그리스도와 분리되면, 그 좋은 것들도 파괴적이고 허망한 것이 됩니다. 생명의 창조주에게서 돌아서면, 우리는 생명을 잃습니다.

12월 18일, 그분께 돌이키라

요한일서 4:17-21

"사랑하는 자들아 우리가 서로 사랑하자
사랑은 하나님께 속한 것이니
사랑하는 자마다 하나님으로부터 나서 하나님을 알고
사랑하지 아니하는 자는 하나님을 알지 못하나니
이는 하나님은 사랑이심이라"(요일 4:7-8).

우리가 하나님에게서 등을 돌리면, 그것은 모든 사랑의 궁극적인 원천에서 등을 돌리는 것입니다. 세상의 많은 종교 중 오직 기독교만이, 사랑은 단지 하나님이 행하시는 무엇만이 아니며, 하나님이 사랑 그 자체시라고 말합니다. 하나님은 사랑이시기에(요일 4:8), 그분에게서 등을 돌리는 것은 모든 것을 하나로 붙드시는 분에게서 등을 돌리는 것입니다. 사회가 점점 더 세속화되면서 사람들이 더 폭력적이 되고 더 고립되는 것은 피할 수 없는 결과입니다. 사람들은 이것을 명확히 보지 못할 수 있지만, 그것이 사실임을 보여주는 자료는 매우 많습니다. 모든 사람을 하나로 묶는 원동력이 사라진 것입니다.

성경이 말씀하는 사랑은 우리가 자기 자신보다 다른 사람을 더 아끼는 것입니다. 그것은 돌아오지 않아도 지속하는 사랑입니다. 원수에게까지 다가가는 자기희생적 사랑입니다. 그리고 이런 사랑은 하나님에게서만 비롯됩니다. 나는 여기서 그저 종교에 대해 말하는 것이 아닙니다. 종교는 삶 속에서 경험하는 여느 힘과 다를 바 없이 파괴적일 수 있습니다. 나는 지금 예수 그리스도 안에서 자신을 계시하신 하나님, 자신을 십자가에 못 박는 사람들을 위해 "아버지 저들을 사하여 주옵소서 자기들이 하는 것을 알지 못함이니이다"(눅 23:34)라고 기도할 정도로 그리스도께 사랑의 능력을 부어 주신 하나님에 대해 말하고 있습니다. 우리가 하나님에게서 등을 돌리면, 그것은 사랑에서 등을 돌리는 것입니다.

오늘 그 사랑의 목소리를 듣는다면, 그분께 돌이키십시오.

12월 19일, 눈물의 감사

누가복음 15:11-32

"내가 너희에게 이르노니 이와 같이 죄인 한 사람이 회개하면 하늘에서는 회개할 것 없는 의인 아흔아홉으로 말미암아 기뻐하는 것보다 더하리라"(눅 15:7).

나는 어느 날 아들 데니의 간증을 들을 기회가 있었습니다. 나는 데니가 사람들 앞에서 말하는 것을 그때 처음 보았습니다. 그가 얼마나 조심스럽게 말을 시작했는지 잊히지 않습니다. 그는 부끄러운 듯 고개를 푹 숙인 채 말했습니다. "여러분도 대부분 아시다시피 나는 기독교 가정, 참 좋은 기독교 가정에서 자라났습니다. 우리 집은 켄터키주 윌모어에 있었습니다. 나는 아주 어릴 때부터 그리스도에 대해 배웠습니다. 일곱 살이 되었을 때, 어머니는 나와 함께 내가 그리스도를 영접할 수 있게 해주시기를 기도했고, 나는 그분을 만났습니다. 그 후 이삼 년 동안 그리스도께서 내 삶에 임재해주신 것을 나는 매우 소중하게 기억하고 있습니다."

그는 이어서 말했습니다. "그러나 청소년기라고 부르는 큰 열등감의 시기에 들어설 무렵, 목소리는 많이 굵어졌어도 몸집은 충분히 크지 않았을 때, 나는 그리스도께 생각을 집중하는 대신 나 자신에게 집중하기 시작했고, 그분은 내 삶의 변두리로 밀려났습니다. 대학에 갈 무렵 나는 기독교는 단지 세상의 많은 종교 중 하나일 뿐이라고 확신했습니다. 대학을 다닐 때 나는 남몰래 내가 무신론자라는 사실에 자부심을 가졌습니다."

그는 계속 말을 이어갔습니다. "나는 대학에 들어가면 자유롭고 개방적인 사람들과 함께 지내게 될 것이라 믿었는데, 실망스럽게도 그들은 생각이 열려 있지도, 자유롭지도 않았습니다. 하루는 어떤 수업을 듣고 있는데 교수님이, 우주 창조에는 자연적인 것 이외의 무엇인가가 더 있을 수 있지 않겠느냐고 제안한 학생을 비웃고 조롱했습니다. 나는 그들에게도 나름대로의 주장과 편견이 있다는 것과, 그들이 내게 알려주려는 것이 내 가족이 가르쳐준 것이나 내가 생명의 본성에 대해 이미 알고 있던 것과 들어맞지 않는다는 것을 알게 되었습니다."

"그래서 나는 다시 그리스도께 다가가기 시작했고, 그리스도는 내게 다가오시기 시작했습니다. 드디어 나는 의과대학을 졸업하고 수련의 과정을 시작했습니다. 나는 잠을 자지 않고 연속으로 서른여섯 시간 동안 일할 수 있다는 것을 알게 됐지만, 내가 그리스도께 말을 걸지 않으면 그분도 내게 말을 거시지 않는다는 것도 알게 되었습니다. 그분은 다시 내 삶의 변두리로 밀려났고, 내 삶의 한가운데는 커다란 공간이 생겼습니다. 그러나 그것도 잠시였습니다. 내가 미처 깨닫기도 전에, 여러 가지 욕심과 갈망이 그리스도께서 계셔야 할 자리를 채우고 있었습니다. 비록 더디지만 나는 점점 내가 그것들을 다스리는 것이 아니라, 그것들이 나를 지배하고 있음을 깨닫기 시작했습니다. 만약 하나님께서 내 삶에 기적을 행하시지 않는 한, 나는 영원히 끝났다는 것을 느끼게 되었습니다. 그래서 나는 하루 휴가를 내 금식과 기도로 시간을 보냈습니다. 나는 여러분이 변화될 준비가 되어 있지 않다면 그렇게 하는 것을 권하지 않습니다.”

그는 말했습니다. “그로부터 6주 후 동료가 수술하는 도중 미끄러졌는데, 그가 들고 있던 수술 도구가 내 장갑을 관통했고, 나는 치명적인 간염으로 병상에 누워 수련의 실습을 계속할 수 없었습니다. 나는 성경을 읽고 기도할 수 있는 충분한 시간을 갖게 되었습니다. 사실 그 외에는 할 수 있는 다른 일이 아무것도 없었습니다. 나는 심한 통증과 불쾌감, 우울증을 경험했지만, 이상하게도 지금 그때를 되돌아보면 그런 것은 별로 기억나지 않습니다. 내가 기억하는 것은, 그때 예수 그리스도께서 살아 있는 실재로 내 삶의 중심에 다시 찾아오셨고, 그분의 임재에 대한 기억이 다른 모든 기억을 지워버렸다는 것입니다.

그때 주 예수님은 기적적으로 나를 만지시고 치유하셨습니다. 그분이 나를 치유하실 때, 나는 그분이 내게 미래를 보장해주실 것이라고 생각했습니다. 그러나 놀랍게도 그렇게 하시지 않았고, 그것이 나를 괴롭혔습니다. 그래서 그것에 대해 그분께 질문하자, 그분은 “내가 사도 바울에게도 미래를 보장하지 않았는데 왜 너에게 그렇게 해야 하니?”라고 말씀하셨습니다. 나는 그분이 누구에게도 미래를 보장하지 않는다고 믿게 되었고, 그것이 내 삶의 방식을 바꾸었습니다.

나는 더는 어떤 것도 당연하게 여기지 않습니다. 나는 아내가 있는 것을 당연시하거나, 아이들이 있는 것, 내게 할 일이 있는 것, 새로운 하루를 맞이하는 것을 당연시하지 않습니다. 나는 이제 어떤 것도 당연하게 여기지 않습니다. 나는 아침 출근길에 지평선 너머로 부서지는 아침 해를 보면서 하나님께서 내게 주신 새 하루가 감사해 눈물을 흘리곤 합니다. 그것은 내가 누리게 하기 위해, 그리고 그분의 영광을 위해 사용하게 하기 위해 주시는 그분의 특별한 사랑의 선물입니다.

여러분도 아시겠지만, 이렇게 사는 것이 결코 나쁘지는 않습니다.”

당신은 영원이 시간과 맞물려 둘이 하나로 융합되는 곳이 어딘지 알고 있습니까? 바로 이 세상에서의 삶입니다. 이 삶은 예수님 외에는 아무것도 우리에게 보장된 것이 없을 때 우리에게 가장 풍요로움을 선사해줍니다.

12월 20일, 나를 보내소서

이사야 6장

"그때에 내가 말하되 화로다 나여 망하게 되었도다
나는 입술이 부정한 사람이요
나는 입술이 부정한 백성 중에 거주하면서
만군의 여호와이신 왕을 뵈었음이로다 하였더라"(사 6:5).

이사야 6장에서 이사야는 하나님의 임재로 인해 즉시 자신의 죄에 압도됩니다. 이는 성경의 가장 중요한 가르침 중 하나입니다. 하나님의 임재 앞에 서게 되면 우리는 언제나 우리의 죄를 의식하게 됩니다. 우리가 하나님을 알려면, 우리의 죄를 알아야 합니다. 우리가 우리 죄를 깨달으면, 하나님은 우리 마음을 깨끗이 씻으실 수 있습니다. 하나님과의 참된 교제는 이 씻음이 있은 후에야 가능합니다.

이사야가 자신의 죄를 고백하자, 스랍 중 하나가 제단에서 핀 숯을 가져와 이사야의 입술에 대어 그의 죄를 깨끗이 씻었습니다. 히브리어에서 '스랍'(seraphim)은 '불타는 자들'이라는 뜻입니다. 불타는 자가 불타는 숯을 가져와 이사야의 입술에 댄 것입니다. 불은 성경에서든, 우리의 삶에서든 반드시 필요한 정화의 도구입니다. 그것은 하나님의 거룩하심과 깨끗하게 하시는 능력을 나타냅니다.

죄를 씻음 받은 후, 이사야는 "내가 누구를 보내며 누가 우리를 위하여 갈꼬"라는 음성을 들었습니다(8절). 그 순서가 여기서는 중요한 의미를 담고 있습니다. 이사야는 죄 씻음 받기 전에는 하나님께 부르심 받을 준비가 되어 있지 않았습니다. 그러나 씻음을 받은 순간, 하나님의 음성을 들었습니다. 이사야는 깨끗했기 때문에 그분의 음성을 듣고 이렇게 응답할 수 있었습니다. "내가 여기 있나이다 나를 보내소서"(8절).

우리가 하나님의 음성과 지시와 부르심을 듣지 못했다면, 아직 그분의 불로 정결하게 되지 않았기 때문일 수 있습니다.

12월 21일, 소멸하는 불

이사야 6장

"그러므로 우리가 흔들리지 않는 나라를 받았은즉 은혜를 받자
이로 말미암아 경건함과 두려움으로 하나님을 기쁘시게 섬길지니
우리 하나님은 소멸하는 불이심이라"(히 12:28-29).

소멸하는 불은 무엇을 상징할까요? 어제 묵상에서 보았듯, 불은 씻음을 상징할 수 있습니다. 불은 또한 심판을 상징하기도 합니다. 소돔과 고모라를 떠올려보십시오. 그 도시들이 하나님을 떠나 음란과 온갖 죄 가운데 살아가자, 불이 하늘에서 내려 그들을 살랐습니다. 요한계시록에서도 하나님을 거부한 자들의 결말은 영원히 타오르는 불못입니다.

이처럼 불은 각각의 사람들에게 서로 다른 의미를 지닐 수 있습니다. 누군가에게는 죽음을 의미하는 것이, 다른 사람에게는 생명을 의미할 수 있습니다. 누군가에게는 하나님에게서의 분리를 의미하지만, 다른 사람에게는 하나님과의 교제를 의미할 수 있습니다. 누군가에게는 영원한 심판을, 다른 사람에게는 영원한 기쁨을 의미할 수 있습니다. 이 불이 무엇일까요? 그것은 소멸하는 불이신 하나님 자신입니다. 우리가 더러움에 매여 있으면서 그분을 대면하여 만난다면, 그분은 부패한 우리를 소멸시키실 것입니다. 그러나 그분께서 우리를 깨끗이 씻어주시면, 우리는 그분을 만날 때 매우 행복한 교제를 경험할 것입니다. 그분의 불 되심이 우리에게 죄 씻음과 자유를 가져다줄 것입니다.

누군가에게는 그분의 임재가 파괴적이라면, 다른 사람에게는 씻음을 가져옵니다. 그 둘 모두에게 하나님의 임재는 놀랍고 두려운 것입니다. 하나님은 거룩한 분이시기에, 우리가 그분을 만날 때는 죄와 결별해야 합니다. 죄를 계속 짓는 일을 하나님이 씻어주시는 은혜 받는 일보다 중시한다면, 그 결과는 심판입니다. 하나님께 기꺼이 씻음 받는 사람은 그 결과 구원을 받습니다.

12월 22일, 신실함이 가능한가

호세아 2:19-20

"진실함으로 네게 장가 들리니 네가 여호와를 알리라"(호 2:20).

나는 한 사랑스러운 젊은 여대생과 진지한 대화를 나누었습니다. 그녀가 물었습니다. "킨로 박사님, 남자가 한 여자를 너무나 사랑해 일평생 그녀에게만 신실한 것이 가능한가요?" 그녀의 말투에 담긴 진지함은 소중한 꿈을 가지고 있는 그녀의 영혼에서 갈등이 일어나고 있음을 보여주는 증거였습니다. 그녀가 그리도 간절히 바랐던 것은 찾을 수 없는 것이었을까요? 그녀가 자신을 선택해 죽음이 그들을 가르기까지 나뉘지 않는 마음을 줄 연인을 꿈꾸는 것이 비현실적이었을까요?

나는 그녀에게, 그리스도 안에서는 두 사람의 연인이 그분의 도움을 받아 일평생 깨어지지 않을 깊은 헌신으로 서로에게 자신을 내어주는 것이 정말로 가능함을 말해줄 수 있어 기뻤습니다.

그 후에 나는 예수님과 그분의 신부에 대해 생각해보았습니다. 그분도 우리에게서 그 같은 것을 바라시지 않을까요? 또는 갈보리 언덕에서의 그리스도의 희생과 우리에게 성령을 선물로 주신 것이, 내 마음을 드려 그분과 하나 되게 하고, 지속적인 헌신으로 그 하나 됨을 유지하게 할 수 없을까요? 만약 내 마음이 깨끗하지 않고, 내 의도가 단일하지 않다면, 그것은 주님께서 그렇게 하실 능력이 없어서가 아니라, 그분은 나의 신실한 헌신을 간절히 원하심에도 내가 그렇게 하려 하지 않기 때문입니다. 찰스 웨슬리는 이것을 잘 알았기에 다음과 같은 찬송을 지었습니다.

> 오, 죄에서 자유를 얻은 내 마음, 하나님을 찬양하네
> 날 위해 아낌없이 흘리신 당신의 보혈을 항상 느끼네
> 위대하신 구주께 내 마음 내려놓고 온유함으로 순종하네
> 내 마음 그리스도의 말씀만 들리고 예수님만 다스리시네
> 내 마음 속 모든 생각 새로워져 하나님 사랑만 가득하네
> 온전하고 의롭고 순결하며 선한 이 마음, 내 주님을 닮았네*

*Charles Wesley, "O for a Heart to Praise My God," *Hymns for Praise and Worship*, no. 350.

12월 23일, 천사의 지시

마태복음 1:18-25, 2:13-23

"요셉이 잠에서 깨어 일어나 주의 사자의 분부대로 행하여 그의 아내를 데려왔으나 아들을 낳기까지 동침하지 아니하더니 낳으매 이름을 예수라 하니라"(마 1:24-25).

나는 나사렛의 요셉 이야기를 좋아합니다. 그가 알고 싶었던 것은 어떻게 하는 것이 옳은가 하는 것이었습니다. 그의 약혼녀는 임신했고, 그녀 뱃속 아이는 자신의 아이가 아니었습니다. 그녀는 자신에게 천사가 나타나 그 아이가 성령으로 말미암아 잉태되었음을 알려주었다고 말했습니다. 그 설명이 설득력 있게 들린 것은 아니지만, 그녀는 지금까지 자신에게 거짓말한 적이 없었고, 항상 순결함의 모범이 되는 삶을 살아왔습니다. 이제 그녀는 자신의 임신 사실을 그에게 알려주었고, 그는 딜레마에 빠졌습니다. 그가 그녀의 말을 믿어준다면, 자신은 그녀가 지은 죄에 동참하는 것일 수 있습니다. 그러나 그녀의 이야기가 거짓이라고 생각했으나 사실이라면, 자신이 죄를 지은 것이 됩니다. 그는 어떻게 해야 할까요?

이런 고민을 할 무렵 천사가 나타나 요셉에게 마리아를 믿고 그녀를 아내 삼으라고 지시했습니다. 천사가 사람을 방문하는 일은 매우 드뭅니다. 그러나 인류 역사에서 이처럼 중요한 순간에는 의로운 사람들이 진실과 거짓을 구별할 수 있도록 돕기 위해 이 세상에 들어왔습니다. 무엇이 옳고 그른지 알고자 한다면 우리는 우리 세상 밖에 계신 하나님과 소통해야 합니다. 참된 윤리는 우리의 시공간적 우주 외부에서 비롯되므로, 현대 미국이 윤리와 진리에 대해 아무 말도 하지 않는 것은 단지 우연이 아닙니다.

요셉은 아내와 아이의 보호를 위해 골몰할 때 두 번 더 초자연적인 인도하심을 받았습니다. 이 이야기의 목적은 우리가 하늘과 소통하지 않으면 우리의 가족을 책임질 방법이 없음을 알려주는 것일까요? 각 가정의 생존에 결정적으로 중요한 시점에 가족의 각 구성원을 보호하기 위해서는, 하나님의 특별한 권고하심과 인도하심이 필요합니다. 하나님께서는 요셉에게 갈 방향을 지시해 주셨듯, 당신에게도 그렇게 해주실 것입니다.

12월 24일, 진리를 구하는 사람들

마태복음 2:1-12

"헤롯 왕 때에 예수께서 유대 베들레헴에서 나시매
동방으로부터 박사들이 예루살렘에 이르러 말하되
유대인의 왕으로 나신 이가 어디 계시냐
우리가 동방에서 그의 별을 보고
그에게 경배하러 왔노라 하니"(마2:1-2).

나는 동방 박사들이 예수님의 탄생 이야기에 포함되어 있어서 기쁩니다. 그들은 모든 시대에 진리를 구하는 영혼들에게 정당성을 부여합니다. 진리를 구하는 그 소수의 사람들은 사실 진리이신 분을 찾고 있습니다. 각 사람의 마음에는 모든 실재를 이해하는 실마리가 되시는 분 찾기를 갈망하는 무엇이 있습니다.

어느 날 한 위대한 음악가가 지치고 몸이 좋지 않은 상태로 오르간에 앉았습니다. 그는 특별한 목적 없이 건반을 누르다 어떤 화음을 연주하게 되었는데, 그 화음이 얼마나 아름다웠던지 마치 지금까지의 삶의 모든 곤혹스러웠던 순간이 조화를 이루어 단번에 이해되는 듯했습니다. 그는 나중에 이렇게 말했습니다. "나는 그 화음을 다시 찾기 위해 남은 평생을 보냈습니다!"

인간의 마음은 그 같은 열쇠를 갈망합니다. 그러면서도 웬일인지 우리 자신에게는 그 열쇠가 없다는 것을 압니다. 그렇기에 우리는 그리스도를 중심으로 삼아야 합니다. 그분이 진리이십니다. 목마른 심령이 예수님께 가면, 그들은 진리를 발견할 뿐 아니라 모든 존재를 위하시는 진리 그 자체이신 분을 발견할 것입니다. 그분은 모든 현실을 조화롭게 만든 그 하나의 화음과도 같은 분이십니다. 그분은 각각의 모든 음표를 함께 연결해 삶을 의미 있고 아름답게 하십니다.

동방 박사들은 그토록 찾던 분을 만났을 때, 그분 앞에 무릎 꿇고 예물을 드림으로 경배했습니다. 오늘날에도 진리를 간절히 찾다 그분을 만난 모든 사람은 그분을 예배하고 경배하게 될 것입니다.

12월 25일, 작지만 중요한 사람들

누가복음 2:8-21

"목자들은 자기들에게 이르던 바와 같이 듣고 본 그 모든 것으로 인하여 하나님께 영광을 돌리고 찬송하며 돌아가니라"(눅 2:20).

나는 목자들의 이야기를 깊이 생각해보았습니다. 목자들이 밤에 양 떼를 모은 후, 언덕에 불을 피우고 모여 앉았습니다. 그들은 이런 말을 했을지도 모릅니다. "참, 사는 것이 지루하다. 우리는 늘 많은 일이 일어나는 예루살렘이 아닌 이곳에서 평생을 보내겠지. 이곳에는 냄새 나는 양들과 빛나는 별들밖에 없는데."

그때 갑자기 천상의 존재가 그들의 단조로운 일상을 뚫고 들어와 세상이 들어본 적 없는 최고의 소식을 전해줍니다. 천사는 그들이 마을로 달려가면, 모든 역사의 중심이신 그분을 보게 될 것이라고 선포합니다. 그들은 인류 역사의 가장 위대한 사건을 이제 곧 직접 경험하게 될 것입니다. 목자들이 놀라 서로를 쳐다보고 있는데, 갑자기 그들 앞에 천군 천사들이 나타나 노래를 불렀습니다. 목자들은 그들의 노래가 끝나기도 전에 선지자들이 예언하고 모든 성도가 기다려온 그분을 보기 위해 마구간으로 달려갔습니다.

모든 신자에게는 영원한 것이 평범한 일상을 뚫고 들어올 때가 있습니다. 곧 하나님께서 직접 우리를 찾아오시는 때입니다. 이 거룩한 날, 하나님께서 우리의 일상을 뚫고 찾아와 임재해주시기를 기대하고 있습니까?

12월 26일, 너희를 보호하사

마태복음 14:22-34

"능히 너희를 보호하사 거침이 없게 하시고
너희로 그 영광 앞에 흠이 없이 기쁨으로 서게 하실 이
곧 우리 구주 홀로 하나이신 하나님께
우리 주 예수 그리스도로 말미암아
영광과 위엄과 권력과 권세가
영원 전부터 이제와 영원토록 있을지어다 아멘"(유 24-25절).

당신은 하나님과 함께 새해를 시작하면서 그분께서 당신을 지키실 것을 믿습니까? 당신은 그분이 온 우주를 창조하셨을 뿐 아니라, 당신이 성탄절 절기를 지나 내년에 있을 모든 일을 향해 나아갈 때도 넘어지지 않도록 당신을 지켜주실 충분한 능력이 있으시다는 것을 믿습니까? 올해, 특히 이번 달에 당신은 예수님과 함께 어느 정도 진전을 이루었을 것입니다. 다른 해보다 더 가까이 그분과 동행하고 있고, 이제 당신 앞에는 새해가 놓여 있습니다. 당신은 그분이 당신을 불러 온전하고 사랑스러운 증인이 되라고 하신 말씀에 순종하겠습니까?

나는 열세 살 되던 해 여름 캠프 집회에 참여해 내 삶을 그리스도께 드렸습니다. 나는 캠프 집회가 마칠 무렵 하나님께 "나는 오늘 아침 노스캐롤라이나로 돌아가지 않고 중국으로 가겠습니다"라고 말했던 일을 잊을 수 없습니다. 당신을 모르는 사람들에게 그리스도를 전하는 것은, 당신과 같이 살거나 일하는 사람들에게 전하는 것보다 훨씬 쉽습니다. 사람들이 우리를 알거나 지켜보는 곳에서 작정하고 그리스도께 순종하는 일은 훨씬 더 어렵습니다. 나는 집으로 돌아간 후 잠시 동안은 경이로운 느낌 속에 있었지만, 그리스도인으로서의 양육과 친교가 없었기에 마음이 쉽게 메말라버렸습니다. 다음 여름이 가까워지자, 나는 그동안 죄와 교만과 고집에 빠져 살았고 어떻게 그리스도께 다시 돌아갈 수 있는지 알지 못해 수련회가 다가오는 것이 두려웠습니다.

그러나 성경은 이렇게 말씀합니다. "너희 안에 계신 이가 세상에 있는 자보다 크심이라"(요일 4:4). 우리를 두렵게 하는 것은 오직 우리의 죄밖에 없고, 두려워하면 낙심하면서 하나님이 아닌 우리 자신을 보기 시작합니다. 그렇게 되면 우리는, 우리에게 희망이 없고 우리의 상황에서는 그리스도를 옹호할 방법이 없다는 것을 즉시 깨닫게 됩니다. 환경이 너무나 힘들고, 원수는 너무나 강하며, 문제는 너무나 크고, 방해물도 너무나 많습니다. 이제 우리는 낙심에 빠집니다. 그러나

우리가 시선을 예수님께 고정하면, 그분은 우리가 죄나 절망에 빠져드는 것에서 우리를 지키실 수 있습니다.

    그 첫 캠프 집회에 참여한 지 육십육 년이 흐른 지금, 나는 하나님께서 우리를 지키실 수 있다는 사실을 증언하기 원합니다. 우리가 어떤 상황에서든 즐겁고 용감하게 살아갈 수 있는 것은, 우리가 예배하는 하나님은 우리를 능히 지키시는 분이기 때문입니다.

12월 27일, 얼마든지 예가 되니

고린도전서 1:18-31

"하나님의 약속은 얼마든지 그리스도 안에서 예가 되니"(고후 1:20).

가만히 멈추어 하나님이 당신보다 더 지혜로우시다고 생각해본 적이 있습니까? 분명 당신은 재빨리 내게 하나님께서 당신보다 더 지혜로우시다는 것을 알고 있다고 말할 것입니다. 그러나 스스로에게 솔직하게 정말 그렇다고 믿습니까? 그것은 내가 매우 힘들게 깨달은 것입니다. 나는 하나님이 나보다 더 지혜로우시다는 것도 믿기 힘들었지만, 하나님이 나만큼 지혜로우시다는 것도 믿기 힘들었습니다. 이 문제의 요점은 이렇습니다.

하나님은 당신을 보고 이렇게 말씀하십니다. "나는 네가 너의 삶에서 손을 떼고, 내 손을 거기에 얹을 수 있도록 해주기를 바란다. 내가 너를 이끌고 인도하고 방향을 지시해, 네 자신을 위해 사는 것이 아니라 내가 바라는 방식으로 살아가길 바란다." 그러면 당신은 속으로 두 가지 질문을 하고 싶어 합니다. 첫 번째는 "하나님, 나를 어디로 데려 가실 건가요?" 입니다. 두 번째는 "무엇이 나에게 행복과 성취감을 주는지 알고 계신가요?"입니다.

온전히, 전적으로, 철저히 하나님께 굴복해, 당신 속에서 하나님을 향해 "아니요"라고 말했던 것이 "예"로 바뀌지 않은 이상, 당신은 그분이 정말 지혜로우신지 의문을 품게 될 것입니다. 당신의 마음에서 그분의 선하심에 대해 계속 남아 있는 의심은 그분께 당신의 삶을 맡기지 못하게 할 것이고, 당신은 당신의 오염된 손으로 당신의 인생을 망칠 것입니다.

하나님께서는 당신과 나보다 더 지혜로우십니다. 우리를 인도하실 때, 그분은 큰 그림을 보실 수 있고 무엇이 우리에게 가장 좋은지 아시기 때문입니다. 우리는 고개를 들어 그분께 이렇게 말씀드릴 수 있어야 합니다. "나는 주님이 보시는 것을 보지 못합니다. 주님이 나를 이끄시고 인도하셔서, 내가 주님과 나 자신과 나를 사랑하는 사람들에게 해를 끼치지 않게 해주세요. 나는 주님이 나보다 더 지혜로우시다는 것을 신뢰하고, 주님이 나를 잘못 인도하시는 것처럼 보일 때도 언제나 순종하겠습니다."

오늘 하나님께 당신에게 남아 있는 "아니요"를 "예"로 변화시켜주시기를 간구하지 않겠습니까? 당신이 가진 모든 것과 하나님이 가지신 모든 것을 맞바꾼다면 당신은 결코 후회하지 않을 것입니다.

12월 28일, 가장 유익한 것

사도행전 16:6-10

"내 사랑하는 형제들아 속지 말라
온갖 좋은 은사와 온전한 선물이
다 위로부터 빛들의 아버지께로부터 내려오나니
그는 변함도 없으시고
회전하는 그림자도 없으시니라"(약 1:16-17).

나는 오늘날의 젊은이들에게 크게 공감합니다. 나는 그들의 마음과 생각에 떠오르는 그 질문들을 잘 이해합니다!

나는 하나님께서 내가 미치도록 사랑했던 한 젊은 여성과의 관계를 끊으라고 하셨을 때를 기억합니다. 사탄은 그때 내게 이렇게 말했습니다. "당연히 그럴 줄 몰랐어? 그녀가 예쁘고, 매력적이고, 너를 정말 행복하게 해줄 만한 사람이라면, 하나님은 그녀를 너에게 주시지 않아. 그분은 너에게 네가 좋아하지 않는 종교심 많은 나이 든 여자를 줄걸."

나는 그것이 사실인지 고민했습니다. '하나님은 정말 선하시고, 나에게 최선의 것을 주실까?' 특히 이성과의 교제에 대해서는 그분을 신뢰하기 힘들었습니다. 그러나 나는 마침내 이렇게 말씀드렸습니다. "주님, 나는 이것이 매우 개인적인 선택이고, 내 행복과 밀접한 관계가 있는 문제라는 것을 압니다. 나는 주님이 나를 사랑하시고, 온전히 즐겁고 행복한 길이 아니면 인도하지 않으실 것을 압니다. 나는 주님이 내게 아니라고 하신다면, 내가 행복하기를 바라지 않아서가 아니라, 내가 내린 결정에 대해 후회하지 않기를 바라시기 때문임을 압니다. 당신은 나를 잘 되고 행복하게 하시기 위해 나를 보호하고 계신 것을 믿습니다." 시간이 흐르자 그분의 방식이 최선이었다는 것이 입증되었습니다.

주님께 우리의 미래, 개인적인 결정, 인생을 맡기는 것이 왜 그리도 어려울까요? 우리는 그분의 뜻에 순종할 때, 마치 우리가 엄청난 희생을 하는 듯 슬픔과 회환의 눈물을 흘리곤 합니다. 그러나 우리를 위한 그분의 뜻은 선하시고, 우리가 사랑하는 사람들에게도 좋은 것입니다. 일반적으로 약간의 시간이 걸리지만, 우리가 그분의 뜻에 순종하면 우리는 반드시 고개를 들어 "아버지, 내가 실수하지 않게 해주셔서 감사합니다"라고 말하게 될 것입니다.

주님이 선하시며, 언제나 당신이 잘되게 하기를 원하신다는 것을 믿습니까?

12월 29일, 계획의 변경 (1)

사도행전 10장

"그런즉 하나님이 우리가 주 예수 그리스도를 믿을 때에
주신 것과 같은 선물을 그들에게도 주셨으니
내가 누구이기에 하나님을 능히 막겠느냐 하더라"(행 11:17).

최근 내 삶에 큰 영향을 끼친 한 분이 병원에 입원하셔서 병문안을 갔습니다. 그분은 내게 자신이 어떻게 선교사가 되었는지 말해주었습니다. 그의 어머니는 매우 경건한 여성이었고, 아버지는 성공한 사업가였습니다. 아버지는 자신의 사업을 아들에게 물려줄 계획을 가지고 있었기에, 아들이 자기 자리를 물려받을 수 있도록 훈련시켰습니다. 그 역시 아버지의 발자취를 따르고자 했고, 자신이 아버지의 명성과 성공을 기반으로 하기 때문에 성공적인 시작을 할 수 있을 것이라 확신했습니다.

이분이 그리스도인이 된 후, 그 어머니는 성결 기도회(holiness prayer meeting)에 참여했고, 하나님은 그녀를 전적으로 순복하게 하셨습니다. 성령을 충만히 받고 그녀는 그리스도의 마음을 가지고 살기 시작했습니다. 그즈음 그녀가 자신의 아들을 위해 간절히 기도하자, 주님은 이렇게 말씀하셨습니다. "네 아들이 온전히 내 것이 되면, 나는 그의 인생의 방향을 바꿀 것이고, 가족의 사업을 물려주겠다는 계획은 이루지 못하게 될 것이다." 결국 그녀는 하나님의 뜻에 순종했고, 계속 기도했습니다.

어느 날 밤 아들은 차로 어머니를 집으로 모시고 가기 위해 기도회에 가게 되었습니다. 기도회가 끝날 무렵 예배당 뒤쪽으로 조용히 들어갔는데, 마침 그때 인도자가 이렇게 말했습니다. "나는 이미 그리스도를 알지만 결코 전적으로 순복한 적이 없는 누군가가 이곳에 있는데, 하나님께서 그가 오늘 밤 전적으로 순복하기를 바라신다고 생각합니다. 그래서 나는 의자 두 개를 가져다 제단으로 사용하려고 합니다. 이리 와서 자신을 전적으로 하나님께 드리고 싶은 분이 있다면, 제단으로 오십시오." 아들은 하나님께 전적으로 순복하면 자신의 계획에 차질이 생길지 몰라 주저했습니다. 그러나 그때 인도자가 바로 그를 바라보며 "형제여, 당신이 바로 그 사람입니다"라고 말했습니다. 그래서 그 젊은이는 앞으로 나가 자신의 모든 삶을 그리스도께 바쳤습니다.

대학에 다니는 동안 그는 합창단과 함께 해외를 여행했습니다. 그는 이렇게 말했습니다. "나는 일본에 갔을 때 내가 선교사가 되어야 한다는 것을 알았습니

다. 한국에 갔을 때는, 동양에서 선교해야 한다는 것을 알게 되었습니다. 그리고 중국에 갔을 때는, 하나님께서 나를 중국으로 부르셨음을 알게 되었습니다." 그의 삶은 온 세상에 복이 되었습니다. 그는 하나님께서 자신의 삶을 어떻게 사용하실지 몰라 그 불확실성 때문에 위축되었음에도 하나님의 뜻에 전적으로 순복하기로 결정하자, 하나님은 그를 선교사로 세우셨습니다.

새해를 시작하면서 당신은 하나님께서 요구하시면 그 무엇이든 기꺼이 하겠습니까, 아니면 자신의 삶을 완고하게 붙잡고 놓지 않음으로 인해 끊임없이 좌절하며 살아가겠습니까? 기억하십시오. 하나님은 당신을 위해 가장 적합한 일이 무엇인지 아십니다. 그분을 신뢰하십시오.

12월 30일, 계획의 변경 (2)

에베소서 3:14-21

"그 너비와 길이와 높이와 깊이가 어떠함을 깨달아
하나님의 모든 충만하신 것으로
너희에게 충만하게 하시기를 구하노라"(엡 3:19)

텍사스 출신의 한 젊은이가 그리스도를 만났습니다. 하나님은 그가 해야 할 어려운 일이 많기 때문에 더 많은 교육을 받아야 한다고 말씀하셨습니다. 그래서 그는 대학에 들어갔고, 하나님은 그곳에서 그가 자신의 삶을 전적으로 그리스도께 드리기를 원하셨습니다. 그가 하나님이 말씀하신 모든 것을 받아들이자, 하나님은 그에게 "네가 나를 섬기기를 바란다"라고 말씀하셨습니다. 그래서 그는 복음 전도의 일을 시작했습니다. 이후 신학대학원에 입학했습니다. 그는 기독교 교육 사역자가 되려는 계획을 세웠습니다. 그런데 어느 날 하나님은 그에게 "나는 네가 그런 종류의 기독교 사역을 하는 것을 원하지 않는다"라고 말씀하셨습니다.

그래서 그는 "그러면 내 인생으로 무엇을 하기 원하시나요?"라고 물었습니다.

하나님은 "나는 네가 비즈니스 분야에서 일하기를 바란다"라고 답하셨습니다. 하나님은 그를 곧바로 신학교를 그만두게 하시고 비즈니스 분야로 부르셨습니다. 그와 그의 아내는 보험 회사를 설립해, 우리 중 많은 사람에게 안전과 복리의 원천이 되어온 사업의 개척자가 되었습니다. 만약 그 부부의 수고가 없었다면 수많은 사람이 큰 곤경에 처했을 것입니다. 이 사람의 삶은 온 세상에 말할 수 없는 복이 되었습니다.

하나님께서는 전임 기독교 사역을 하고자 했던 한 사람의 천재적인 사업적 자질을 보시고, 그가 가진 은사를 가장 풍성한 결실을 맺을 수 있는 곳에 사용하셨습니다.

사업가 지망생이 선교사가 되었으나, 자신에게는 다른 일이 더 어울린다고 생각하면서 자신의 인생에 대해 괴로워하고 부정적인 생각을 갖는다면 비극이 아니겠습니까? 또 목회자 지망생이, 사실은 하나님께서 그에게 비즈니스 분야에서 활용할 수 있는 은사를 주셨기 때문에, 목회자로서는 실패한다면 그 역시 비극이 아니겠습니까?

우리가 모든 것을 아시는 거룩하신 하나님을 바라보며 다음과 같이 말하지 못하게 하는 것은, 작은 것에 얽매이는 우리의 욕심입니다. "하나님, 당신이 내 삶의 고삐를 쥐고 계십니다. 내가 다시 내 삶을 다스리려 하면, 내게 매를 들어 다시 한번 주님께 순복하게 하심으로 내 삶을 전적으로 다스려주시고, 하나님께서 나에게 원하시는 마땅한 모습으로 살아가게 해주세요."

12월 31일, 영원히 찬양하라

하박국 3:17-19

"나는 여호와로 말미암아 즐거워하며
나의 구원의 하나님으로 말미암아 기뻐하리로다"(합 3:18).

언젠가 나는 유명한 아프리카 선교사 C. T. 스터드(C. T. Studd)의 사위 노만 그럽(Norman Grubb)과 함께 헬더버그(Helderberg)산맥에서 산책하는 특권을 누렸습니다. 그럽 씨는 장인과 함께 일하면서 아프리카 중심부에서 오랜 시간을 보냈습니다. 나는 이전에 스터드의 전기를 읽고 깊은 감명을 받았기 때문에, 그럽에게 그분에 대해 질문했습니다. 그가 해준 이야기 중 잊을 수 없는 것이 있습니다.

스터드 선교사와 선교팀은 2주에 한 번씩만 우편물을 받을 수 있을 정도의 아프리카 내륙 깊은 곳에서 살았습니다. 그들은 우편물에 들어 있는 돈으로 생활했기 때문에, 그 우편물을 받는 것은 언제나 매우 중요했습니다. 스터드 선교사는 우편물 개봉식의 사회자였고, 그는 그것을 하나의 의식같이 진행했습니다.

한번은 2주째가 된 어느 날 우편물에 매우 풍족한 액수의 돈이 들어 있었는데, 스터드 선교사는 이렇게 말했습니다. "하나님을 영원히 찬양합니다! 하나님은 우리가 얼마나 불평이 많은 사람인지 알고 계십니다. 그래서 우리를 잠잠하게 할 만큼의 충분한 선교비를 보내주셨습니다." 다시 2주가 지난 뒤 선교비 액수가 매우 적어졌습니다. 그러자 스터드 선교사는 이렇게 말했습니다. "할렐루야! 우리는 은혜 안에서 성장하고 있음에 틀림없습니다. 하나님께서는 우리가 그분을 신뢰하는 법을 배우고 있다고 생각하십니다." 한번은 우편물에 아무것도 없었습니다. 그럽은 스터드 주변에 모인 선교사들이 그가 무슨 말을 할지 궁금해하며 기다렸다고 말했습니다. 그들은 실망하지 않았고, 스터드 선교사는 목소리를 높여 외쳤습니다. "할렐루야! 하나님을 영원히 찬양합니다. 우리는 이미 하나님 나라에 있습니다. 하나님의 나라는 먹는 것과 마시는 것이 아니요, 오직 성령 안에 있는 의와 평강과 희락이기 때문입니다."

어떤 사람은 스터드 선교사의 믿음이 무모하다고 생각할지 모릅니다. 그러나 하나님께서는 그를 특별히 마음에 두셨을 것이라고 생각합니다. 그는 하나님께서 자신의 약속에 신실하실 것을 담대히 기대하며 살았기 때문입니다.

과거를 돌이켜보면 하나님께서 과분할 정도의 선하심을 당신의 삶에 허락하셨음을 알 수 있습니까? 그렇기에 미래 역시 기쁨과 기대로 바라보고 있지 않습니까? 그래야만 합니다. 그분이 우리에게 행하시는 모든 일은 정말 선합니다!

성구색인

창세기

1:26	10월 28일, 11월 7일
1:28	3월 11일
2:7	1월 16일
3장	8월 19일
3:4–5	11월 14일
3:6	8월 21, 11월 16일
3:7–24	1월 29일
3:21	1월 29일
3:24	8월 19일
5장	1월 16일
5:21–24	4월 15일
11:31	5월 15일
12:1	4월 11일
12:1–2	10월 12일
15장	4월 13일, 10월 12일
17:15–22	8월 30일
21:1–7	4월 13일
21:8–21	3월 3일
21:19	3월 3일
22:1–19	10월 23일
22:2–3	10월 23일
31:3	1월 28일
32장	1월 28일, 4월 10일
32:1–32	4월 8일
32:22–32	4월 9일
32:25	4월 7일
32:26	4월 8일
32:27	4월 9일
32:28	4월 10일
39–41장	6월 29일
39:20–21	9월 27일
39:21	6월 29일
41:37–57	5월 15일

출애굽기

2장	3월 31일
3장	1월 25일, 7월 7일
3:1–4:20	10월 31일
3:4	5월 22일
3:10	10월 31일
3:11–12	10월 19일
3:12	10월 19일
3:14	1월 25일
4:1–5	11월 27일
14:16	11월 27일
16:1–8	10월 20일
16:32	10월 20일
19:3–6	10월 19일
19:4–5	12월 9일
19:5	12월 9일
19:6	4월 20일, 12월 10일
20:1–21	7월 19일
25:1–9	5월 25일
25:8	5월 26일
31:1–3	1월 8일
33장	1월 5~6일
33:12–17	9월 27일
33:13	1월 6일
33:14	1월 5일

38:22–23	1월 8일
40장	12월 6일
40:34	12월 6일
40:34–38	4월 6일

레위기

8장	6월 11일
18:2–3	9월 16일
23:1–2	12월 5일

민수기

11장	7월 30일
11:16–17	7월 30일
13장	4월 1일
13–14	3월 1일
14:6–9	4월 1일
14:8–9	3월 1일
22장	1월 20일
22–23장	3월 4일
22:31	3월 4일
32:23	8월 22일

신명기

1:29–31	7월 17일
5:1–22	9월 25일
5:4, 6	9월 25일
5:6–7	2월 16일
5:21	5월 9일
6장	2월 16일
17:6–7	7월 16일
28장	1월 30일
30:1–6	4월 26일
30:19–20	1월 30일
32:4	1월 27일

여호수아

1장	4월 19일
1:3	1월 1일
1:5	4월 19일
3:4	6월 3일
4:7	6월 3일
7장	5월 29일
7:10–12	5월 29일
24장	1월 17일
24:15	1월 17일

사무엘상

4장	12월 8일
4:3	12월 8일
15장	2월 22일
15, 18장	2월 23일
15:22	2월 23일
16:14	2월 22일
16:14–23	2월 22일
20장	8월 7일
20:42	8월 7일
24장	2월 24일, 5월 10일
24:6–7	2월 24일

사무엘하

22:31	12월 13일

열왕기상

11:4	12월 15일
22:1–38	7월 13일
22:14	7월 13일

열왕기하

6:8–23	3월 5일, 8월 11일
6:17	5월 5일

역대상

16:7-36 . . . . 4월 17일

역대하

14:11 . . . . 12월 11일
29:20-28 . . . . 6월 6일
29:27 . . . . 6월 6일
30장 12월 5일

욥기

42장 6월 23일
42:2 . . . . 6월 23일

시편

1편 10월 26일
1:3 . . . . 10월 26일
4편 3월 8일
5:3 . . . . 3월 8일
8편 . . . . . 3월 11일, 9월 29~30일
8:2 . . . . 9월 30일
8:4 . . . . 9월 29일
9:10 . . . . 7월 7일
16장 4월 2일, 6월 13일
16:11 . . . . 4월 2일
16:8-9 . . . . 6월 13일
17편 10월 28일
17:15 . . . . 1월 4일
19편 8월 16일, 10월 4일
19:13 . . . . 10월 4일
19:7 . . . . 8월 16일
23편 6월 20일
23:4 . . . . . . 6월 20일, 9월 22일
24편 5월 26일, 6월 7일
24:1-2 . . . . 9월 23일

27:1 . . . . 10월 22일
32편 . . . . 8월 26~27일
32:1-2 . . . . 8월 26일
32:5 . . . . 8월 27일
32:10 . . . . 0월 8일
34편 . . . . . 8월 8~10, 12~13일
34:1 . . . . 8월 8일
34:1-2 . . . . 8월 9일
34:3, 8 . . . . 8월 13일
34:4, 6 . . . . 8월 10일
34:7, 15 . . . . 8월 11일
34:19 . . . . 8월 12일
36:9 . . 4월 30일, 9월 23일, 12월 17일
37:4 . . . . 5월 27일
37:5-6 . . . . 12월 16일
37:7 . . . . 12월 1일
43:4 . . . . 11월 5일
46편 4월 25일
46:1 . . . . 4월 25일
46:10-11 . . . . 12월 1일
48:14 . . . . 1월 7일
51편 8월 23일
51:2-4 . . . . 8월 23일
84편 . . . . . 9월 10일, 10월 5~6일
84:10 . . . . 10월 5일
84:2 . . . . 9월 10일
84:6-7 . . . . 10월 6일
85:13 . . . . 3월 12일
86편 . . . . . . 7월 31일~8월 3일
86:11-12 . . . . 8월 2일
86:5 . . . . 7월 31일
86:8 . . . . 8월 1일

91편	7월 27일
91:2	7월 9일
98:1–3	11월 22일
99:1–5	12월 2일
100편	3월 10, 28일
104편	3월 19일
107편	12월 12~13일
119편	7월 23일
119:2	7월 19일
119:57–58	7월 23일
119:9–16	6월 14일, 7월 4일
121편	7월 8일, 9월 3일
121:1–2	7월 8일
121:2, 5	9월 3일
139편	9월 11일
139:11–12	9월 11일
146편	10월 7, 15일
146:1	10월 7일
146:3, 5	10월 15일
146:10	1월 15일

잠언

23:7	7월 4일
6:6–11	11월 7일

전도서

3:11	10월 1일
11:1–2	11월 20일
12:13–14	1월 20일

아가

2:16	7월 11일
2:2–3	11월 24일
2:3–4	5월 27일
3:1–4	7월 11일
6:3	2월 26일
8:6	4월 26일
8:6–7	11월 30일

이사야

5:1	11월 24일
6장	12월 20~21일
6:5	12월 20일
6:8	2월 15일
26:1–4	7월 2일
30:18–2	10월 30일, 11월 7일
30:21	3월 19일
40:12–31	10월 21일
40:18, 21–22	10월 21일
40:28	4월 18일
40:28–31	4월 18일
42:5–9	11월 11일
42:6	11월 11일
42:6–9	8월 6일
43장	7월 28일
43:10–11	7월 28일
43:16	12월 12일
43:16–21	1월 1일
44:6–8	7월 9일
50:10	1월 24일
50:4–9	8월 24일
52:11	9월 24일
52:12	2월 12일
53장	9월 2일, 11월 18일
53:1–9	10월 24일
53:4–5	10월 24일

참조	날짜
53:12	9월 2일
53:6	10월 25일, 11월 18일
53:7	5월 4일
53:7–12	5월 4~5일
54:1	4월 13일
54:1–5	2월 27일
55:8–9	1월 21일, 10월 2일
58:8–9	2월 12일
58:9–12	2월 21일
59:15–16	11월 21일
63장	1월 3일
63:5	11월 21일
63:7–9	4월 5일
63:7–19	3월 13일
63:9	1월 3일

예레미야

참조	날짜
1:5	1월 10일
2장	6월 27일
2:1–2	6월 27일
5:1	5월 15일
9:23–24	2월 11일
10장	11월 8일
10:23	4월 16일, 10월 30일, 11월 8일
17:5–8	6월 12일
20장	1월 10일
24:7	12월 15~16일
29장	6월 8일
29:11	6월 12일
31장	6월 18일
31:33	6월 18일, 9월 26일

에스겔

참조	날짜
10장	7월 12일
3:1–3	6월 10일
33:31	9월 21일
36:24–29	9월 1일
36:25–29	10월 16일
47:1	7월 3일
47:1–12	7월 3일
48:35	7월 12일

다니엘

참조	날짜
1장	6월 19일
1:8	6월 19일
3장	5월 6일
3:17–18	5월 6일
6장	4월 24일
6:10	4월 24일, 8월 17일

호세아

참조	날짜
2:19–20	12월 22일
2:20	12월 22일

요엘

참조	날짜
2:12–13	11월 16일
2:28–32	9월 6일

미가

참조	날짜
6:8	4월 15일

하박국

참조	날짜
3:17–19	12월 31일
3:18	12월 31일

학개

참조	날짜
1–2장	9월 28일
2:4, 19	9월 28일

스가랴

1:1–17	2월 3일
1:10	2월 3일
1:18–21	2월 4일
2장	2월 5일
2:4–5	2월 5일
2:8	2월 4일
4장	6월 28일
4:6	6월 28일

말라기

1:11	8월 5일
2:13–16	11월 28일

마태복음

1:18–23	2월 2일
1:18–25	12월 23일
1:21–23	2월 2일
1:23	4월 6일
1:24–25	12월 23일
2:1–12	12월 24일
2:1–2	12월 24일
2:13–23	12월 23일
3:17	5월 23일
4:1	7월 15일
4:18–22	5월 22일
5:1–12	3월 26일
5:1–16	11월 9일
5:3	3월 26일
5:6	8월 17일
5:8	6월 7일
5:13	11월 9일, 12월 14일
5:16	2월 21일
5:17–7:29	9월 26일
5:27–32	9월 16일
6:5–13	10월 3일
6:6	10월 3일
6:19–23	11월 12일
6:19–34	10월 8일
6:20–21	11월 12일
6:33	9월 12일
7:3, 5	6월 22일
7:24–25	10월 13일
7:24–27	10월 13일
10장	12월 7일
10:8	11월 20일
10:24–26	12월 7일
11:4–5	5월 18일
11:28–29	3월 27일
12:25–37	3월 16일
13:10–23	3월 24일
14:3–12	4월 21일
14:22–34	12월 26일
15:8–9	12월 10일
15:10–20	9월 18일
15:18	9월 18일
16:13–16	4월 21일
18:6–14	8월 25일
18:8	8월 25일
18:21–35	5월 8일
19:16, 21	10월 16일
20:16	9월 8일
22:14	9월 8일
22:36–40	10월 27일
23:27–28	9월 24일

23:37	7월 27일
25:14–23	2월 15일
26:26	9월 5일
26:36–46	2월 10일
26:39	2월 10일
27:32–56	4월 4일
27:35–44	5월 7일
27:51	3월 25일, 7월 18일
28:16–20	4월 23일
28:19	8월 6일
28:19–20	8월 5일
28:20	3월 2일

마가복음

2:1–12	7월 29일
2:10–11	7월 29일
3:21	6월 24일
8:1–26	5월 18일
8:13–26	8월 15일
8:25	8월 15일
8:27–38 .	1월 14일, 5월 20일, 8월 14일
8:27–9:13	11월 23일
8:33	8월 14일
8:34–35	5월 16일
8:34–38	11월 17일
8:35	5월 20일, 11월 17일
9:50	12월 14일
10:7–9	2월 27일
10:17–22	7월 22일
10:17–23	6월 5일
10:17–30	2월 25일
10:21	2월 25일, 7월 22일

10:32–45	10월 10일
10:33–35	10월 10일
10:46–52	8월 15일
11:15–19	5월 16일
13장	8월 4일
14:1–9	2월 20일
14:3	2월 20일
14:32–42	2월 9일
15:21–40	3월 27일

누가복음

1:46–55	7월 26일
1:53	7월 26일
2:20	12월 25일
2:8–21	12월 25일
4:1–13	11월 14일
4:1–13	7월 15일
11:2	2월 7~8일
11:9–13	6월 30일
12:13–21	1월 19일
12:32–33	1월 19일
14:25–34	11월 3일
14:33	11월 3일
15:11–24	10월 25일
15:11–32	12월 19일
16:19–31	4월 3일
16:31	월 3일
17:11–19	10월 29일
17:15–16	10월 29일
18:1–8	1월 18일
18:18–25	4월 22일
18:22	4월 22일

22:51	8월 28일
23:32–43	5월 30~31일
23:34	1월 31일
23:39	5월 30일
23:39–43	2월 1일, 11월 25일
23:42	2월 1일
23:43	5월 31일
23:6–12	3월 9일
24:13–35	3월 6일, 7월 24일
24:27	7월 24일
24:30–31	3월 6일
24:49	12월 3일
24:51–52	4월 23일

요한복음

1장	11월 10일
1:1–4	11월 10일
1:1–5	1월 15일
1:1–5, 14	2월 28일
1:11–12	5월 24일, 11월 19일
1:18	6월 14일
1:29–36	12월 3일
1:29–51	4월 29일
1:35–51	6월 9일
1:43	6월 9일
1:43–51	6월 15일
1:45	4월 29일
1:46	6월 15일
2:1–11	7월 5일
2:1–3	7월 5일
2:13–25	3월 23일
2:16, 18–19	3월 23일

3장	6월 1일
3:3	10월 18일
3:5	6월 1일
3:16	4월 5일
3:17–18	6월 8일
4장	4월 28, 7월 14일
4:14	4월 28일
5:31–38	7월 16일
6장	6월 24일
6:22–52	3월 17일
6:26	3월 17일
6:68	7월 14일
7:14–19	6월 17일
8:31–32	10월 18일
8:32	1월 27일
8:36	5월 12일
12:20–26	10월 2일
12:27–28	4월 4일
13:1	3월 30일
13:1–20	2월 17일
13:26–28	3월 9일
13:3–5	2월 17일
13:38–14:1	9월 1일
13–14	월 30일
14:15–18	11월 19일
14:15–18	1월 23일
14:15–31	1월 22~23일
14:19–31	11월 5일
14:26	3월 24일
14:27	5월 11일
14:3	6월 25일
14:6	1월 27일, 6월 17일

구절	날짜
14:9-14	2월 8일
14-17장	5월 23일
15:1-8	3월 18일, 10월 9일
15:4	10월 9일
15:9	3월 18일
15:9-17	5월 24일
15:12	5월 7일
15:14-16	5월 25일
16:12-15	3월 12일
16:13	6월 30일
16:14-15	9월 4~5일
16:7-11	9월 7일
16:7-15	9월 4일
16:8	7월 16일
17장	7월 20일
17:1-5	2월 18일
17:3	7월 20일
17:17-19	2월 11일
17:18	9월 15일
17:23	11월 30일
17:24-26	2월 7일
18:1-11	6월 26일
18:1-14	8월 28~29일
18:1-2	2월 9일
18:12-13	8월 29일
18:38	1월 27일
19:17-30	9월 13일
19:25-27	1월 31일
20:15-16	11월 25일
20:19-20	9월 13일
20:19-23	4월 14일
20:21	9월 14일
20:22	9월 6일
20-21장	9월 8일
21:15-23	5월 12일

사도행전

구절	날짜
1:8	3월 28일
1-2장	4월 16일
2장	1. 21, 2. 19, 3. 14, 10. 14
2:1-2, 4	10월 14일
2:6	2월 19일
2:36	7월 1일, 11월 6일
2:46-47	3월 10일
2-3장	9월 9일
3:6	9월 9일
6:8-7:60	3월 2일, 8월 31일
7장	3월 15일
7:51	3월 15일
7:59-60	8월 31일
9:1-9	6월 16일
9:1-19	4월 7일
9:1-30	9월 19일
9:3-4	6월 16일
9:17	9월 19일
10장	2월 14일, 12월 29일
11:17	12월 29일
13:44-14:28	3월 20일
14:21-22	3월 20일
16:6-10	12월 28일
17장	5월 11일
26:1-18	1월 9일
28:11-31	9월 17일
28:16	9월 17일

28:28	2월 14일

로마서

1:1	1월 9일
1:18–32	5월 28일
1:25	5월 28일
2:25–29	11월 6일
3:3–4	11월 13일
4:1–8	7월 21일
4:3	7월 21일
6:15–23	8월 18일
6:19	8월 18일
8장	1월 24일
8:1–17	9월 20일
8:2	9월 20일
8:11	1월 22일
8:35–39	2월 26일
12:1–2	11월 1일
15:1–7	6월 22일

고린도전서

1:18–31	12월 27일
3장	6월 21일
4:9–17	5월 21일
9:24	2월 13일
9:24–27	2월 13일
10:4	7월 2일
12장	5월 13일
12:7	5월 13일
13장	11월 26일
13:1	11월 26일
13:4	5월 3일
13:4–5	5월 1, 8일

고린도후서

1:20	12월 27일
2:14	8월 24일
3:16–4:1	3월 21일
3:18	1월 11일, 3월 21일
4:7–18	9월 22일
4:16–5:9	10월 1일
5:12–20	5월 3일
5:12–21	7월 25일
5:14–21	7월 6일
5:15	7월 6일, 11월 1일
5:20–21	7월 25일
5:21	2월 9일
6:1	1월 26일
6:1–12	1월 26일
12:7–10	6월 25일, 12월 4일
12:9–10	12월 4일

갈라디아서

4:31	8월 30일
5:16	6월 4일
5:16, 25	4월 12일
5:16–18	4월 14일
5:16–26	4월 12일
5:22–26	6월 4일

에베소서

1:3–12	9월 21일
2:8–10	7월 10일
3:14–15	2월 6일
3:14–20	2월 6일
3:14–21	12월 30일
3:19	12월 30일

4:1–16	5월 14일
4:11–12	5월 14일
4:20–5:2	4월 27일
4:25–26	5월 17일
4:25–32	5월 17일
4:30	3월 13일
5:1–2	4월 27일

빌립보서

1장	1월 12~13일
1:21	6월 5일
1:3–4	7월 17일
1:6	1월 12일
1:8–9	1월 13일
2:12–18	9월 14일
2:13	4월 17일
2:14–15	8월 3일
2:20–21	5월 21일
2:5–11	11월 29일
2:5–8	5월 1일
2:9–10	12월 2일
3:10	2월 18일
4:4–8	5월 2일
4:10–13	5월 9일
4:11	5월 2일
4:14–20	3월 22일
4:19	월 22일

골로새서

1:15–19	10월 11일
1:15–20	7월 1일
1:17–19	10월 11일

데살로니가전서

5:19	3월 14일
5:23–24	6월 11일

디모데후서

1:10–11	1월 14일
1:13–14	5월 10일
2:11–13	11월 13일
3:10–17	3월 29일
3:14–17	6월 10일
3:16–17	3월 29일

디도서

3장	1월 11일

히브리서

7:26–27	3월 7일
7:26–8:6	4월 20일
7–8장	3월 7일
10:12, 14	11월 22일
10:15	9월 7일
10:19, 22	3월 25일
10:19–25	3월 25일, 7월 18일
10:28–29	3월 16일
11장	11월 4일, 12월 11일
11:1	11월 23일
11:13, 16	11월 4일
11:13–16	9월 15일
11:24–25	3월 31일
11:8–12	4월 11일
12:11	6월 21일
12:12–29	8월 20일
12:28–29	12월 21일
12:29	8월 20일

야고보서

1:12	11월 15일
1:12-15	8월 21일
1:16-17	12월 28일
1:2-18	11월 15일
2:14-16	9월 12일

베드로전서

2:21-23	11월 29일
3:13-18	11월 2일
3:18	11월 2일

베드로후서

3:9	6월 26일

요한서

1:3	2월 28일
1:5-7	10월 22일
2:7-11	10월 22일
3:1	7월 10일
4:17-21	12월 18일
4:21	10월 27일
4:7-8	12월 18일
5:11-13	12월 17일
5:1-13	4월 30일

유다서

24-25장	12월 26일

요한계시록

2:25-26	8월 4일
3:14-22	6월 2일
3:20-21	6월 2일
3:7	1월 18일
19:7	11월 28일
20:11-15	8월 22일
21장	1월 2일, 5월 19일
21:5	1월 2일
21:9	5월 19일
21-22장	10월 17일
22:1-5	1월 4일, 7월 3일
22:13	10월 17일

주님과 함께하는 하루: 데니스 킨로의 365일 묵상집

Copyright ⓒ 웨슬리 르네상스 2022

초판1쇄 2022년 12월 31일

지은이　데니스 F. 킨로
옮긴이　장기영, 장여결
펴낸이　장기영
편　집　장기영
표　지　장여결
교정·윤문　이주련
인쇄　(주) 예원프린팅

펴낸곳　웨슬리 르네상스
출판등록　2017년 7월 7일 제2017-000058호
주　소　경기도 부천시 호현로 467번길 33-5, 1층 (소사본동)
전　화　010-3273-1907
이메일　samhyung@gmail.com

ISBN 979-11-966084-9-1 (03230)
값　22,000원

이 책은 저작권법에 따라 보호받는 저작물이므로 무단 전재와 복제를 금지하며
책 내용의 일부를 이용하려면 저작권자의 동의를 받아야 합니다.